新环境下图书馆用户信息行为

《图书情报工作》杂志社　编

海洋出版社

2016年 · 北京

图书在版编目（CIP）数据

新环境下图书馆用户信息行为／《图书情报工作》杂志社编．—北京：海洋出版社，2016.3

（名家视点．第 7 辑）
ISBN 978 - 7 - 5027 - 9352 - 4

Ⅰ．①新…　Ⅱ．①图…　Ⅲ．①图书馆工作 - 读者服务 - 研究　Ⅳ．①G252

中国版本图书馆 CIP 数据核字（2015）第 308513 号

责任编辑：杨海萍　张　欣
责任印制：赵麟苏

海洋出版社　出版发行

http://www.oceanpress.com.cn

北京市海淀区大慧寺路 8 号　邮编：100081
北京朝阳印刷厂有限责任公司印刷　新华书店北京发行所经销
2016 年 3 月第 1 版　2016 年 3 月第 1 次印刷
开本：787 mm × 1092 mm　1/16　印张：23.75
字数：413 千字　定价：48.00 元
发行部：62132549　邮购部：68038093　总编室：62114335
海洋版图书印、装错误可随时退换

《名家视点丛书》编委会

序

2016年新年伊始，由《图书情报工作》杂志社策划编辑的《名家视点：图书馆学情报学档案学理论与实践系列丛书》第7辑共5本，已由海洋出版社出版。这一辑丛书是编辑从近年来发表的论文中精选出来的。这是《图书情报工作》杂志社与海洋出版社联袂奉献给中国图书情报界的新年志喜，也是为国家"十三五"规划开局之年给图书情报从业人员的一份礼物。

在这份礼单中，首先是《图书馆发展战略规划与趋势》。在这本书中，我们收录了26篇文章，分专题篇、国外篇、国内篇三个部分，集中展示了国内学术界对图书馆发展战略规划与趋势的研究成果。创新发展，规划先行。面向"十三五"，图书馆需要在把握趋势、把握大势的基础上，确立新思维、制订新战略、采取新行动。"十三五"规划制订得好坏，直接影响每个图书馆今后5年的发展，而今后5年对图书馆的转型变革是至关重要的，是挑战，也是机遇。这一组文章基本上能展现国内外图书馆发展趋势和战略规划的特点和要点，相信对每个图书馆及管理者和图书馆员都具有重要的参考和借鉴价值，应成为制订"十三五"规划和指导"十三五"期间图书馆工作的重要案头书。

其次是《新环境下图书馆用户信息行为》，共收录26篇重要文章，分专题篇、网络篇、服务篇和综述篇4部分。用户信息行为是图书馆学情报学最重要的研究对象。图书情报服务做得好不好，往往是由图书情报机构对其服务对象（用户）的信息需求和信息行为的认知和分析深度所决定的。在当前变化的信息环境下，我们对用户的信息需求及其行为的跟踪、揭示和研究是非常不够的，这不仅是由用户信息行为的复杂性所决定的，也是因为我们对用户行为的研究仍缺乏前瞻性的理论、科学的方法和有效的技术。本书所收录的文章将为我们进一步的研究提供新的起点、新的视角和新的结论，有助于我们对用户信息行为提供完整和深入的认识。

在今天图书情报机构提供的信息服务中，专利是不可忽视的。专利被认为是创新性研究或应用成果的代表，代表的是科技创新能力，对企业和各类机构而言是十分核心的信息资源和创新支撑。在《专利情报研究与服务》一书中，我们收录了28篇文章，分专题篇、方法篇、应用篇、评价篇4个部分，展现了国内专利领域的专家学者在专利的引文、工具、挖掘、服务、评价等多个方面有代表性的研究成果，表明国内图书情报界在应用专利推动国家的创新驱动发展战略中所开展的卓有成效的服务工作。总体而言，国内图书情报机构在对专利的重视程度上不够，在应用专利推动科技创新的实践力度上不够，在将专利信息资源转化为现实生产力的实际效果上不够。期待这些文章能对解决这些问题产生一定的推动作用。

网络舆情的研究随着新媒体环境的出现而愈发引起包括政府和相关机构的高度重视，也吸引了广大研究人员的积极参与。在名家视点第5辑中推出的《新媒体环境下的网络舆情研究和传播》一书受到读者好评，现已售罄。故这一辑将此书再版，增加了一些最新的稿件，使该书跟上新的形势。在不少图情机构，网络舆情的监控与分析，已经成为一项重要的情报研究和咨询服务。

最后一本书是《数字图书馆知识产权保护研究进展》。随着数字图书馆建设与发展，与数字图书馆相关的知识产权问题也显得愈加突出，往往是著作权法等相关法律未曾涉及的新的问题。知识产权问题能否解决好，关系到作者知识产权保护与数字图书馆可持续发展的平衡问题。二者不应是矛盾的，而是数字图书馆发展中必须直面、解决的问题。本书收录26篇文章，分策略篇、实践篇、综合篇，展示了我刊近年来发表的重要的相关研究成果，体现了作者们在有关数字图书馆知识产权问题的认知、实践和策略，有助于启发我们更深入的思考，提出更加符合法理和现实环境的解决对策。

"十三五"已经到来，图书情报界需要重新定位，前瞻谋划，大胆探索，砥砺前行。就图书情报机构的转型而言，这是一个非常关键的5年。如何做好规划，做好布局，寻求新的突破，重塑图书情报新的职业形象，赢得应有的职业尊严和专业地位，不仅关系到这5年的发展，而且直接影响未来10年或者更长时间图书情报机构的生存。我们既要有危机感和忧患意识，也要提振信心，抓住机遇，看到未来发展的前景。"图书馆，不要自甘寂寞"（《人民日报》2015年12月22日第12版语），代表的是全社会对图书馆的期许，也是对图书馆人的鞭策。图书馆若想不被边缘化，拯救自己的只有图书馆员自己。

初景利
《图书情报工作》杂志社社长、主编，教授，博士生导师

目　次

综 述 篇

专　题　篇

国外探索式搜索行为研究述评[*]

随着网络的发展，搜索引擎逐渐成为人们获取信息的主要工具。中国互联网信息中心发布的报告显示，截至 2013 年 12 月，中国网民总数达 6.18 亿，其中搜索引擎用户达 4.9 亿，占网民总数的 79.29%[1]。尽管以百度、谷歌为代表的搜索引擎及其商业模式取得了巨大的成功，但当搜索者不熟悉目标领域，不确定达成搜索目标的路径，甚至不确定搜索目标时，该如何进行搜索？这成为搜索引擎领域亟待研究解决的问题。2006 年 G. Marchionini 提出了新的信息搜索模式——探索式搜索（exploratory search）[2]。这一概念的提出将网络环境下对于复杂信息搜索的研究引向了深入。2006 年，美国计算机协会（ACM）开辟了探索式搜索专辑；此后，由 ACM 举办的信息检索研究与发展会议开展了探索式搜索与人机交互专题研讨会；该研究领域逐渐成为多学科关注的焦点。其中，对探索式搜索行为的研究是基础，是系统构建的起点，也是系统评价的归宿。本文旨在对国外探索式搜索行为的研究成果进行梳理，为国内研究者提供参考。

1 探索式搜索及其行为

1.1 探索式搜索的定义

G. Marchionini 对探索式搜索的定义是：可用来描述一种开放的、持续的、多方面的信息搜寻的问题情境和具有机会性、反复性、多策略的信息搜寻过程[2]。与传统搜索相比，探索式搜索的特征是最初的信息需求是模糊的，缺乏检索对象的相关知识，经多次交互，目标发生变化，检索终止的条件不清晰。其搜索过程是一个不断学习、调查、决策的交互过程[3]。如图 1 所示，G. Marchionini 描述了搜索过程中的 3 种类型的智力活动：查找、学习和调查，强调探索式搜索与学习和调查行为特别相关。虽然图中对 3 种智力活动表示为相对独立，但实际上这些活动可能为交叉的状态，一个活动可能包含

* 本文系国家社会科学基金一般项目"基于日志与认知分析的探索式信息搜索行为研究"（项目编号：11BTQ045）研究成果之一。

在另一个活动之中。探索式搜索虽然是一个不断学习和调查的过程，但同时在这个过程中也会交织着查找的行为。因此，探索式搜索应该是交织着查找、学习、调查的反复的、启发式的交互过程。

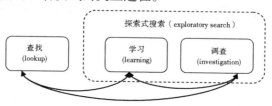

图 1　探索式搜索涉及的智力活动

1.2　探索式搜索行为的内涵

一直以来，研究者们从不同的角度对信息搜索行为的内涵进行了描述。T. D. Wilson 将信息搜索行为定义为：用户为了满足一定的信息需求而进行的有目的性的信息查询活动[4]。M. E. Brown 认为信息搜索行为是一种目标驱动的问题解决行为[5]。G. Marchionini 从更广的范围指出：信息搜索是人们为了改变其知识状态而从事的有决心的活动过程[6]。尽管学者对信息搜索行为的定义有所不同，但都指出其不是一个瞬间的查找动作，而是一种过程行为。结合探索式搜索的定义，笔者认为探索式搜索行为是指用户通过与信息搜索系统交互从而进行探索式搜索时所体现出的一系列外在的信息活动表现。

2　探索式搜索行为的相关理论研究

从某种程度上说，任何真实的信息需求和实际的搜索行为都具有一定的探索性。在过去的 30 年里，很多学者对信息搜索行为进行了研究，其中不乏对搜索过程中探索性行为的研讨。虽然探索式搜索的定义是在 2006 年提出的，但它是在一系列相关理论研究的基础上发展而来的。

在传统的信息搜索模式下，关于探索性行为的研究是沿着从微观的搜索策略、中观的人机交互到宏观的融合了认知与情境的人机交互的主线展开的。从搜索策略的视角，有代表性的是 1989 年 M. J. Bates 提出的采莓模型。该模型认为搜索者在信息空间中移动，搜集信息，获得新的启发，思考上产生转折，形成新的提问概念，从而可能改变搜索策略[7]。该模型是在搜索目标以及达成该目标的途径和方法清楚的前提下提出的，强调的是在搜索过程中信息需求的动态性和搜索策略的探索性，而不是搜索行为本身，它可以作为探索式搜索过程中的一种常用策略，却并没有勾勒出探索式搜索行为的全貌。从人机交互的视角，有代表性的理论研究是 1995 年 P. Pirolli 提出的信息觅食理论，其核心观点认为信息觅食与动物觅食机制相似，用户需要在花费的时间、金钱和精力与获取所需的信息之间达到一种最优化的平衡[8-9]。信息觅食和探索式搜索在行为方式上是相似的，搜索者穿行于基于线索的信息片段和目标相关的信息消费之间。然而，在探索式搜索中，目标信息在搜索开始时可能不为人知，随着遇到的信息可能发生戏剧性的改变。探索式搜索也可能单纯地受到好奇心而非信息需要的驱动，这种情境下的信息需求并非那么紧迫，因此，放弃搜索也可能是一个可接受的结果。此外，追求信息收益的最大化也并非探索式搜索者的目标。从宏观的融合了认知和情境的人机交互视角，相关研究包括：1991 年 C. C. Kuhlthau 提出了信息搜寻过程模型[10]，1997 年 T. Saracevic 提出了信息检索与交互的分层模型[11]，2001 年 Lin Shin-jeng 提出了多样化信息搜索情形模型[12]以及 2007 年 P. Ingwersen 提出了交互式搜索认知框架[13]。这些理论研究的共同之处是在搜索过程中不仅考虑用户与检索系统的交互，还不同程度地考虑了搜索情境以及行为主题的认知改变对搜索行为的影响。然而，这些模型并没有强调探索式搜索所强调的学习和理解，也没有完全地表示出搜索情境或信息的使用。

2006 年至今，国外有学者对探索式搜索行为展开了有针对性的理论研究，但仅限于对搜索过程中主要的搜索行为及其影响因素的描述。2006 年，R. W. White 等人指出在搜索过程中采用探索性策略或有探索性行为并不意味着是探索式搜索，探索式搜索是受到一种问题情境的驱动，即搜索者对信息问题、领域知识以及信息的获取路径与方法缺乏认识，从而产生学习的渴望。2007 年 B. J. Jansen 等人[14]和 2009 年 P. Pirolli[15]的研究均指出学习是理解探索式搜索的基本范式，探索式搜索的目的是在某一特定的主题领域内发展更高层次的智力能力，如完成研究报告等。同年，R. W. White 和 R. A. Roth 提出探索式搜索涉及问题情境和搜索过程两个要素，并且两者呈现着高度的交互。随着时间的推移，用户对搜索对象的知识的不确定性逐渐下降，与之相伴，搜索过程也呈现出从浏览到集中搜索的过程。在探索式搜索过程中，存在着两类主要的行为：探索式浏览和集中式搜索，并且两者可能是反复交替进行的[3]。2012 年，D. Degler 根据经验描述了用户的 7 个探索式搜索习惯[16]。B. M. Wildemuth 探讨了主观性对探索式搜索行为的影响[17]。

3 基于实验环境的探索式搜索行为研究

随着对探索式搜索认识的不断清晰和深入，基于实验环境和真实环境的探索式搜索行为研究逐渐地开展起来。研究者设计实验能够较准确地把握和控制实验环境中的各种条件，可以从多维角度来分析用户的搜索行为。由于目前尚没有成熟的探索式搜索系统，因此，基于实验环境的研究主要是指设计符合探索式搜索定义及特点的任务，利用现有的搜索工具展开搜索。研究内容可概括为行为主体、搜索任务、搜索过程、认知和影响因素等维度。研究方法上，采用多种数据采集方法和数据分析方法，数据采集方法主要有问卷调查法、访谈法、日志收集法、屏幕录像法、有声思维法、眼动跟踪法；数据分析方法主要包括统计分析法、日志分析法、眼动数据分析法等。

3.1　行为主体维度

行为主体是实施搜索行为的人，其年龄、性别、学历、知识、个人习惯与兴趣等特征各不相同。目前，从该维度进行的研究主要集中在领域知识对搜索行为的影响以及搜索过程中的兴趣特点上。2010 年，Kang Ruogu 和 Fu Waitat 对领域专家和新手利用传统搜索引擎和社会化标注系统时的探索式搜索行为进行了对比研究。结果显示：专家更多地依靠自己的领域知识生成搜索提问，而新手更多地受到系统中所提供线索的影响；专家更擅长解释社会标签和确定关键词，因此，他们能更容易地找到一般或特定的信息；专家们在书签和标签的选择上比新手更具一致性。说明领域专门知识在指引人们找到和评估信息时起着重要作用[18]。2012 年，Tan Bin 等通过挖掘搜索历史发现探索式搜索中用户表现出持久的、探索性的搜索兴趣，并据此建立了基于搜索兴趣的检索模式。实验结果发现，该模式能为用户推荐新的相关信息[19]。

3.2　搜索任务维度

从搜索任务维度进行的研究主要集中在对探索式搜索任务特点的分析、任务的设计及任务复杂度对行为的影响上。B. Kules 等人认为探索式搜索任务的设计是开展其行为研究乃至进行探索式搜索系统评价的关键。2008 和 2009 年，B. Kules 和 R. Capra 描述了探索式搜索任务应具备的特点：相对低的初始主题熟悉度、搜索过程的多次交互性、最终结果的模糊性；然后，通过挖掘图书馆联合目录中的日志文件，筛选出符合上述特点的任务，并将这些任务整合到搜索系统的任务模块中，通过用户实验来评价这些任务。该研究旨在探索一种用于任务构建的基本方法[20-21]。2011 年，A. Inthiran 等探讨了任务复杂度对探索式搜索行为的影响。他们将任务分为个人搜索任务和工作搜索任务两种，每一种又分为易、中、难 3 个级别。收集了 80 个交互搜索进程。结果表明任务复杂性会影响探索式搜索行为，且用户在个人任务中表现出不同的搜索特质[22]。2013 年，G. Singer 等人为了描述和量化探索式搜索任务的复杂性，采用日志分析法和相应的工具对用户在执行探索式搜索任务时的行为进行了评价。结果发现：在执行探索式搜索任务时，用户会同时使用多个搜索引擎；经常打开多个浏览窗口并使用粘贴板来帮助记忆、分析和综合可能有用的数据和信息；搜索过程包括多个搜索进程，且持续时间较长[23]。

3.3 搜索过程维度

目前，基于搜索过程维度的探索式搜索行为研究主要集中在对搜索策略的研究上。Yue Zhen 等人认为搜索策略可作为考查探索式搜索过程的一种方法，可看作介于宏观和微观之间的中观层面的研究。研究内容主要包括不同搜索任务下的搜索策略的差异以及不同搜索策略对搜索结果的影响。2012 年，Yue Zhen 等人对探索式搜索过程中的搜索策略进行了研究，他们设计了由 10 名研究生和 11 名本科生参加的用户实验，参加者分别以两人合作方式和个人独立方式执行探索式网络搜索任务。任务 1 是要做一个关于社会网络服务与软件的影响的报告，要求搜集相关信息；任务 2 是要求设计一次去芬兰首都赫尔辛基的旅行计划。研究者把用户行为进行分类，利用行为对和隐马尔科夫模型两种方法对搜索策略进行模型化处理，结果发现受试者在协作式和个人搜索条件下采用不同的搜索策略[24]。2013 年，Joo Soohyung 和 Xie Iris 对在数字图书馆的探索式搜索任务中搜索策略的选择对搜索结果的影响进行了研究。他们采用 Xie Iris 和 Joo Soohyung 提出的搜索策略类型[25]，对 60 名包括本科生和研究生在内的受试者进行了用户实验，并计算在一个搜索任务中应用的不同类型搜索策略的数量；基于关联分析和多元回归分析，发现浏览和对相关信息的评价两种策略会影响到搜索结果，充分的浏览更有利于发现信息[26]。

3.4 认知维度

基于认知维度的研究主要包括在探索式搜索过程中用户的学习、知识的改变以及感觉、知觉的变化规律等方面的研究。为了从认知的角度深入认识探索式搜索，验证探索式搜索过程是否是一个学习过程，2007 年，B. J. Jansen 和 B. Smith 等人采用认知科学领域的安德森和克罗斯渥尔分类法，将 41 位受试者分为 6 类；对比分析每类任务的提问词、主题、浏览时间等特点；发现搜索开始时，用户用自身背景知识对主题进行评价和创造，用搜索作为检查和验证过程；表明可以将学习看作是探索式搜索的基本范式[27]。2009 年，B. Kules 等应用眼球跟踪、刺激性回忆访谈和直接观察等方法对分类检索界面中探索式搜索者的注视行为进行探究，结果显示参加者每个任务大概有 50 秒注视检索结果，大概 25 秒注视类目，仅仅 6 秒注视提问本身，表明分类在探索式搜索过程中起到重要作用[28]。2010 年，M. Miwa 等人分析了 35 位受试者在探索式搜索前后主题相关知识结构的变化情况，并比较了不同主题、不同情景、不同认知风格对搜索前后用户知识结构的影响[29]。

3.5 影响因素维度

基于影响因素维度的研究主要集中在标签和搜索语言对行为的影响上。2007 年 D. Millen [30] 以及 2009 年 Kang Ruogu 等人研究了在探索式搜索任务中标签对搜索行为的影响。Kang Ruogu 等人选择了 32 个受试者在 CiteULike 系统上进行不同任务的搜索。研究发现：虽然最初的信息需求不同会导致搜索者在标签选择上的差异，但随着搜索者协作式地对相同资源集合进行标注，这种差异会消失，人们一般都会遵照系统中对信息内容的集体性解释。因此，标签能够促进探索式搜索[31]。2012 年，Chu Peng 等对不同语言的探索式搜索行为进行了研究。该研究调查了使用第一和第二语言网络搜索的不同。对来自第一语言英语、第二语言西班牙语的 14 位受试者和第一语言匈牙利语、第二语言英语的 17 位受试者的提问重构进行了分析和比较。结果显示，使用外语搜索需要更长的时间、更多的提问重构以及更多的网站浏览。用户反馈也表明受试者使用第一语言取得成功的搜索策略对第二语言而言并不是十分有效[32]。

4 基于真实环境的探索式搜索行为研究

基于真实环境的探索式搜索行为研究主要是指行为数据来源于根据探索式搜索特点自行设计的原型系统或试验性系统。研究主题可概括为从特定资源、特定方式、特定领域和特定目的等角度展开，以日志分析法为主要的研究方法。表现出的研究特点一是采集数据量大，二是倾向于将行为研究与系统构建结合起来。

4.1 特定资源的探索式搜索行为

除文本资源之外，对视频和人物的探索式搜索逐渐进入人们的研究视野。搜索的数据资源不同，其呈现的行为特点也不甚相同。

视频探索式搜索的行为特点表现为：用户会在多种可选方案间来回切换，希望获得潜在语义关联数据，试图发现资源之间的新关联和新知识。2008 年，M. G. Christel 针对视频探索式搜索需要多种选择方案的行为特点，将多种界面（包括以时间为轴的散点图、地区分布图、动态提问预览直方图和代表成百上千视频故事之间关系的命名实体关系图等）整合起来，并应用在新闻相关领域中，验证了其对视频探索式搜索的促进作用[33]。2011 年，J. Waitelonis 和 H. Sack 针对视频探索式搜索者希望获得潜在语义关联数据的行为特点，提出了利用关联开放数据来促进视频的探索式语义搜索[34]。同年，Pang Lei 等人针对在视频探索式搜索中用户经常需要花大量的时间来查看结果，而目前大多数搜索引擎返回结果列表几乎无法显示各结果之间关系的问题，提出利用 Galaxy 浏览器，以多种可视化方式来呈现结果，以利于搜索者在搜索过程中发现结果之间的新关联和新知识[35]。

人物搜索是近些年很活跃的研究领域，主要包括专家发现、合作者推荐、链接预测和社交匹配等。人物搜索的主要特点是目的多样性和搜索的探索性。2013 年，Han Shuguang 等提出了一种支持人物的探索式搜索任务的交互式系统。在该系统中，用户能够控制整个搜索过程，并能通过选择和调整内容相关性、候选者的权威性以及用户与候选者之间社交的相似性 3 个标准对任务目标做详细说明。研究表明，用户在提问重构和候选者选择方面表现出独特的行为特点[36]。

4.2 特定领域的探索式搜索行为

特定领域的探索式搜索行为研究主要集中在医学领域。2009 年，R. W. White 和 E. Horvitz 为了探讨网络用户如何开展探索式医学搜索，对 515 名网络用户的医学相关搜索行为进行了日志分析，发现用户对相关医学主题的关注程度与用户所查看医学内容的数量和分布状况有关；同时，发现用户在搜索过程中的焦虑情绪能够影响其搜索过程[37]。2010 年，M. A. Cartright 和 R. W. White 等人收集了 2009 年 1 ~ 6 月间用户在 Google、Yahoo！和 Microsoft's Live 等搜索引擎上与医学有关的浏览日志。按照用户的搜索内容，将搜索任务分为求证的搜索（evidence-based）和假设导向的搜索（hypothesis-directed），前者即通过症状诊断疾病，后者指为了学习有关健康和疾病知识。对两类任务的行为特点进行分析，结果发现：在求证的搜索任务中，用户集中于对细节、相关的体征和症状的搜索；在假设导向的搜索任务中，用户集中于疾病的概述、危险因素、治疗方法、不同疾病的特点与鉴别等的搜索。此外，文章还研究了用户在探索式医学搜索中目的和注意力在不同阶段的动态性变化[38]。2012 年，R. W. White 和 E. Horvitz 通过对 3 个月的搜索日志的分析，描述了用户是如何锁定特定的医学关注点以及这些关注点是如何持续和影响后续行为的；结果显示，用户常以疾病和症状开始搜索，后续受到疾病严重程度不同的影响，其行为表现也有所不同。据此，他们建立了用户行为趋势的预测模型，描绘了用户从症状到相关严重疾病的搜索趋势[39]。

4.3　特定方式的探索式搜索行为

特定方式的探索式搜索行为研究目前主要是指协同搜索。2008 年，M. R. Morris 对 204 人开展的调查显示，53.4%的被调查者有过和别人一起搜索网站的经历，26.6%的受试者每个星期至少有一次参与协同探索式搜索任务[40]。协同探索式搜索行为是指两个或两个以上用户通过某种方式对探索式搜索任务进行搜索的行为表现。这方面的研究主要从用户的实际搜索行为和搜索过程的意义构建两个方面展开。

2008 年，M. Tvarožek 和 M. Bieliková 将探索式搜索行为分为领域数据和元数据的查找，进一步精练或过滤结果，相关结果的排序；据此，提出了基于关键词的全文本、分类和基于内容 3 种方式相结合的搜索界面[41]。2011 年，J. Shelby 和 R. Capra 对协同探索式搜索中的意义构建进行了研究，这里的意义构建指的是理解、处理和综合搜索结果[42]。为了深入理解协同探索式搜索中的意义构建过程，作者对有协同探索式搜索经历的 8 名研究生开展了每人大约 45 分钟的半结构化访谈。受访谈者均被要求叙述两种环境下的搜索经历：①在工作或学校环境下；②与朋友或家人相处的私人环境下。对获得的描述信息，采用对录音进行转录和利用开放编码的方法对数据进行注释。分析的结果一是描述了协同搜索的一般过程；二是对个人意义构建和群体意义构建进行了分析。作者指出，一旦检索开始，个人的意义构建即开始。在两种环境下的协同探索式搜索中，面对面交流均非常重要。文章的研究结果还表明，在协同探索式搜索过程中对各阶段的理解十分重要。

4.4　特定目的的探索式搜索行为

特定目的的探索式搜索行为研究主要集中在网络挖掘、信息分析和科学研究数据的搜索上。2007 年，V. Pascual 和 J. C. Dürsteler 认为数据挖掘技术可以为理解网站结构提供很多可用的指标和统计学数据，但这些指标和统计学数据并不容易被解释和理解。因此，以网络挖掘为目标的探索式搜索的主要行为特点是希望多数指标能被结合在一起，以利于发现新趋势和新模式。基于此，文章建立了一个以网络挖掘为目标的探索式搜索的原型系统 WET，其主要目标是为用户提供一个工具集和可视化的表示方式以支持用户对可利用的数据进行探索和表示[43]。2010 年，J. W. Ahn 等人认为以信息分析为目的的探索式搜索的行为特点是希望得到语义相关的信息之间的关系。因此，作者提出了利用新的命名实体进行语义标注的界面——NameSieve 来支持用户在探索式搜索过程中的信息分析。该系统能透明地以实体云的方式呈现检索结果的概况，允许分析人员进一步以一种新的方式对结果进行探索。作者设计了用户研究来测评 NameSieve 的作用，结果表明语义标注信息的方法具有很高的可用性，并能促使用户搜索到更多相关的信息[44]。2012 年，J. Bernard 等探讨了科学研究数据的探索式元数据搜索。用户在利用数字图书馆进行科学数据查找时，一般采用元数据的相似性匹配的方法。用户在这个过程中不仅希望看到各元数据属性，同时也希望看到关于隐含数据的内容，即能够在数据空间中进行探索。因此，结果的可视化呈现以及搜索过程的透明化是需要解决的问题。文章针对这样的问题，提出了既考虑属性又考虑内容相似性的二维布局可视化表示方法[45]。

5 存在的问题与未来研究展望

5.1 存在的问题

探索式搜索行为是多学科领域关注的热点，但其尚处在发展的初级阶段。分析现有研究成果可知，国外探索式搜索行为研究表现出如下特点：①在研究发展上，没有呈现出明显的从理论到实践的特点，理论与应用实践研究几乎是同步进行的。②在研究内容上，探索式搜索行为研究主题较多，但没有明显的侧重点，也未呈现一定的规律性。③在研究方法上，主要采用定量和定性相结合的数据收集和分析方法，除问卷调查、访谈等传统方法外，一些新方法，如日志分析法、有声思维法、眼动分析法等也被研究者使用。

虽然国外学者对该领域的研究先行一步，但是还存在以下一些具体问题：①从理论方面来看，虽然借鉴了很多搜索行为的相关研究成果，但到目前为止，尚未形成探索式搜索行为的清晰的理论框架。②从基于实验环境的搜索行为研究来看，虽然研究者开展了多方面的研究，但缺乏各视角的多层次研究。具体表现为：行为主体方面，侧重在领域知识对搜索行为影响的研究。但行为主体的知识不仅包括领域知识，也包括搜索相关知识。因此，缺少用户搜索相关知识对搜索行为影响的研究。另外，虽然有学者对探索式搜索过程中用户的兴趣特点进行了探讨，但尚缺乏对行为主体的兴趣、爱好和习惯等对行为影响的研究。搜索任务方面，缺少对用户在完成探索式搜索任务与完成传统的搜索任务时的行为特点的比较，亦缺少对不同复杂程度的探索式搜索任务下的具体行为表现的研究。搜索过程方面，缺少对用户所采用的搜索策略的具体研究，如搜索词的选择和变迁；亦缺少对搜索过程中具体的行为动作的分类研究。认知方面，尚缺少对用户的情绪变化以及用户对网页的兴趣变化等方面的研究。③从基于真实环境的搜索行为研究来看，研究内容主要限定在某种资源、某一领域、某种搜索方式或某种搜索目的上。虽然这方面的研究以实际应用为目标，但多局限于某一行为特点，也未形成相应的搜索行为模型。

5.2 未来研究展望

虽然探索式搜索的提出具有浓重的现实应用色彩，但是，对其行为特点和规律的充分研究是形成其支持系统或工具的基础，是至关重要的。未来可能的研究方向包括：①客观行为的研究。包括对用户在探索式搜索过程中，从搜索进程、提问、网页到搜索结果的选择和评价等的具体特点和规律的研究。②认知行为的研究。包括用户在探索式搜索过程中的感觉、知觉、记忆、思维和想象等认知要素的研究；用户在探索式搜索过程中人机交互时对网页的兴趣度与关注区域的变化的研究；用户在探索式搜索过程中的思维和想象过程的研究；用户在探索式搜索过程中以及搜索前后的与搜索主题相关的知识结构变化的研究。③行为模型的构建研究。探索式搜索与传统信息搜索有着明显的区别和鲜明的自身特点，是一个交织着问题解决、学习和决策等的复杂过程。根据探索式搜索的定义和特点，结合客观行为和认知行为的具体表现，可从某一真实的搜索情境开始进行行为模型的构建研究，进而扩展到支持系统构建的、具有普适性的行为模型。

参考文献：

［1］ 中国互联网络信息中心. 第 33 次中国互联网发展状况统计报告［R/OL］.［2014 –05 –16］. http：//www. cnnic. net. cn/hlwfzyj/hlwxzbg/ssbg/201401/P02014012736 6465515288. pdf.

［2］ Marchionini G. Exploratory search：From finding to understanding［J］. Communications of the ACM, 2006, 49（4）：41 –46.

［3］ White R W, Roth R A. Exploratory search：Beyond the query-response paradigm［M］. San Rafael：Morgan & Claypool, 2009.

［4］ Wilson T D. Human information behavior［J］. Information Science, 2000, 3（2）：49 –56.

［5］ Brown M E. A general model of information-seeking behavior［C］//Proceedings of the 54th ASIS Annual Meeting. NJ：Learned Information, 1991（28）：9 –14.

［6］ Marchionini G. Information seeking in electronic environments［M］. New York：Cambridge University Press, 1995.

［7］ Bates M J. The design of browsing and berrypicking：Techniques for the online search interface［J］. Online Review, 1989, 13（5）：407 –424.

［8］ Pirolli P, Card S. Information foraging in information access environments［C］//Proceedings of the CHI' 95 ACM Conference on Human Factors in Computing Systems. New York: ACM Press, 1995: 51 –58.

[9] Pirolli P, Card S. Information foraging [J]. Psychology Review, 1999, 106 (4): 643 – 675.

[10] Kuhlthau C C. Inside the search process: Information seeking from the user's perspective [J]. Journal of the American Society for Information Science, 1991, 42 (5): 361 –371.

[11] Saracevic T. The stratified model of information retrieval interaction: Extension and application [C] //Proceedings of the ASIS Annual Meeting. Medford: Information Today, 1997: 316.

[12] Lin Shinjeng. Modeling and supporting multiple information seeking episodes [D]. New Brunswick: Rutgers University, 2001.

[13] Ingwersen P. Modified version of ingwerson complex cognitive framework of interactive IS&R [M] //Ingwersen P, Javelin K. The Turn: Intergration of Information Seeking and Retrieval in Context. Heidelberg: Springer, 2007: 274 –288.

[14] Jansen B J, Smith B, Booth D. Learning as a paradigm for understanding exploratory search [C] //Proceedings of the ACM SIGCHI 2007 Workshop on "Exploratory Search and HCI: Designing and Evaluating Interfaces to Support Exploratory Search Interaction". New York: ACM Press, 2007: 72 –75.

[15] Pirolli P. Powers of 10: Modeling complex information seeking systems at multiple scales [J]. IEEE Computer, 2009, 42 (3): 33 –40.

[16] Degler D. Seven habits of highly exploratory interaction? [C] //Proceedings of the ACM SIGCHI 2007 Workshop on "Exploratory Search and HCI: Designing and Evaluating Interfaces to Support Exploratory Search Interaction". New York: ACM Press, 2007: 68 – 71.

[17] Wildemuth B M. Subjectivity: Its role in exploratory search processes and evaluation [C] //Proceedings of the ACM SIGCHI 2007 Workshop on "Exploratory Search and HCI: Designing and Evaluating Interfaces to Support Exploratory Search Interaction". New York: ACM Press, 2007: 96 –99.

[18] Kang Ruogu, Fu Waitat. Exploratory information search by domain experts and novices [C] //Proceedings of the 15th International Conference on Intelligent User Interfaces. New York: ACM Press, 2010: 329 –332.

[19] Tan Bin, Lv Yuanhua, Zhai Chengxiang. Mining long-lasting exploratory user interests from search history [C] //Proceedings of International Conference on Information and Knowledge Management. New York: ACM Press, 2012: 1477 –1481.

[20] Kules B, Capra R. Creating exploratory tasks for a faceted search interface [C] //Proceedings of the Second Workshop on Human – Computer Interaction. Redmond: Microsoft

Research, 2009: 18 – 21.

[21]   Kules B, Capra R. Designing exploratory search tasks for user studies of information see-
        king support systems [C] //Proceedings of the 9th ACM/IEEE-CS Joint Conference on
        Digital Libraries. New York: ACM Press, 2009: 419 – 420.

[22]   Inthiran A, Alhashmi S M, Ahmed P K. Investigating interactive search behaviour of
        medical students: An exploratory survey [C] //Proceedings of the 23rd Australian Com-
        puter-Human Interaction Conference. New York: ACM Press, 2011: 56 – 165.

[23]   Singer G, Norbisrath U, Vainikko E , et al. Search-logger analyzing exploratory search
        tasks [C] //Proceedings of the 2011 ACM Symposium on Applied Computing. New
        York: ACM Press, 2011: 751 – 756.

[24]   Yue Zhen, Han Shuguang, Jiang Jiepu, et al. Search tactics as means of examining
        search processes in collaborative exploratory Web search [C] //Proceedings of the 5th
        Ph. D. Workshop on Information and Knowledge. New York: ACM Press, 2012: 59
        – 66.

[25]   Xie Iris, Joo Soohyung. Factors affecting the selection of search tactics during the Web –
        based searching process [J] . Information Processing and Management, 2012, 48 (2):
        254 – 270.

[26]   Joo Soohyung, Xie Iris. How do users' search tactic selections influence search outputs in
        exploratory search tasks? [C] //Proceedings of the 13th Annual International ACM/
        IEEE Joint Conference on Digital Libraries. New York: ACM Press, 2013: 397 – 398

[27]   Jansen B J, Smith B, Booth D. Learning as a paradigm for understanding exploratory
        search [C] //Proceedings of the ACM SIGCHI 2007 Workshop on "Exploratory Search
        and HCI: Designing and Evaluating Interfaces to Support Exploratory Search Interaction".
        New York: ACM Press, 2007: 72 – 75

[28]   Kules B, Capra R, Banta M, et al. What do exploratory searchers look at in a faceted
        search interface? [C] //Proceedings of the 9th ACM/IEEE-CS Joint Conference on Dig-
        ital Libraries. New York: ACM Press, 2009: 313 – 322.

[29]   Miwa M, Egusa Y, Saito H, et al. A method to capture information encountering embed-
        ded in exploratory Web searches [J/OL] . Information Research. 2011, 16 (3) .
        [2014 – 04 – 10] . http: //InformationR. net/ir/16 – 3/paper486. html.

[30]   Millen D, Yang Men, Whittaker S, et al. Social bookmarking and exploratory search
        [C] //Proceedings of the Tenth European Conference on Computer-Supported Coopera-
        tive Work. Berlin: Springer, 2007: 21 – 40.

[31]   Kang Ruogu, Kannampallil T, He Jibo , et al. Conformity out of Diversity: Dynamics of
        Information Needs and Social Influence of Tags in Exploratory Information Search
        [M] // Foundations of Augmented Cognition. Neuroergonomics and Operational Neuro-
        science Lecture Notes in Computer Science. Berlin: Springer, 2009, 5638: 155 – 164.

14

[32] Chu Peng, Jozsa E, Komlodi A, et al. An exploratory study on search behavior in different languages [C] //Proceedings of the 4th Information Interaction in Context Symposium. New York: ACM Press, 2012: 318 - 321.

[33] Christel M G. Supporting video library exploratory search: when storyboards are not enough [C] //Proceedings of the 2008 International Conference on Content-based Image and Video Retrieval. New York: ACM Press, 2008: 447 - 456.

[34] Waitelonis J, Sack H. Towards exploratory video search using linked data [J]. Multimedia Tools and Applications, 2011 (53): 1 - 28.

[35] Pang Lei, Tan Song, Tan Hungkhoon, et al. Galaxy browser: Exploratory search of Web videos [C] //Proceedings of the 19th ACM International Conference on Multimedia. New York: ACM Press, 2011: 803 - 804.

[36] Han Shuguang, He Daqing, Jiang Jiepu, et al. Supporting exploratory people search: A study of factor transparency and user control [C] //Proceedings of the 22nd ACM International Conference on Conference on Information & Knowledge Management. New York: ACM Press, 2013: 449 - 458.

[37] White R W, Horvitz E. Cyberchondria: Studies of the escalation of medical concerns in Web search [J]. ACM Transactions on Information Systems, 2009, 27 (4): 119 - 155.

[38] Cartright M A, White R W, Horvitz E. Intentions and attention in exploratory health search [C] //Proceedings of the 34th International ACM SIGIR Conference on Research and Development in Information Retrieval. New York: ACM Press, 2011: 22 - 28.

[39] White R W, Horvitz E. Studies of the onset and persistence of medical concerns in search logs [C] // Proceedings of the 35th International ACM SIGIR Conference on Research and Development in Information Retrieval. New York: ACM Press, 2012: 265 - 274.

[40] Morris M R. A survey of collaborative Web search practices [C] //Proceedings of the SIGCHI Conference on Human Factors in Computing Systems. New York: ACM Press, 2008: 1657 - 1660.

[41] Tvarožek M, Bieliková M. Collaborative multi-paradigm exploratory search [C] //Proceedings of the Hypertext 2008 Workshop on Collaboration and Collective Intelligence. New York: ACM Press, 2008.

[42] Shelby J, Capra R. Sensemaking in collaborative exploratory search [C] //Proceedings of the American Society for Information Science and Technology. Hoboken: Wiley Online Library, 2011.

[43] Pascual V, Dürsteler J C. WET: A prototype of an exploratory search system for Web mining to assess usability [C] //Proceedings of the 11th International Conference Information Visualization. Washington: IEEE Computer Society, 2007: 211 - 215.

[44] Ahn J W, Brusilovsky P, Grady J, et al. Semantic annotation based exploratory search for

15

information analysts ［J］. Information Processing and Management, 2010, 46 (3) : 383 – 402.

［45］ Bernard J, Ruppert T. Content-based layouts for exploratory metadata search in scientific research data ［C］//Proceedings of the 12th ACM/IEEE-CS Joint Conference on Digital Libraries. New York: ACM Press, 2012: 139 – 148.

作者简介

张云秋, 吉林大学公共卫生学院教授, 博士生导师, E-mail: yunqiu @ jlu. edu. cn。

基于浏览器日志分析的探索式
搜索行为研究*

1 背景与相关研究

  1989 年，M. J. Bates 提出的提问 – 应答式信息搜索模式已经普遍用于主要的数据资源管理系统和商业搜索引擎[1]。近些年，随着网络信息的迅速增长，人们对信息搜索系统的依赖性增强，要求不断提高，传统的信息搜索模式因其不能客观、全面地反映人机交互，忽略了在搜索过程中用户信息需求的动态性等而受到极大的挑战。2006 年，G. Marchionini 提出了探索式搜索（exploratory search）模式，认为其可用来描述一种开放的、持续的、多方面的信息搜寻的问题情境和具有机会性、反复性、多策略的信息搜寻过程[2]。探索式搜索的基本特征是：不熟悉目标领域，不清楚搜索目标，不确定达到目标的路径[3]。虽然从某种程度上说，任何真实的信息需求和实际的搜索行为都具有复杂性和探索性，一直以来也有学者对这方面展开过研究，但这一概念的提出再次将网络环境下对于复杂的信息搜索的研究引向了深入，逐渐成为信息科学、认知科学以及社会学等领域所关注的焦点。目前，该领域面临的关键问题包括行为模型的构建、搜索系统的建立以及有效的评价技术与方法的形成。其中，对探索式搜索行为的研究是基础，是系统构建的起点，也是系统评价的归宿。

  搜索行为的研究可以从多个角度展开，其中一个途径就是可以利用搜索者在搜索过程中留下的客观痕迹——日志（log）。日志中包含了用户在搜索过程中的搜索词、浏览的网页及时间等，这些均可以客观地反映用户的搜索行为。对搜索日志进行分析，深入地研究用户搜索行为的特点，可以挖掘用户的搜索规律，揭示用户的搜索意图，为提高搜索引擎的信息检索质量提供参考。

  1992 年，Zhang Xiaolin 在其博士学位论文中，利用 3 种不同的检索式

  * 本文系国家社会科学基金一般项目“基于日志与认知分析的探索式信息搜索行为研究”（项目编号：11BTQ045）研究成果之一。

（包括可以找到有明确答案的、可以找到一组能判断相关度和能解决问题的文章的、可找到一些资料但不能确定是否解决问题的），对 3 种知识状况下的学生各随机抽样 3 组进行检索，通过检索日志和追踪访谈，了解其检索过程及其心理与行为[4]。此外，一些学者通过研究搜索引擎日志，对网络搜索用户使用的提问词、点击的 URL、浏览的网页等进行分析，来探索用户的搜索行为。1999 年，C. Silverstein 等对来自搜索引擎 AltaVista 的大量提问日志中的提问词、重复的提问词及进程进行了分析，研究表明网络搜索用户的搜索行为与传统的文献查找用户的行为有着明显的区别，且传统的信息检索技术不能很好地回答网络搜索提问[5]。2004 年，A. Spink 和 B. J. Jansen 在其"Web Search：Public Searching of the Web"一书中对网络用户的搜索用词进行了分析，并结合其他层面的分析对网络搜索者的人机交互进行了描绘[6]。2006 年，T. Fagni 等利用用户与 Web 进行交互的信息，包括查询的点击数量、用户花在结果页面的时间、用户点击"下一页"的概率等来分析用户的行为，发现大部分用户只查看返回结果的第一页，用户有可能重复提交同一查询，用户点击下一页的概率是未知的，等等[7]。

国内搜索日志的研究起步相对较晚，也主要集中于对搜索引擎日志的分析。2006 年，肖颖等重点分析了中文搜索引擎用户的行为特点，包括查询的长度、词频分布、URL 点击分布、高级搜索方式使用情况等[8]。同年，王继民等基于分布式搜索引擎系统的用户点击记录，从用户点击 URL 的数量、频度频级、序号－频度关系、点击 URL 对应页面大小等方面，发现用户点击不同 URL 的数量遵从 Heaps 定律，点击 URL 的频度频级服从类 Zipf 分布，点击 URL 与页面大小相关，点击 URL 具有时间局部性，其顺序具有自相似性特征等一些具有普适性的规律，并提出了一个新的利用点击日志确定相近查询词的有效算法[9]。

此外，还有学者通过设定测试任务，在实验环境下探讨用户的搜索行为。如 2005 年甘利人等在国外用户搜索行为研究理论的基础上，通过一定的任务测试，从用户查询策略式的改变、引入新关键词的类型、同一主题使用关键词数等方面，对科技用户网络信息搜索行为进行了探索性研究[10]。笔者在前期的研究中通过对实验环境下用户在探索式搜索过程中的搜索日志的分析描述了探索式搜索的阶段性变化特点[11]。

综上，目前利用日志分析方法对探索式搜索行为进行研究的成果尚不多见。因此，本文尝试从实验环境获得受试者在探索式搜索过程中的浏览器日志，对其进行分析。

2 研究问题、目的与方法

2.1 研究问题与研究目的

本研究主要是围绕探索式搜索的关键问题之一——搜索行为展开。用户在探索式搜索过程中与提问–应答式搜索中所表现出的行为有何区别？在探索式搜索中，对于不同复杂程度的搜索任务，其行为特点又表现出何种不同？用户的搜索能力对其搜索过程是否会产生影响？这是本研究的主要问题。针对此，基本的研究思路是设计实验，对受试者按搜索能力分组，设定不同类型的搜索任务，记录其搜索过程。通过分析受试者的搜索过程来试图客观地揭示出用户在探索式搜索过程中的行为特点。研究目的旨在考察受试者在探索式信息搜索过程中的行为变化特点，为构建行为模型打下基础。

2.2 研究方法

Web 日志挖掘是将现有的数据挖掘技术应用于 Web 应用程序的日志分析过程中，旨在挖掘用户的行为特点、使用规律、兴趣偏好等，并用来改进 Web 应用的性能[12]。Web 日志是指在服务器上有关网络访问的各种日志文件，这些文件里包含了大量的用户访问信息，如用户的 IP 地址、所访问的 URL、访问日期和时间、访问路径等[13]。Web 日志分析是从网络的存取模式中获取有价值信息的过程，目前通常是对用户访问 Internet 时在服务器留下的访问记录进行分析，寻找其中蕴含的规律。然而，用户在访问 Internet 时可产生 3 种 Web 日志：服务器端日志、浏览器日志、代理服务器端日志[14]。由于通过服务器日志文件获得的信息会由于本地缓存技术而出现失真，而且有许多重要数据，诸如用户的各种浏览行为、在页面的驻留时间等，并不能从服务器日志中获取，因此对客户端日志文件的挖掘就显得尤为重要[15]。浏览器日志可以详细记录用户搜索的完整过程，包括搜索时间、输入的查询词、点击的 URL、浏览时长等。对浏览器日志的分析，可以挖掘用户搜索特点，研究用户的搜索规律，揭示用户的搜索意图，为研究用户的探索式搜索行为提供参考。因此，本文主要对浏览器日志进行分析，实验中使用 Windows XP 系统以及火狐浏览器。同时采用自主开发的火狐浏览器插件 URL_ Recorder 记录用户的浏览历史和页面浏览时间。该插件能够按照用户浏览、点击顺序准确记录用户浏览的网页标题、网页 URL、网页打开时间、关闭时间以及网页的浏览时长。通过对该日志的分析，从网页数量、检索词输入次数与内容、网页标题词、网页深度、网页浏览平均时长以及 5 分钟间隔网页数目等方面对探索式搜索行为进行分析。

19

3 实验设计与数据处理

3.1 实验设计

影响用户网络搜索行为的因素是多样的，包括任务类型与难度、用户的兴趣、搜索能力、时间以及网络环境等[16]。根据 G. Marchionini 对探索式搜索的描述，在有些时候，兴趣或好奇可能是探索式搜索开始的驱动力[2]。但兴趣驱动的搜索在实验中难以控制，对结果也难以进行统一的分析，因而本研究选择任务驱动的方式对受试者的网络搜索行为进行分析与研究。在给定的时间和网络环境相同的前提下，任务类型和搜索能力成为影响探索式搜索的最主要因素。

传统的信息搜索模式，即提问－应答模式是以检索和查询到特定的资源为主要目的的，而探索式搜索是近年来被定义的一种新的搜索任务类型，它是一种不熟悉目标领域、不清楚搜索目标、不确定达到目标的路径的任务类型。为了探讨不同的搜索任务以及复杂程度不同的相同任务类型对搜索者搜索行为的影响，本实验确定了 3 个搜索任务。任务 1 为提问－应答式搜索，即有明确答案的封闭式任务；任务 2 和任务 3 为探索式搜索，即没有明确答案的开放式任务，并且任务 2 较任务 3 的复杂程度低。任务内容及要求见表1。实验要求所有受试者依次完成三个任务，并且尽量学习，但无需刻意背诵。

表 1　实验搜索任务

序　号	内　容	要　求
1	我国 2011 年世界艾滋病日宣传主题是什么?	任务 1、2 在 15 分钟内完成，尽量学习
2	查找我国 3 个少数民族的婚嫁习惯，并进行简单比较。	
3	环境污染对日常生活的影响有哪些?	任务 3 在 30 分钟内完成，尽可能多地找出相关网页，尽量学习相关内容

受试者检索能力的高低是影响其搜索行为的一个重要因素。检索能力主要与受试者是否接受过专业训练、平时的检索习惯、学习能力等方面有关，可以通过受试者的学历、是否学习过检索课程、平时的上网检索的频率来衡量。为了探讨检索能力高低对搜索过程的影响，本研究在受试者数量的选择方面，参考了以往探索式搜索的实验的研究。2007 年，B. J.

20

Jansen 等[17] 对 41 位受试者开展了探索式搜索的实验研究；2010 年，E. Yuka 等[18] 运用概念图的方式评价了 35 位受试者探索式搜索前后知识结构的变化情况。探索式搜索本身是一种复杂的搜索行为，并不适宜采用大规模的用户实验分析，基于前人的实验研究，本实验通过"受试者信息检索能力调查问卷"筛选了 43 名在校大学生。在实验前，对所有受试者进行访谈，证实全部受试者在实验前并没有搜索过实验任务相关内容。访谈后受试者在线填写该问卷。问卷中设定的问题，例如年级、是否学习过检索课程、上网的频率、每次上网时间等可用来衡量受试者的检索能力。运用问卷星在线统计分析功能对受试者填写的实验前问卷进行统计分析，根据受试者问卷得分将其分为检索能力高、低两组（分别为组 1、组 2）。实验正式开始前实验指导者对本次实验内容及实验流程进行 10 分钟的讲解，然后实验正式开始。

3.2 数据处理

本文的基本数据处理思路是：针对浏览器日志记录的原始数据，通过数据转换、清洗，建立用于分析的数据库，对数据库中的字段进行数量统计，利用共现可视化的方法对检索词及网页内容进行呈现。本实验通过 URL-Recorder 记录原始数据，包括打开网页的网址（URL）、打开网页的标题（title）、网页打开时间（start-time）、已经打开的网页被再次激活的时间（active-time）、网页失活的时间（deactivate-time）、网页关闭的时间（end-time）、网页浏览时长（during）7 个字段。URL-Recorder 记录的原始数据以数据库格式保存，并存入 Navcat 数据库中，然后，将网页标题、网页深度、网页打开时间、网页浏览时长 4 项数据导入 Excel 中，进行进一步的统计。对网页数量、检索词输入次数和网页浏览时长利用 SPSS 进行统计学分析。对于网页深度和网页浏览时长，本实验将 URL 确定为网页的唯一标识进行去重处理，并将每一受试者的 URL 相同的网页的浏览时间进行累计。对于网页标题的处理分为两步：第一，提取含有检索词的网页标题，抽取检索词后，利用 Thomson Data Analyzer 软件统计用户检索词，按照词频排序；同时利用 TDA 的数据清洗功能结合人工干预的方法进行数据清洗，例如，将"人"、"人类"合并为"人"，"2011"、"2011 年"合并为"2011 年"等。清洗后，构建检索词共现关系矩阵。第二，利用 ICTCLAS 汉语分词系统对剩余的网页标题进行切词、抽词后，同样进行清洗，然后构建网页标题词的共现关系矩阵。最后，利用 Ucinet 可视化软件进行结果的可视化呈现。

4 结果分析

根据浏览器日志的提取结果，本文的基本分析思路是从网页和检索词展开，检索词从数量和内容两个角度分析，网页从网页深度、内容和浏览时长 3 个角度分析。首先对任务间和组间的 3 个基本数量指标的统计学差异进行分析，然后对检索词和网页做具体分析。

4.1 各统计指标概况

对受试者的网页标题数量、网页深度和网页浏览时长进行初步的统计分析，结果表明：受试者的平均浏览网页数量为 43.4 个，浏览网页的平均深度为 1.9，每个网页的平均浏览时长为 43.33 秒，见表 2。

4.2 基本指标差异分析

通过对浏览器日志的分析和整理，对受试者的浏览网页数、检索词输入次数以及平均浏览时长 3 个指标从任务间和组间两个维度进行分析。

表 2　各统计指标基本情况

指　标	均数	标准差	最大值	最小值
网页标题数量（个）	43.40	17.789	99	19
网页深度	1.90	1.104	6	1
网页浏览时长（秒）	43.33	72.916	834	1.00

4.2.1 任务间基本指标分析

首先对 3 个任务进行秩和检验，在网页数目、检索词输入次数以及平均浏览时长 3 个指标上，总体均有差异（$p < 0.05$），进而采用独立样本 t 检验进行任务间的两两比较。表 3 揭示的是不同的搜索任务以及复杂程度不同的相同任务类型对用户搜索行为的影响。从中可以看出：①探索式任务类型在网页数目和检索词输入次数上存在显著性差异，在平均浏览时长上差异不明显。由于任务 3 的完成时间比任务 2 长，而网页数目和检索词输入次数会明显受到用户操作时间的影响，因此，受试者在网页数目和检索词输入次数上存在显著性差异，而在平均浏览时长上差异却不明显。②从均值差值来看，随着任务难度的增加，受试者浏览的网页数目、检索词输入次数逐渐增加，而平均浏览时长却呈现出相反的趋势。

表3　任务间基本指标差异的比较

指　标	差异项	任务1、2之间	任务1、3之间	任务2、3之间
网页数目（个）	均值差值	6.442	26.00	19.56
	标准差	0.944	2.27	2.38
	p值	0*	0*	0*
检索词输入次数（次）	均值差值	1.977	6.279	4.302
	标准差	0.287	0.692	0.74
	p值	0*	0*	0*
平均浏览时长（秒）	均值差值	45.471	17.689	0.76
	标准差	27.692	5.752	5.45
	p值	0.414	0.028	0.989

注：*表示有显著差异，$p < 0.05$。

4.2.2　组间基本指标分析

表4揭示的是检索能力对探索式搜索行为的影响。从表4中可以看出：①检索能力在网页数目、检索词输入次数以及平均浏览时长上存在的差异不明显。这表明探索式搜索行为并不受用户检索能力高低的影响。②从均值来看，两组受试者输入的检索次数基本相同，在任务1和任务3上，检索能力较高的受试者浏览的网页更少，并且网页的平均浏览时间更长。在任务2中，受试者在以上两个指标上表现出相反的趋势。

表4　组间基本指标差异的比较

指标	分组编号（平均值）			均值差值	标准差	p值
	任务号	组1	组2			
网页数目（个）	1	2.94	4.20	1.311	0.887	0.147
	2	10.35	9.87	0.48	1.684	0.777
	3	28.55	30.61	2.059	4.504	0.650
检索词输入次数（次）	1	1.26	1.21	0.55	0.164	0.739
	2	3.53	2.96	0.568	0.555	0.312
	3	7.47	7.54	0.068	1.4	0.962
平均浏览时长（秒）	1	77.26	69.05	8.209	21.15	0.699
	2	49.66	54.34	4.68	10.45	0.655
	3	54.22	50.77	3.46	5.48	0.528

注：*表示有显著差异，$p < 0.05$。

4.3 检索词分析

检索词是受试者检索意图和需要的体现。因此,分析受试者所使用的具体检索词可客观地反映出受试者探索式搜索的探索意向。

4.3.1 不同任务类型的检索词分析

在任务1中,受试者使用的检索词均为搜索任务中的关键词,并没有进行扩展、探索等活动。在这种提问 – 应答模式的搜索任务中,受试者表现出使用检索词少、集中,无探索等行为(见图1)。

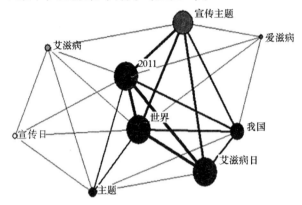

图 1　任务 1 检索词共现

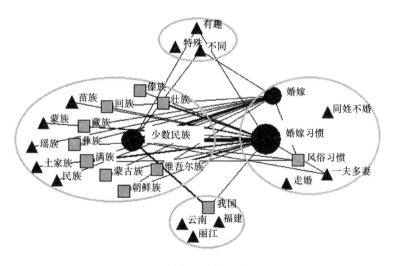

图 2　任务 2 检索词共现

24

在任务 2 中，受试者使用的检索词除了提问中的关键词，即婚嫁习惯、少数民族外，还使用了很多与此相关的词。本文将包含搜索任务中关键词的一类词定义为中心词团。如图 2 所示，在中心词团中，出现了大量的民族（如蒙古族、满族等）、少量的区域（如云南、丽江等）以及婚俗（如一夫多妻、同姓不婚等）词语。这说明受试者更倾向于选择自身知识背景较为完善的一个点来切入，从而进行该主题的进一步探索。此外，从词间的联系中可以发现，民族、区域、婚俗以及特征词之间很少直接相连，基本是通过中心关键词彼此联系。

随着任务复杂程度的增加，受试者使用的检索词数量明显增加，探索的深度与广度也随之增加。在图 3 中，检索词共现图较任务 2 更加复杂。高频词主要为环境污染、生活、影响、危害、人类、污染等。受试者从环境污染、生活和影响 3 个方面进行扩展，形成 3 个中心词团。其中"环境污染"词团，包括了各种常见的环境污染（如水污染、光污染、空气污染等）以及污染物（如氟化物、甲醛等）；在"生活"词团中，包括衣食住行、工厂等与生活相关的词；在"影响"词团中，出现的都是健康相关词汇，如健康、疾病、呼吸系统等，这与受试者的知识背景相关。在图的右下角，出现了污染的治理和具体污染事件两个词团，这两个词团并不属于任何一个中心词团，是受试者对于检索主题的更深一步的探索。任务 3 的检索词词间联系与任务 2 有明显的不同，各个中心词团内的词与其他词团中的词，不仅可以通过中心词连接，还出现大量的直接联系。

3 个任务的检索词共现图中，高频词都是搜索任务题干中的关键词，即受试者的检索入口是基本相同的，而低频检索词则是受试者探索学习的结果，是受试者探索行为的表征。受试者的探索性搜索行为是随任务复杂程度的增加而增多的。

4.3.2 不同检索能力的检索词分析

实验中，通过对两组受试者的比较，发现检索能力对于探索式搜索有一定的影响。下面以任务 3 为例，详细说明两组受试者检索词之间的差异。

图 4 和图 5 分别是任务 3 中组 1 和组 2 受试者使用的检索词的共现图。两图中出现的词团是相同的，分别为"环境污染"、"生活"、"影响" 3 个中心词团，以及"污染实例"和"防治"两个普通词团。但两组各个词团的检索词的个数和内容存在一定的差异。从检索词的数量上来看，组 1 受试者共有 53 个检索词，组 2 为 35 个；从词团内包含检索词的数量来看，组 1 每个词团内的检索词都超过组 2，且组 2 受试者使用的检索词在组 1 的词团中均可以发

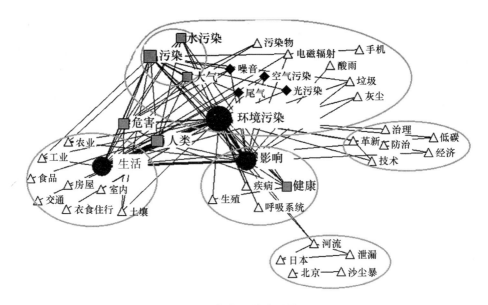

图3 任务3检索词共现

现；从词间的联系来看，在同词团内词间、不同词团内词间以及各个词团之间，组1都比组2的联系更加频繁和紧密。

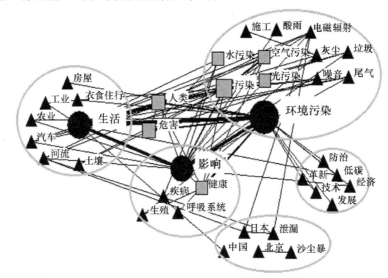

图4 任务3组1检索词共现

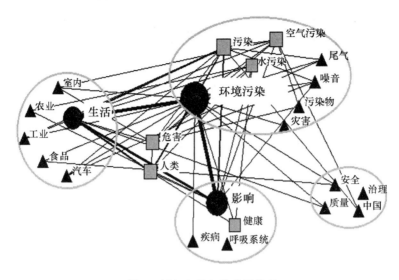

图5　任务3组2检索词共现

比较两组受试者的检索词共现图，检索能力较高的受试者，其整体的检索词分布有如下的特点：①使用的检索词数目更多；②在相同的探索方向上，探索活动进行得更加深入；③检索词间的联系更加紧密，探索活动进行得更加广泛。

4.4　网页分析

4.4.1　网页深度

为了测度受试者在搜索过程中对网络的探索程度，本实验定义了网页深度。页面深度按照 URL 来衡量，计算方法为统计其 URL 中"/"的个数。例如：http：//www. dxalrb. com/ news_ view. asp？Newsid = 10033 的深度为 1，http：//www. gyjfjs. com/qyxw/260. html 的深度为 2，以此类推。根据该计算方法，对不同深度网页的 URL 点击次数进行统计。结果显示：受试者浏览的网页深度主要为 1 和 2，占浏览网页总数的 81.04%，深度达到 3 至 6 的网页数占浏览网页总数的 18.96%。图 6 是各任务平均网页深度的比较。从各任务的平均网页深度来看，任务 1 是1.687、任务 2 是 2.276、任务 3 是 1.851，任务 2、3 均高于任务 1，其中任务 2 高于任务 3，且两个实验组的网页平均深度分布没有明显差异。这说明，在进行探索式搜索时，对复杂程度较低的任务，受试者对网页的探索更深入；在任务类型相同时，检索能力不同的受试者，其平均网页深度的差别很微小。

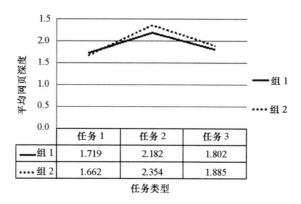

图6   各任务平均网页深度的对比

而如图7所示，在不同的任务中，不同分组在不同深度网页的浏览数量上存在差别。在任务1中，网页深度1和2的网页上，组2浏览数量略高于组1，在深度超过2的网页浏览数量上，两组几乎无差别，两组数量分布趋势基本一致，浏览数量均随着网页深度增加而减少；在任务2中，深度为1的网页上，组2略高，深度为4的网页上，组2的浏览数量明显高于组1，其他深度的网页上，两组浏览数量几乎重合，其数量分布趋势不一致。任务3中，在同一深度上，组2浏览的网页数均高于组1，两组的相同网页深度浏览量的分布趋势基本一致。由此可见，无论是提问－应答式搜索任务还是探索式搜索任务，检索能力低的受试者在相同深度的网页上浏览的数量，较检索能力高的受试者来说，会更多一些。这说明检索能力低的用户会需要更多地对检索结果进行学习和消化。

4.4.2   网页内容

受试者浏览的网页内容与使用的检索词大体上是一致的。受试者浏览网页的内容是影响受试者搜索行为和探索方向的主要因素，同时也是受试者搜索行为的外在表征。

图8、9和10呈现的分别是任务1、2和3的网页标题词共现情况。受试者的高频网页标题词都与高频检索词相同，并且反映了与搜索任务最为密切相关的网页内容。从网页的内容来看，受试者在完成3个任务的过程中，都表现出了一定的探索性。在任务1中，受试者的探索结果明显趋向于"零艾滋"这个词，而这个词是该提问－应答模式任务的答案核心词。在任务2中，受试者浏览的网页内容词，主要有3个方面：一是少数民族的名称，二是某种特色的婚俗，三是地域的名称。43名受试者选取的少数民族主要集中于回

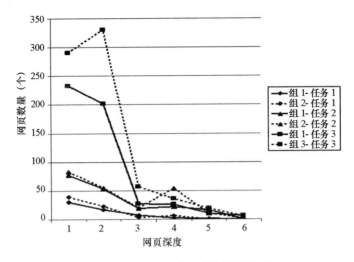

图7　各任务网页深度及其浏览量的对比

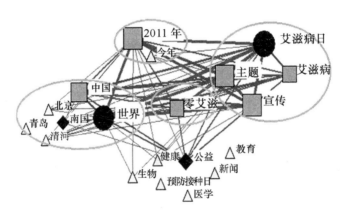

图8　任务1网页标题词共现

族、满族、藏族等10个少数民族中，这可能是受试者的知识背景以及网络环境资源共同影响的结果。受试者浏览的特殊婚俗主要集中于10种，而这种探索的相对集中性，是受到网络环境资源影响的。受试者浏览的含有地域名称的网页并没有出现在给定的任务要求中，是受试者在检索中探索出的新内容，这部分更加能够表现出受试者的探索性行为。对于复杂程度较低的探索式搜索任务，受试者受自身知识背景的影响较大，表现出相对集中的探索行为。随着任务难度的增加，任务3中，出现了大量的探索词，涉及环境污染的各个方面，并且深度不同，例如，空气污染、甲醛污染和沙尘暴。受试者探索结果的另一主要方面是污染物，包括浓烟、固体废弃物等，这部分探索结果散乱无序，而这些词也正是探索性最为明显的词。而在"日常生活"这一方面的探索结果较少，而且以污染的"受害方"的形式出现在图中，例如人类、健康、农业等。对于熟知的领域，受试者并未有太多的探索行为，原因可能是没有探索的驱动力，而另一方面可能是由搜索任务本身决定的。对比 3 个任务的共现图，受试者表现出的探索行为随任务难度的增加而更明显。对比不同任务的网页内容词共现图及其对应的检索词共现图，可以看出，受试者的网页内容词包含了其使用的全部检索词，可见探索式搜索行为对于信息环境的依赖性很高。

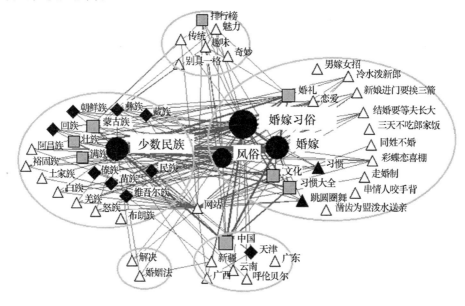

图 9　任务 2 网页标题词共现

4.4.3　网页浏览时间

在实验过程中，随着时间的延长，单位时间内受试者浏览网页的数目不断变化。本实验研究了实验开始后每 5 分钟受试者浏览网页数量的分布情况。如图 11 所示，随着时间的延长，受试者单位时间内浏览网页的个数，总体呈上升走势，这也意味着随着实验的进行，受试者浏览网页的平均时长逐渐下降。受试者在某一网页停留时间的长短，在一定程度上代表了受试者对该网页的兴趣度的大小。本实验研究了每个受试者不同主题的平均浏览时长，以获得不同组间在不同任务上的平均浏览时长。从图 12 中可以看出：①受试者

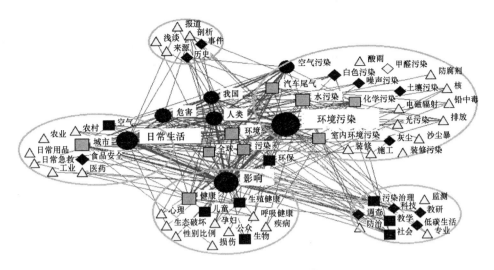

图 10　任务 3 网页标题词共现

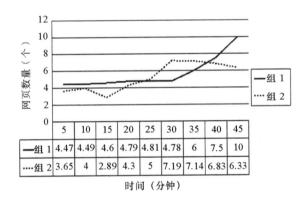

图 11　组间网页数量随时间变化情况的对比

浏览页面的平均时长大约为 1 分钟。②受试者在完成探索式任务上所表现出来的网页平均浏览时间小于完成提问 – 应答式任务所用的时间；在探索式任务中，不同难度的任务的平均浏览时间没有明显差异。③检索能力不同的受试者，其平均浏览时间也没有明显差异。

5　结　论

5.1　任务类型对搜索行为的影响

从任务类型这一维度来看，不同的任务类型对受试者的搜索行为影响较大。

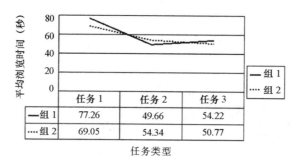

	任务 1	任务 2	任务 3
——组 1	77.26	49.66	54.22
·····组 2	69.05	54.34	50.77

任务类型

图 12　任务间网页平均浏览时间对比

与提问－应答式搜索相比，探索式搜索需要的信息量更大，因此，受试者浏览网页的数量和检索词输入的次数更多。但网页的平均浏览时间和平均网页深度并没有明显的差异，这是由于这两项指标在很大程度上受到网络用户的浏览习惯以及网页环境的影响。对于提问－应答式搜索，用户多会选择准确的检索词，快速找到答案。这一方面说明提问－应答式搜索相对简单和容易，另一方面也反映出现有的搜索引擎的检索机制以及内容覆盖范围能够很好地满足该搜索请求。而在探索式搜索中，用户多会从自身背景知识较为完善的领域选择初始检索词，并且随着浏览网页的逐渐增多而不断选择新的检索词；随着探索性搜索的进行，在难度较低的任务上，受试者探索性的知识获取发散程度比较低，而难度高的任务，受试者探索产生的结果更多，关联也更紧密。受试者浏览的网页内容与其使用的检索词呈现出相同的特点。在探索式任务中，受试者受自身知识背景的影响较大，表现出相对集中的探索行为。随着任务难度的增加，受试者的探索结果逐渐分散无序。

5.2　检索能力对搜索行为的影响

从检索能力差异这一维度来看，检索能力的强弱对受试者探索式搜索行为的影响很小。通过本文的统计检验，检索能力不同的受试者，在浏览网页数量、使用检索词次数、平均浏览时间上均无明显差异，但在受试者使用的检索词、浏览的网页内容与深度分布上，不同检索能力的受试者表现出不同的特点。检索能力较高的受试者使用的检索词数目更多，探索活动进行得更加深入和广泛。在同样的探索任务中，检索能力较高的受试者使用的切入词更为准确、统一，网页深度集中分布在 1－2 层，这是由于检索能力较高的受试者接受过检索课程训练，有基本的检索知识和技能，其网络探索的过程更加高效。

5.3　探索式搜索行为的特点

探索式搜索行为主要有以下几个特点：①受试者开始使用的切入词相同，但终止于不同的点。②进一步的探索过程中，受试者会选择较熟悉的领域再次切入，来探索整个主题的内容。③用户的探索性搜索行为是随任务难度的增加而增多的。④检索能力高的受试者操作更频繁，探索活动进行得更加深入和广泛。⑤随着检索任务难度的增加，受试者的探索性首先表现在广度上，进而在深度上有所深入。

探索式搜索存在于学习、科研和生活中的各个方面，研究其特点、分析其规律、探索其内涵有助于了解人类的探索行为，为提供更加完善的知识服务系统奠定基础，为建立探索式搜索引擎提供支持。下一步，笔者对于探索式搜索的研究，主要为探索其单个网页浏览时长对于探索结果的影响，以及受试者在探索过程中探索内容和探索行为的变化规律。

参考文献：

[1]　Bates M J. The design of browsing and berrypicking：Techniques for the online search interface［J］. Online Review，1989，13（5）：407 - 424.

[2]　Marchionini G. Exploratory search：From finding to understanding［J］. Communications of the ACM，2006，49（4）：41 - 46.

[3]　White R W，Roth R A. Exploratory search：Beyond the query-response paradigm［M］. San Rafael：Morgan & Claypool，2009.

[4]　Zhang Xiaolin. Information-seeking patterns and behaviors of selected undergraduate students in a Chinese university［D］. Ann Arbor：University Microfilms International，1992.

[5]　Silverstein C，Marais H，Henzinger M，et al. Analysis of a very large Web search engine query log［J］. SIGIR Forum，1999，33（1）：6 - 12.

[6]　Spink A，Jansen B J. Web search：Public searching of the Web［M］. Amsterdam：Kluwer Academic Publisher，2004.

[7]　Fagni T，Perego R，Silvestri F，et al. Boosting the performance of Web search engines：Caching and prefetching query results by exploiting historical usage data［J］. ACM Transactions on Information Systems，2006，24（1）：51 - 78.

[8]　肖颖，云晓春，辛毅. 基于搜索引擎蠕虫的分析与检测［J］. 计算机工程与应用，2006，42（7）：112 - 115.

[9]　王继民，彭波. 搜索引擎用户点击行为分析［J］. 情报学报，2006，2（25）：154 - 162.

[10]　甘利人，高依旻. 科技用户信息搜索行为特点研究［J］. 情报学报，2005，24

（1）：26－33.

［11］ 张云秋，安文秀，冯佳. 探索式信息搜索行为研究［J］. 图书情报工作，2012，56（14）：69－74.

［12］ 陈新中，李岩，杨炳如. Web 日志挖掘日数进展［J］. 系统工程与电子技术，2003，25（3）：492－496.

［13］ 葛蓉. 利用网络日志分析提高搜索引擎的检准率［J］. 情报科学，2004，22（10）：1250－1253.

［14］ 崔江彦. 基于 WEB 日志挖掘的用户兴趣模式研究［D］. 南京：南京航空航天大学，2010.

［15］ 王微微，夏秀峰，李晓明. 一种基于用户行为的兴趣度模型［J］. 计算机工程与应用，2012（8）：32－35.

［16］ Schacter J, Chung G, Dorr A. Children's Internet searching on complex problems：Performance and process analyses［J］. Journal of the American Society for Information Science, 1998, 49（9）：840－849.

［17］ Jansen B J, Smith B, Booth D. Learning as a paradigm for understanding exploratory search［C］// Proceedings of the ACM SIGCHI 2007 Workshop on Exploratory Search and HCI：Designing and Evaluating Interfaces to Support Exploratory Search Interaction. New York：ACM, 2007：72－75.

［18］ Yuka E, Hitomi S. Using a concept map to evaluate exploratory search：IIiX'10［C］// Proceedings of the Third Symposium on Information Interaction in Context. New York：ACM, 2010：175－184.

作者简介

冯佳，吉林大学公共卫生学院博士研究生；张云秋，吉林大学公共卫生学院教授，博士生导师，通讯作者，E-mail：yunqiu@ jlu. edu. cn。

探索式搜索行为的日志挖掘研究[*]

1 研究背景与意义

2014 年第 33 次中国互联网络发展状况统计报告[1]指出，截至 2013 年 12 月，中国网民规模达 6.18 亿人，全年共计新增网民 5 358 万人。互联网普及率为 45.8%，较 2012 年底提升 3.7%。搜索引擎用户规模达 4.90 亿，使用率为 79.3%，与 2012 年底相比增长 3 856 万人，增长率为 8.5%。基于如此庞大的搜索需求，深入挖掘用户的搜索行为特点，进而提高搜索系统的效率和准确率便显得尤其重要。

传统的信息搜索模式，即经典的提问—应答搜索模式，是有特定答案的封闭式搜索过程，不能客观、真实地、全面地反映人机交互的行为变化，忽略了用户在信息搜索过程中信息需求的动态性，因而受到了极大地挑战[2]。从某种程度上讲，任何真实的信息需求和实际的搜索行为都具有一定的复杂性和探索性[3]。早在 1989 年，美国加利福尼亚大学洛杉矶分校的 M. J. Bates 博士便提出 Berrypicking 模型，他将用户的搜索描述为"演进式搜索"[4]。1995 年，芬兰坦佩雷大学的 K. Bystrom 和 K. Jarvelin 基于日志和问卷调查，探讨了搜索任务的复杂性对信息搜索的影响，研究发现任务的复杂度、信息类型、信息来源之间具有系统性和逻辑性关系[5]。2006 年，G. Marchionini 提出探索式搜索模式，该模式描述的是一个开放、持续、动态和多面的信息搜索过程。其基本特征是：不熟悉目标领域，不清楚搜索目标，不确定达到目标的途径[6]。2009 年，R. W. White 等人对探索式搜索从定义、特点到关键问题进行了理论阐述，认为探索式搜索主要涉及学习和调查两种智力活动[7]。

相对于提问—应答式搜索，探索式搜索是无特定答案的开放式搜索过程。在探索式搜索过程中，用户对搜索对象从不熟悉到熟悉，对问题背景从不清楚到逐渐清楚，其搜索行为是持续、动态、复杂的。对探索式搜索行为展开

---

[*] 本文系国家社会科学基金一般项目"基于日志与认知分析的探索式信息搜索行为研究"（项目编号：11BTQ045）研究成果之一。

研究是构建搜索系统的基础和起点，也是搜索系统评价的归宿。搜索行为可以从多个角度进行研究，日志挖掘是其中的重要角度之一。搜索日志是用户在实施网络搜索过程中留下的客观痕迹，对于挖掘和发现用户搜索行为特点具有重要作用。1998 年，C. Silverstein 等人对英文搜索引擎的用户日志进行了大规模分析，得出的搜索行为特点对英文搜索引擎的算法改进起到了很大的促进作用[8]。2005 年，T. Joachims 等人利用"眼睛追踪"来观察用户在 Google 结果页面的浏览特点，并结合代理服务器端日志记录到的用户在结果页面的点击行为进行研究，结果表明用户的点击信息由于搜索引擎结果排序、内容展示等多方面原因而具有一定的偏向性[9]。2007 年，余慧佳等人对搜狗搜索引擎的用户日志进行了分析和研究[10]。2008 年，D. Downey 等人基于用户查询日志信息来挖掘用户查询和目标页面之间的关系[11]。2010 年，岑荣伟等人基于大规模搜索日志，从查询长度、查询修改率、点击位置分布等角度研究用户的搜索行为[12]。

目前基于日志挖掘的搜索行为研究中，针对英文搜索引擎的研究多于中文搜索引擎，且大多数采用的是大规模日志挖掘。其优点在于：①数据规模大，可以充分反映网络用户的一般搜索行为；②数据来自于真实网络环境下的搜索日志，具有客观性、真实性。但由于数据量很大，学者们大多是从"量"的角度研究，很少有人从"内容"的角度深入地分析搜索行为特点。为了更深入地探讨用户探索式搜索行为的特点，本研究针对中文搜索引擎，以实验环境下的搜索日志为分析对象，从搜索动作、网页浏览、检索式等角度对比分析了不同搜索能力的用户在不同复杂度的搜索任务中表现出的搜索行为的差异，以期为后续实验打下基础，并对搜索系统的构建和评价起到推进作用。

2 研究的问题与方法

2.1 研究的问题

本研究围绕探索式搜索行为展开，着重挖掘以下问题：和经典的提问—应答模式相比，用户的探索式搜索有哪些行为特点；对于不同复杂程度的探索式搜索任务，用户又表现出哪些行为特点；不同搜索能力对搜索行为有哪些影响。据此，本研究设计了 3 个搜索任务：1 个提问—应答式任务和 2 个不同复杂程度的探索式搜索任务，并选取了搜索能力不同的两组受试者完成搜索任务，同时记录他们的搜索日志，通过分析搜索日志来挖掘用户的探索式搜索行为特点。

2.2 研究方法

搜索日志记录着用户和搜索引擎交互的行为信息，包括用户访问的 URL、访问时间、访问路径等，是研究和分析用户行为的主要载体[13]。用户访问 Internet 时产生 3 种日志：服务器端日志、代理服务器端日志和浏览器日志，本文的日志数据来源之一是浏览器日志。为获得浏览器日志，本实验在 Firefox 浏览器上安装了 URL-Recorder 日志插件，日志插件记录内容见表 1。此外，本实验中日志的另一来源是由 SMI iviewx 系列 RED 型眼动仪记录的屏幕录像，虽然数据处理上比浏览器日志复杂，但屏幕录像记录到的是受试者完整的搜索过程，利用屏幕录像可以从更多的角度分析受试者搜索行为特点。

表 1　日志记录内容

名　　称	记录内容
title（标题）	网页标题
URL（网页地址）	用户点击网页的 URL
start（打开）	用户打开网页的时间
activate（激活）	网页激活的时间
deactivate（失活）	网页失活的时间
end（关闭）	网页被关闭的时间
during（间期）	网页浏览时长

3　实验设计

3.1 受试对象

考虑到探索式信息搜索属于一种高层次的搜索行为，因此，本研究将实验对象锁定在具有一定学历背景的人群。用户人群的层次划分较为复杂，为了简化实验以及考虑到实验的可操作性，本次实验的受试者主要选取在校本科生和研究生。以往某些类似研究中仅用"是否学习过检索课程"作为搜索能力强弱分组的依据，然而学习过检索课程的人的搜索能力未必比未接触过检索课程的人强，因此仅仅依据这一标准进行分组是不合理的。本研究设计了高校学生网络搜索能力调查问卷以辅助受试者的筛选和分组，设计时参考了 2010 年北京大学赖茂生教授的大学生信息检索能力调查问卷[14]和 2007 年同济大学王馨的网络环境下大学生信息素养现状调查问卷[15]。问卷主要涉及如下内容：个人信息、是否上过文献检索课或受过相关培训、信息意识、计算机基本技能、信息能力（侧重在网络搜索引擎使用情况）、信息评价和组织等。问卷由 14 道单选题组成，每题最高分 5 分，满分 70 分。问卷设计完毕后，为了测试问卷分组的效果及确定分组数值，选取了 30 名本科生和 30 名研究生填写调查问卷，之后为受试者布置一项搜索任务以进一步测试其搜索能力，最终证明问卷能有效区分搜索能力不同的受试者。结合学历确定受试者筛选和分组的依据如下：问卷得分 ≥56 分的研究生划分到高分组，得分 ≤35 分的本科生划分到低分组，高低分组分别代表信息搜索能力强与弱。实验中最终确定高分组 14 人，低分组 17 人。

3.2　搜索任务

为了挖掘不同类型、不同复杂程度的搜索任务对搜索行为的影响，本实验设计了 3 个搜索任务，具体搜索任务见表 2。其中任务 1 是提问—应答式搜索任务，任务 2 和 3 是探索式搜索任务，任务 2 中仅涉及"地震"一个主题，而任务 3 中涉及"环境污染"和"日常生活"两个主题，任务 3 比任务 2 的复杂程度高。

表 2　搜索任务

序号	内　容	要　求
1	2012 年 Science 的十大科学突破	2 分钟内完成
2	假定你近期将为同学做一次关于"地震"相关知识的讲座，请在网上搜集相关资料	10 分钟内尽可能多地找到相关网页并了解相关内容
3	假定下次小组活动将讨论有关"环境污染对日常生活的影响"的话题，请在网上搜集相关资料	10 分钟内尽可能多地找到相关网页并了解相关内容

4　实验结果与分析

4.1　搜索动作

4.1.1　搜索动作概况

用户在搜索过程中会表现出不同的搜索动作，这些动作可以反映出用户的搜索习惯。本研究定义了 7 个比较常见和重要的动作，并通过观看屏幕录像来统计这些搜索动作的次数，分别对比不同任务间、不同组间各个搜索动作次数的差异。如表 3 所示：

表 3　搜索动作定义

动作	描　述
搜索	搜索框内输入搜索词后点击搜索，或点击相关搜索
链接	网页之间的链接
翻页	结果页面翻页
切换	标签页面切换
返回	点击菜单栏的后退键
书签	添加或打开书签
关闭	关闭标签或窗口页面

（1）不同任务间的搜索动作。不同任务间搜索动作（个）的对比如表 4 所示：

表 4　不同任务间的搜索动作

动作	任务 1		任务 2		任务 3	
	均值	标准差	均值	标准差	均值	标准差
搜索	1. 16	0. 45	7. 00	3. 04	8. 87	4. 01
链接	2. 61	1. 33	14. 32	7. 42	16. 06	7. 88
翻页	0. 06	0. 36	1. 39	2. 43	2. 10	3. 89
切换	1. 35	1. 31	7. 61	11. 45	9. 23	10. 86
返回	0. 00	0. 00	0. 26	0. 73	0. 29	1. 13
书签	1. 29	0. 97	7. 52	5. 23	8. 06	5. 41
关闭	3. 03	1. 74	13. 32	8. 26	15. 32	8. 98

由表 4 可知，从搜索动作均值上看，3 个任务中受试者翻页和返回的次数都很少。任务 1 的 7 个搜索动作平均次数都低于任务 2 和任务 3，这可能是因为任务 1 是有特定答案的封闭式搜索任务，受试者在搜索引擎内输入任务题目即可搜索到答案，并且给予的搜索时间也不同于其他两个任务。因而任务 1 搜索次数均值大约是 1，其他动作的次数也很少，和另外两个任务的各动作次数的差异是明显的。此外，受试者在任务 3 中 7 个动作平均次数均高于任务 2，说明受试者在完成搜索任务 3 时的搜索过程更活跃。搜索任务的复杂度可能影响受试者搜索动作的行为特点，任务越复杂，搜索动作发生越多，搜索过程越活跃。

（2）不同组间的搜索动作。鉴于任务1的特点，单独讨论任务1。任务1中两组搜索动作（个）的对比如表5所示：

表5　任务1不同组间搜索动作

动作	低分组		高分组	
	均值	标准差	均值	标准差
搜索	1.06	0.24	1.29	0.61
链接	2.00	1.06	3.36	1.28
翻页	0.00	0.00	0.14	0.54
切换	0.76	1.03	2.07	1.27
返回	0.00	0.00	0.00	0.00
书签	1.18	0.73	1.43	1.22
关闭	2.00	1.17	4.29	1.49

由表5可知，两组受试者在任务1中各搜索动作平均次数都较低，高分组7个搜索动作平均次数高于低分组。两个探索式搜索任务中两组搜索动作（个）的对比如表6所示：

表6　任务2和3中不同组间的搜索动作

动作	低分组		高分组	
	均值	标准差	均值	标准差
搜索	7.41	4.07	8.57	3.04
链接	10.85	5.66	20.46	6.35
翻页	0.85	1.33	2.82	4.40
切换	5.12	6.49	12.43	14.01
返回	0.35	0.95	0.18	0.95
书签	6.50	4.14	9.36	6.12
关闭	10.15	5.85	19.39	8.79

由表6可知，两组受试者在探索式搜索任务中的翻页和返回动作次数少，高分组除"返回"次数略低于低分组外，其他各搜索动作平均次数均高于低分组。说明搜索能力高低可能会影响受试者的搜索动作。

4.1.2　点击结果位置分布

在整个搜索过程中，31名受试者共点击结果933次，其中每位低分组受试者平均点击 24 次，每位高分组受试者平均点击 37.5 次。点击率排名前 10 的结果位置（rank）见表 7，结果页面中前 3 个结果的点击率约为 54%，前 5 个结果的点击率约为 70%，前 10 个结果的点击率约为 92%，实验中搜索引擎每页默认显示 10 个结果，侧面说明受试者很少翻页。经过统计发现，31 名受试者中，有 10 人在整个搜索过程中没有翻页，8 人仅仅翻页 1 次，9 人仅翻页 2 次。21 名翻页的受试者共计翻页 51 次，其中 21 次翻页只翻看到第 2 页，最多翻看至第 6 页（共计 4 次）。可见结果位置排序的重要性，最权威、最相关、最准确的结果应该排放到前 2 页，甚至是第 1 页，即前 10 个结果，否则这些结果被翻看的概率就很小，被点击的概率则更微乎其微，这将降低搜索引擎的搜索效率和准确度。实验中 933 次点击的点击率和结果位置的关系见图 1，该图直观地显示了位于不同位置的结果的点击率，大体上点击率随着 rank 值的增长呈现下降趋势，其中 rank > 10 的结果几乎很少被点击浏览。

表 7 点击率前 10 的结果位置

rank	点击次数	点击率（%）
1	262	0.281
2	140	0.150
3	108	0.116
5	76	0.082
4	71	0.076
7	48	0.052
10	46	0.049
9	41	0.044
8	38	0.041
6	33	0.035

4.1.3 相关搜索点击率

"相关搜索"是搜索引擎所提供的重要特色服务之一，使得用户可以通过点击完成检索式的修改，在百度和谷歌中，每个结果页面最下方都提供了"相关搜索"作为参考。为测度受试者使用"相关搜索"的情况，本研究定义了相关搜索点击率，其计算方法为"被点击的相关搜索列表数"与"显示的相关搜索列表数"的商，百度和谷歌相关搜索列表中默认是 10 个相关搜索关键词，受试者点击某列表内关键词超过 1 次，即计为点击 1 次相关搜索列表。

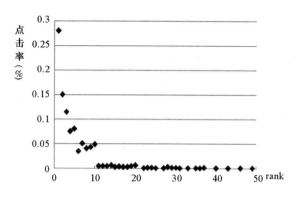

图1　点击率和结果位置的关系

经过统计，相关搜索点击率的最大值为0.68，最小值为0，平均相关搜索点击率为0.11。两组受试者在3个搜索任务中使用相关搜索的情况如表8所示：

表8　相关搜索点击率

组别	任务1		任务2		任务3	
	均值	标准差	均值	标准差	均值	标准差
低分组	0.03	0.12	0.13	0.18	0.14	0.21
高分组	0.00	0.00	0.07	0.10	0.12	0.13

从表8可知，3个任务中，低分组受试者的平均相关搜索点击率都高于高分组，说明实验中低分组受试者对相关搜索的使用多于高分组受试者；对于两组受试者，从任务1到任务3，平均相关搜索点击率增大，说明随着任务复杂度的增加，受试者可能更加倾向于参考相关搜索。

4.2　网页浏览

4.2.1　浏览网页数

利用浏览器日志统计得出平均浏览网页数（个），见表9（表中 $\overline{X}$ 和SD分别代表均值和标准差）。从平均浏览网页数来看，两组受试者在任务1中浏览的结果页面和非结果页面数目均很低，高分组浏览的结果页面数和非结果页面数均略多于低分组。两组受试者在任务3中浏览的结果页面数和非结果页面数都多于任务2，说明受试者在任务3中表现出的学习过程更活跃、探索性更强；所有任务中高分组浏览的结果页面和非结果页面数都高于低分组，说明实验中高分组受试者的搜索效率高、探索性更强。

表 9　浏览网页数 ($\overline{X}$ 和 SD)　　　　　　　　　　（单位：个）

组别	任务 1		任务 2		任务 3	
	结果页面	非结果页面	结果页面	非结果页面	结果页面	非结果页面
低分组	1.06 (0.43)	1.88 (0.99)	8.24 (3.95)	10.65 (4.14)	10.06 (3.42)	13.41 (5.55)
高分组	1.36 (0.75)	3.00 (1.18)	11.00 (5.25)	19.50 (6.85)	13.93 (5.12)	19.93 (7.04)

4.2.2　网页浏览时长

利用浏览器日志统计得出网页平均浏览时长（s），见表 10（表中 $\overline{X}$ 和 SD 分别代表均值和标准差）。任务 1 是提问—应答式任务，即使仅给定 2 分钟，受试者浏览网页的时间也较为充分，因而结果页面和非结果页面的平均浏览时间都较长。对比后两个任务，两组受试者在任务 2 中浏览结果页面和非结果页面的平均时间均比任务 3 中长，可能是因为任务 3 比任务 2 复杂，相同时间内受试者在任务 3 中表现出更高的搜索效率和更活跃的探索。对比两组受试者，任务 2、任务 3 中低分组浏览结果页面和非结果页面的时间均比高分组长，说明高分组受试者的搜索效率高、学习能力强。

表 10　网页浏览时长（$\overline{X}$ 和 SD）　　　　　　　　　　（单位：秒）

组别	任务 1		任务 2		任务 3	
	结果页面	非结果页面	结果页面	非结果页面	结果页面	非结果页面
低分组	29.62 (36.99)	35.74 (20.30)	34.64 (21.50)	35.05 (15.31)	30.31 (10.65)	24.62 (12.96)
高分组	30.09 (23.01)	15.73 (6.21)	22.42 (10.47)	18.26 (9.58)	20.21 (5.81)	12.90 (5.59)

4.2.3　网页链接深度

本研究采用"网页链接深度"来度量受试者在搜索过程中的探索程度。网页链接深度以 URL 中"/"的数量来衡量。例如：http：//news. ceic. ac. cn/zhuanti. html 的深度为 1，而 http：//www. chinaenvironment. com/view/viewnews. aspx？k = 20090609111351062 的深度为 2，以此类推。

31 名受试者共计点击浏览了 1 729 个网页，由表 11 可知，其中网页深度为 1 的网页被点击浏览最多，占 63.6%，说明最为重要和常用的网页通常都放置在首页，以减少用户点击的次数；网页深度 ≤3 的网页数达到了 1 513 个，占总网页数的 87.5%，说明信息大多数被组织在深度 3 以内的网页上；网页深度 ≤5 的网页数达到 1 691，占总网页数的 97.8%，说明用户点击浏览的几乎全部是深度 5 以内的网页，深度超过 5 的网页很少引起用户的关注。

表 11　不同深度网页的点击情况

网页深度	网页数（个）	点击率（%）
1	1 099	0.636
2	301	0.174
3	113	0.065
4	96	0.056
5	82	0.047
6	14	0.008
7	21	0.012
8	2	0.001
9	1	0.000 5

　　从图 2 可知，随着网页深度的增加，网页被点击浏览的可能性在减小，深度 8 以后的网页被点击浏览的概率更是微乎其微。

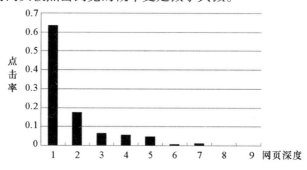

图 2　点击率和网页深度的关系

　　低分组受试者点击浏览的深度超过 3 的网页所占比例为 8.44%，高分组为 15.74%，可见高分组受试者浏览的深度大的网页的比例更高，探索程度更深。低分组任务 1 至任务 3 中平均网页深度分别为 2.20、1.73、1.42，高分组任务 1 至任务 3 中平均网页深度分别为 2.52、2.08、1.73。可见，3 个任务中高分组受试者浏览网页的平均网页深度都高于低分组，即搜索能力越强，探索程度更深；此外，随着任务复杂度的增加，受试者浏览网页的网页深度在降低，可能是因为给予相同时间时，任务越复杂，受试者就越没有时间浏览更深层的网页。

4.3 检索式

4.3.1 检索式构成

为了简便，用户通常只输入几个简短的关键词，而忽略疑问代词和连词、助词等虚词。本次实验中，在浏览器日志中仍记录到小部分短句检索式。统计检索式时去除了每位受试者搜索过程中输入的重复检索式和错误检索式，经统计，低分组受试者共提交的 253 个检索式中有 48 个短句检索式，约占 19%；高分组受试者提交的 229 个检索式中有 18 个短句检索式，约占 7.9%。可见高分组受试者书写检索式的能力强于低分组受试者。

4.3.2 检索词共现

本实验采用中国科学院计算技术研究所开发的基于多层隐马尔科夫模型的汉语词法分析系统 ICTCLAS 对检索式进行分词处理，并人工对分词后的结果进行调整，包括分词的粒度、去除无意义的词、合并同义词和近义词等。然后将检索词导入 Thomson Data Analyzer（TDA）中计算各检索词词频，并构建检索词共现矩阵，再利用 Ucinet 6 和 NetDraw 制作出检索词共现图谱。共现图中节点代表检索词，节点越大，代表该检索词词频越高；节点间的连线代表节点间联系，连线越粗，代表检索词间的联系越紧密；此外，同一类的节点被标注了同样的形状。

（1）不同任务间的检索词共现。任务 1 中受试者所提交的检索词来自于本实验所给出的任务题目，31 名受试者提交的检索词高度吻合。检索词较单一、数目少，没有表现出探索性。如图 3 所示：

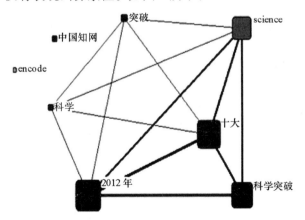

图 3　任务 1 检索词共现

任务 2 中共有检索词 122 个，为了突出重点检索词，减少非重点检索词的干扰，同时使画面简洁清晰，本实验对词频≥2 的 55 个检索词制作了共现图谱，见图 4。

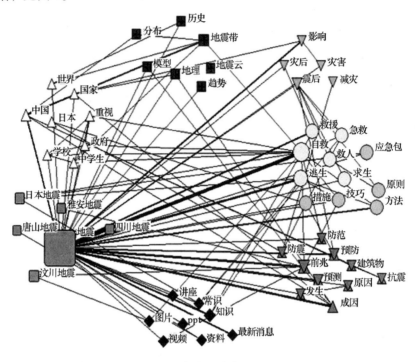

图 4　任务 2 检索词共现

除了任务题目中的关键词"地震"外，受试者提交了很多其他检索词，主要划分为七大主题：重大地震事件、地震的预测和预防、地震的逃生和救援、震后重建、地震相关知识、地震的历史和地理情况、各级政府和机构对地震的重视。这几类主题内的检索词和检索词"地震"的连线较粗，联系较紧密，可见受试者是围绕着地震的不同方面，使用更详细、深入的检索词来展开任务的探索的。检索词共现图谱表现为检索词丰富、数量多、词间联系较为紧密。

任务 3 中共有检索词 103 个，图 5 展示了词频≥2 的 45 个检索词间的网络关系。除题目中的关键词如环境污染、日常生活、影响外，受试者提交了很多其他检索词。受试者将这 3 个关键词扩展、详细化，如将环境污染细分，提交了大气污染、水污染、光污染、雾霾等更加具体的污染类型；此外受试者并没有把搜索局限在环境污染对日常生活的影响这一主题内，同时搜索了其他重要的、相关的主题，如污染源、环境保护和防治、各地环境污染状况。各类主题内的检索词和环境污染的联系较为紧密。相较于任务2，受试者在任务3中不局限于任务本身，进行了更活跃、更广泛的探索。

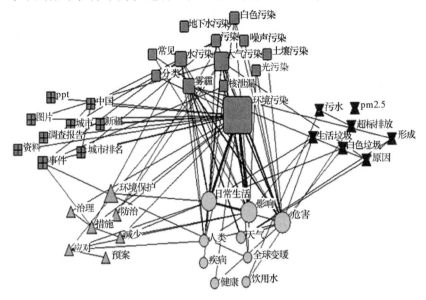

图 5　任务 3 检索词共图

综上，任务1中检索词单一、数量少，没有探索性；任务2和任务3中检索词丰富、数量多，受试者更加详细、深入地进行了搜索。除此之外，受试者在任务3中比任务2中提交了更丰富的检索词，搜索更活跃、更广泛。可见随着任务复杂程度的增加，受试者的探索行为也更加深入和开放。

（2）不同组间的检索词共现。为了探讨不同搜索能力对探索式搜索行为的影响，本研究分别给出了两组受试者任务3的检索词共现（见图6和图7）。任务3中，即使高分组人数比低分组少3人，高分组提交的检索词数目仍更多：低分组共有检索词58个，词频≥2的检索词25个；高分组共有检索词71个，词频≥2的检索词30个。此外，高分组提交的检索词更深入、细致，如高低分组"环境污染"的词频分别是42和69，人均词频为3和4.1，相对地，高分组提交了更多更详细的检索词，如大气污染、水污染、土壤污染、雾霾等。

对比图6和图7，两组受试者搜索的主题类别类似，分别包括了环境污染类型、环境污染对日常生活的影响、污染源、环境污染的防治、各地环境污

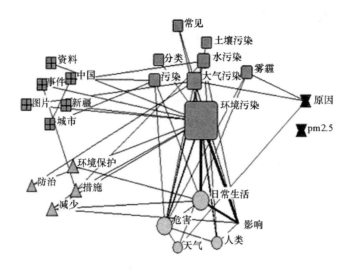

图 6   低分组任务 3 的检索词共现

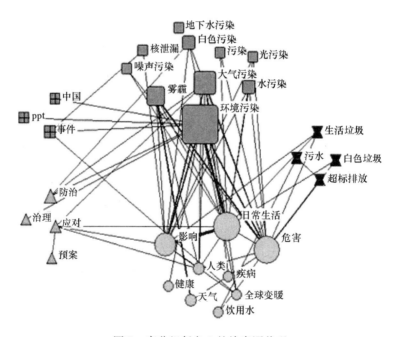

图 7   高分组任务 3 的检索词共现

染现状，但高分组主题内的节点普遍更多，即检索词更多，同时其检索词也更详细；相较于低分组，高分组共现视图中连线更多，检索词词间联系更紧密。综上，实验中搜索能力强的受试者提交的检索词更多、更细致，且检索词之间的联系更加紧密，说明搜索能力强的受试者在搜索过程中搜索效率更高、探索过程更加深入。

4.4 其他搜索行为

高分组 14 名受试者中，有 8 人使用了 Google，占 42.86%，而低分组 17 名受试者中，只有 1 人使用了 Google，占 5.88%；高低分组中使用了图片资源的人数分别为 8 和 11，分别占 57.14% 和 64.71%；高低分组中使用了视频资源的人数分别为 6 和 4，分别占 42.86% 和 23.53%；此外，在搜索过程中，一部分受试者浏览了一些权威的官方网站，如中国地震局、中国疾病预防控制中心、中华人民共和国环境保护部等，高低分组中浏览了权威官方网站的人数分别为 10 和 6，分别占 71.43% 和 35.29%。

经统计，31 名受试者在结果页面共点击了 933 条结果，结果来源于不同网站、资源，其中 161 条来自于百科，包括百度百科、维基百科、互动百科等；122 条来自于文库，包括百度文库、豆丁网、道客巴巴等；113 条来自于知道。说明百科和文库由于其系统性、完整性和较高的准确度被网络用户所信赖；百科和文库经常被排列在前几个位置也可能是高点击率的原因。知道是网友通过提问和回答的方式交流的平台，涉及各个领域，信息非常全面，也得到用户的青睐。被点击结果的来源分布如图 8 所示：

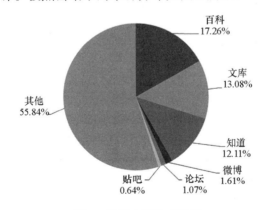

图 8 结果来源构成示意

5 结 论

通过对搜索日志的挖掘，发现搜索行为具有如下特点：探索式搜索中，受试者围绕中心主题搜索，同时探索其相关方面；随着搜索任务复杂度的增加，受试者探索行为更加深入和开放；搜索能力越强的受试者，搜索效率越高，探索范围更广、程度更深。

受试者较多地浏览百科、文库、知道、论坛等特色资源；受试者翻页动作很少，点击浏览的结果绝大部分分布在前 10 个结果位置上，因而将最匹配、最权威、最准确的结果排序在结果页面的第 1 页有助于提高搜索系统的搜索效率和准确度；用户很少点击浏览深度超过 5 的网页，将最为重要、常用、优质的网页放置在低深度的网页上，甚至是放置在首页上，将可有效减少用户点击次数，提高搜索系统的搜索效率，并改善搜索系统的用户友好性。

本研究是通过对实验环境下受试者的搜索日志进行分析来探讨探索式搜索行为的初步研究，尚存在以下两点不足：一是实验规模较小，导致数据量较小；二是虽然分析的角度较多，但不够深入。在今后的研究中，将进一步扩大受试者规模，并对每个分析角度进行更加深入的探讨，以获得更具普适性的结论。

参考文献：

[1] 中国互联网络信息中心. 第 33 次中国互联网发展状况统计报告 [R/OL]. [2014 –04 –15]. http://www. cnnic. net. cn/hlwfzyj/hlwxzbg/ssbg/201401/P02014012736 6465515288. pdf.

[2] 张云秋，安文秀，于双成. 探索式搜索中用户认知的实验研究 [J]. 情报理论与实践，2013，36（6）：73 –77.

[3] 张云秋，安文秀，冯佳. 探索式信息搜索行为研究 [J]. 图书情报工作，2012，56（14）：67 –72.

[4] Bates M J. The design of browsing and berrypicking：Techniques for the online search interface [J]. Online Review, 1989, 13 (5)：407 –424.

[5] Bystrom K, Jarvelin K. Task complexity affects information seeking and use [J]. Information Processing and Management, 1995, 31 (2)：191 –213.

[6] Marchionini G. Exploratory search：From finding to understanding [J]. Communications of the ACM, 2006, 49 (4)：41 –46.

[7] White R W, Roth R A. Exploratory search：Beyond the query-response paradigm [M]. California：Morgan & Claypool, 2009：31 –33.

[8] Silverstein C, Henzinger M, Marais H, et al. Analysis of a very large Web search engine

query log [J]. SIGIR Forum, 1998, 33 (1): 6 – 12.

[9]   Joachims T, Granka L, Pan Bing, et al. Accurately interpreting clickthrough data as implicit feedback [C] //Proceedings of the SIGIR. New York: ACM Press, 2005: 154 – 161.

[10]   余慧佳, 刘奕群, 张敏, 等. 基于大规模日志分析的网络搜索引擎用户行为研究 [J]. 中文信息学报, 2007, 21 (1): 109 – 114.

[11]   Downey D, Dumais S, Lieblin D, et al. Understanding the relationship between searchers, queries and information goals [C] //Proceedings of the CIKM. New York: ACM Press, 2008: 449 – 458.

[12]   岑荣伟, 刘奕群, 张敏, 等. 基于日志挖掘的搜索引擎用户行为分析 [J]. 中文信息学报, 2010, 24 (3): 49 – 54.

[13]   葛蓉. 利用网络日志分析提高搜索引擎的检准率 [J]. 情报科学, 2004, 22 (10): 1250 – 1253.

[14]   赖茂生, 屈鹏. 大学生信息检索能力调查分析 [J]. 大学图书馆学报, 2010 (1): 96 – 104.

[15]   王馨. 网络环境下大学生信息素养现状及培养研究 [D]. 上海: 同济大学, 2007.

作者简介

魏丽, 吉林大学公共卫生学院硕士研究生; 张云秋, 吉林大学公共卫生学院教授, 博士生导师, 通讯作者, E-mail: yunqiu@ jlu. edu. cn。

探索式搜索行为的眼动研究[*]

1 研究背景与相关研究

随着网络信息量的增长及人们信息搜索要求的增多，传统的信息搜索模式，即 1989 年 M. J. Bates 提出的提问 – 应答（query-response）模式[1]因忽略人们信息搜索要求的动态性而受到极大地挑战。2006 年 G. Marchionini 提出了探索式搜索（exploratory search）的概念，用来描述一种开放的、持续的与多方面的信息搜索的问题情境和具有机会性、反复性与多策略的信息搜索过程[1]。其特征一是不熟悉目标领域，二是不确定达成搜索目标的路径（技术或过程），三是不确定搜索目标[2]。2009 年 R. W. White 和 R. A. Roth 对探索式搜索的定义、特点及关键问题进行了理论阐述[3]。探索式搜索的提出深化了网络环境下复杂信息搜索的研究，逐渐成为多学科关注的焦点。目前，探索式搜索的研究主要从行为、系统构建及评价等方面展开，其中行为研究是基础。

根据探索式搜索的定义，在探索式搜索中，用户缺乏对相关目标领域知识的了解，其最初的信息需求是模糊的，搜索终止的条件也不清晰，整个搜索过程是一个学习、调查、决策反复交互的过程。随着探索过程的展开，用户对搜索对象从不熟悉到熟悉，其相应的感知、思维及知识结构等认知要素均有可能会发生变化。因此，从认知学的角度对用户行为进行分析更加直接。

眼动研究起源于心理学研究，是随着用户体验的兴起与技术设备的进步而发展起来的一种用户研究方法，目前主要应用于阅读研究、广告与产品设计、人机交互、可用性测试、视觉搜索与驾驶等领域[4]。眼动实验研究是通过视线追踪技术，监测用户在看特定目标时眼睛的注视和运动方向，并进行相关分析的过程。过程中需要用到眼动仪和相关软件。早期人们主要利用照相、电影摄影等方式来记录眼球运动情况，现在利用眼动仪等先进工具，可

　＊ 本文系国家社会科学基金一般项目"基于日志与认知分析的探索式信息搜索行为研究"（项目编号：11BTQ045）研究成果之一。

以得到更加精确的记录。

关于信息搜索行为的眼动研究目前主要集中在国外,国内研究成果较少。2004 年 L. A. Granka 等研究了用户对 Google 搜索结果页面不同结果摘要关注时间与点击之间的关系[5];2006 年 L. Lorigo 等研究发现任务类型与性别对 Google 搜索及结果评价有影响[6];2007 年 B. Pan 等分析了用户在 Google 中结果选择行为的影响因素[7];2008 年 L. Lorigo 等对比研究了用户在 Google 与 Yahoo! 中信息搜索行为的不同[8]。2009 年 R. Capra,B. Kules 等研究了用户对分面式馆藏书目检索结果界面不同区域的关注时间与关注顺序[9-10]。2007 年 Z. Guan 等研究了信息与导航两类任务中搜索结果不同的呈现次序对用户选择行为的影响[11];2008 - 2010 年 S. Hitomi 等研究了不同的检索单元(信息类与导航类搜索)与不同人群(研究生与本科生)对网络信息搜索行为的影响[12-14]。2005 年 R. S. Rele 等,2010、2012 年 Y. Kammerer 等分别研究了清单式与表单式结果界面对用户结果评价及选择行为的影响[15-17]。2010 年,G. Buscher 等研究发现广告等非结果部分会影响人们对结果的关注[18];2011 年 C. González-Caro 等研究发现用户主要关注检索结果部分,对于其他部分如广告等则关注少[19]。其他相关研究还有:2005 年 T. Joachims 等通过眼动实验发现点击数据对判断信息相关度有局限性[20];2009 年 Y. Kammerer 等研究了权威性认识与信息源突出显示对结果评价的影响[21],在其 2012 年的研究中也提到人们关于网络的认识对信息选择的影响;2010 年 Liu Jingjing 等研究了不同任务特性会对一些搜索行为有影响[22];2011 年 P. Gerjets 等结合有声思维与眼动实验分析了被试在自然状态与指导提示两种状态下的信息评价过程[23];2011 年徐贲在其硕士学位论文中研究了用户使用 CNKI 文献关联推荐的行为与 CNKI 文献关联推荐页面信息的呈现形式对用户选择行为的影响[24]。

从笔者查阅的资料来看,之前关于信息搜索行为的眼动实验研究对于任务的设计或者实验结果的分析均是按照 2002 年 A. Broder 提出的分类即信息类(informational)、导航类(navigational)、事务类(transactional)3 类[25]进行的,而这 3 类搜索对应的只是传统的信息搜索模式,尚无对于探索式搜索的眼动研究。此外,之前对于信息搜索的眼动研究基本上针对外文搜索引擎,针对中文的也仅见于 CNKI,未见针对通用中文搜索引擎的相关研究,而由于文化的差异,中外文搜索可能会存在一些不同。探索式搜索与提问 - 应答式即事实类搜索会有什么区别?针对中文搜索引擎的用户行为眼动研究会呈现怎样的特点?本文拟利用眼动实验方法对探索式搜索行为进行初步的探索。

2 研究目的与研究方法

本文主要研究不同信息搜索能力人群、不同搜索任务对探索式搜索行为的影响，旨在发现用户在探索式搜索过程中的一些行为特点和规律，为探索式搜索的系统构建提供一些科学依据。

本文采用实验研究的方法，以眼动记录为主，辅以问卷法与访谈法进行实验。

眼动记录法：即视觉计量法。眼睛的活动是跳跃式的，眼动（eye movements）包括注视（fixation）与眼跳（saccade）两种最基本的运动。某些时候眼睛的短暂停顿被称之为"注视"，注视之间快速的移动称之为"眼跳"。眼动仪不仅可以以视频方式记录被试的整个搜索过程，而且可以在视频中真实地记录用户的这些眼动特征。这些眼动数据从微观的角度反映了用户注意力的分布以及转移，由此可获悉用户的浏览行为和习惯，从而为了解信息搜索行为特点提供了一种研究手段。

问卷法：分为实验前问卷和实验后问卷。前问卷用于了解被试搜索习惯、常使用的搜索工具以及搜索技能等。实验前根据问卷中设定的问题，例如是否学习过检索课程、上网频率、每次上网时间、对搜索引擎的熟悉度等问题，来衡量被试的网络搜索能力，并根据问卷结果将其分为搜索能力高、低两组进行实验。后问卷主要了解被试的实验情况，如对搜索主题的熟悉度、任务完成难易度与满意度等，被试在每个搜索任务后填答。

访谈法：在被试完成实验搜索任务后对其进行访谈，进一步了解被试完成实验任务时的搜索思路与搜索过程，以辅助对实验结果的理解。

3 实验设计与数据处理

3.1 实验设计

实验为 2（被试信息搜索能力：高分组、低分组）×3（搜索任务：事实型搜索、探索式单主题搜索、探索式多主题搜索）两因素完全被试内设计。

探索式搜索属于一种相对复杂的信息搜索行为，因此实验对象选择具有一定学历背景的人群。本次实验被试在校低年级本科生及研究生中选取，采用实验前问卷了解其信息搜索能力，筛选其中高分者与低分者分组参与实验。经过筛选，共有31人参加实验，其中高分组14人，低分组17人；男生9名，女生22名，年龄均在18－25岁之间。高分组被试主要为来自图书情报专业的研究生，低分组主要为来自心理学、教育学等专业的本科生。

为了了解不同搜索任务对信息搜索过程的影响，实验设计了两种类型的搜索任务，分别为事实型搜索与探索式搜索，其中探索式搜索依据复杂性的不同又设计了单主题搜索与多主题搜索两组任务，具体搜索任务见表1。实验要求被试将搜索过程中认为有用的页面进行书签收藏。

表 1　实验搜索任务

编号	任务类型	任务内容
1	事实型搜索	2012 年 *Science* 十大科学突破是什么？
2	探索式 单主题搜索	假定你近期将为同学做一次"地震"相关知识的讲座，请在网上尽可能多地搜索并了解相关内容。
3	探索式 多主题搜索	假设你是校环保协会成员，下次小组活动大家将讨论有关"环境污染对日常生活影响"的话题，请在网上尽可能多地搜索并了解相关内容。

实验采用 SMI iView X 系列 RED 型眼动仪，采样率为 250 Hz，19 英寸液晶显示器，分辨率为 1 024×768。主机为眼动仪自带，酷睿双核，2G 内存。

实验在安静、均光的实验室进行。整个实验约 45 分钟。首先，主试利用大约 5 分钟的时间进行实验流程、实验要求说明与介绍；然后被试坐在眼动仪前依次完成 3 组实验任务，并在每组任务完成后填答实验后问卷，任务 1 搜索时间为 2 分钟，任务 2、3 分别为 10 分钟；3 组任务完成后主试根据实验搜索过程进行实验后访谈，实验结束。

3.2　数据处理

眼动数据利用 SMI Begaze 软件进行收集处理。所有实验结果数据运用 SPSS 17.0 软件进行数据分析，显著性差异标准为 0.05。对于符合正态分布且方差齐性的数据采用方差分析；其他数据运用秩和检验。

本文除对实验整体任务即 3 组任务间进行结果数据统计比较外，还特别对探索式搜索任务间即任务 2、3 的结果数据进行了比较。

4　实验结果与分析

实验对被试搜索行为与眼动数据进行了统计分析，其中眼动数据又从任务类型与兴趣区两个角度分别进行了对比分析。

4.1　信息搜索行为数据分析

用户在网上搜索时会呈现不同的行为，如搜索、浏览、点击链接、关闭页面等，这些行为的多少在一定程度上反映了用户对网页提供的各项功能的使用情况，也反映出用户某些信息搜索习惯。笔者将信息搜索过程中搜索、链接、翻页、切换、返回、书签、关闭 7 种比较常见的行为进行定义划分，并通过实验屏幕视频资料对其出现的次数进行了统计。浏览行为虽然在信息搜索中最为常见，但是由于无法区分统计，本实验并未对其进行相关研究。实验中研究的搜索行为划分如表2所示：

表2　信息搜索行为定义

行为	定　义
搜索	在搜索框中输入搜索词搜索或者点击相关搜索
链接	点击页面链接，进入另一页面，此处不包括相关搜索
翻页	搜索结果页面的翻页
切换	标签页面切换
返回	点击菜单栏返回键
书签	添加或打开书签
关闭	关闭标签或窗口页面

表3是信息搜索行为个数均值比较表，表中数值单位为次。从表中数据来看，在实验过程中，被试返回、翻页行为相对比较少，翻页少表明被试倾向于更多地关注搜索结果首页内容；高分组被试比低分组被试在几乎每个实验任务中都表现出更多相应的信息搜索行为；随着任务从事实型到探索型、单主题到多主题的转换，被试也表现出越来越多的信息搜索行为。

表3　信息搜索行为个数均值比较（$\overline{X}$与SD）　　　（单位：次）

行为	低分组			高分组		
	任务1	任务2	任务3	任务1	任务2	任务3
搜索	1.06 (0.24)	6.35 (2.64)	9.24 (4.58)	1.29 (0.61)	7.79 (3.40)	9.36 (2.50)
链接	2.00 (1.06)	10.12 (5.06)	12.76 (5.82)	3.36 (1.28)	19.43 (6.66)	21.50 (6.09)
翻页	0.00 (0.00)	0.76 (1.30)	0.94 (1.39)	0.14 (0.53)	2.14 (3.23)	3.50 (5.36)
切换	0.76 (1.03)	4.59 (7.03)	5.65 (6.08)	2.07 (1.27)	11.29 (14.66)	13.57 (13.77)
返回	0.00 (0.00)	0.47 (0.94)	0.29 (0.99)	0.00 (0.00)	0.00 (0.00)	0.36 (1.34)
书签	1.18 (0.73)	6.06 (4.21)	7.35 (3.76)	1.43 (1.22)	9.29 (5.94)	9.43 (6.52)
关闭	2.00 (1.17)	9.41 (4.82)	12.12 (6.60)	4.29 (1.49)	18.07 (9.20)	20.71 (8.48)

表4是信息搜索行为显著性检验结果。3组任务间比较时，对于不同组间的比较，搜索、返回行为用方差分析，其他用秩和Mann-Whitney检验；对于不同任务间的比较，所有行为均用秩和Kruskal-Wallis检验。经统计分析，不同组间链接、翻页、切换、关闭行为有统计学差异；不同任务间除

返回外，搜索、链接、翻页、切换、书签、关闭行为有统计学差异。以上结果表明，实验中，信息搜索能力可能会影响被试打开、关闭或切换页面以及翻页的行为；任务的不同类型对被试除返回外的其他搜索行为可能会有影响。

探索式搜索任务间比较时，翻页、返回用秩和 Mann-Whitney 检验，其他行为指标用方差分析。经统计分析，不同组间链接、翻页、切换、书签、关闭有统计学差异；不同任务间搜索行为有统计学差异。以上结果表明，实验中，高分组被试比低分组被试表现出更多的链接、翻页、切换、书签、关闭行为，即他们会打开或关闭更多的页面，在不同标签间有更多的跳转，收藏更多的书签以及更常使用结果页面的翻页功能；多主题探索式任务要比单主题搜索任务有更多的检索行为。

表4　信息搜索行为显著性检验结果（F/Z）

行为	三组任务间		探索式任务间	
	不同组	不同任务	不同组	不同任务
搜索	0.42	59.78 **	0.80	7.00 **
链接	− 3.47 **	56.92 **	36.68 **	2.59
翻页	− 2.06 *	20.90 **	− 2.06 *	− 0.99
切换	− 3.07 **	16.66 **	7.28 **	0.36
返回	0.69	3.92	− 1.65	− 0.33
书签	− 1.01	39.77 **	4.17 *	0.36
关闭	− 3.46 **	50.23 **	21.72 **	2.11

注：$*P < 0.05$　　$**P < 0.01$

4.2　眼动数据分析

4.2.1　基于任务的眼动数据分析

实验对被试的注视点频率及平均时长（fixation frequency、fixation duration average）进行了统计分析。这些指标可以反映被试在整个任务搜索过程中眼睛的注视及转移情况，其中注视点频率具体反映了用户对信息的获取和判断速度；注视时长受信息对用户的重要程度以及用户对信息理解难易度的影响。表5为统计结果：

表5　基于任务的眼动数据均值比较表（$\overline{\text{X}}$ 与 SD）

眼动指标	低分组			高分组		
	任务1	任务2	任务3	任务1	任务2	任务3
注视点频率 （个/秒）	2.26 (0.49)	2.61 (0.33)	2.46 (0.35)	2.54 (0.42)	2.8 (0.31)	2.89 (0.34)
注视点时长 （毫秒）	243.24 (53.81)	264.15 (48.19)	271.65 (73.65)	256.29 (50.00)	243.01 (47.04)	251.93 (48.57)

从表5可以看出，在实验过程中，被试注视点平均每秒2.2－2.9个，注视点平均时长240－280毫秒；高分组被试比低分组被试注视点频率要高，但是注视点时长相对较短。

表6是基于任务的眼动数据显著性检验结果。两个眼动指标正态分布方差齐性，进行多因素方差分析。3组任务比较时，注视点频率在不同任务、不同组间具有统计学差异，表明任务的类型、信息搜索能力对被试注视的频率可能会有影响；在探索式搜索任务中，注视点频率在不同组间有显著性差异，高分组被试在搜索中眼睛注视点频率比低分组高，表明在实验过程中信息搜索能力影响眼睛注视点的转移速度，高分被试倾向于更快地对信息做出判断。

表6　基于任务的眼动数据显著性检验结果（F）

眼动指标	3组任务间		探索式任务间	
	不同组	不同任务	不同组	不同任务
注视点频率	14.43**	6.02**	12.82**	0.21
注视点时长	0.66	0.48	2.06	0.33

注：$*P < 0.05$　　$**P < 0.01$

4.2.2　基于兴趣区的眼动数据分析

这一部分数据主要通过了解用户在页面不同区域注意力的分布情况来研究用户在搜索引擎结果页面表现出的行为特征，实验中通过划分不同的兴趣区来区分页面不同的区域。首先，根据研究目的，对搜索结果页面划分不同的兴趣区。根据结果页面的不同功能来划分兴趣区，除命中结果外，还希望了解被试对菜单、标签、地址栏、搜索栏、搜索功能区、相关检索、二次检索区等的关注情况。兴趣区具体划分情况见图1（图中兴趣区的划分以百度搜索结果页面为例，其他搜索引擎结果页面的划分参考例图）。

图 1 兴趣区划分示例

图 1 中兴趣区从上到下、从左到右的划分详见表 7。

表 7 兴趣区划分

编号	兴趣区
1	菜单区
2	标签区
3	后退键
4	地址栏
5	书签快捷键
6	提问栏
7	搜索引擎功能区
8	搜索栏
9	结果区 1－10 **
10	页面选择区
11	相关搜索区
12	页面底部搜索栏
13	二次检索区

注：**不同结果为独立兴趣区，本实验只关注结果首页的前 10 个命中结果，分别标记序号为 1－10。

其次，选取兴趣区的平均凝视时间（dwell time）为眼动分析指标。凝视时间指被试眼睛在兴趣区停留的时长，指标数值越大，表明该区域信息能引起用户更多的注意，对用户来说更为重要。整个实验以不同搜索为比较基准，3 组任务共收集分析结果页面 300 多页。

表 8 为不同兴趣区平均凝视时长均值比较表，3 组任务中平均凝视时长均小于 100 毫秒的兴趣区如菜单区、后退键、提问栏、书签快捷键、搜索引擎功能区、二次检索区没有列出，这些区域在被试搜索过程中关注较少。

表 8　不同兴趣区平均凝视时长均值比较（$\overline{X}$ 与 SD）　（单位：毫秒）

兴趣区	低分组			高分组		
	任务 1	任务 2	任务 3	任务 1	任务 2	任务 3
1	2 490（1 437）	2 690（1 935）	3 193（1 904）	2 513（1 527）	1 527（634）	1 624（791）
2	1 596（1 583）	2 048（1343）	2 170（1 707）	1 637（1 098）	1 255（669）	1 157（669）
3	1 013（1 246）	1 546（792）	1 985（1 518）	1 617（1 297）	1 161（555）	947（652）
4	528（660）	1 410（1 056）	1 079（741）	1 177（1 117）	892（580）	790（695）
5	664（1 258）	1 228（1 106）	1 032（982）	1 045（1 256）	1 102（581）	881（648）
6	340（900）	873（894）	978（1 319）	811（826）	766（522）	696（565）
7	169（431）	986（837）	782（824）	567（888）	661（492）	645（488）
8	186（464）	657（574）	1 316（2 788）	874（1 102）	625（534）	665（551）
9	145（425）	722（775）	831（1 530）	971（1 502）	655（449）	556（486）
10	22（77）	556（669）	509（620）	1 135（1 399）	1 077（1 340）	702（668）
地址栏	135（328）	107（104）	230（286）	30（53）	32（44）	62（72）
面选择区	0（0）	130（178）	213（439）	8（19）	93（142）	151（178）
关搜索区	0（0）	859（1 242）	995（1 752）	196（248）	585（791）	691（527）
搜索栏	515（786）	544（500）	774（753）	398（524）	260（203）	539（369）
页面底部搜索栏	0（0）	180（314）	184（329）	24（34）	208（320）	97（251）
标签区	111（287）	189（172）	178（219）	326（457）	74（77）	149（153）

由表 8 可见，被试在搜索过程中主要关注命中结果，且关注的时长受结果排序的影响，排在前面的结果一般吸引被试更多的关注，但高分组被试对兴趣区 9、10 的关注不遵循这一规律；对于不同命中结果，在任务 1 中高分组对各个结果关注时长比低分组要长，在任务 2、3 中正好相反，即在事实型

搜索中，高分组被试趋向于更细致地浏览命中结果，在探索式任务中，高分组趋向于对结果更快地做出判断；在探索式任务中，被试对单主题任务结果的关注时长普遍比多主题的长。对于其他的兴趣区，高分组被试普遍比低分组被试关注时间短，特别是对于地址栏表现得更为明显，表明高分组被试注意力主要集中在命中结果上。

表 9 为不同兴趣区平均凝视时长显著性检验结果。凝视时间在 3 组任务间比较时，不同组间兴趣区 1、9、10 及地址栏有显著性差异，不同任务间兴趣区 1-4 无显著性差异，其他兴趣区间均有显著性差异，即信息搜索能力可能影响被试对兴趣区 1、9、10 及地址栏的关注，任务类型对兴趣区 1-4 的关注时间影响不大，但对于其他结果及区域可能会有影响。

凝视时间在探索式任务间比较时，不同组间兴趣区 1 及地址栏有显著性差异，不同任务间仅搜索栏有

表 9 不同兴趣区平均凝视时长显著性检验结果（F/Z）

凝视时间	3 组任务间		探索式任务间	
	不同组	不同任务	不同组	不同任务
1	8.28 **	0.46	− 2.73 **	− 9.22
2	4.87	0.06	− 1.69	− 0.18
3	1.02	1.91	− 1.01	− 0.50
4	0.12	1.43	3.94	1.27
5	1.01	8.39 *	0.39	0.88
6	2.96	9.13 **	0.71	0.01
7	0.55	20.53 **	1.71	0.46
8	2.15	12.16 **	0.76	0.95
9	4.46 *	18.42 **	0.50	0.00
10	6.34 **	11.69 **	2.69	0.81
地址栏	5.13 *	14.96 **	5.13 *	1.66
页面选择区	1.80	34.30 **	0.52	1.11
相关搜索区	0.38	18.18 **	0.88	0.16
搜索栏	1.77	8.33 *	1.77	4.89 *
页面底部搜索栏	0.22	10.27 **	0.14	0.39
标签区	0.00	7.85 *	2.85	0.43

注：* $P < 0.05$　** $P < 0.01$

显著性差异；结合均值表可见，在探索式搜索任务中，低分组被试对兴趣区1及地址栏的关注时间比高分组长；被试在多主题探索式搜索任务中对搜索区的关注时间比单主题任务多，其可能原因是多主题搜索任务搜索词的选择需要更多的思考时间。

5　结　论

本文综合运用眼动记录、问卷调查与访谈的方法，从宏观与微观的角度对不同搜索能力的两组被试在三组搜索任务中的搜索行为进行了描述与统计分析，综合实验结果发现：从搜索能力的维度来看，搜索能力对大多数搜索行为、注视频率有较大的影响，对注视时长及不同兴趣区的影响不大。从任务的维度看，搜索任务类型（事实型与探索式）对搜索行为、注视频率、对除搜索结果前4项外其他区域的关注影响比较大，但探索式搜索的复杂度对搜索行为、注视时长以及结果界面不同区域的关注影响不大。

探索式搜索行为的眼动研究对探索式搜索系统的构建有一定的借鉴意义。眼动追踪的方法可以帮助我们关注到用户更细微的搜索过程，结合网络日志如具体点击数据可以更加深入地了解用户搜索过程中认知的变化，进一步了解用户对信息的选择与评价过程，这些认识有助于研究人员，特别是系统设计人员更好地分析理解网络日志等反馈的信息，进而改良搜索引擎的功能，给用户更好的搜索体验。

由于受实验条件的限制，本文研究的局限性与不足之处有：实验对象仅仅选取在校学生，人群单一，数量有限；实验中使用的搜索引擎大多为百度，缺乏与不同引擎的对比；在实验条件下的搜索行为与自然的搜索行为也可能存在一定的差异，因此实验结果的普适性还需要进一步的验证。未来的研究中，我们将会选取不同年龄段、不同文化背景的人群参与实验，对比分析不同引擎之间搜索行为的差异。

参考文献：

[1]　Bates M J. The design of browsing and berrypicking: Techniques for the online search interface [J]. Online Review, 1989, 13 (5): 407 – 424.

[2]　Marchionini G. Exploratory search: From finding to understanding [J]. Communications of the ACM, 2006, 49 (4): 41 – 46.

[3]　White R W, Roth R A. Exploratory search: Beyond the query-response paradigm [M]. Sam Rafael: Morgan & Claypool, 2009: 16 – 18.

[4]　蒋波，章菁华. 1980 – 2009 年国内眼动研究的文献计量分析 [J]. 心理科学，2011 (1): 235 – 239.

[5]   Granka L A, Joachims T, Gay G. Eye-tracking analysis of user behavior in WWW search
        [C] //Proceedings of the 27th Annual International ACM SIGIR Conference on Research
        and Development in Information Retrieval. New York: ACM, 2004: 478 – 479.

[6]   Lorigo L, Pan Bing, Hembrooke H, et al. The influence of task and gender on search and
        evaluation behavior using Google [J] . Information Processing & Management, 2006, 42
        (4): 1123 – 1131.

[7]   Pan Bing, Hembrooke H, Joachims T, et al. In Google we trust: Users' decisions on
        rank, position, and relevance [J] . Journal of Computer-Mediated Communication,
        2007, 12 (3): 801 – 823.

[8]   Lorigo L, Haridasan M, Brynjarsdóttir H, et al. Eye tracking and online search: Lessons
        learned and challenges ahead [J] . Journal of the American Society for Information Sci-
        ence and Technology, 2008, 59 (7): 1041 – 1052.

[9]   Kules B, Capra R, Banta M, et al. What do exploratory searchers look at in a faceted
        search interface? [C] //Proceedings of the 9th ACM/IEEE – CS Joint Conference on Dig-
        ital Libraries. New York: ACM, 2009: 313 – 322.

[10]   Capra R, Kules B, Banta M, et al. Faceted search for library catalogs: Developing
        grounded tasks and analyzing eye-tracking data [C] //Proceeding of the Workshop on
        Understanding the User-Logging and Interpreting User Interactions in Information Search
        and Retrieva. Tilburg: CEUR-WS, 2009: 16 – 18.

[11]   Guan Zhiwei, Cutrell E. An eye tracking study of the effect of target rank on Web search
        [C] //Proceedings of the SIGCHI Conference on Human Factors in Computing Systems.
        New York: ACM, 2007: 417 – 420.

[12]   Terai H, Saito H, Egusa Y, et al. Differences between informational and transactional
        tasks in information seeking on the Web [C] //Proceedings of the Second International
        Symposium on Information Interaction in Context. New York: ACM, 2008: 152 – 159.

[13]   Saito H, Terai H, Egusa Y, et al. How task types and user experiences affect informa-
        tion-seeking behavior on the Web: Using eye-tracking and client-side search logs
        [C] //Understanding the User-Logging and Interpreting User Interactions in Information
        Search and Retrieval (UIIR – 2009) . Tilburg: CEUR-WS, 2009: 19 – 22.

[14]   Saito H, Takaku M, Egusa Y, et al. Connecting qualitative and quantitative analysis of
        Web search process: analysis using search units [C] //Proceedings of the 6th Asia In-
        formation Retrieval Societies Conference . Berlin: Springer, 2010: 173 – 182.

[15]   Rele R S, Duchowski A T. Using eye tracking to evaluate alternative search results inter-
        faces [C] //Proceedings of the Human Factors and Ergonomics Society Annual Meet-
        ing. Los Angeles: HFES, 2005, 49 (15): 1459 – 1463.

[16]   Kammerer Y, Gerjets P. How the interface design influences users' spontaneous trustwor-
        thiness evaluations of Web search results: Comparing a list and a grid interface [C] //

Proceedings of the 2010 Symposium on Eye-Tracking Research & Applications. New York: ACM, 2010: 299 – 306.

[17] Kammerer Y, Gerjets P. Effects of search interface and Internet-specific epistemic beliefs on source evaluations during Web search for medical information: An eye-tracking study [J] . Behaviour & Information Technology, 2012, 31 (1): 83 – 97.

[18] Buscher G, Dumais S T, Cutrell E. The good, the bad, and the random: An eye-tracking study of ad quality in Web search [C] //Proceedings of the 33rd International ACM SIGIR Conference on Research and Development in Information Retrieval. New York: ACM, 2010: 42 – 49.

[19] González-Caro C, Marcos M C. Different users and intents: An eye-tracking analysis of web search [C] //Proceedings of the 4th ACM International Conference on Web Search and Data Mining. New York: ACM, 2011: 9 – 12.

[20] Joachims T, Granka L, Pan Bing, et al. Accurately interpreting clickthrough data as implicit feedback [C] //Proceedings of the 28th Annual International ACM SIGIR Conference on Research and Development in Information Retrieval. New York: ACM, 2005: 154 – 161.

[21] Kammerer Y, Wollny E, Gerjets P, et al. How authority-related epistemological beliefs and salience of source information influence the evaluation of Web search results – An eye tracking study [C] //Proceedings of the 31st Annual Conference of the Cognitive Science Society. New York: ACM, 2009: 2158 – 2163.

[22] Liu Jingjing, Cole M J, Liu Chang, et al. Search behaviors in different task types [C] //Proceedings of the 10th Annual Joint Conference on Digital Libraries. New York: ACM, 2010: 69 – 78.

[23] Gerjets P, Kammerer Y, Werner B. Measuring spontaneous and instructed evaluation processes during Web search: Integrating concurrent thinking-aloud protocols and eye-tracking data [J] . Learning and Instruction, 2011, 21 (2): 220 – 231.

[24] 徐贲. CNKI 文献关联推荐用户选择行为的实验研究 [D] . 杭州: 浙江师范大学, 2011.

[25] Broder A. A taxonomy of Web search [J] . SIGIR Forum, 2002, 36 (2): 3 – 10.

作者简介

王宇, 吉林大学公共卫生学院博士研究生, 大连医科大学图书馆馆员, E-mail: wy410@ 163. com;

张云秋, 吉林大学公共卫生学院教授, 博士生导师。

基于日志与认知分析的探索式
医学搜索行为研究[*]

1 引 言

2006 年，G. Marchionini 提出了网络环境下新的搜索模式——探索式搜索（exploratory search）。该搜索模式是指用户最初的信息需求是模糊的，缺乏检索对象的相关知识，需要多次交互，目标变化，搜索终止的条件不清晰，其搜索过程是一个不断学习、调查、决策的交互过程[1]。探索式搜索的提出再次将网络环境下对于复杂信息搜索的研究引向了深入，并逐渐成为多学科关注的焦点。探索式搜索模式区别于 1989 年 M. J. Bates 提出的提问 – 应答模式[2]，其基本特征是：不熟悉目标领域，不清楚搜索目标，不确定达到目标的路径。目前，对探索式搜索的行为研究是该领域研究的重点和热点[3]。

近年，网络在线医学资源日益增加，人们对搜索系统的依赖性也越来越强。2011 年的一项调查显示，有 80% 的网络用户会运用网络资源搜索和学习医学或健康信息，可见搜索引擎在医学领域的应用越来越重要，越来越普及[4]。医学搜索是典型的特定领域的搜索，是一个比较复杂的过程，网络中仅有一些目标信息及通用搜索引擎是无法很好地满足用户医学信息需求的[5]，且大多数医学搜索需要进行多角度、长期的搜索，过程具有探索性。因此，研究探索式医学搜索行为不仅能够进一步丰富探索式搜索的研究，而且能够为建立和完善探索式搜索系统提供参考和支持。

本文的主要研究问题是用户在探索式医学搜索过程中表现出了哪些特点和规律，不同的搜索角度是否影响用户的搜索过程。为了便于研究和分析，本文从医学专业的角度将搜索主题的方面，如预防、诊断、治疗等定义为组面。本文旨在运用多种技术和方法，从日志与认知分析两个层面展开，发现用户探索式医学搜索过程中的特点和规律，构建探索式医学搜索行为与认知

* 本文系国家社会科学基金项目"基于日志与认知分析的探索式信息搜索行为研究"（项目编号：11BTQ045）研究成果之一。

65

模型，从而进一步深入认识探索式搜索，为建立和完善探索式医学搜索引擎提供参考。

2 研究述评

国内外相关领域的专家、学者一直关注并开展着复杂信息搜索行为、探索式搜索及探索式医学搜索行为的研究。

2004 年，A. Spink 等分析了从多个搜索引擎公司获得的医学/健康查询词，开展了搜索词分析，发现人们通过搜索引擎开展相关的复杂医学搜索[6]。2005 年，H. Müller 等对 18 位医学专家的图片、可视化医学信息的搜索情况进行了问卷调查，发现医学专家常会进行医学图片搜索，从而完成诊断、制定治疗计划、研究、教学等任务[7]。2006 年，K. A. McKibbon 等研究表明由于医生网络搜索信息的方式及内容不当，诊断疾病的成功率有所降低，可见现在的网络医学资源还不尽完善，需要进一步完善网络医学搜索[8]。2009 年，R. W. White 和 E. Horvitz 为了探讨网络用户如何开展探索式医学搜索，进行了大规模日志研究，发现：医学搜索让用户对医学主题有更多的了解，关注度也会提高，关注程度与用户所查看的医学内容的数量和网络分布情况有关，并探讨了在此过程中用户情绪的变化情况[9]。2010 年，M. A. Cartright 和 R. W. White 等通过大规模日志分析，研究了网络用户在探索式医学搜索过程中目的与注意力的变化特点，其把主题分为求证导向的搜索（evidence-based）和假设导向（hypothesis-directed）的信息搜索，深入分析了两类主题搜索过程中的特点和规律[10]。2012 年，R. W. White 等人通过分析网络医学搜索与浏览日志，研究了用户在搜索与浏览医学信息时，焦虑情绪和注意力的变化过程[11]。2012 年，D. Radu 等人设计了一个罕见疾病搜索的评估方法，并介绍了 FindZebra——罕见疾病的搜索引擎[12]。可见，国外对探索式医学搜索的研究越来越重视。

国内医学搜索的研究主要集中于对医学数据库的建设和检索方法的探讨上，还未见针对探索式医学搜索行为的研究。本课题组为了研究探索式搜索行为的特点和规律，已经开展了系列研究：采用概念图分析的方法，设计用户实验，发现探索式信息搜索能显著改变搜索者的知识结构，伴随着认知的阶段性改变，呈现出从快速浏览、细致浏览到集中搜索的行为特点[13]；采用认知分析的方法，设计用户实验，发现随着探索式搜索主题复杂程度的增加，用户在搜索中呈现出更为复杂的认知改变[14]。这些研究也是本研究开展的前提和基础。

3 研究方法及实验设计

3.1 研究方法

3.1.1 日志分析法

该方法为研究用户搜索行为的主要方法。用户在网络搜索中会留下客观痕迹，即为搜索日志。对浏览器日志的分析，可以挖掘用户搜索特点，客观地描述受试者的搜索路径和交互过程，研究用户的搜索规律。浏览器日志可以详细记录用户搜索的完整过程，包括搜索时间、输入的查询词、点击的URL、浏览时长等。为保证数据的可靠性和分析的便利性，本研究主要通过URL_ Recorder 和屏幕录像专家两个软件实现。使用火狐浏览器开展实验，并使用自主开发的火狐浏览器插件 URL_ Recorder 记录受试者每次打开页面的URL、网页标题、页面打开时间、浏览时间及输入搜索词的情况等 5 项数据；对实验电脑安装屏幕录像专家，对搜索过程中的页面变化、光标轨迹等进行摄像，并记录相应的变化时间。

3.1.2 问卷调查法

该方法是用户认知研究的重要方法，能够有效地测量出受试者行为背后的认知变化及特点。本文的问卷主要调查受试者认知负荷、注意力分配、认知影响因素、知识结构变化等方面的情况。问卷根据实验目的而设计，并参考了 G. W. Fred 等人制定的量表[15]。在正式实验前，以 3 个受试者为例，做了预实验，确保问卷的质量和效度。

3.1.3 访谈法

访谈法能够有效地辅助问卷调查法的进行，能够通过访谈获得问卷不容易获得的信息，本次实验的访谈主要从两个主题搜索过程中的感受和思路变化的差异进行深入交谈。

3.2 实验设计

3.2.1 受试对象及搜索任务

由于探索式搜索旨在解决较为复杂的问题，属于一种较高层次的搜索行为，因此，本研究将实验对象限定为高年级本科生及研究生，因此，本研究的受试对象为 20 位高年级本科生及 10 位硕士研究生。男女比例为 1:1。

在探索式医学搜索中，用户的搜索出发点主要有两类：一类是为增加健康知识和提高健康意识，检索学习某一疾病方面的知识，即为假设导向的搜索；另一类是生活中出现某一疾病症状时展开检索，即为求证导向的搜索。

因此，本研究从以上两个方面设计了相应的搜索任务。任务 1：请您检索和学习有关食管型颈椎病的知识。任务 2：假定您周围有人感觉头痛，为了回答他可能提出的问题，请开展检索。

3.2.2 实验流程

本文的实验流程主要分为 4 个部分：①介绍搜索主题及注意事项；②受试者搜索任务 1 和任务 2；③填写实验后问卷；④开展访谈。

3.2.3 实验工具及数据处理

本次实验使用安装了火狐浏览器的 Windows XP 系统电脑进行，运用设计的 URL_ Recorder 插件、屏幕录像专家、调查问卷等记录相关数据。运用 SPSS 软件及 Excel 软件处理数据。对于符合正态分布的数据，采用均数及标准差表示集中趋势及分散趋势，用方差分析及卡方检验进行统计分析；对于不符合正态分布的数据，采用中位数及四分位数间距表示集中趋势和分散趋势，用秩和检验进行统计分析。

4　结果及讨论

4.1　日志分析

4.1.1　起始阶段

起始阶段代表着用户搜索兴趣开始的阶段。表 1 描述了受试者在两个任务搜索中起始阶段不同组面的分布情况。

表 1　两任务搜索起始阶段的组面分布情况

组面	任务 1 起始阶段的分布					任务 2 起始阶段的分布			
	概述	症状	治疗	病因	诊断	病因	概述	治疗	症状
个数	12	9	4	4	1	20	5	3	2
构成比	41%	30%	13%	13%	3%	66%	17%	10%	7%

任务 1 中，受试者的起始阶段主要分布在概述和症状两个组面，任务 2 的起始阶段主要分布在病因和概述两个组面。两个任务的主要起始阶段均有概述，说明受试者均倾向于了解有关搜索主题概述的知识，比如基本概念、病理、生理等信息。表 1 中起始阶段的分布受到多因素的影响，主要为任务类型与难度、受试者个体差异（知识结构、兴趣偏好）。两个任务类型不同，任务 1 针对某一疾病开展搜索，任务 2 针对某一症状开展搜索，可能造成起

始阶段的差异；受试者对任务1即"食管型颈椎病"不熟悉，认为较难，因此，受试者较多地从概述开始搜索，对主题形成基本的认识。在后续访谈中，受试者大多表示在经过搜索后，才知道确实存在此种疾病，也证实了此种分析，而头痛是常见疾病，受试者较为了解；有的受试者可能对某一疾病的生理病理特征感兴趣，于是首先进行了检索，有的受试者可能对其症状感兴趣，于是首先对其展开了检索。在这些因素共同影响的基础上，受试者选择了相应的组面，开展检索。

4.1.2 搜索词分析

两个任务的搜索均围绕相应的主题展开。在任务1中，受试者均是直接输入食管型颈椎病进行检索和学习，在一段时间后，输入与主题相关的一些搜索词，比如：食管型颈椎病CT表现、食管压迫型颈椎病、吞咽困难型颈椎病、混合型颈椎病、食管型颈椎病症状、食管型颈椎病预防、症状及治疗、北京大学第一医院、食管型颈椎病误诊、早期症状、食管型颈椎病非手术治疗方法等。30个受试者共输入125次搜索词，平均每个受试者输入4.16个搜索词。其中，每个受试者均输入食管型颈椎病进行搜索，其余搜索词主要为有关该疾病的某一组面或方面。任务2中，受试者均输入头痛展开搜索和学习，在搜索一段时间后输入与主题相关的一些搜索词，比如：偏头痛治疗、头痛并发症、头痛的检查项目、头痛的分类及治疗、哪些疾病可以引起头痛、头痛怎么办、针灸头痛、穴位按摩 头痛、绿茶 头痛、继发性头痛、头痛 药、头痛 药物、头痛 医院等。30个受试者共输入216个搜索词，平均每个受试者输入7.2个搜索词。

综上，受试者输入的搜索词均较少，并且是围绕主题的相关组面展开。由于任务1较任务2难，受试者的搜索过程和思路对网页的依赖性更强。

4.1.3 组面浏览次数和时长

组面的浏览次数和时长能够从不同方面有效地反映出组面的重要性及用户的搜索特点。组面浏览的次数越多、时间越长，说明此组面对搜索者越重要，成为搜索者关注的焦点。由于浏览时长的数据不符合正态分布，因此，集中趋势用中位数表示，分散趋势用四分位数间距表示。

（1）表2描述了任务1每个组面浏览的次数和时长的分布情况。在任务1中，浏览次数最多的为症状，受试者共浏览了99次，其次为治疗、概述、诊断、病因、检查，最少的为护理，浏览了9次；概述的时间最长，为101秒，其次为病因、诊断、治疗、预防、症状、检查，最短的为护理，为21秒。

表 2　任务 1 组面浏览次数和时长

组面	次数	时长的中位数（秒）	四分位数间距 (Q_L, Q_U)	最小值（秒）	最大值（秒）
症状	99	62.	(35.0，91.0)	7	260
概述	84	101	(50.3，149.8)	22	405
治疗	85	64	(42.5，103.5)	9	350
病因	37	70	(39.5，101.0)	10	191
预防	13	63	(21.5，125.5)	11	145
诊断	50	68	(48.5，107.8)	12	300
检查	15	57	(40.0，89.0)	16	139
护理	9	21	(14.0，47.0)	10	50

（2）表3描述了任务2每个组面浏览的次数和时长的分布情况。在任务2中，浏览次数最多的为病因，受试者共浏览了95次，其次为治疗、概述、症状、预防、诊断、检查，最少的为护理，浏览了3次；概述的时间最长，为122秒，其次为症状、预防、诊断、治疗、病因、检查，最短的为护理，为50秒。概述组面所显示出来的差异最大，护理组面的差异最小。

表 3　任务 2 组面浏览次数和时长

组面	次数	时长的中位数（秒）	四分位数间距 (Q_L, Q_U)	最小值（秒）	最大值（秒）
症状	32	93	(57.3，152.0)	13	446
概述	39	122	(50.0，269.0)	11	755
治疗	79	70	(41.0，114.0)	16	1169
病因	95	64	(34.0，124.0)	14	350
预防	27	90	(52.0，207.0)	12	513
诊断	21	71	(51.0，131.0)	25	340
检查	5	51	(27.0，92.5)	25	93
护理	3	50	(47.0，52.0)	47	52

（3）表4描述了两个主题每个组面浏览的次数和时长的分布情况。两个主题中，浏览次数最多的为治疗，受试者共浏览了164次，其次为病因、症状、概述、诊断、检查，最少的为护理，浏览了12次；概述的时间最长，为

102 秒，其次为预防、诊断、病因、治疗、症状、检查，最短的为护理，浏览了 56 秒。预防所显示出来的个体差异最大，护理的差异最小。

表4　受试者的浏览次数和时长

组面	次数	时长的中位数（秒）	四分位数间距（Q_L，Q_U）	最小值（秒）	最大值（秒）
症状	131	65	(40.0，110.0)	7	446
概述	123	102	(50.0，159.0)	11	755
治疗	164	67	(41.3，108.0)	9	1169
病因	132	68	(34.3，105.8)	10	350
预防	40	82	(29.5，164.5)	11	513
诊断	71	69.	(49.0，110.0)	12	340
检查	20	56	(32.5，89.8)	16	139
护理	12	41	(16.5，49.8)	10	52

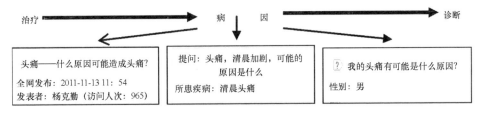

图1　某一受试者病因组面的搜索网页情况

综上，受试者浏览次数最多的组面主要为：治疗、病因、症状等，浏览时间较长的组面依次为概述、预防、诊断等。

4.1.4　组面链接深度

组面链接深度指每一组面受试者所查阅的最终网页，即某一组面受试者的主要关注时间所在的网页相对应的链接深度。页面的深度按照 URL 来衡量[16]。主要计算方法为统计 URL 中 "/" 的个数。例如 http://www.baidu.com/ 的链接深度为 0，http://www.gyjfjs.com/ qyxw/260.html 的链接深度为 2，依次类推。

在任务 1 中，链接深度最深的组面为检查和护理，任务 2 链接深度最深的组面为护理和诊断。通过对两个任务组面间的链接深度进行秩和检验（$Z = -2.113$，$p = 0.035$），发现两个任务之间的链接深度有统计学差异。任务 1

的链接深度比任务 2 的链接深度深，分析其原因为：用户在任务 1 中进入专业医学搜索服务系统搜索的更多。同时还发现本次实验的链接深度明显比别的搜索主题的链接深度深，其原因同样主要是受试者在医学搜索中，对专业医学信息搜索服务系统的依赖较强。而专业医学搜索服务系统的链接深度一般都较深。比如：健康网有关头痛病因的 URL = 5 http：//jbk. 39. net/keshi/ neike/shenjing/cause/4fab9. html 3939。

4.1.5 其他特点

（1）进入专业的医学搜索服务系统搜索。在两个任务的检索中，有 27 个（90%）受试者找到并查阅了 "39 健康网"，还有一些人查阅了国家医学网、丁香园、百度百科、某医院网站等，说明在现在的搜索系统里有较为成熟的专业医学搜索服务系统，且受试者能够较为容易地找到。同时，受试者在搜索过程中表现出的一些特点和规律也受到医学专业搜索服务系统的影响。

（2）进行图片搜索。查看图片能够对某一主题有直观的认识。通过分析受试者的检索过程，发现 30 个受试者中有 6 个受试者进行了图片检索，对一些医学临床表现有直观的认识。比如：在 Baidu 图片中查看了 "食管型颈椎病 CT 表现"、在 Google 图片中查看了 "头痛" 等。

（3）小循环。在实验中，受试者对某一组面的学习呈现出通过多网页进行多次、反复学习和验证的过程。图 1 举例说明了某一受试者病因组面的搜索网页情况。

在某一组面中，受试者进行了多次反复搜索，笔者称之为小循环。这个现象类似于在购物中的货比三家。同样，在探索式医学搜索中，用户通过对不同网页内容的比对分析，对某一组面形成新的认识，直到其认为可以结束的时候，才会开展别的组面的搜索。

4.2 认知分析

4.2.1 认知负荷

在认知负荷的研究中，常用的测量评估方法有主观评定、绩效测量、生理测量相结合的方法[17]。本文的认知负荷测量采用以上 3 种方法进行综合测量。主观评定的测量采用心理努力和任务主观难度两个指标；心理努力评定采用 G. W. Fred 等人制定的量表，经 W. C. Paas 验证，该量表的信度为0. 90。任务主观难度采用 S. Kalyuga、P. Chandler 和 J. Sweller[18]制定的量表。两个指标均采用七级评分制。研究已经表明，使用两指标能够较准确地测查出认知负荷的大小。

在前人的研究中，绩效测量大多采用任务正确率来表示，本研究的实验结果并没有正确与否，而是受试者对实验结果的满意度评价，因此，本研究的绩效测量用满意度指标表示。生理指标用任务反应时间表示，数据通过屏幕录像专家和编制的 recorder 程序记录。通过整理每个组面的时间数据，得出每个组面的注视时间。

如表 5 所示，主观测评的心理努力与主观难度两个指标均认为两个任务没有统计学差异。从组面注视时间来说，任务 1 的组面注视时间少于任务 2，P = 0.032，两任务具有统计学差异。因此，在实验中，受试者的认知负荷处于较低状态，在 7 个等级中，处于 2 - 4 级之间。任务 2 的组面浏览时间长于任务 1。

表 5　两任务认知负荷的均值及秩和检验

	人数（N）	心理努力（M）	主观难度（M）	组面注视时间（M）
任务 1	30	2.50	2.93	66.00 秒
任务 2	30	3.17	3.60	75.00 秒
Z		-1.493	-1.619	-2.138
P		0.136	0.105	0.032

在问卷中，受试者对检索满意度进行了评价。结果如图 2 所示：

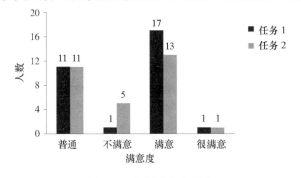

图 2　两主题满意度分布

受试者对两任务的满意度评价中，均以"满意"为主。通过 Pearson 卡方检验，Z = 3.20，p = 0.362. 两个主题的满意度没有统计学差异。

因此，在两个主题的搜索中，受试者的认知负荷均处于较低状态。

4.2.2　认知因素

前人的一些研究已经证实了影响用户检索行为的 4 个认知因素为：认知

风格、认知能力、知识与经验、情感[19-20]。本文通过问卷调查了解这 4 个认知因素对实验过程影响的重要性（分值从 1 到 10，分别代表"不重要"到"非常重要"）。

通过 Shapiro-Wilk 正态性检验，4 个影响因素均不符合正态分布。因此，本实验数据采用 M（Q_L，Q_U）表示，统计方法采用秩和检验。在表6 和表7 中，认知风格因素用 A 表示；认知能力因素用 B 表示；知识与经验因素用 C 表示；情感因素用 D 表示。

表6　影响搜索过程的认知因素分析

影响因素	N	M（Q_L，Q_U）	x^2（H）	P
A	30	6.5（5.00，9.25）	25.426	0.000
B	30	7.0（5.00，10.00）		
C	30	7.0（5.0，10.0）		
D	30	5.0（3.0，5.0）		

A、B、C、D 的中位数分别为 6.5、7.0、7.0、5.0. 通过对 4 因素进行秩和检验，发现 4 个因素总体上有统计学差异，P <0.017。

A、B、C 三因素间没有统计学差异，A 与 D、B 与 D、C 与 D 之间有明显的统计学差异，说明前 3 因素对检索过程与结果具有同等重要的影响，而情感因素对其影响程度较低。

表7　两因素间的秩和检验统计

影响因素	x^2（H）	P
A 与 B	1.295	0.255
A 与 C	0.295	0.587
A 与 D	12.815	0.000[a]
B 与 C	0.379	0.538
B 与 D	22.294	0.000[a]
C 与 D	14.047	0.000[a]

[a]：分别与情感因素进行比较，P <0.017

综上，认知风格、认知能力、知识与经验 3 因素对探索式医学搜索过程具有同等重要的影响，情感因素相对于前三者，对搜索过程及结果的影响较小。

4.2.3 认知趋势

认知趋势在本文中指受试者从搜索开始到结束，随时间变化，其认知的变化特点及发展趋势。通过研究任务1的搜索过程，可以发现：任务1的搜索以食管型颈椎病为核心，受试者根据自己的偏好和网页的提示选择组面展开搜索，以其不同组面为外围，形成一个类似圆形。

通过研究任务2的搜索过程，可以发现：首先，受试者和任务1一样，选择头痛对应的组面展开搜索和学习，在搜索一段时间后，受试者的兴趣和偏好转向头痛的"枝节"，比如：偏头痛、原发性头痛或血管性头痛等，并对"枝节"的不同组面展开检索和学习。搜索过程也类似一个圆形，但是受试者会找到自己感兴趣的组面延伸出去，形成一个新的类似圆形。

通过比较发现，任务1的认知广度较广，任务2的认知深度较深。

4.2.4 组面重要性（注意力分配）

任务1中，30个受试者中有29个检索和学习了症状、概述组面，27个受试者检索了治疗，受试者的注意力主要集中于症状、概述、治疗3个组面；任务2中，30个受试者中，有29个受试者检索和学习了治疗和病因组面，26个检索和学习了概述组面，受试者的注意力主要集中于病因、治疗、概述3个组面；两个主题合并后，检索的人数最多的4个组面为：治疗、概述、病因、症状（见图3）。

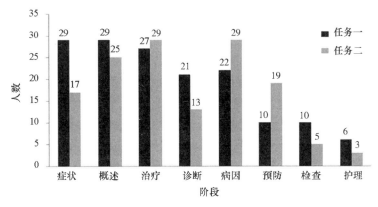

图3　两主题组面重要性分布

5 探索式医学搜索行为模型

本文在综合分析的基础上，尝试建立了探索式医学搜索行为模型（见图4）。搜索模型主要包括用户在探索式医学搜索过程中的主要行为表现以及主客观影响因素。具体地描述为：用户接受搜索任务，形成认知差距和搜索需求，从而开始搜索，在探索式医学搜索中，起始阶段的主要组面为：概述、病因和症状；浏览次数的主要组面为：治疗、病因和症状；浏览时间的主要组面为：概述、预防和诊断。影响用户探索式医学搜索行为的客观因素主要有任务类型、难度、个体差异。主观因素有认知风格、认知能力、知识与经验、情感。在这些因素的共同作用下，用户通过搜索与学习，改变了其知识结构，搜索的结果主要为：①用户深入主题的"某一枝节"进行检索学习，比如本文中从头痛相关医学组面的检索到偏头痛相关医学阶段的检索和学习；②搜索成功或失败，具体表现为停止搜索与学习；③转移注意力，即兴趣点发生转移，把注意力和经历转向别的主题的搜索和学习。此搜索模型对于后续构建探索式医学搜索系统、完善用户体验等方面均有一定的借鉴和参考价值。

6 结 论

本文通过设置实验环境，综合运用日志分析法、问卷调查法、访谈法等方法，从医学领域设计探索式搜索实验，从日志分析和认知分析的角度，综合比较研究了探索式医学搜索行为的特点和规律，有以下发现：

（1）日志分析方面：起始阶段主要集中于概述、病因和症状阶段；搜索词从医学主题的各个方面展开；浏览次数最多的阶段是：治疗、病因等，浏览时间最长的阶段是：概述、预防等；以假设导向的任务链接深度比求证导向的链接深度要深；运用专业的医学搜索服务系统；进行图片的相关搜索；某一阶段内部具有小循环的特点。

（2）认知分析方面：用户的认知负荷处于偏低状态，在7个递增等级中，处于2－4级之间；影响认知的因素方面：认知风格、认知能力、知识与经验三因素具有同等重要的影响，其次为情感因素；探索式医学主题的类型和难度对用户的认知深度和广度具有影响；用户的注意力主要集中于治疗、概述、病因、症状4个阶段；本文还从认知心理学的角度对认知加工过程中感知觉、注意、记忆、思维等认知要素的运用进行了剖析和阐述。

本研究中对探索式医学搜索行为特点和规律的总结丰富了有关信息检索的理论研究，为建立和完善探索式医学搜索系统、提高医学搜索的用户体验

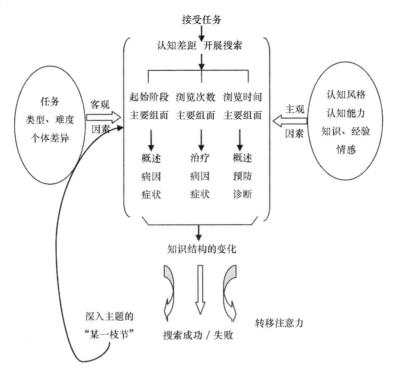

图4 探索式医学搜索行为模型

提供参考。本文的实验结果受到实验情境、实验设计的约束和限制，具有一定的局限性。在以后的研究中，将尝试进一步完善实验设计和分析角度，使研究更加丰富和科学。

参考文献：

［1］ Marchionini G. Exploratory search：From finding to understanding ［J］．Communications of the ACM，2006，49（4）：41 － 46.

［2］ Bates M J. The design of browsing and berrypicking：Techniques for the online search interface ［J］．Online Review，1989，13（5）：407 － 424.

［3］ White R W，Roth R A. Exploratory search：Beyond the query-response paradigm ［M］．San Rafael：Morgan & Claypool，2009：16 － 18.

［4］ Fox S. Health topics：80% of Internet users look for health information online ［EB/OL］．［2014 － 04 － 01］．http：//www. comminit. com/global/content/health-topics-80-internet-users-look-health-information-online.

［5］ Hanbury A. Medical information retrieval：An instance of domain-specific search ［C］//

Hersh W. Proceedings of the 35th International ACM SIGIR Conference on Research and Development in Information Retrieval. New York: ACM Press, 2012: 1191 – 1192.

[6] Spink A, Yang Yin, Jansen J. A study of medical and health queries to Web search engines [J]. Health Information and Libraries Journal, 2004, 21 (1): 44 – 51.

[7] Müller H, Despont G C, Hersh W, et al. Health care professionals' image use and search behaviour [C] // Proceedings of the Medical Informatics Europe Conference. Maastricht: Medical Informatics Europe, 2006: 24 – 32.

[8] McKibbon K A, Fridsma D B. Effectiveness of clinician-selected electronic information resources for answering primary care physicians' information needs [J]. Journal of the American Medical Informatics Association, 2006, 13 (6): 653 – 659.

[9] White R W, Horvitz E. Cyberchondria: Studies of the escalation of medical concerns in web search [J]. ACM Transactions on Information Systems, 2009, 27 (4): 119 – 155.

[10] Cartright M A, White R W, Eric H. Intentions and attention in exploratory health search [C] // Ma Weiying, Nie Jianyun. Proceedings of the 34th International ACM SIGIR Conference on Research and Development in Information Retrieval. New York: ACM Press, 2011: 24 – 28.

[11] White R W, Eric H. Studies of the onset and persistence of medical concerns in search logs [C] // Hersh W, Callan J. Proceedings of the 35th International ACM SIGIR Conference on Research and Development in Information Retrieval. New York: ACM Press, 2012: 265 – 274.

[12] Radu D, Paula P, Lioma C, et al. Find Zebra: A search engine for rare diseases [J]. International Journal of Medical Informatics, 2013, 82 (6): 528 – 538.

[13] 张云秋, 安文秀, 冯佳. 探索式信息搜索行为研究 [J]. 图书情报工作, 2012, 56 (14): 67 – 72.

[14] 张云秋, 安文秀, 于双成. 探索式搜索中用户认知的实验研究 [J]. 情报理论与实践, 2013, 32 (7): 73 – 77.

[15] Fred G W, Paas W C, Van M, et al. Instructional control of cognitive load in the training of complex cognitive tasks [J]. Educational Psychology Review, 1994, 6 (4): 351 – 371.

[16] 王继成, 潘金贵, 张福炎. Web 文本挖掘技术研究 [J]. 计算机研究发展, 2000, 37 (5): 513 – 520.

[17] Ahlstrom U F. Using eye movement activity as a correlate of cognitive workload [J]. International Journal of Industrial Ergonomics, 2006, 36 (7): 623 – 636.

[18] Kalyuga S, Chandler P, Sweller J. Managing split-attention and redundancy in multimedia instruction [J]. Applied Cognitive Psychology, 1999, 13 (4): 351 – 371.

[19] 孙在全. 基于用户认知的信息检索研究 [D]. 郑州: 郑州大学, 2011.

[20] 陈翔川. 探讨影响用户检索行为的认知因素 [J]. 企业导报, 2012 (6): 260.

作者简介

张云秋，吉林大学公共卫生学院教授，博士生导师，E-mail：yunqiu@jlu.edu.cn；李玉玲，吉林大学公共卫生学院副教授；王洪媛，吉林大学计算机科学与技术学院讲师。

网络篇

基于三维模型的网络信息浏览行为及认知影响因素研究[*]

1 研究问题与研究现状

网络信息浏览是人们进行信息获取、筛选和吸收的重要手段和途径[1]，也是满足学术研究、日常消费以及娱乐消遣等信息需求的重要方式。随着信息环境属性维度的增强，对网络环境下各类用户信息行为进行研究就更显得重要。目前，学术界对网络用户浏览行为的研究主要从行为特征、影响因素和模型等方面进行[2]。网络环境的动态性、多样性和复杂性等特点给网络信息浏览行为的研究带来了诸多的困难和问题，解决这些问题也就成为信息行为研究的重要内容。

目前，学术界对信息行为的概念存在多种不同侧重的描述。其中，T. D. Wilson 认为信息行为包括信息获取过程中产生的所有动作：信息查找是信息行为的一个组成部分，用以研究人类获取信息资源的行为方式；信息搜索则作为信息查找行为的一个组成部分。T. D. Wilson 还特别研究了基于信息系统的信息用户交互行为[3]。对于信息行为中的网络信息浏览行为，可以认为有以下 3 种形式：其一是目标导向型，用户可以通过浏览搜集到有用信息，浏览中常伴随检索行为，具有搜索策略和筛选追踪特征，例如 P. Liebscher 等认为浏览是"一个相对复杂的布尔检索策略，追求一个相对简单和宽泛的查询"[4]；其二是非目标导向型，认为浏览是收获意外信息的偶遇行为，用户需求较为模糊，搜索范围与信息成本允许用户进行随意和半结构化的游走；其三是兼顾目标与非目标导向型，如王庆稳、邓小昭等认为网络信息浏览行为是"为满足未知或已知的信息需求，在不同节点间循超链接游移的非目标导向或者目标导向的网上信息查找行为"[2]。

笔者认为：信息浏览是信息搜索行为的组成部分。信息浏览呈现为一种跟随链接点、标题、概念名称或关键词列表游走的状态，可以出现在检索式

　＊ 本文系国家科技支撑计划课题"文化资源服务平台解决方案及标准研究"（项目编号：2012BAH01F01）研究成果之一。

定义、网站信息资源识别和检索结果筛选等各个信息活动阶段[5]。所以，网络用户的浏览行为是用户为了满足已知或未知的信息需求，在与网络空间交互过程中产生的、半结构化的信息搜索活动。该活动包括使用界面中的检索框获取明确目标的信息检索行为，也包括使用导航、超链接、标识等网站工具满足模糊信息需要的信息搜寻行为。

信息浏览行为属于多学科、交叉性的研究领域，涉及认知心理学、计算机技术、问题求解[6]、社会学和人类学[7]等诸多学科。信息浏览模型主要有实证量化模型和分析认知模型两种[8]。分析认知模型从认知科学角度出发，使用思维实体、过程及其关系对信息行为进行描述解释。这类模型中的代表有 B. Dervin 的意义构建模型[9]、C. C. Kuhlthau 的信息查询过程模型[10]、M. J. Bates 的采浆果模型[11]、D. Ellis 等的六因素模型[12]和 T. D. Wilson 的鸟巢模型[3]等。实证量化模型把用户视作一个较单质的集合，用户行为的数据取自不同检索情境下，用于考察任务完成的平均效率下的特征。这方面的模型包括随机行走模型、马尔科夫链模型、自踪迹追踪模型[13]和齐普夫法则规律等。这些模型从不同观察领域出发，对信息行为的研究各有侧重。但是目前对信息浏览行为的认知过程进行探讨的模型仍较少，对维度之间关系的研究仍有待进一步深入。

个体的信息行为需要引发物理、认知和情感等多个空间维度的反应与构建。而信息浏览行为作为信息行为的一种，也具备 3 个维度方向的特征。目前已有研究证明信息浏览行为 3 个维度空间的存在：D. Nahl 等以学生为被试样本，证明被试的信息浏览行为是由明显的 3 个部分组成，分别为情感维度、认知维度和感觉运动维度[14]；S. E. MacMullin 和 R. S. Taylor 认为信息浏览行为由 3 个领域构成，即物理活动、情感和感觉以及认知和思想[15]；C. C. Kuhlthau 在她的信息查询过程模型中也采用了 3 个维度作为模型基础[10]；A. Foster 的非线性模型由外部环境、内部环境和认知途径 3 个交互层次组成[16]。

目前，在对网络信息浏览行为的研究中，从认知因素角度考察认知与物理、情感因素间的关系的研究还不是很多，也没有探讨认知维度的行为影响因素的研究，而该方面的研究对于解释用户浏览行为，以及针对用户浏览行为特点整合网络资源，优化相关门户网站的信息架构都会有所帮助。这也是本文研究的意义所在。

2　信息浏览中的认知影响因素及三维模型完善

D. Nahl、S. E. MacMullin 和 R. S. Taylor 以及 C. C. Kuhlthau 等学者都认为

用户信息浏览行为具有 3 个维度空间，并且在 3 个维度的名称和内容方面的意见基本一致，具体内容如下：物理维度记录用户可见的具体操作行为和实际活动，如新建网页、翻页后退、滑动滚动条和添加购物车等；情感维度记录用户浏览过程中经历到的情绪和感觉变化，如困惑、焦虑、兴奋和沮丧等；认知维度记录用户思维过程中引起情报和知识互相转化的活动，如评价、抽取和考证等。

本研究在三维度的基础上，对三维模型的具体变化阶段进行补充完善，描述并分析用户网络浏览行为的认知情感维度特征，并结合口头报告法和服务器日志分析，对三维度之间的对应关系和行为影响因素进行探讨。

2.1 认知维度的特征与维度对应关系

认知维度记录了用户在思维过程中所出现的情报和知识互相转化的活动。用户通过调用记忆库中的语言知识、认知常识和心理表征等[17]，对信息进行模式识别和加工构建。关于认知维度中的具体特征和描述属性，D. Ellis 等的模型包括 6 种认知特征，即开始、追踪、浏览、辨别、监测、抽取、考证和结束[12]；E. Carmel 等的 GOMS 模型中的操作组件包括选择、阅读、集成和评价[5]；C. C. Kuhlthau 的模型中认知维度的变化为通用、细化、增加兴趣和清楚聚焦[10]；M. J. Bates 的采浆果模型描述了开始、检索、评价和调整检索式等阶段的循环状态[11]。综合以上研究，可总结得出认知维度呈现出异常态、选择、搜索、评价、集成和完成 6 个变化阶段。

根据 A. Spink 的模型，每个查询策略可以由多个循环组成，每个循环可以由多个交互反馈组成[18]；P. W. Hung 等的模型中每一个层次都是由一个或者多个下级层级组件构成[19]；A. Foster 认为其模型中的开始、定向以及合并 3 个阶段之间的关系是在查询过程中并发、连续和累积出现的循环[16]。因此，可以认为信息浏览行为的认知维度是多个阶段反复循环，进行信息获取、评估和集成，直到初始信息需要得到满足、异常态消退。该行为具有循环性、可重复性和可分割性。

在浏览行为的三维模型中，信息在 3 个独立并行的维度之间穿插流动，3 个维度都沿着以信息需求的产生为起点、以需求满足为终点的方向发生改变。随着用户信息行为的推进和知识结构的变化，3 个维度的状态呈现规律的变化，直到获取信息目标，消除知识体系中的异常态，如图 1 所示。本文的研究在已有模型基础上，对 3 个维度间的对应关系进行研究，通过较易观察记录的物理维度变化推断认知、情感等较难记录的维度变化内容，引导用户的浏览行为行进。

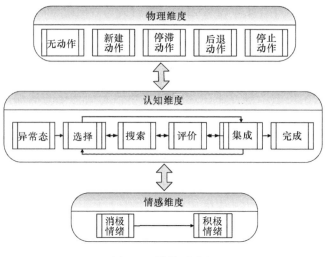

图 1　三维模型示意

2.2　浏览行为的影响因素

信息浏览行为是个体与环境交互作用的结果[20]，不仅受到时间、文化经济、软硬件[2]、人机界面、网页质量和任务数量等环境因素的影响，也受到性别、年龄、价值观、能力、动机[5]、成本和获益[21]等个体因素的影响，二者共同作用，造成个体行为速度、浏览网页深度[22]和行为满意度等方面的差异，从而作用于浏览行为的 3 个维度，引起各维度不同阶段时间和精力的分配比例差异，最终影响浏览行为的效果。

用户的认知维度变化对于浏览行为起着至关重要的作用，用户分配于认知空间不同阶段的精力比例，直接影响到行为的速度和效果。本研究从信息行为的行为速度和行为效果两个角度出发，着重对浏览行为的认知维度进行研究。行为速度表示用户浏览网页快慢，使用用户单位网页的停留时间表示。行为效果表示用户完成任务的准确程度，采取专家对用户单个任务评分的平均分值表示。

通过分析浏览速度的快慢和浏览效果的优劣、浏览行为的认知维度造成了什么变化，以及这些变化如何映射到浏览行为的其他维度，可以帮助网站根据用户浏览行为的各维度情况，判断用户浏览的行为特点，以及用户的精力分配方式，从而有针对性地帮助用户提高浏览行为效率，增加用户行为的积极情感体验。

86

3 研究方法与研究实施

本研究采用用户口头报告法与日志分析相结合的方法进行研究。口头报告法通过让研究对象说出思维过程，探讨研究对象对信息的获取、使用、评估、分析与运用机制。该方法的设计样本较小、易实现，以归纳法为主要分析方式[23]。日志分析法通过服务器日志获取用户访问网站的客观数据，根据日志字段将日志转化为点击流，得出用户行为的浏览路径特征。

对口头报告法所产生的定性材料编码，然后使用日志分析法进行定量数据分析。具体步骤为：转录原材料、分割样本、构建编码规则、实施编码、总结编码、统计分析编码、解释分析结果[24]。

口头报告编码实施前，首先制定三维模型的编码标准：根据任务目标清晰度、信息浏览范围、兴趣点聚焦度、决策阶段等，制定认知维度编码标准表（见表1）；根据服务器日志中的IP、时间和网址字段处理数据，得到浏览序列表和路径图，表示用户浏览网页的顺序和各网页停留时间。根据不同动作对浏览路径图曲线的影响，将物理动作分为新建、停滞、后退和停止4种类型（见表2），如不属于以上4类，则列入无动作类别；根据C. C. Kuhlthau的研究结论[10]，按情绪表达词汇将编码分为积极情绪和消极情绪（S1和S2）两类。

表1 认知维度编码标准

阶段	划分依据	关键词
异常态 C1	用户具有知识异常态，正对任务进行理解	不知道、什么、重复任务名称
选择 C2	用户扩大浏览信息范围，没有特定目标，兴趣点不清晰，报告中产品名呈流水账排列	选、查、看、找、扫视、浏览、分类、查看导航
搜索 C3	用户缩小浏览范围，形成特定目标，兴趣点清晰化，报告中出现特定产品名称	搜、挑、选、弄、这个
评价 C4	用户对产品进行评价，依据产品信息和任务要求筛选	比、考虑、好、还可以、想要、换
集成 C5	用户将该产品添加进结果列表中	决定、要、选、添加收藏夹、购物车
完成 C6	用户完成或中断了任务	搞定、OK、完成、选完了、成功

本研究的被试和日志数据来源于一家电子商务公司的网站。该公司主要经营图书、音像制品及相关礼品等零售业务。本研究为被试设计了浏览任务，该任务为组合任务：任务1为随意浏览网站5分钟，以熟悉该网站的功能、

分类和布局；任务 2 至任务 4 要求根据信息需要选择 3 件商品，其中任务 3 为"您的朋友正准备结婚，请为其选择 3 件商品"；任务 5 要求根据信息需要和价格限制为朋友挑选 1 件生日礼物；任务 6 为根据活动需要挑选 10 件奖品组合。

表 2　物理维度编码标准

动作	划分依据	关键词
新建动作 P1	该类动作引起一个网页新建，用户的注意力引向新的信息源。浏览路径图中曲线增高	打开、点击、翻页、进入
滞留动作 P2	用户滞留在当前网页，对现有信息进行吸收和甄别。浏览路径图中曲线水平延伸	滑动滚动条、移动鼠标、查看导航栏
后退动作 P3	用户退回之前的网页，浏览路径图中的曲线降低	翻回页、后退
停止动作 P4	用户集成了当前产品，停止了任务。浏览路径图中的曲线回归到经常回到的某高度	添加至收藏夹或购物车、关闭

根据性别、学历和年龄的分配比例，选取所研究网站 20 名左右的用户作为被试。选择用户的标准为：通过日志分析，其登录系统次数较多，有一定的订单量，有较长时间的浏览行为发生；其次，这些用户具有较好的沟通能力和愿意，能配合口头报告法的实施。同时，由于口头报告法将产生较大量的报告原材料，后期的样本分割、编码工作也有巨大的数据处理量，所以 20 名以下的被试是该方法中可接受的被试数量。例如，一些典型的利用口头报告法进行的认知实验研究，如 C. C. M. Goh 的二语习得的听力研究[25] 和 J. Marquer 等的认知策略研究[26]，分别选取 16 名被试和 15 名被试。

在本研究的被试中，男女各占 50%；本科以下学历占 21%、本科学历占 38%，硕士研究生学历占 29%，博士研究生学历占 12%；20 ~ 30 岁占 64%，30 ~ 40 岁占 21%，40 岁以上占 15%。要求被试在所研究的网站完成 6 个浏览任务并且出声思考，同时研究者使用录音设备录制其口头报告，然后将每个被试口头报告的音频文件转录成 Word 格式文件（见图 2）。

编码员为笔者所在学校情报学专业的 3 名硕士研究生。按照认知变化过程，参考网页变换、目标变化和动作转换等过程中的关键词，本研究将口头报告切割为不同序列。在编码阶段，提取相应用户的日志数据。根据服务器日志中的用户 IP 地址和访问时间等数据，使用 Python 语言中的 matplotlib 绘图工具，生成浏览序列表和浏览路径图，辅助物理维度的动作恢复，以及持续时间和网页数量的计算。然后参照 3 个维度的编码标准，对每个序列中的认知、物理和情感维度进行编码和总结（见表 3）。

每个编码员先独立编码指定的口头报告，最后随机抽取 3 个编码文件进行二次编码，抽得文件二次编码的一致性分别为 91.88%、90.9%、97.1%，因此编码的信度较高，可以直接进行后续总结分析。

> 我看看都需要选什么商品。正值青春期的儿子选一个商品。我觉得最好的就是给他买一本书吧。好的，青春期教育，怎样更懂我，我觉得这个让人感觉很温暖。这本书，《给少男一族的青春秘籍》、《给少女一族的……》。看到这些书，我觉得很欣慰啊，要是我们年轻的时候有这些书就好了。《青春期的孩子的心我懂》，与青春期子女相处的智慧，我记得有一本《清晨的甘露》，哦，在这里，12.8。我还是比较在意价格，这个比较便宜，据说是比较权威的。3 件商品，我先买一本书，《安全辅导指南》。因为别的书，我不了解它的作者，所以我会先选一本《清晨甘露》加入购物车。OK。

图 2　口头报告文本样例

表 3　口头报告编码样例

口头报告分割序列	认知阶段	物理编码	情感编码	持续时间（s）	网页数量（个）
我看看都需要选什么商品。正值青春期的儿子选一个商品。我觉得最好的就是给他买一本书吧。	C1				
（查看主导航的选项卡）好的，青春期教育（点击），	C2	P2 P1		1	1
怎样更懂我，我觉得这个让人感觉很温暖。	C3		S1		
这本书（滚动），《给少男一族的青春秘籍》、《给少女一族的……》。	C3	P2		93	1
看到这些书，我觉得很欣慰啊，要是我们年轻的时候有这些书就好了。	C4		S1		
《青春期的孩子的心我懂》，与青春期子女相处的智慧，（滚动）	C3	P2			
我记得有一本《清晨甘露》，	C3				

口头报告分割序列	认知阶段	物理编码	情感编码	持续时间（s）	网页数量（个）
哦，在这里，12.8。我还是比较在意价格，这个比较便宜，据说是比较权威的。3 件商品，我先买一本书，《安全辅导指南》。别的书我不了解它的作者，（点击）	C4	P1			1
所以我会先选一本《清晨甘露》加入购物车。OK。	C5	P4		20	1

4 数据分析

口头报告编码后，使用 SPSS 软件对口头报告生成的 1 704 个编码进行描述性统计分析。编码以分割序列中的物理或情感维度编码作为基础统计单位，并且记录对应的认知阶段、所属位置、任务编号、时间、网页数量等字段，对原始数据进行分组处理，得到认知维度、物理维度、情感维度、行为速度和行为效果，共 6 个变量（见表 4）。使用 SPSS 的交叉表、卡方检验、Kendall 相关分析、图表绘制等功能，对认知维度的影响因素和 3 个维度之间的关系进行分析。研究表明浏览行为 3 个维度之间有一定对应关系，浏览行为的速度和效果对浏览行为的认知维度有影响。

表 4　编码统计总结样例

认知维度	物理维度	情感维度	任务数量	行为速度	行为效果
C1	P1	S1	多	慢	好
C2	P1	S2	少	慢	差
C2	P2	S1	中	快	差
C4	P3	S2	少	中	中
C3	P4	S1	中	快	好

4.1　三维度对应关系分析

通过口头报告编码和浏览路径图分析，可以将三维模型中认知维度与物理、情感维度分别对应，从而深入研究不同维度之间的对应关系。对浏览行为的认知维度与物理、情感维度进行卡方检验，得到 Sig. 分别为 0.000、

0.000，相关性分别为 0.411、-0.305，因此，在显著性 0.01 的水平下，认知维度与物理、情感维度显著相关。

认知维度与物理动作之间的对应关系如图 3 所示：无动作状态在异常态、评价和完成阶段出现的比率较高；新建与停滞动作在选择阶段出现最多，此后随着认知阶段的推进呈现递减趋势；后退与停止动作随着认知阶段的推进呈现递增趋势，在集成阶段出现比率达到最高。

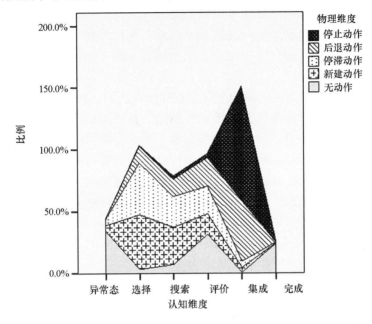

图 3   物理维度与认知维度的关系

使用服务器日志分析法可以生成浏览路径图，从而建立认知维度和物理维度之间的联系，根据 D. Canter 等[27] 和 L. Clark 等[28] 对用户在超链接中的浏览路径的研究，将浏览路径分为 4 种基本类别，即通道状、钉状、圈状和环状，其对应的浏览行为模式为游走式、扫描式、定向式和回顾式，浏览路径图分别呈现出梯状、指状、山状和齿状。游走式浏览中用户从事非目标导向的浏览行为，在网站链接间以非结构化方式随意游走；扫描式浏览中用户具有清晰的目标，大范围查找信息，行为简单快速；回顾式浏览行为体现为用户常常回到浏览前的节点，反复进行已有信息之间的比较和分析；定向式浏览行为中，用户会跟着链接搜索至遇见兴趣点。

因此，根据认知维度与物理维度的对应关系，以及不同物理动作对应的浏览路径图的形态，可以推测用户的认知阶段变化和浏览行为模式：当浏览路径图曲线显示梯状上升趋势时，物理维度新建和停滞动作连续出现，此时用户使用游走和扫描式浏览行为模式，通常处于认知维度的异常态和选择阶段；当浏览路径图显示指状图形时，物理维度有少量的新建和停滞动作后紧随停止动作，此时用户使用扫描式浏览，处于选择和集成交替阶段；当浏览路径图曲线上升下降交替频繁，呈现出不规则的齿状图形时，物理维度新建、停滞、后退动作轮流出现，此时用户使用回顾式浏览行为，认知维度处于评价阶段；当浏览路径图显示明显的山状图形，物理维度新建、停滞、停止动作顺序出现时，此时用户使用定向式浏览模式，处于认知维度的选择、搜索和集成顺序发展阶段。

情感维度与认知维度之间的对应关系如图 4 所示：在异常态和选择阶段，情感维度的消极情绪所占比例多于积极情绪；自搜索阶段至完成阶段，积极情绪所占比例明显上升，远大于消极情绪。因此，随着认知阶段的推进，用户获得更多的相关信息，从而消除了由信息不确定性导致的消极情绪，积极情绪逐步增多。此外，自搜索阶段的开始，积极情绪所占比例超过了消极情绪，并且二者差距最大，由此推理浏览行为中具体目标的确定对于用户情绪具有极大的影响作用。

4.2 认知维度影响因素分析

4.2.1 浏览速度的影响

对浏览速度与浏览行为的认知维度进行卡方检验，得到 Sig. 为 0.000，相关性为 0.129，可以在显著 0.01 的水平下，得到浏览速度与认知维度显著相关。由图 5 分析可得，随着浏览速度的加快，认知维度的异常态和评价阶段所占比例有所减少，搜索和集成阶段所占比例有所增加。

进一步使用交叉表功能对任务数量与认知维度进行比较分析，得到浏览速度影响最显著的阶段为认知维度的评价阶段，具体变化如图 6 所示：随着速度的加快，无论任务数量大小、浏览效果好坏，认知维度的评价阶段所占比例都有所减少。

由此可见，浏览速度对于浏览行为认知维度的评价阶段影响最大，快速地浏览行为下，用户用于筛选比较信息的时间明显缩短。参考认知维度与物理维度的对应关系，此时用户返回之前界面的动作有所增加，浏览路径图呈现较多的尖齿状，但是少量任务下的快速浏览并不能增加后退动作。造成该现象的原因是，用户对网站的信息构建熟悉度越高，浏览速度也会越快，对主页面、重要网页的利用程度也越为充分；而任务量过少难以帮助用户尽快

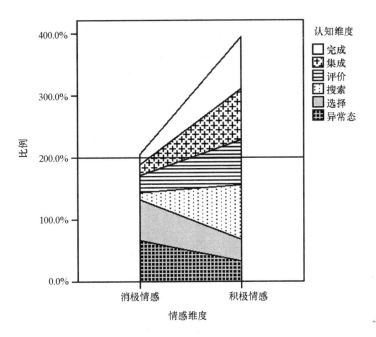

图4　情感维度与认知维度的关系

熟悉网站的信息构建，从而减少了物理维度的后退动作。

4.2.2　浏览效果的影响

对浏览效果与浏览行为的认知维度进行卡方检验，得到 Sig. 为 0.038，相关性为 -0.05，因此，在显著性 0.05 的水平下，得到浏览效果与行为的认知维度显著相关。由图7分析所得，随着浏览效果的提升，认知维度的异常态、集成和完成阶段所占比例减少，选择和评价所占比例增加。

使用交叉表功能对任务数量与认知维度进行比较分析，得到浏览效果影响最显著的阶段为认知维度的评价阶段。具体变化如图8所示：随着浏览效果的提高，认知维度的评价阶段所占比例大多有所增加，其中少量任务和慢速浏览时，评价阶段所占比例先下降后上升。由此可见，浏览效果较好的用户行为认知维度中的评价阶段有所增加，此时用户使用回顾式浏览行为，做出的决定更为理性和客观，物理维度的新建、停滞、后退轮流出现，浏览路径图曲线上升下降交替频繁，呈现出不规则的齿状或梯状图。

5　研究结论及应用

本研究发现浏览行为的 3 个维度之间存在特定的对应关系：随着认知阶

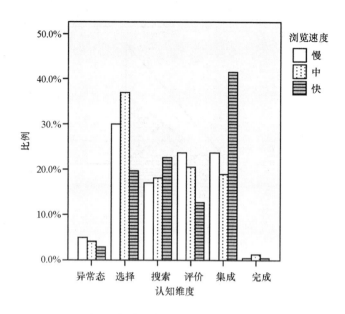

图 5　浏览速度与认知维度的关系

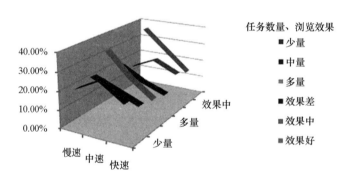

图 6　浏览速度与认知维度的评价的关系

段的推进，新建与停滞动作在选择阶段达最高后递减、后退与停止动作呈递增趋势至集成阶段达最高；在认知维度的初始阶段，情感维度的消极情绪所占比例多于积极情绪，自搜索阶段至终，积极情绪所占比例超过了消极情绪，由此推理浏览行为中具体目标的确定有利于增加用户的积极情感体验。

　　此外，浏览行为的速度和效果均对浏览行为认知维度的评价阶段造成影响，但是二者的作用相反：浏览速度增快在评价阶段所占比例降低，而浏览

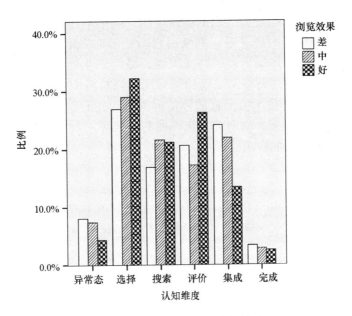

图7　浏览效果与认知维度的关系

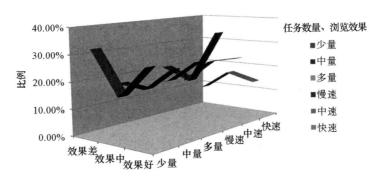

图8　浏览效果与认知维度的评价关系

效果提高在评价阶段所占比例增高。因此，为了同时使浏览行为的速度快、效果好，需要平衡用户投入在评价阶段的时间精力比例，设定该过程的投入阈值。

本文的研究结论可以对门户网站的设计提供参考。随着用户浏览行为的推进，用户所需要的导航、标识、个性化推荐等信息构建的类型和内容也需要有所变化。用户在浏览网站时，通常以一定的速度进行浏览，浏览的效果也会因用户在认知维度不同阶段的投入不同而有所差异。应用本研究成果，可以根据用户的服务器日志生成浏览路径图，判断用户所处的物理维度，参考三维度模型的维度对应关系，判断用户所处的认知维度阶段和情感特征，从而根据用户所处的认知阶段的特殊需要，提供个性化的导航、标识和组织等网站信息构建。通过调整网站设计引导用户浏览行为 3 个维度的不同阶段精力投入，减少用户在单位网页的停留时间，为用户提供适度的信息对比，帮助用户尽快锁定目标，从而提高用户的行为效率、效果和满意度，减少用户的流失，提高网站的实用性。

参考文献：

[1]   Prefontaine G, Bartlett J C, Toms E G. A taxonomy of the functions supported by browsing facilitators ［C］//Proceedings of the Annual Conference of CAIS/Actes du congrès annuel de l'ACSI, 2001.

[2]   王庆稳，邓小昭. 网络用户信息浏览行为研究 ［J］. 图书馆理论与实践，2009 (2)：55 - 58.

[3]   Wilson T D. Models in information behaviour research ［J］. Journal of Documentation, 1999, 55 (3)：249 - 270.

[4]   Liebscher P, Marchionini G. Browse and analytical search strategiesin a full-text CD-ROM encyclopedia ［J］, School Library Media Quart, 1988, 16 (4)：223 - 233.

[5]   Carmel E, Crawford S, Chen Hsinchun. Browsing in hypertext：A cognitive study ［J］. IEEE Transactions on Systems, Man and Cybernetics, 1992, 22 (5)：865 - 883.

[6]   迪莉娅. 西方信息行为认知方法研究 ［J］. 中国图书馆学报，2011, 37 (2)：97 - 104.

[7]   王知津，韩正彪. 信息行为集成化研究框架初探 ［J］. 中国图书馆学报，2012, 38 (1)：87 - 95.

[8]   邹永利. 情报检索研究的理性主义传统与认知观点 ［J］. 中国图书馆学报，1998, 24 (3)：35 - 43.

[9]   Dervin B. Sense-making theory and practice：An overview of user interests in knowledge-seeking and use ［J］. Journal of Knowledge Management, 1998, 2 (2)：36 - 46.

[10]   Kuhlthau C C. Inside the search process：Information seeking from the user's perspective ［J］. Journal of the American Society for Information Science, 1991, 42 (5)：361 - 371.

[11]   Bates M J. The design of browsing and berrypicking techniques for the online search interface ［J］. Online Review, 1989, 13 (5)：407 - 424.

[12]   Ellis D, Roberts N, Hounsell D, et al. Information man or information action as a heuristic for information studies – Comments on the positions ［J］. Social Science Information Studies, 1985, 5 (1)：25 - 32.

[13] Chmiel A, Kowalska K, Holyst J A. Scaling of human behavior during portal browsing [J] . Physical Review E, 2009, 80 (6): 1 – 7.

[14] Nahl D. A discourse analysis technique for charting the flow of micro-information behavior [J] . Journal of Documentation, 2007, 63 (3): 323 – 339.

[15] MacMullin S E, Taylor R S. Problem dimensions and information traits [J] . The Information Society, 1984, 3 (1) 91 – 111.

[16] Foster A. A nonlinear model of information-seeking behavior [J] . Journal of the American Society for Information Science and Technology, 2004, 55 (3): 228 – 237.

[17] 库恩. 心理学导论: 思想与行为的认识之路 [M] . 郑纲, 译. 北京: 中国轻工业出版社, 2008: 327 – 397.

[18] Spink A. Study of interactive feedback during mediated information retrieval [J] . Journal of the American Society for Information Science, 1997, 48 (5): 382 – 394.

[19] Hung P W, Johnson S B, Kaufman D R. A multi-level model of information seeking in the clinical domain [J] . Journal of Biomedical Informatics, 2008, 41 (2): 357 – 370.

[20] 乔欢. 信息行为学 [M] . 北京: 北京师范大学出版社, 2010: 10 – 11.

[21] Schmidt J B, Spreng R A. A proposed model of external consumer information search [J] . Academy of Marketing Science, 1996, 24 (3): 246 – 256.

[22] Huang Chun-Yao, Chiang I P. Characterizing Web users' online information behavior [J] . Journal of the American Society for Information Science and Technology, 2007, 58 (13): 1988 – 1997.

[23] 陈向明. 社会科学中的定性研究方法 [J] . 中国社会科学, 1996 (6): 93 – 102.

[24] Chi M T H. Quantifying qualitative analyses of verbal data: A practical guide [J] . The Journal of the Learning Sciences, 1997, 6 (3): 271 – 315.

[25] Goh C C M. How ESL learners with different listening abilities use comprehension strategies and tactics [J] . Language Teaching Research, 1998, 2 (2): 124 – 147.

[26] Marquer J, Pereira M. Reaction times in the study of strategies in sentence-picture verification: A reconsideration [J] . The Quarterly Journal of Experimental Psychology Section A, 1Study on Web Browsing Behaviors and Cognitive Influential Factors Based on Three – dimensional Model990, 42 (1): 147 – 168.

[27] Canter D, Rivers R, Storrs G. Characterizing user navigation through complex data structures [J] . Behaviour and Information Technology, 1985, 4 (2): 93 – 102.

[28] Clark L, Ting I H, Kimble C, et al. Combining ethnographic and clickstream data to identify user Web browsing strategies [J] . Information Research, 2006, 11 (2): 249 – 273.

作者简介

耿骞（ORCID：0000 - 0001 - 5064 - 4996），教授，博士，E-mail：gengqian@ bnu. edu. cn；杨倩（ORCID：0000 - 0002 - 2173 - 5458），助理馆员，硕士。

研究生学术信息查寻行为
模型与实证研究

人类信息查寻行为研究缘起于 20 世纪初[1]。学术信息行为是关于信息在研究和和学问产生过程中发挥显著作用的行为[2]，是信息查寻行为的一种。

1 信息查寻行为理论/模型变迁

20 世纪 60—70 年代以前，学者以系统为导向[3]研究信息查寻行为，通过不同用户群体对信息系统或资源的主观态度或优先排序来定义信息服务及用户行为，需求、动机等引起重视。这一观念有失偏颇，并未得到推广。1978年之后，B. Dervin、T. Wilson 等开始以用户为导向研究行为动机（需求、社会环境、日常生活），代表理论有知识非常态[4]、意义构建理论[5]、人类信息行为模型[1]、日常生活信息查找[6]。90 年代末到 21 世纪初期，学者们开始用具有浓烈信息检索色彩的系统性思维对查寻过程进行分解，代表理论有信息查寻行为模型[7]、采莓理论[8]、浏览行为理论[9]、信息检索过程[10]。

2 研究生学术信息查寻行为研究概述

研究生学术信息查寻研究最早可追溯到 B. Fidzani 1998 年[11]对博茨瓦纳大学研究生的调查研究。归纳起来，国内外对研究生学术信息查寻行为的研究一是基于访谈、问卷等进行调查统计，例如信息需求[12]、认知心理[13]、图书馆网站[14]、查寻方法[15]等行为要素研究，影响查寻结果因素研究[16-18]，合作查寻行为研究[19-20]，行为结构分析[17,21]；二是运用意义构建、信息视域、情境概念等理论/模型进行理论和实证研究。例如陈川森等[22]利用信息视域理论探讨 3 所大学客家学院研究生的行为，揭示了行为需求、信息类型、偏好、使用频率等对行为的影响。

3 基于活动理论的研究生学术信息查寻行为模型设计

3.1 活动理论概述

活动理论（activity theory，以下简称 AT 理论）源于康德和黑格尔古典哲学，后经 L. Vygotsky、А. Леонтьев 和 Y. Engestrom 拓展，形成了一个三角模型（见图 1）和一个包含活动、行为、操作[23]的行为结构（见图 2），三角模型包含主体、客体、结果、共同体、工具、规则和劳动分工七要素，是从内在和外在两方面对查寻行为的解读，广泛应用于信息检索、人机交互等领域。

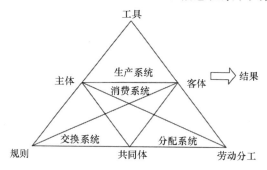

图 1 EngestromY 模型

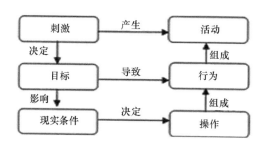

图 2 活动的层次结构

3.2 活动理论方法论

AT 理论方法论包括活动列表模型（The Activity Checklist）、ActAD 方法（Activity Analysis and Development，ActAD）、AODM 方法（Activity-Oriented Design Method，AODM）、Jonassen & Rohrer-Murphy 框架和 Martins & Daltrini 框架。

ActAD 方法由 M. Korpela[24]提出，主要用于信息系统用户改进行为流程、信息系统开发者分析用户行为以改进信息系统。经过 M. Korpela 和其他学者[25]的拓展，该方法的步骤最终被确立为：①分析信息系统的各个活动要素，并以列表（checklist）形式设计问卷；②构筑活动网络图；③从"历史"、"问题"和"潜能"三方面分析核心活动的发展情况；④对信息系统进行改进；⑤总结结果、评估并开始新的循环。

活动列表模型由 V. Kaptelinin 等[26]提出，旨在通过行动、环境、学习/认知/接合、发展四方面（其中渗透"工具"这一要素）的列表分析（列表中列举 5 – 13 个问题），帮助研究者和设计者识别现实生活中影响用户信息行为的情境因素，并指出系统设计者可能面临的潜在问题，最后是结果分析。

AODM 方法由 D. Mwanza[27]详细阐明，基于 Engestrom 模型提出。AODM 关注如何在人机交互设计中对用户进行捕捉、分析、设计和关注。该方法包含 6 个阶段和 4 个工具：①使用 eight-step-model 工具分析情境，包括分析活动及要素的 8 个问题；②利用 AT 理论建模；③使用 activity notation 工具对活动进行分解，一般会分解成 6 个小三角；④使用一种包含 6 个通用问题的工具，对应产生一系列的可用于分析各要素间的矛盾和小三角之间交互关系的问题；⑤把上一阶段产生的问题用于问卷调查、访谈或观察；⑥运用绘图工具对结果进行解释。

Jonassen & Rohrer-Murphy 框架[28]是一种在结构化学习环境（constructive learning environments，CLE）下设计的方法。包含 6 步，每一步对应具体的问题列表和操作方法①：阐明主体的目标；②识别各个活动要素；③把活动划分成行为、活动、操作 3 个层次；④阐明工具和其他中介因素；⑤分析情境和共同体、规则和劳动分工；⑥分析各要素之间的交互和规则。

Martins & Daltrini 框架[29]主要用于需求诱导（requirements elicitation），包含 3 个步骤：①识别目标系统所支撑的活动；②识别每个活动的要素；③把每个活动分解成行为和操作，通过作者提供的一张包含三栏（活动、行为、操作）的表辅助完成。

3.3 六步研究模型

借鉴上述方法论，笔者拟将研究生学术信息查寻行为划分为个体查寻和合作查寻，按以下思路进行实证分析：①识别研究生有哪些学术信息查寻行为。可根据日常生活信息查寻理论由被调查者围绕日常学习生活，描述所经历或即将接触到的学术信息查寻行为。②识别个体查寻行为的主体、客体、工具、生产子系统，分析其特征。③识别合作查寻行为的共同体、规则、分工、结果，分析其特征。第②－③步的调查问题可参照 AODM 方法设计。

④参照 Engestrom 模型分析合作查寻行为子系统（消费、交换、分配），通过统计数据之间的关联关系分析内在要素的相互作用，以及对行为结果的影响。⑤将研究生学术信息查询行为划分为活动、行为、操作 3 个层次，明确划分的界限。⑥总结研究生学术信息查寻行为的潜在规律和启示。

4 北京大学研究生实证设计

以北京大学在读研究生（不含医学部、深圳研究院和留学生）为对象，进行问卷调查和访谈。

4.1 问卷调查

4.1.1 问卷设计

问卷包括基本情况、知识结构、信息素养、学术信息查寻行为概况、行为目的、行为工具、行为环境、共同体、规则及分工、结果 9 个部分共 64 个问题，在此基础上随机选出 20 名受众进行预测试，基于受众对问题设计、逻辑顺序、表达方式、选项等的意见，最终确立 54 个问题。单选题分别作为一个变量，多选题一律采用二分法，一个选项作为一个变量，再根据问题性质区分出尺度型、名义型和序号型变量，总计 119 个变量。

4.1.2 数据收集

综合考虑置信度、误差、经费支持和可操作性，确定样本容量为 300，通过滚雪球方法实际发放问卷 300 份，共计回收 248 份，空白和无效问卷 37 份，有效问卷 211 份，回收率 82.7%。问卷使用 IBM SPSS Statistics 19 进行分析。

问卷样本包含了 89.3% 的硕士生和 10.7% 的博士生，分别以二、三年级的硕士生（70%）和一、二年级的博士生（9.6%）为主，硕士生与博士生、男性与女性的比例分别是 1:1.26 和 0.69:1。样本集中在管理学、工学、理学和经济学四大专业类别。如表 1 所示：

表 1 样本的学历与专业分布

		A5 专业								
		哲学	经济	法学	教育	历史	理学	工学	管理	其他
A2 学历	博士生（%）	.0%	.5%	.0%	.0%	.0%	2.9%	2.9%	3.4%	1.0%
	硕士生（%）	1.5%	9.2%	1.0%	1.9%	1.0%	8.3%	12.6%	52.9%	1.0%
	合计	1.5%	9.7%	1.0%	1.9%	1.0%	11.2%	15.5%	56.3%	1.9%

4.1.3 信度效度检验

对 11 个量表类问题进行信度分析，得到全局信度 0.793，大于 0.7。由于 α 系数是将题项所有可能的折半信度加总平均，就意义上来看是信度的最小估计值，在只有两题时，只有一个折半信度，α 就等于其相关系数，所以变量数为 1 的变量无法通过信度分析其内在一致性，变量数等于 2 的变量 F5、F9 可通过相关分析度量内部一致性，得到 Pearson 系数 0.389，二者显著相关（见表 2）。所以，问卷具有高度的内部一致性和可靠性，具有较好的信度。

表 2　F5 和 F9 相关分析

	F5 工具困难 继续完成	F9 过程心理干扰 继续完成
F5 工具困难继续完成	1	.402 **
F9 过程心理干扰继续完成	.402 **	1

注：**在.01 水平（双侧）上显著相关

对上述 11 个量表类问题进行效度分析，得到 KMO 值为 0.788，大于 0.5，Bartlett 球体检验统计值 $p = 0.000 < 0.001$。

所以，问卷具有很高的信度和效度。

4.2 访谈设计

访谈包含行为要素、个体查寻、合作查寻、行为结构共四部分，针对 10 名在读研究生进行。被访者基本信息见表 3。

5 数据分析及结论

5.1 研究生学术信息查寻行为要素及特征

5.1.1 个体查寻行为

（1）行为主体。研究生对自己的专业成绩和信息检索能力有较强的自信心，77.56% 的研究生都给出了中等或中等偏上的自评分数。知识结构和专业成绩方面，超过一半的人表示会涉猎专业以外的知识，高年级的男研究生比低年级的女研究生对自己的信息检索能力更有自信（0.01 置信水平上呈显著正相关）。

表3　被访者的自评信息

人员	性别	学历	学科	学术水平自评	专业能力自评	信息查寻能力自评	交流能力自评	合作能力自评
Z	男	博士生	管理学	72	70	60	75	72
B	男	博士生	管理学	70	70	70	70	70
X	女	博士生	经济学	60	60	70	80	60
Q	男	硕士生	管理学	80	80	80	80	80
W	男	硕士生	理学	70	70	75	80	75
L	女	硕士生	文学	80	83	80	75	70
Y	男	硕士生	理学	80	82	85	85	85
X	女	硕士生	理学	70	70	72	75	75
C	男	硕士生	经济学	75	80	80	60	65
H	女	硕士生	工学	60	65	70	80	75

为体现样本的差异性，使用专业知识结构、专业平均成绩、检索能力3个变量刻画行为主体的"综合学术能力"，使用 SPSS Clementine 进行 K-means 聚类（聚类步骤见图3），得到4类研究生群体（见表4）：

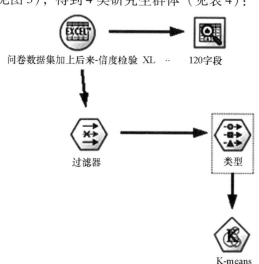

问卷数据集加上后来-信度检验 XL　··　　120字段

过滤器　　　　　　　　类型

K-means

图3　聚类分析模型流程

第一类（57.3%）：知识广博、成绩优秀、对信息检索能力有高度自信，是综合学术能力的佼佼者；

104

第二类（4.7%）：知识面狭窄、成绩非常差、对信息检索能力极度缺乏自信，综合学术能力低；

第三类（7.1%）：知识较广泛，成绩中等、对信息检索能力的自信度处于中等偏下水平，综合学术能力处于中等偏下，信息素养是短板；

第四类（30.8%）：知识面窄，但成绩和信息检索能力自信水平处于中等和中等偏上水平，相对第三类的学生综合学习能力较强。

表4 知识结构、专业成绩、检索能力均值分布

类型	知识结构	专业成绩	检索能力
第一类	除专业外还涉足其他领域（2）	很好（3.744）	中等偏上 – 很好（3.669）
第二类	仅限于本专业（1）	较差（0.8）	较差（0.6）
第三类	除专业外还涉足其他领域（2）	中等（2.733）	中等偏下（1.933）
第四类	仅限于本专业（1）	中等 – 中等偏上（3.338）	中等 – 中等偏上（3.2）

（2）查寻客体。M. Kakai 等曾指出完成课程作业、准备课堂讨论、研讨会、工作组、会议和期末研究论文是研究生学术查寻的普遍目的[12]。调查显示，撰写论文（24.2%）、完成课程作业（19.7%）和完成导师项目（15.2%）是研究生学术查寻首要的三大目的，其次是准备课堂讨论（8.8%）、了解学术前沿（8.7%）、完成自己课题（8.3%）、完成小组任务（7.7%）、参加研讨会（3.5%）、实习（2.5%）、参加学术会议（1.3%）。不同学习阶段的查寻客体不同，博士生更倾向于完成研讨性、参与性较强的查寻任务。

第一类研究生的查寻源自撰写论文和完成导师项目的需求，查寻内容涉及学术观点、概念和论文资料，最近查寻行为超过 6 次，有积极的学术查寻行为动机，同时对查寻内容有较高的专业要求（80%以上）；第二类主要是查找简单易懂的课件，查寻动机消极（不足 2 次），70%的查寻行为与专业无关；第三类信息素养不高，极少涉及深度研究信息，主要为应付课程作业和课堂讨论；第四类围绕论文写作进行，倾向于查寻写作资料（80%）。

（3）查寻工具。样本主要倾向于使用数据库等互联网资源（58.4%），其次是纸质期刊和图书，F2（工具选择标准）和 A5（专业）交叉分析显示，年鉴、古籍等（34%）的使用有明显专业倾向。例如经济学研究生由于统计需要，往往热衷于使用年鉴。此外，第一类研究生倾向于使用数据库和互联网资源，第二类研究生的查寻工具整体使用率偏低，第三类倾向于数据库，第四类倾向于互联网资源。65%的查寻工具均源自于图书馆，互联网和图书

馆在线资源起到实质性的作用。

"资源丰富性"和"权威性"是选择查寻工具的主要标准。陈丽君[30]曾总结用户行为选择的六大基本原则。调查显示，在查寻工具判断标准的分布中，可近性原则和省力法则占比分别为 10.4%、10.5%，易用性原则为 11.4%、习惯法则为 7.1%。但查寻工具的"资源丰富性"和"权威性"两项标准（54%）超过了六大原则总和。研究生学术信息查寻工具的选择以"信息内容"为中心，这种选择充满理性，压制了源自于历史经验、期望、工具自身的可获取、性能等感性因素对行为主体决策的影响，心理因素对行为的影响和心理干扰表现两个变量（见图 4）可以证实这一结论。

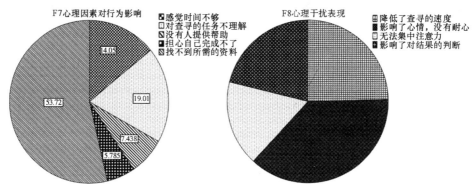

图 4　F7 和 F8 两个变量的频率分布

84.8% 的研究生认为查寻工具对行为会产生影响，在内化（"找不到所需资源"占比 53.72%）、外化（查寻速度、结果判断、查寻注意力占比将近 62%）过程中，查寻工具所承载的信息内容相关因素都超过了时间、任务理解、外在帮助、内在焦虑等心理因素的影响之和。这体现出研究生对于学术信息存在"信息饥渴"，他们对信息比较敏感。曾有学者通过问卷调查[31]发现 87% 的大学生都认为信息量越多对自己越有帮助，这种心理导致他们需要花费更多的时间来对结果进行评价和过滤。因此，"以'信息内容'为中心的理性原则"是研究生选择查寻工具最重要的原则。

70.1% 的研究生都认同环境会对查寻行为产生影响，"没有可以寻求帮助的人"和"太嘈杂"是最主要的影响因素。

心理因素在信息查寻开始和过程中都有潜在影响，但并非完全一致。查寻开始时，大多呈现"无所谓"（54.9%）或沮丧（12.75%）态度，只有 44.83% 的人愿意或很愿意在沮丧后继续做下去；查寻过程中的心理因素干扰更加明显（43.22%），并能激起主体对心理障碍强大的反抗力，49.57%的人愿意或很愿意在受到心理干扰后继续查寻任务，反抗力越强，就越能得到满意的查寻结果。

对知识结构、专业成绩、检索能力的信心以及克服查寻之初沮丧情绪的能力能对查寻效果和自我评价起到正向推动作用。

（4）生产子系统。生产子系统（行为主体、查寻工具、查寻客体）刻画运用工具完成查寻目标的能力。相关分析显示，行为主体对查寻目标的实现有显著正相关作用（见表5），知识结构越完善，成绩越好，检索能力越强，就越能得到满意的查寻结果。行为工具要素中，克服接受任务时的沮丧情绪的能力和应对查寻过程中心理障碍的能力对查寻目标的实现有显著正相关作用，这两种能力越强，就越能得到满意的查寻结果。

表5　综合学术能力与行为效果相关分析

	B1 知识结构	B2 专业平均成绩	C1 信息检索能力	I2 个人查寻行为结果客观评价	I3 个人查寻行为结果主观评价
B1 知识结构	1	.252 **	.238 **	.144 *	.213 **
B2 专业平均成绩	.252 **	1	.506 **	.416 **	.292 **
C1 信息检索能力	.238 **	.506 **	1	.376 **	.387 **

注：**在 .01 水平（双侧）上显著相关；* 在 0.05 水平（双侧）上显著相关

5.1.2　合作查寻行为

研究生信息查寻大都由个人完成（80.49%），合作查寻不明显（22.27%没有参与任何合作查寻），年级越低的理学、工学、经济学和管理学研究生更倾向于合作查寻。合作查寻往往以 3 - 6 人（64.5%）或小于 3 人（23.7%）的小规模形式开展，没有明显的跨专业合作。

（1）查寻客体。硕士生合作查寻主要为了完成课程作业（46.1%）和小组任务（18.3%），博士生是为了参加研讨会（31.8%）和课堂讨论（31.8%），更倾向于完成研讨性、参与性较强的查寻任务。

（2）共同体。研究生选择合作对象会优先考虑"人际关系"和"专业知识"，如熟悉程度（27%）、知识结构（26.5%）、合作经验（23.9%）等。第一、二类研究生优先考虑知识结构，注重查寻效果。第三、四类优先考虑历史经验和人际关系，喜欢和熟悉的人合作。

导师在查寻中的参与度低（48.3%的项目参与度不足50%）。学生选择导师看重项目经验（37.6%）和专业权威性（34.8%），"检索习惯"却被认为不太重要。10 位被访者中有 8 位都表示"导师的查寻习惯对自己没什么影响"或"基本没影响"。导师在合作查寻中一般会扮演"知识咨询者"的角色，对任务确立、结果评估和选择发挥作用，多位被访者表示研究课题由"导师选题"或"指定"。这一结论与国外相关研究结果类似，如 G. Kerins[32]、S. Hirsh[33] 等研究发现，专家和咨询者主要提供课题思路和方向，对查寻影响最大，但导师参与度不高，也没能提供足够的查寻指导。C. A. Barry[20] 调查发现，一位博士生导师并没有训练他的博士生如何使用 IT 系统，导师的解释是"我自己都要花费很多的时间来学习用电脑查找文献，而且速度很慢，现在我都不去图书馆查文献了，我自己就没有很好的信息查寻能力，我只知道有一些信息是相关的，但并不全面"。另一位导师更是和学生之间几乎没有太多的信息流动，他让学生自己做文献查寻，两周讨论一次，但仅限于研究进度和日程安排；同时他也反映院系里缺乏对老师和学生信息查寻能力的培养。

分析显示，越不愿意主动向导师请教的研究生在遇到困难时反而更愿意去直接模仿导师的查寻习惯，这种负相关性揭示了研究生对导师查寻习惯的模仿是一种较为隐秘的行为，他们并不愿意通过人际沟通的方式直接寻求帮助。

访谈同时发现，图书馆员并没有介入到查寻过程中，存在角色缺失。查寻主题一般由导师确定，查寻中遇到的困难多通过"向同学求助"来解决或直接放弃（"通过搜索引擎等网络工具或导师求助"、"经同学及老师指点后，仍无进展，最后放弃"）。但 A. Foster 的研究[34] 显示，国外大学图书馆员往往会提供关于"如何使用和评价资源、设计查寻策略、了解可获取资源"的帮助，并指导研究生使用图书馆和图书馆网络。

（3）机制。研究生合作查寻行为的潜在机制包括交流机制、困难应对机制、分享机制、成果奖励机制等。

● 较为稳定的交流机制。57.3% 的人每隔一周会进行小组交流，采用面对面（63.5%）或通过即时通讯工具（23.7%）等方式汇总查寻进度。

● 困难应对机制。63% 的人在遇到查寻困难时（如"检索结果太多"、"查寻结果相关度较低"）都主动愿意向成员求助。不同的是，第一类研究生善于自己解决问题，第二类和第四类研究生则非常被动，在其他成员向导师主动请教之后才会向成员或导师产生求助行为。

研究生运到困难时并不会直接放弃，大多数会首先尝试通过人际关系或网络工具予以克服，尝试失败之后才会选择放弃（"经同学及老师指点后，仍无进展，最后放弃"）。

- 分享机制。大多数研究生都描述了分享查寻心得的经历：如"与导师组成员聚在一起，大家互相分享查寻结果及查询过程中遇到的问题和解决技巧"。
- 合作查寻中也存在成果奖励机制。

（4）分工。研究生合作查寻是"把一个查寻项目分解成 N 个子任务并分别指派给不同组员"（79.51%）。越是核心角色，就越会承担一些核心工作。

四类研究生的分工不同。第一类一般担任核心角色；第二类往往跟随第一类和第三类；第四类负责掌控进度，是查寻的重要力量，私下里有较高声望，是潜在的领导者。

56.4%的分工都由组长确定，但只有 5.2%的人会去模仿组长的查寻习惯，60%以上的人会去模仿信息收集者和有声望但并不是组长的人的行为。四类研究生中：第一类喜欢模仿信息收集者和导师，第二类善于模仿做阶段总结的人或组长，第三类喜欢模仿组长和导师，第四类善于模仿有威望但并不是组长的人。

（5）子系统。消费子系统（行为主体、查寻目标、查寻共同体）刻画共同体对查寻目标的理解情况。访谈显示，共同体对查寻目标的理解程度主要取决于行为主体，很难完全一致。在共同体中担任"不太重要的"角色的人在理解目标方面比较落后（"负责资料汇总整理和综述撰写的成员，有可能会因其个人对主题理解不到位而对整体资料的总结产生负面影响"、"担任配角、做辅助研究的人会理解不到位"）。

交换子系统（行为主体、规则、查寻共同体）刻画成员对规则的理解情况。所有被访者都指出了机制的重要性，例如"这些规则在一定意义上有助于督促小组成员及时完成任务，并有助于查寻结果的不断改进和完善，因为交流分享的过程中成员之间会不断指出彼此的优点和缺点"，但他们也指出"规则需要具体明确便于操作，这样才能顺利指导小组完成任务"。

分配子系统（查寻目标、分工、共同体）刻画分工及成员对查寻目标的理解情况。访谈中涉及的问题是"小组是让所有成员共同理解任务目标，还是根据分工各自理解一部分，彼此不交叉或沟通？你如何看待这些分工对结果的影响？"所有的被访者一致认为小组应让所有成员在"共同理解"的基础上"再进行分工"，并"根据分工详细理解自己的部分"，也有人提议"过程中可以相互沟通，这样有利于按计划完成任务"。定量分析进一步指出，在共同理解查寻目标的基础上合理确立分工，对于查寻目标的实现有积极的促进作用。

5.1.3 查寻结果

研究生对个体查寻给出了 46.9% 的"一般"评价，对合作查寻给出了 54% 的"满意"评价，多数被访者表示"对于合作查寻的进展较为满意"，评判依据是"资料相关度，以及对自己后续工作是否有所帮助"、"资料的权威性和完整性"。研究生对查寻结果的评价与个人对分工、规则等的满意度有显著相关关系（见表6）。

表6　对分工和规则的满意度与行为效果相关分析

	I2 个体查寻行为结果客观评价	I3 个体查寻行为结果主观评价	I4 合作查寻行为结果客观评价	I5 合作查寻行为结果主观评价
H20 对分工的满意度	.215 **	.139 *	.293 **	.276 **
H16 对规则的满意度	.119	.050	.222 **	.206 **

注：** 在 .01 水平（双侧）上显著相关；* 在 0.05 水平（双侧）上显著相关

访谈显示，研究生对别人的客观评价并不十分在乎，他们表示"不关心别人的评价"，认为别人的判断"主要是和我要的资料相关度大小"相关。

5.1.4 查寻行为结构

（1）行为详细分解。为了解研究生查寻行为结构，邀请被访者自我评价个人检索能力，然后清楚描述（文字/作图）自己的查寻过程。在此基础上，结合 Martins & Daltrini 框架梳理出详细流程图（见图5）。

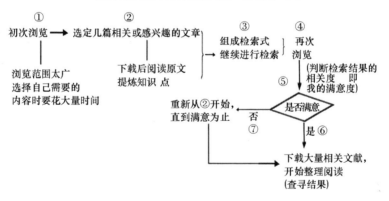

图5　被访者绘制的查寻行为步骤示例

（2）明确活动、行为、操作划分界限。根据 AT 理论，活动（activity）主要反映主体意识水平，和行为整体目标相关，一般比较复杂，比如制定整体计划。

同一项活动由不同的行为（action）功能实现，如果没有相关活动作为参照系，行为就不能得到理解。比如制定整体计划需进行需求分析、预测，"行为"也很复杂，可分解为多个"操作"（operation）。

行为的最重要的特征是在执行以前就已经被计划，而操作一般是自动执行，是程式化的，没有人的意识参与，一旦一项"行为"被多次执行，且相当成熟，不需要提前计划，它就会转化成为操作，例如编表、绘图、做记录。

因此，可以复杂性、是否有意识参与、是否需要计划、是否可自动执行、是否有多种方式等指标确定为行为结构的划分界限。如表 7 所示：

表 7　活动、行为、操作的划分界限

活动	行为	操作	划分界限
确定查寻任务	自主确定、求助导师	确定主题表达方式	复杂性、是否需要计划
资源获取	判断是否获取、选择获取方式	下载、保存、文献传递、求助	意识是否参与、复杂性、是否可自动执行
再次查寻	重新选择检索方式	重新理解主题、修正查寻方式、修正查寻结果、提交	动作是否可并行、是否可自动执行、复杂性
再次查寻	再次浏览	确定浏览顺序	动作是否可并行、是否可自动执行、复杂性
	再次评估	确定评估范围、标准	
	判断是否满足需求	理解原因、求助	

（3）确定活动、行为、操作。借助行为流程和行为结构划分界限，可重新整理查寻行为结构，最终确立 7 项活动、23 项行为、31 项操作（见图 6）。

5.2　研究生学术信息查寻行为规律

（1）"以'信息内容'为中心的理性原则"是研究生选择学术信息查寻工具最重要的原则。研究生查寻行为目的性强，对学术信息存在"信息饥渴"，对信息比较敏感，对信息内容的要求也更高。查寻行为充满理性，压制了源自于历史经验、期望、工具自身的可获取、性能等感性因素对行为主体决策的影响。

（2）对专业成绩或检索能力具有信心的研究生具备一种"障碍克服"能力，能够自如应对检索工具和心理障碍。心理障碍的克服能力取决于研究生对查寻之初的沮丧情绪的处理能力，对知识结构、专业成绩、检索能力的信心以

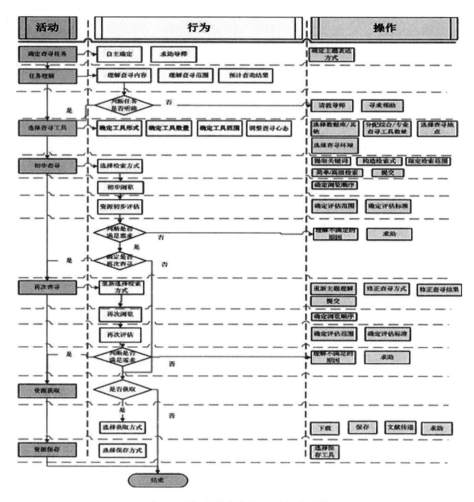

图 6 研究生学术信息查寻行为结构

及克服查寻之初沮丧情绪的能力能对查寻结果和自我评价起到积极影响作用。

（3）研究生是非常实际的学习型合作查寻参与者。相比于组织能力，研究生在合作查寻中更倾向于向有较高信息检索能力和专业知识水平的人学习实际的检索技能。但这一规律并不适用于研究生和导师的合作查寻。研究生不愿意通过人际沟通直接寻求帮助，只会隐秘模仿导师的查寻习惯。越不愿意向导师寻求帮助的人在遇到困难时反而更愿意去模仿导师的查寻习惯。

（4）合作查寻的成员在共同体中扮演"提供帮助者"和"分享者"的角色，导师扮演"知识咨询者"的角色，二者缺乏信息素养方面的沟通。

112

（5）图书馆资源是研究生学术查寻的主要渠道，但图书馆员并没有介入到查寻过程中。

5.3 研究生学术信息查寻行为模型

为使研究结论形象化，参照 Engestrom 模型进行展现。图 7 反映了研究生学术信息查寻行为的七大要素及子系统（▨▨▨、△）、个体查寻行为和合作查寻行为的要素及特征（▨▨▨）、行为潜在规律（▨▨▨▨）。

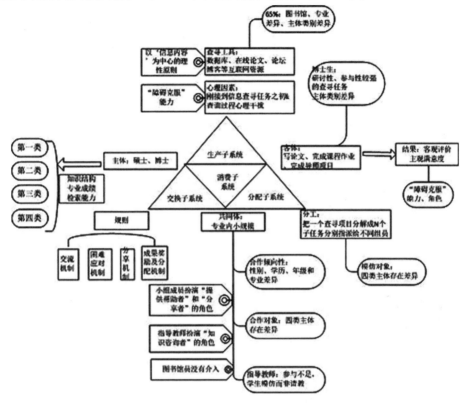

图 7　研究生学术信息查寻行为模型

6　建议及对策

6.1　图书馆

6.1.1　资源建设突出内容

"以'信息内容'为中心的理性原则"下，图书馆在数据库等工具的开

113

发和宣传上要着重强调资源丰富性和学科特色，相对弱化可用性、易用性、高级功能等特点。

6.1.2　馆员积极介入查寻过程

图书馆服务尚未能有针对性地指导研究生在查寻项目中使用和评价资源、设计查寻策略。可在定题服务基础上开展针对研究生的延伸服务，通过学科资源配套、课题咨询提供参与式的咨询服务，实时处理查寻障碍。

6.1.3　注重研究生信息利用和分析能力的培养

对比《美国高等教育信息素养能力标准》[35]，研究生在信息获取和利用方面的能力尚有不足。一方面研究生信息素养锻炼要从工具使用转向资源识别、获取；另一方面，我国已有46%的"211"高校图书馆进行了开放获取资源建设[36]，积极引导学生对开放获取资源的利用，以减少查寻工具障碍。全校通识课程也应配套增加信息利用、信息分析等方面的内容。

6.1.4　加强文献管理工具的推广

研究生主要通过建立文件夹或做笔记等传统方式管理查寻结果，还不了解 EndNote、NoteExpress 等文献管理工具。图书馆需加强对这类工具的使用培训，以实际问题引入，提高研究生的参与度。

6.2　查寻任务设计

6.2.1　发挥导师对提升研究生查寻能力的作用

导师需在扮演"知识咨询者"角色基础上，提供信息查寻能力的指导和示范。但解决这一问题存在诸多困难。C. A. Barry 曾指出有两大因素限制了导师对博士生进行信息查寻能力的训练：一是导师自身缺乏相关的信息检索能力，二是信息查寻活动和研究活动所隐含的本质[20]。尽管如此，学校也可以做一些初步的尝试，例如对于信息素养较高的教师，可在合作查寻结果评估中增加"导师指导学生信息检索的评估"；对于信息素养不高的教师，可在研究生的科研素养、研讨等课程上采取"导师和图书馆员合作授课"的模式。

6.2.2　注重对研究生专业知识和检索能力自信心的培养

研究生对专业知识和检索能力的自信心越强，就越能克服查寻工具障碍和心理障碍。在进行具体的查寻项目之前，可以难度相对较小的项目作为示例，帮助研究生树立自信心；查寻任务开始之后，要通过沟通确保研究生正确理解查寻任务，以及时调整沮丧和紧张的状态。

6.2.3　组建信息查寻能力交流平台

研究生是非常实际的学习型合作查寻参与者，乐于分享查寻心得，通过

114

组建交流平台，鼓励他们交流检索心得，能够潜移默化地提升其检索能力。

7　研究不足与展望

本研究基于 AT 理论对研究生学术信息查寻行为有了初步的认识，但仍存在不足：①实证仅限于北京大学研究生，样本基数较小；②样本对留学生不具有普适性；③国内外还没有运用 AT 理论进行研究生学术信息查寻行为的实证研究，所以无法与同类研究结论对比，缺乏参照。

今后可能的研究点包括：①待研究条件允许，宜采取分层抽样方法，对中、东、西部地区高校研究生，严格按照实际的学科和人数比例抽样，对比研究不同地区、学科的研究生的查寻行为特征；②对某一特定学术信息查寻行为，如为撰写毕业论文而产生的信息查寻行为进行研究。

参考文献：

［1］　Wilson T. Human information behavior ［J］. Informing Science, 2000, 3（2）：49 –56.

［2］　Palmer C L, Cragin M H. Scholarship and disciplinary practices ［J］. Annual Review of Information Science and Technology, 2008, 42（1）：163 –212.

［3］　Dervin B, Nilan M. Information needs and uses ［EB/OL］. ［2015 –03 –21］. https：// comminfo. rutgers. edu/ ~ tefko/Courses/612/Articles/zennezdervinnilan86arist. pdf.

［4］　Belkin N. Anomalous states of knowledge as a basis for information retrieval ［J］. Canadian Journal of Information Science, 1980, 5（2）：133 –143.

［5］　Dervin B. From the mind's eye of the user：The sense-making qualitative-quantitative methodology ［M］//Glazier J D, Powell R. Qualitative Research in Information Management. Englewood：Libraries Unlimited, 1992：327 –338.

［6］　Savolainen R. Everyday life information seeking：Approaching information seeking in the context of way of life ［J］. Library and Information Science Research, 1995, 17（3）：259 –294.

［7］　Ellis D. The derivation of a behavioral model for information retrieval system design ［M］. Sheffield：University of Sheffield, 1987.

［8］　Bates M. The design of browsing and berry picking techniques for the online search interface ［J］. Online Information Review, 1989, 13（5）：407 –424.

［9］　Chang S, Rice R. Browsing：A multidimensional framework ［J］. Annual Review of Information Science and Technology, 1993, 54（28）：231 –278.

［10］　Kuhlthau C. Inside the search process：Information seeking from the user's perspective ［J］. Journal of the American Society for Information Science, 1991, 42（5）：361 –371.

［11］ Fidzani B. Information needs and information-seeking behavior of graduate students at the University of Botswana ［J］. Library Review, 1998, 47 （7）: 329 – 344.

［12］ Kakai M. Ikoja-Odongo R, Kigongo-Bukenya I. A study of the information seeking behavior of undergraduate students of Makerere University, Uganda ［J］. World Libraries, 2004, 14 （1）: 544 – 564.

［13］ 宋佳. 认知心理学视角下的高校图书馆学生用户信息获取行为研究 ［D］. 长春: 东北师范大学, 2012.

［14］ Fatima N. Information seeking behaviour of the students at Ajmal Khan Tibbiya College, Aligarh Muslim University: A survey ［J］. Annals of Library and Information Studies, 2008, 58 （6）: 141 – 144.

［15］ 杨刚, 马燃, 张佳硕, 等. 在读硕士研究生信息行为与科研创新能力的关系研究——以吉林大学为例 ［J］. 图书情报工作, 2012, 56 （24）: 77 – 82.

［16］ Song Y. A comparative study on information seeking behaviors of domestic and international business students ［J］. Research Strategies, 2004, 20 （1/2）: 23 – 34.

［17］ 蔡成龙. 任务复杂度对研究生信息行为影响的实证研究 ［J］. 现代情报, 2013 （12）: 173 – 177.

［18］ Cole C. Information acquisition in history Ph. D. students: Inferencing and the formation of knowledge structures ［J］. Library Quarterly, 1998, 68 （1）: 33 – 54.

［19］ Carole C A, Bright A, Hurlbert T, et al. Scholarly use of information: Graduate students' information seeking behavior ［J］. Information Research, 2006, 11 （4）: 272 – 272.

［20］ Barry C A. Information skills for an electronic world: Training doctoral research students ［J］. Journal of Information Science, 1997, 23 （3）: 225 – 238.

［21］ Makri S, Warwick C. Information for inspiration: Understanding architects' information seeking and use behaviors to inform design ［J］. Journal of the American Association for Information Science and Technology, 2010, 61 （9）: 1745 – 1770.

［22］ 陈川淼, 黄元鹤. 客家文化研究生之信息寻求行为: 信息视域之观点 ［J］. 大学图书馆, 2011, 15 （1）: 144 – 170.

［23］ Leont' ev A. Activity, consciousness, and personality ［M］. Mahwah: Lawrence Erlbaum Associates, 1978.

［24］ Korpela M. Activity analysis and development in a nutshell ［EB/OL］. ［2015 – 02 – 28］. http: //www. uku. fi/atkk/actad/nutshell. html. Handout, version 1, 1997.

［25］ Korpela M. Soriyan K, Mursu A. Made-in-Nigeria systems development methodologies: An action research project in the health sector ［M］//Avgerou C, Walsham G. Information Technology in Context: Studies from the Perspective of Developing Countries. Aldershot: Ashgate, 2000: 134 – 152.

［26］ Kaptelinin V, Nardi B, MacAuley C. The activity checklist: A tool for representing the "space" of context [J]. Interactions, 1999, 6 (4): 27 –39.

[27] Mwanza D. Where theory meets practice: A case for an activity theory based methodology to guide computer system design [C] //Proceedings of INTERACT' 2001: Eighth IFIP TC 13 Conference on Human-Computer Interaction. Tokyo: International Federation for Information Processing, 2001.

[28] Jonassen D, Rohrer-Murphy L. Activity theory as a framework for designing constructivist learning environments [J]. Educational Technology Research and Development, 1999, 47 (1): 61 –79.

[29] Martins L E G, Daltrini B M. An approach to software requirements elicitation using the precepts from activity theory [C] //IEEE/ACM International Conference on Automated Software Engineering. Florida: IEEE Computer Society, 1999: 15 –23.

[30] 陈丽君. 用户行为选择的表现及其法则 [J]. 情报资料工作, 1994 (2): 11 –13.

[31] 毛啟成. 大学生网络信息查寻行为及心理分析 [J]. 时代文学 (双月版), 2006 (4): 141 –142.

[32] Kerins G, Madden R, Fulton C. Information seeking and students studying for professional careers: The cases of engineering and law students in Ireland [OL]. [2014 –04 –01]. http: //www. informationr. net/ir/10 –1/paper208. html.

[33] Hirsh S, Dinkelacker J. Seeking information in order to produce information: An empirical study at Hewlett Packard Labs [J]. Journal of the American Society for Information Science and Technology, 2004, 55 (9): 807 –817.

[34] Foster A. Non-linearity and human information behaviour [J]. Elucidate, 2005, 2 (4): 3 –8.

[35] 美国大学和研究型图书馆协会. 美国高等教育信息素养能力标准 [EB/OL]. [2014 –04 –01]. http: //www. ala. org/acrl/sites/ala. org. acrl/files/content/standards/InfoLit –Chinese. pdf.

[36] 杨文珠. 我国高校图书馆开放存取资源建设现状调查分析 [J]. 图书馆学研究, 2009 (7): 56 –59.

作者简介

盖晓良 (ORCID: 0000 –0002 –2738 –015X), 硕士研究生; 刘娟 (OR-CID: 0000 –0003 –1265 –336X), 信息资源专员, 助理馆员, 硕士, 通讯作者, E-mail: xinzijuan@ 126. com

青少年网络信息查询行为影响因素实证分析[*]

1 引 言

中国互联网络信息中心发布的《2013 年中国青少年上网行为调查报告》显示，青少年互联网普及率继续攀升，截至 2013 年 12 月底，中国青少年网民规模已达 2.56 亿，占整体网民的 41.5%，占青少年总体的71.8%[1]。面对发展势头如此迅猛的一类网络群体，对青少年网络信息查询行为进行研究显得尤为重要，这不仅可以为各类信息服务机构提高其服务效率和质量提供理论依据，而且对提高青少年的信息素养有着重要意义。

在进行网络信息查询时，青少年既有一般人群的行为特征，也有其独有的行为特征，影响其网络信息查询行为的因素也很多。本文主要考察青少年认知风格、年级和任务类型等因素对青少年网络信息查询行为的影响。

2 文献综述

由于年龄影响着人们的认知能力、术语表达和解决问题的能力，不同年龄用户的信息查询行为会存在差异。如 Y. Kafai 和 M. J. Bates 的研究表明，小学生的网络查询行为是目标导向的，他们很少对查找到的信息进行深入的思考，同时还发现低年级的学生比高年级的学生在评价网站方面有更多的困难[2]。D. Bilal 就中学生和研究生在完成相同任务时表现出的查询行为进行了对比分析，发现研究生会使用更多的检索技巧，整体的查询效率要高于中学生[3]。

认知风格是个体在组织和加工信息过程中表现出的一贯持久的模式。认知风格的分类有很多，但在信息查询行为研究领域，采用最多的分类方法是由 H. A. Wintkin 提出的场依存型和场独立型认知风格[4]。一些研究者发现不同认知风格的用户在信息查询策略和查询效果方面会有所不同。如 N. Ford 等

---

* 本文系国家万人计划青年拔尖人才项目研究成果之一。

人在调查硕士生的个体因素对网络信息查询行为的影响中发现，场依存型个体较场独立型个体在信息查询策略的使用方面更加灵活多变[5]。E. Frias-Martinez 等人探究了不同认知风格的大学生在使用数字图书馆查询信息时行为的不同，发现相比场依存型个体，场独立型个体使用高级检索的次数更多[6]。K. S. Kim 则发现，对于网络经验不足的大学生，认知风格对其网络信息查询效果和搜索模式有很大的影响，但这种影响并没有在网络经验丰富的大学生身上发现[7]。冯颖等人检验了不同认知风格对数据库检索策略学习效果的影响，发现在检索策略、选择界面原因等方面场依存者和场独立者的表现存在差异[8]。许红敏的研究则表明认知风格影响大学生的网络查询次数和搜索时间[9]。

信息查询行为是受用户的信息需求驱动产生的，查询任务的类型则是用户信息需求的外在表现。根据不同的分类标准，任务类型可分为开放性任务和封闭性任务、简单任务和复杂任务、强迫性任务和自我产生的任务等。有研究者已对青少年在不同任务类型中的信息查询行为进行了探索，采用的任务类型分类包括简单的事实性任务、指定的研究性任务、完全自发性的任务、定义模糊与定义明确的任务等，这些研究表明，不同的任务类型确实会对参与者的信息查询行为、信息使用行为和查询效果有很大的影响，由于研究对象和研究目的不同，各项研究的发现也不尽相同。如 S. G. Hirsh 发现，随着任务复杂性的递增，五年级学生的信息查询成功率在不断降低[10]。J. Schacter 等研究者发现，相较于分析性的查询策略，五六年级的小学生更喜欢使用浏览性的查询策略，完成定义模糊任务的成功率也要高于定义明确的任务[11]。D. Bilal 考察了七年级学生在使用 Yahooligans! 分别查找事实性任务、研究性任务和自发性任务时的认知和物理行为方面的不同，结果发现，在成功率方面，完全自发性的任务要高于其余两类任务[12]。周佳骏调查分析了小学生在使用国际儿童数字图书馆完成不同任务时表现出的动作特征和情感状态的差异，发现参与者完成开放式任务所需时间较指导性和半指导性任务长[13]。

就目前的研究现状来看，虽然已有研究者探究了任务类型、年龄因素对青少年网络信息查询行为的影响，但同时将初中生和高中生作为研究对象的并不多，以往研究中对任务的分类也不尽相同，且还未得出一致的结论，需要进一步进行探索。同时，学者们还未对认知风格与青少年的网络信息查询行为进行探究，多数研究中用于测试用户认知风格的图形测验也有一定的局限性。此外，将任务类型、年龄及认知风格 3 个因素交互对青少年网络信息查询行为影响的探讨也不多，基于此，本研究基于检索实验，通过问卷调查、访谈以及实地观察的方法获取中学生的网络信息查询行为数据，并进行统计

119

分析。本文具体的研究问题是：①青少年的认知风格、年级以及所查找任务的类型是否会影响他们的网络信息查询效果？②青少年的认知风格、年级以及所查找任务的类型是否会影响他们的网络信息查询行为？

3 实验设计

3.1 认知风格分类

本实验采用的认知风格量表是由天津师范大学"青少年心理健康素质调查研究"课题组专门针对青少年编制的，具有良好的信度和效度。认知风格成绩的高低反映了青少年在认知决策、认知方法、认知加工、认知行为和认知倾向方面的不同，认知风格总成绩越高，青少年越倾向于场景决策、整体加工、灵活、独立和相对冒险的问题处理方式，反之，则表明青少年更倾向于自我决策、局部加工、单一、合作和相对稳定的问题处理方式[14]。

3.2 查询任务

本实验设置了3个查询任务。任务一：列举出至少5个可以听歌曲学习英语的免费性质的英语学习网站，写出网站的具体名称即可。任务二：找出一部曾获得11项国际大奖并由中东国家拍摄的经典兄妹亲情电影，列出这部电影的名称、导演名字、男女主角剧中名字以及他们的扮演者。任务三：根据自己在网络上查找到的信息判断《世界上最遥远的距离》这首诗是否出自印度诗人泰戈尔的《飞鸟集》，写出自己的观点并列举出具体信息支持自己的观点。

根据以往对任务类型的分类，本研究的3个任务依次属于半开放性任务、封闭性任务和研究性任务。对于任务一，有多个标准答案，参与者可根据自己的判断相对自由地选取符合题意的网站；对于任务二，每个问题则有唯一基于事实性的答案；任务三则没有相对固定的答案，因为对此问题网络上会有许多不同的观点，需要参与者运用开放性思维对所查找到的信息进行分析总结。

3.3 参与者

按照目前社会学和心理学广泛采用的世界卫生组织关于青少年的定义，青少年的年龄范围是指"10余岁"的成长阶段，即10岁至19岁[15]，且在中国青少年网民中，占据比例最高的是中学生群体，故本实验选取洛阳市一所中学的初中生和高中生作为主要的研究对象，招募形式为自愿参加和对参与者进行提问筛选的方法相结合，最终共有48名参与者（初中一年级至高中三年级每个年级各有8名有检索经验的中学生参加，其中男生34名，女生14

名）。所有参与者家中都可接触到计算机和网络,平均接触网络的时间为 3 年,平均每周上网时长为 10.3 小时,平均年龄为 15.2 岁,其网络信息查询行为具有一定的代表性。

3.4 实验流程

整个实验过程共计用时 105 分钟。首先,实验人员利用 10 分钟为参与者介绍本次实验的具体内容及流程。实验开始前,参与者需填写各自的背景资料及《青少年心理健康素质调查表·认知风格分量表》,共 15 分钟。然后正式进行实验,搜索过程则利用"屏幕录像专家"软件录制成视频。每个任务的规定时间都为 20 分钟。每完成一个搜索任务,青少年都要填写关于此任务完成情况的调查问卷,此过程共计 75 分钟。最后进行 5 分钟的实验后访谈,整个实验结束。

4 数据分析

本研究共涉及 3 个自变量:认知风格、年级以及任务类型。根据认知风格量表的得分情况,参与者被分为高认知风格成绩以及低认知风格成绩的两组,每组各 24 人。关于年级的分类,48 名参与者被分为有相同人数的初中组和高中组。任务类型的变量则有 3 个水平:半开放性任务、封闭性任务和研究性任务。

涉及的因变量则有两大组:查询效果和查询行为。其中查询效果涉及答案的准确性、完整性和可靠性 3 个变量;查询行为则涉及检索词变换次数、输入检索式长度、检索入口跳转次数、打开网页数、点击网页内超链接次数、翻页次数共 6 个变量。

本研究主要采用 SPSS 19.0 中多变量方差分析的方法(MANOVA)对收集到的数据进行分析。

4.1 三因素对信息查询效果的影响

MANOVA 的分析表明,认知风格对青少年的网络信息查询效果并没有什么影响,但青少年所在年级和所完成任务的不同会影响其查询效果。此外,年级与任务类型交互作用的显著性则表明,随着任务类型的改变,初中生和高中生的查询效果也会有所不同,如表 1 所示:

表 1　三因素对查询效果的影响

变异来源	因变量	III 型平方和	df	均方	F	Sig.
年级	答案准确性	10 065.760	1	10 065.760	17.887	.000**
	答案可靠性	1 420.829	1	1 420.829	3.478	.064
	答案完整性	1 724.346	1	1 724.346	3.492	.064
认知风格	答案准确性	488.196	1	488.196	.868	.353
	答案可靠性	302.134	1	302.134	.740	.391
	答案完整性	147.429	1	147.429	.299	.586
任务类型	答案准确性	13 946.725	2	6 973.362	12.392	.000**
	答案可靠性	224.840	2	112.420	.275	.760
	答案完整性	30 096.311	2	15 048.156	30.470	.000**
年级 * 认知风格	答案准确性	597.267	1	597.267	1.061	.305
	答案可靠性	98.896	1	98.896	.242	.624
	答案完整性	26.001	1	26.001	.053	.819
年级 * 任务类型	答案准确性	6 223.862	2	3 111.931	5.530	.005**
	答案可靠性	625.300	2	312.650	.765	.467
	答案完整性	5 501.073	2	2 750.537	5.569	.005**
认知风格 * 任务类型	答案准确性	756.116	2	378.058	.672	.513
	答案可靠性	1 076.744	2	538.372	1.318	.271
	答案完整性	1 105.573	2	552.787	1.119	.330
年级 * 认知风格 * 任务类型	答案准确性	717.336	2	358.668	.637	.530
	答案可靠性	1 838.506	2	919.253	2.250	.109
	答案完整性	134.144	2	67.072	.136	.873

注：**p<0.01；*p<0.05

4.1.1　年级对查询效果的影响

由表 2 可知，年级在答案准确性方面，主效应显著（P=0.000），通过比较均值可知，高中生的答案准确性（M=72.95）要显著高于初中生（M=56.66）。在答案的可靠性和完整性方面，年级与两者有边缘显著性（P=0.064<0.1）。具体来说，高中生在答案的可靠性方面（M=89.17）要略高于初中生（M=82.31），答案的完整性（M=92.36）也要略高于初中生（M=85）。

4.1.2　任务类型对查询效果的影响

数据分析表明，任务类型对答案的可靠性没有影响；在答案准确性方面，

122

任务类型的主效应显著（p = 0.000），通过比较均值可知，青少年在完成半开放性任务时的答案准确性（M = 79.38）要高于封闭性任务（M = 58.52）和研究性任务（M = 56.58），通过事后检验可知，半开放性任务与其他两类任务的差异性显著（p < 0.01），而后两者之间无显著差异性；在答案完整性方面，任务类型主效应显著（p = 0.000），封闭性任务的答案完整性（M = 75.04）要显著低于半开放性任务（M = 95.83）和研究性任务（M = 100），事后检验表明，封闭性任务与其他两类任务的差异性显著（P < 0.01），后两者之间并无显著差异。

4.1.3 年级与任务类型的交互影响

从表1可看出，在答案准确性和完整性方面，年级与任务类型的交互作用显著（p < 0.01）。通过独立样本 t 检验和事后检验可知，就答案的准确性来说，在半开放性任务中，年级的不同对其并没有什么影响；在封闭性任务中，高中生答案的准确性（M = 75.58）要显著高于初中生（M = 41.46）；在研究性任务中，高中生答案的准确性（M = 59.92）同样显著高于初中生（M = 53.25）。关于答案的完整性，在半开放性任务和研究性任务中，不同年级的青少年表现并无差异，但在封闭性任务中，高中生的答案完整性（M = 81.25）要显著高于初中生（M = 55）。

4.2 三因素对信息查询行为的影响

MANOVA 的分析结果显示，认知风格对青少年的信息查询行为并没有太大的影响；不同年级的青少年在查询行为的某些方面会有不同的表现；任务类型的不同则对查询行为有很大的影响；仅在输入检索式长度方面，年级的影响作用依任务类型的不同而不同，如表2所示：

表2　三因素对查询行为的影响

变异来源	因变量	III 型平方和	df	均方	F	Sig.
年级	检索词变换次数	.216	1	.216	.017	.898
	输入检索式长度	297.131	1	297.131	7.817	.006**
	检索入口跳转次数	.972	1	.972	2.490	.117
	打开网页数	5.467	1	5.467	.101	.751
	翻页次数	.229	1	.229	.027	.871
	点击网页内超链次数	24.306	1	24.306	3.034	.084

变异来源	因变量	III 型平方和	df	均方	F	Sig.
认知风格	检索词变换次数	1.716	1	1.716	.132	.717
	输入检索式长度	33.022	1	33.022	.869	.353
	检索入口跳转次数	.972	1	.972	2.490	.117
	打开网页数	13.829	1	13.829	.255	.614
	翻页次数	.007	1	.007	.001	.977
	点击网页内超链次数	24.306	1	24.306	3.034	.084
任务类型	检索词变换次数	1 078.487	2	539.244	41.489	.000 **
	输入检索式长度	600.416	2	300.208	7.898	.001 **
	检索入口跳转次数	8.233	2	4.117	10.543	.000 **
	打开网页数	2 971.730	2	1 485.865	27.451	.000 **
	翻页次数	60.201	2	30.101	3.495	.033 *
	点击网页内超链次数	154.279	2	77.139	9.630	.000 **
年级 * 认知风格	检索词变换次数	16.572	1	16.572	1.275	.261
	输入检索式长度	44.244	1	44.244	1.164	.283
	检索入口跳转次数	.039	1	.039	.100	.753
	打开网页数	50.400	1	50.400	.931	.336
	翻页次数	18.337	1	18.337	2.129	.147
	点击网页内超链次数	.229	1	.229	.029	.866
年级 * 任务类型	检索词变换次数	6.957	2	3.479	.268	.766
	输入检索式长度	243.616	2	121.808	3.205	.044 *
	检索入口跳转次数	.768	2	.384	.984	.377
	打开网页数	9.377	2	4.688	.087	.917
	翻页次数	.348	2	.174	.020	.980
	点击网页内超链次数	14.703	2	7.351	.918	.402
认知风格 * 任务类型	检索词变换次数	15.290	2	7.645	.588	.557
	输入检索式长度	52.539	2	26.270	.691	.503
	检索入口跳转次数	.102	2	.051	.130	.878
	打开网页数	106.015	2	53.008	.979	.378
	翻页次数	3.737	2	1.868	.217	.805
	点击网页内超链次数	2.953	2	1.476	.184	.832

变异来源	因变量	III 型平方和	df	均方	F	Sig.
年级 * 认知风格 * 任务类型	检索词变换次数	27. 154	2	13. 577	1. 045	. 355
	输入检索式长度	50. 320	2	25. 160	. 662	. 518
	检索入口跳转次数	. 678	2	. 339	. 868	. 422
	打开网页数	147. 480	2	73. 740	1. 362	. 260
	翻页次数	28. 979	2	14. 489	1. 682	. 190
	点击网页内超链次数	35. 362	2	17. 681	2. 207	. 114

注：**$p < 0.01$；*$p < 0.05$

4.2.1 认知风格对查询行为的影响

数据分析表明，认知风格对点击网页内超链接次数的影响有边缘显著性（$p = 0.084 < 0.1$），认知风格成绩高的青少年点击网页内超链接的次数（$M = 2$）多于认知风格成绩低的青少年（$M = 1.31$），即倾向于场景决策、整体加工、灵活、独立和相对冒险处理问题方式的青少年，相较于倾向于自我决策、局部加工、单一、合作和相对稳定处理问题方式的青少年，会点击更多的网页内超链接寻找答案。

4.2.2 年级对查询行为的影响

由上表可知，在输入检索式长度方面，年级的主效应显著（$p < 0.01$），初中生输入检索式的长度（$M = 15.1$）要显著长于高中生（$M = 12.02$）。此外，不同年级在点击网页内超链接次数方面有边缘显著性差异（$p = 0.084 < 0.1$），初中生点击网页内超链接的次数（$M = 1.331$）略少于高中生（$M = 2$）。

4.2.3 任务类型对查询行为的影响

方差分析表明，任务类型在查询行为的 6 个方面主效应皆显著（$p < 0.05$）。在检索词变换次数方面，3 个任务两两之间有显著性差异（$p < 0.05$），具体来说，在封闭性任务中青少年变换检索词的次数（$M = 9.19$）要多于半开放性任务（$M = 4.19$）和研究性任务（$M = 2.48$）；在输入检索式长度方面，3 个任务两两之间的差异性显著（$p < 0.05$）：封闭性任务中的检索式长度（$M = 16.17$）要长于研究性任务（$M = 13.54$）和半开放性任务（$M = 10.98$）；关于检索入口的跳转次数，封闭性任务中的跳转次数（$M = 1.62$）要显著多于其余两类任务（$p < 0.01$），但半开放性任务中的检索入口跳转次数（$M = 1.21$）与研究性任务（$M = 1$）并无显著性差异；在打开网页方面，

3个任务两两之间有显著性差异（P＜0.01）：半开放性任务中青少年打开网页数（M＝14.79）要多于封闭性任务（M＝9.77）和研究性任务（M＝3.19）；在翻页次数方面，半开放性任务中的翻页次数（M＝1.77）要多于封闭性任务（M＝0.9）和研究性任务（M＝0），其中，只有半开放性和研究性两类任务在此方面的差异性比较显著（p＜0.01）；在点击网页内超链接次数方面，3个任务两两之间有显著性差异（p＜0.05）：半开放性任务中青少年点击网页内超链接次数（M＝2.9）要多于封闭性任务（M＝1.81）和研究性任务（M＝0.25）。

4.2.4 年级和任务类型的交互影响

数据分析表明，仅在输入检索式长度方面，年级与任务类型的交互作用显著（p＜0.05）。在完成半开放性任务时，不同年级的青少年表现并无差异，但在封闭性任务中，高中生构建检索式的长度（M＝13.25）要明显短于初中生（M＝19.09），同样，在研究性任务中，高中生输入检索式长度（M＝11.5）也要明显短于初中生（M＝15.58）。

5 讨 论

5.1 认知风格因素的影响

认知风格是影响最小的一个因素，它仅对青少年点击网页内超链接次数方面有所影响。相较于倾向于自我决策、局部加工、单一、合作和相对稳定处理问题方式的青少年，倾向于场景决策、整体加工、灵活、独立和相对冒险处理问题方式的青少年会选择点击更多的网页内超链接多途径的查找信息。而在信息查询效果和查询行为的其他方面，认知风格不同的青少年，其表现并没有太大的差异。

5.2 年级因素的影响

研究发现，高中生在信息查询效果方面的表现要普遍好于初中生，在答案的准确性、完整性和可靠性方面皆如此。虽然在半开放性任务中，初中生和高中生在答案准确性方面并没有显著性的不同，但在封闭性和研究性这两类任务中，初中生就表现出了明显的劣势。究其原因，则可能是初中和高中阶段青少年心理发展的变化所致。相比于初中生，高中生的认知能力进一步发展，知觉更具目的性和系统性，更加仔细和深刻，能发现事物的细节、本质和因果关系，并具有批判性的思维，喜欢探索事物的根本原因[16]，故在信息查询时，高中生更能快速准确地完成任务，同时，也比初中生更加注重信息来源的可靠性和权威性。而在答案的完整性方面，在封闭性任务中，高中生的完成率要显著高于初中生，这也较符合不同阶段青少年的认知发展特征，但在研究性任务中初高中并无显著性差异，主要是因为此任务更像是查找一则定义明确的信息，而且由于青少年自身认知能力的局限性和并不太高的信息素养，认为很快找到了问题答案，因此青少年整体在此任务的答案完整性方面并无太多的差异。此外，在构建检索式的过程中，高中生输入检索式的长度较初中生短，尤其是在封闭性和研究性任务中，这种差异更明显，通过比较发现，初中生在整个查找过程中使用自然语言作为检索式的比例（82%）也要高于高中生（78%）。同时数据分析表明，在点击网页内超链接次数方面，高中生的点击次数也略多于初中生，这可能是因为高中生查找信息的途径较初中生而言更加灵活。这些都说明随着年龄的增长，青少年的信息素养也会有所提高。

5.3 任务类型因素的影响

任务类型是影响最大的一个因素，除答案的可靠性以外，任务类型无论是对查询效果还是查询行为都有很大的影响。在答案的准确性方面，从高到低依次是半开放性任务、封闭性任务和研究性任务，这可能与3个任务的难易度有关，3个任务的难度是依次递增的，虽然定义比较模糊，但相比封闭性任务，在半开放性任务中，用户可以更容易地根据题目来构建正确的检索提问式，而研究性任务的难度则体现在对所查找到信息的分析总结能力。在答案的完整性方面，则是封闭性任务的完成率最低，研究性任务的完成率最高，同样，在封闭性任务中，青少年的检索词变换次数和检索入口跳转次数也要显著多于另外两类任务，研究性任务中的次数则是最少的。这可能是因为相对于后两类任务，封闭性任务需要青少年更多地使用分析式查询策略而非浏览式查询策略，而且从青少年的表现来看，表面上似乎是研究性任务完成起来最简单，这也与实验后问卷中绝大多数青少年认为任务三最简单，任务二最难相一致，所以表现在具体的信息查询行为中，在属于封闭性任务的任务二中，青少年就会通过不断的构建检索式和更换检索途径来查找所需的不同主题的多条信息，在属于研究型的任务三中，却认为自己很容易找到了正确答案而忽略可能还有多种说法这种情况，这也说明青少年在查找信息时，很少对查找到的信息进行认真的思考和总结，并不在意信息来源的权威性和可靠性，只是进行简单的复制和粘贴以尽快完成任务。这也与英国著名的"Google Generation"研究报告相一致，报告显示，青少年过度依赖搜索引擎，并且对网上的信息缺乏批判和分析的能力[17]，随后的调查也表明他们的搜索结果更多的是复制粘贴的成果[18]。另外，在打开网页数、翻页次数和点击网页内超链接次数三方面，却是半开放性任务中最多，其次是封闭性任务和研究性任务，这主要因为半开放性任务的问题定义较封闭性任务模糊，故青少年倾向于通过打开浏览相关英语网站来筛选答案，同时会点击网站内的超链接来判断是否符合题意要求，而在封闭性任务中，因定义比较明确，青少年更多的是通过浏览检索结果集中的标题和摘要来决定是否打开某网页，筛选信息也比较迅速，而对于研究性任务，一方面因其表面看来是定义较为明确的任务，且很容易找到相关信息，另一方面因为青少年缺乏认真阅读信息的耐心和评判信息的能力，故在实际的实验中，青少年打开的网页数、翻页次数和点击超链接次数也是 3 个任务中最少的。此外，就青少年输入检索式的长度而言，从长到短依次是封闭性任务、研究性任务和半开放性任务，这主要是由于青少年普遍检索能力不高，相较于半开放性任务，封闭性任务对青少年选取正确关键词的能力要求更高，而被青少年认为最简单的研究性任务则因检索题目本身的原因（输入必不可少的关键词就需要 9 个汉字），检索式的长度处于其余两任务之间。

6 结 论

根据以上的分析讨论可知，青少年认知风格的不同并未对其网络信息查询行为产生太多影响。但由于本研究仅就青少年整体的认知风格进行了分类，而认知风格的分类还包括多个小的方面，如认知决策、认知方法、认知加工、认知行为和认知倾向等，因此以后可以就具体的认知风格进行研究。此外，由于本研究选取的样本量不多，可能会影响最终研究结果。认知风格也有可能与其他因素相互作用共同影响青少年信息查询行为，这些未知问题都有待进一步深入的研究。

本研究也发现了年级即年龄对网络信息查询效果和查询行为的影响，整体来说，高中生的表现都要好于初中生，这不仅是因为高年级学生的认知能力和问题解决能力较低年级的学生要高，而且随着年龄的增长，青少年的信息素养也会相应地提高。研究同时发现青少年整体的信息素养并不高，如输入检索式的长度较长、很少对查找到的信息进行分析评价等。因此，在青少年信息素养的培养方面，教育工作者应因材施教，根据不同年龄阶段的心理特点和发展需求，制定适当的培养计划，循序渐进地进行。

很明显，任务类型是对青少年网络信息查询效果和查询行为影响最大的因素。在不同类型的任务中，青少年的信息查询效果和行为会有很大的不同。在此值得注意的是，对于研究型开放性的任务，青少年并没有像研究者预想的那样对信息进行多角度的浏览查找并进行归纳总结，而是很轻易地选择检索结果页面的前几个作为答案的来源，而且很少对复制粘贴来的信息进行重新整理，答案有时甚至不符合逻辑。在其他两类任务中，青少年也普遍存在检索技巧不高、对信息需求不明确、忽视重要线索等行为，这些都说明青少年整体的信息素养并不高。据此，教育工作者和各类服务服务机构可以联合各种社会力量来提升青少年的信息素养，在具体的培训课程设置中，注意结合不同年龄青少年所查询任务的类型，使他们了解任务情境与信息查找的关系，增强他们制定正确查询策略的能力以及利用信息满足自身需求的能力。

　　本研究也存在一些不足，如选择样本量较小，仅对一个省份中的一部分青少年进行了考察；对认知风格这一因素也有待进一步的细化探究；青少年的行为数据需要更深层次的挖掘等。对于这些研究缺陷，我们会在将来的研究中加以改进 。

参考文献：

［1］　中国互联网络信息中心（CNNIC）. 2013 年中国青少年上网行为调查报告［R/OL］. ［2014 - 07 - 20］. http：//www. cnnic. net. cn/hlwfzyj/hlwxzbg/qsnbg/201406/t20140611_ 47215. htm.

［2］　Kafai Y, Bates M J. Internet Web searching instruction in the elementary classroom：Building a foundation for information literacy ［J］. School Library Media Quarterly, 1997, 25 （2）: 103 – 111.

［3］　Bilal D, Kirby J. Differences and similarities in information seeking：Children and adults as Web users ［J］. Information Processing and Management, 2002, 38 （5）: 649 – 670.

［4］　Witkin H A, Moore C A, Goodenough D R, et al. Field – dependent and field-independent cognitive styles and their educational implications ［J］. Review of Educational Research, 1977, 47 （1）: 1 – 64.

［5］　Ford N, Miller D, Moss N. Web search strategies and human individual differences：Cognitive and demographic factors, internet attitudes, and approaches ［J］. Journal of the American Society for Information Science and Technology, 2005, 56 （7）: 741 – 756.

［6］　Frias-Martinez E, Chen S Y, Macredie R D, et al. The role of human factors in stereotyping behavior and perception of digital library users：A robust clustering approach ［J］. User Modeling and User-Adapted Interaction, 2007, 17 （3）: 305 – 337.

［7］　Kim K S. Information seeking on the Web：Effects of user and task variables ［J］. Library & Information Science Research, 2001, 23 （3）: 233 – 255.

［8］　冯颖，甘利人，乔德义. 学生认知方式影响数据库检索策略学习的实验研究 ［J］. 图书情报工作, 2011, 55 （8）: 34 – 39.

［9］　许红敏. 认知风格和空间能力对网络搜索行为的影响 ［D］. 杭州：浙江大

学，2011.

[10] Hirsh S G. Children's relevance criteria and information seeking on electronic resources [J]. Journal of the American Society for Information Science, 1999, 50 (14): 1265 -1283.

[11] Schachter J, Chung G K, Dorr A. Children's Internet searching on complex problems: Performance and process analysis [J]. Journal of the American Society for Information Science, 1998, 49 (9): 840 -849.

[12] Bilal D, Perspectives on children's navigation of the World Wide Web: Does the type of search task make a difference? [J]. Online Information Review, 2002, 26 (2): 108 -117.

[13] 周佳骏. 基于动作和情感变化的儿童信息检索经验模型 [J]. 图书情报工作，2013, 57 (2): 47 -51, 142.

[14] 沈德立，马惠霞，白学军，等. 中国青少年心理健康素质调查研究 [M]. 北京：经济科学出版社，2009: 75 -108.

[15] 俞彬彬. 心理学视角下的网络时代青少年社会化新发展 [C] //杨长征，黎陆昕. 网络时代的青少年和青少年工作研究报告——第六届中国青少年发展论坛暨中国青少年研究会优秀论文集. 天津：天津社会科学院出版社，2010: 235 -243.

[16] 丛立新. 学校心理健康教育 [M]. 北京：人民教育出版社，2001: 40 -43.

[17] Rowlands I, Nicholas D, Williams P, et al. The Google generation: The information behavior of the researcher of the future [J]. Aslib Proceedings, 2008, 60 (4): 290 -310.

[18] Nicholas D, Rowlands I, Clark D, et al. Google generation II: Web behavior experiments with the BBC [J]. Aslib Proceedings, 2011, 63 (1): 28 -45.

作者简介

吴丹，武汉大学信息管理学院副教授，博士，E-mail: woodan @ whu. edu. cn;

蔡卫萍，武汉大学信息管理学院硕士研究生。

基于日志挖掘的用户健康
信息检索行为研究

1 引言

随着互联网时代的到来，很多人选择使用网络来检索与健康相关的信息，以满足自己的健康信息需求。2009年，美国皮尤研究中心报告称61%的美国成年人通过网络查询过健康信息，成年网民中查询网络健康信息的人数比例在不断攀升；在中国，2005年的第18次中国互联网络发展报告指出，有3.3%的用户经常在网上浏览或查询健康信息，11.4%的用户认为网上的医疗信息还不能满足需要[1]。近年来，虽然与健康信息相关的网站与搜索引擎数量在不断增加，但其可用性还处在较低水平，用户满意度并不高[2]。

本文通过对搜狗搜索引擎中健康相关查询串的统计与分析，描述用户的检索行为，挖掘用户的需求与习惯，为完善健康搜索引擎和网站提供参考。

2 文献回顾

健康信息检索行为是人们受健康信息需求与动机的驱使，利用计算机系统检索、浏览、选择、评价及利用与健康相关的知识或信息的活动。

健康信息检索行为的产生原因在于用户对健康信息的需求。W. R. Hersh和D. H. Hickam[3]从医护人员角度出发，发现他们进行信息检索的目的是更新医学知识、专业复习或从事科研、写作和教学。张馨遥和曹锦丹[4]对320名受访者进行了问卷调查，发现用户的健康状况直接决定其对健康信息需求的迫切性和目的性。此外，用户在网络上检索的健康相关主题也可以真实地反映他们的健康信息需求。K. S. Shuyle等人[5]对美国一个骨科健康教育网站的查询主题进行了统计，发现人们最常关注的问题包括健康状况、治疗方法、症状以及相关建议。张洪武等人[6]利用百度指数分析了重庆用户的查询特点及其健康信息需求，结果显示用户主要的关注领域有生殖健康、健康教育、药品安全、职业病和公共卫生服务。

用户在查询健康相关主题时的检索策略是学者们关注的重点领域。从检索式长度和具体检索词来看，大众的健康查询检索式长度通常较简短，检索词偏口语化或者出现拼写错误。A. Spink 等人[7]发现在通用搜索引擎中健康查询词的平均长度为 2.2 个词语。Zeng Qing 等人[8]对某医院网站和 Medline-Plus 健康网站的用户检索词做了分析，发现 90% 左右的查询包含 1～3 个词语，用户的查询词多无法和医学术语相匹配，还会出现单词拼写错误、缩写使用不当等现象。医护人员的检索词数量同样较低，选择使用 1～3 个检索词的医生占 80.6%，但是他们检索的词语概念较为明晰[9]。检索式重构是反映查询策略的一个重要方面，B. M. Wildemuth[10]认为用户的查询制定是一个试错的过程，他发现用户在检索的过程中往往先对一个概念进行规范，然后加入一个或多个新概念，逐步缩小检索范围。E. Sillence 等人[11]也对检索式重构做了简要描述，他们发现用户往往先输入单一的关键词，然后通过布尔运算符或修改搜索条件来调整检索策略。

在信息检索的过程中，检索结果的选择是非常重要的一步。在 G. Eysenbach 和 C. Kohler[12]的实验研究中，参与者通常选择首个查询结果，只有少数人会选择之后的网页。E. G. Toms 和 C. Latter[13]的研究结果有所不同，他们发现用户的页面平均访问数量为 5.4 页，只有 16% 的参与者仅浏览检索结果的第一页。此外，用户倾向于依靠浏览标题、摘要、URL 来选择检索结果，较少关注日期、网站规模和文件类型。

用户对检索到的健康信息如何进行评价是另一个重要的研究方面。G. Eysenbach 和 C. Kohler[12]发现用户会根据各种资源特征来判断信息源的可信程度，例如信息来源的权威性、网页的布局和外观、广告、可读性和网站所有者的照片。E. Sillence 等人[11]根据大声思考法和团体小组讨论得出结果，认为贫乏的设计（如网页布局、导航、广告）会导致人们对某健康网站的恶劣印象，但进一步考虑，内容因素（如健康信息主题、相关插图、清晰简单的语言）决定了用户对网站的信任程度。

总体而言，国外关于网络健康信息检索行为的研究早期使用问卷调查法的较多，但近年来侧重于使用网络日志挖掘或实验观察法；国内目前已有学者使用实验法[14]或问卷调查法[9]对不同群体的健康信息检索特点进行了分析，但关于整个网络用户群体的大数据研究还较少。有研究表明，普通搜索引擎（如谷歌、百度）是人们最常使用的健康信息搜寻工具[15]，但搜索引擎的检索质量和用户对其满意度并不理想[16]。因此，针对国内外研究现状的不足，本文的思路是基于搜索引擎日志挖掘对大样本网络用户的健康信息检索记录进行统计分析，以期为相关搜索引擎和网站满足广大用户对于健康信息的需求提供参考。

3 相关术语

在搜索引擎日志挖掘的研究中，目前有以下几个概念被广泛使用。

3.1 会话（session）

单个用户在一段时间间隔内所提交的整个查询串序列，其中查询串的个数定义为会话长度。区分用户会话的时间间隔可以是若干分钟、若干小时或 1 天，如 5 分钟、15 分钟、30 分钟或 1 天等。用不同的时间间隔进行会话分割，统计结果会有差异[17]。

3.2 查询串（query）

用户在搜索框内输入的查询内容，由一个或多个词项组成，例如"search engine"或"中文搜索"等。查询串中可能包括某种逻辑操作，如 and、or、not 等。查询串有以下两种分类标准：①对同一个用户的某次查询，首次输入的查询串称为初始查询串（initial query）；若随后的查询串等同于先前输入的某一查询串，则称之为个人重复查询（user repeat query）；若随后输入的查询串不同于先前的查询串，则称之为修正查询（modified query）。②对于所有查询，如果一个查询语句在所有查询中只出现过一次，则认为这次查询是一个独特的查询（unique query）；如果一个查询使用的查询语句曾经被用户自己或其他用户使用过，则认为这次查询是一个重复查询（repeat query）[18]。

3.3 词项（term）

英文中为不含分隔符的一个字符序列，这里的分隔符包括逗号、句号、冒号、空格符等事先指定的符号。词项的例子如"search"或"搜索"等。检索语言为中文时，分词方法的选择直接影响词项的计数结果。

4 研究设计

本研究以日志挖掘为主要研究方法，对搜狗搜索引擎 7 天的日志数据进行过滤和挖掘，采用统计、编码及内容分析法进行定量和定性研究，探究网络用户健康信息检索的行为倾向。

4.1 数据来源

搜狗搜索引擎是搜狐公司强力打造的第三代互动式搜索引擎。本文选择搜狗搜索引擎的原因主要包括：①网民对其检索质量认可度高，2014 年使用过搜索引擎的网民中，搜狗搜索位列第二，渗透率为45.8%，仅次于百度[19]；②它免费提供了真实的访问记录，这些内部数据对研究的展开和结论的质量

133

保证具有不可替代的作用。该公司在"搜狗实验室"平台中免费提供了搜狗搜索引擎于 2012 年某月内用户的全部检索记录[20]，数据格式如下：

访问时间 \ t 用户 ID \ t 查询词 \ t 该 URL 在返回结果中的排名 \ t 用户点击的顺序号 \ t 用户点击的 URL。

其中，用户 ID 的数值是根据用户使用浏览器访问搜索引擎时的 Cookie 信息自动赋值，即同一次使用浏览器输入的不同查询对应同一个用户 ID。

4.2 数据过滤

由于搜狗搜索引擎并不是专门的医学搜索引擎，因此源数据中的查询包含多种主题，并不是仅与健康相关。研究的第一步是要将健康信息相关查询从源数据中过滤出来。笔者采用的方法是机器筛选和人工筛选相结合。

机器筛选的原则是词语匹配，即将源数据中的每一条查询和医学词库中的词语进行匹配，若匹配成功则说明该查询中包含医学词汇，该次检索为健康相关检索。在词库的选择方面，虽然美国国立图书馆编制的《医学主题词表（Mesh）》具有权威性，但其中的主题词过于专业，大众可能并不了解，此外由于本文数据来自搜狗搜索引擎，因此我们在搜狗的官方词库中选择了《医学词汇大全》、《中医中药大全》、《药品词库》等多个健康相关词库，对其进行了筛选与综合，形成了最终的《医学健康词库》。

人工筛选是在机器筛选之后，通过删除一些包含无关词汇的查询来提高正确率。正确率的验证通过随机概率抽样实现，用 Excel 软件随机在查询库中抽取，共抽取 210 条，人工判断是否为健康信息，结果见表1。纯机器筛选的结果较不理想，正确率仅达到 72%，通过人工筛选后正确率提高到 83%，正确率的提高可增加后续统计分析的可靠性。

表1 健康相关查询过滤的正确率情况（单位:%）

项目	机器筛选	机器 & 人工筛选
第一次抽取	71. 43	83. 81
第二次抽取	73. 33	82. 38
平均	72. 38	83. 10

4.3 健康相关查询比例

表2 所示数据来源于搜狗搜索引擎，共 7 天，每天的总查询数基本相同，平均为每天 856 770 条；每天的健康相关查询数也基本相同，平均为 29 083 条；健康相关查询占总查询的比例平均为 3.39%。

虽然近年来健康相关信息越来越受到大众关注，但数据显示在搜狗搜索引擎上检索健康相关信息的人并不多。G. Eysenbach[21]通过分析搜索引擎的查询条目，对健康相关查询的普遍性进行了定量分析，结果显示4.5%的查询是健康相关查询。A. Spink等人[7]比较了1997年、1999年和2001年Excite搜索引擎中健康相关查询的比例，分别为9.5%、7.8%和7.5%，呈下降趋势。

表2　健康相关查询数目及所占比例

查询类型	第1天	第2天	第3天	第4天	第5天	第6天	第7天	总计
健康相关查询（条）	28 864	29 299	29 457	29 954	28 579	28 939	28 488	203 580
总查询（条）	857 484	863 449	851 481	856 250	854 034	864 874	849 820	5 997 392
比例（%）	3.37	3.39	3.46	3.50	3.35	3.35	3.35	3.39

4.4　研究指标

笔者结合相关文献的研究指标和现有的数据格式，总结出网络用户检索行为的分析框架（见图1）。本文主要从查询行为和点击行为两个角度对网络用户的健康信息检索行为进行研究。其中查询行为又分为3层，即会话层、查询串层和词项层，每层有2个对应指标；点击行为包括用户点击URL的位置和点击的具体网站。

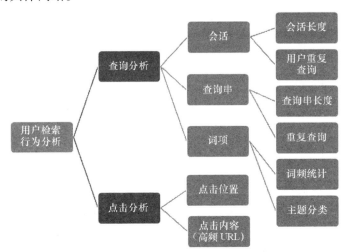

图1　网络用户检索行为分析框架

5 查询行为特点分析

5.1 会话层

5.1.1 会话长度

会话长度指单个用户在一段时间间隔内所提交的整个查询串的个数。在搜狗搜索引擎中，用户重复查询并不是用户在搜索框内输入提交的，而是通过点击返回列表中的不同 URL 自动生成，因此将用户重复查询列入会话长度的意义不大。用户会话长度分布见图2，有42 116（占67.96%）位用户在一次会话中仅输入了一个查询。当用户查询数大于1时，说明其对查询进行了修改，结果显示修改查询的用户共19 859人，所占比例为32.04%。

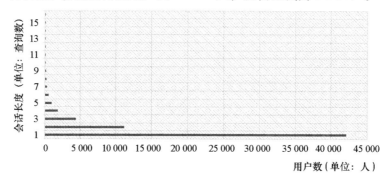

图2 用户会话长度频数分布

5.1.2 用户重复查询

当一个用户在同一个查询的返回结果页面中点击了不同网页，搜狗搜索引擎日志中会自动生成相同查询。也就是说，如果一个用户的个体重复查询数越高，说明该用户针对某个或某些查询串浏览了较多相关网页。用户重复查询频数分布如图3所示：

在总共的201 426条查询中，有145 438（占72.20%）条查询为个体重复查询。说明对于72%的查询来说，用户都点击了2个网站以上。窦志成等人[22]同样对搜狗搜索引擎的日志记录进行了查询重复性分析，结果显示10 812 075次查询中，有945 590（占8.7%）为个体重复查询。可见健康相关查询的个体重复率远远高于非健康相关查询。

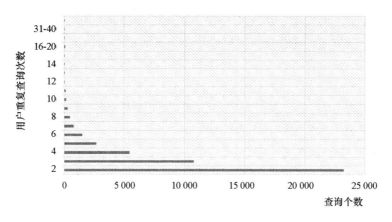

图 3 用户重复查询频数分布

5.2 查询串层

5.2.1 查询串长度

查询串长度一般不以字符或字节为单位，而是以词项为单位。笔者在 ROST 软件自带的分词词库基础上添加医学词库，对健康相关查询串进行分词和统计。结果显示，平均每个查询串包含 4.65 个词项，在一个查询中用户输入 3、4、5 个词项的情况比较多。图 4 为查询串长度的频数分布。

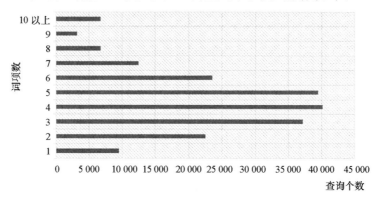

图 4 查询串长度频数分布

A. Spink 等人[7]对 Excite 和 AltheWeb 搜索引擎的健康相关查询统计结果显示，每个查询串平均仅包含 2.3 个词项；Zeng Qing 等人[8]对 BWH 网站的 find-a-doctor 检索框和 MEDLINEplus 搜索引擎进行统计，结果显示前者平均每个查询串含 1.5 个词项，后者为 2.0 个词项。国外相关研究的结果和笔者的统计数据有所偏差，搜狗搜索引擎中平均每个查询包含的词数较多。

此外，即便语言都为中文，健康相关查询所包含的词数也要高于非健康相关查询。王浩等人[23]对百度搜索引擎的查询日志进行分析，发现用户平均使用查询词为 1.11 个；董志安和吕学强[24]同样对百度的查询串进行分词统计，结果表明用户平均输入 3.29 个词项。

5.2.2　查询串重复

如果一个查询串在所有查询串中只出现过一次，则认为这次查询是一个独特的查询；如果一个查询使用的查询串曾经被用户自己或其他用户使用过，则认为这次查询是一个重复的查询。表 3 为有关查询串重复的相关统计。表 4 为窦志成等人对搜狗搜索引擎 2006 年 8 月份 30 天内的数据统计结果[23]。

表 3　健康相关查询的查询串重复情况

查询次数	查询串个数	频次
1	38 690（47.57%）	38 690（19.21%）
≥2	42 637（52.43%）	162 730（80.79%）
≥5	8 755（10.77%）	74 367（36.92%）
≥10	1 634（2.01%）	30 563（15.17%）
≥50	62（0.08%）	5 850（2.90%）

表 4　所有查询的查询串重复情况

查询次数	查询串个数	频次
1	2 436 699（78.12%）	2 436 699（22.54%）
≥2	682 208（21.87%）	8 375 376（77.46%）
≥5	186 655（5.98%）	7 147 868（66.11%）
≥10	82 256（2.64%）	6 481 311（59.95%）
≥50	14 188（0.45%）	5 185 164（47.96%）

由表 3 可知，健康相关的独特查询仅占 19.21%，重复查询所占比例高达 80.79%。与非健康相关的查询串相比，重复查询数明显增多，但查询次数 ≥ 10 和查询次数 ≥ 50 次数却相对较低，其原因可能在于日志集的日期长短。窦志成等人[22]分析了日查询重复率的分布，发现日志集的日期越长，新查询的重复率越高。30 天的日志集理论上来说要比 7 天的日志集重复查询增加。但

是，虽然本文的数据仅有 7 天，健康相关的重复查询串个数与次数却都高于非健康相关查询，可见检索健康相关信息的用户经常查询相同的主题。

5.3 词项层

5.3.1 词频统计

笔者对所有查询串进行汇总，利用分词软件进行高频词统计，在高频词中筛选与健康相关的前 150 个词项，如表 5 所示：

表 5　与健康相关的前 150 个高频词

序号	关键词	词频	序号	关键词	词频	序号	关键词	词频
1	医院	8 029	51	中医药	703	101	卫生厅	398
2	怀孕	6 946	52	饮食	691	102	便秘	394
3	治疗	5 321	53	糖尿病	689	103	泡脚	389
4	症状	4 829	54	食品	680	104	体质	387
5	功效	4 220	55	计划生育	675	105	疼痛	381
6	孕妇	3 617	56	护理	667	106	细菌	380
7	健康	2 968	57	卫生局	658	107	锻炼	378
8	婴儿	2 439	58	穴位	639	108	避孕套	377
9	医疗	2 268	59	黑豆	637	109	子宫	376
10	减肥	2 108	60	发烧	626	110	护肤品	372
11	宝宝	2 079	61	整形	623	111	食疗	368
12	月经	2 053	62	产后	613	112	精子	366
13	原因	1 855	63	出血热	605	113	维生素	361
14	卫生	1 756	64	妇科	601	114	过敏	360
15	胎儿	1 755	65	药物	591	115	丰胸	349
16	按摩	1 590	66	养生	588	116	器械	346
17	中医	1 568	67	发育	577	117	食谱	341
18	偏方	1 496	68	致癌物	575	118	阳性	336
19	手术	1 467	69	中医院	574	119	产妇	331
20	营养	1 422	70	预防	567	120	眼霜	327
21	胶囊	1 415	71	宫颈	558	121	尖锐湿疣	319
22	中药	1 350	72	病毒	557	122	药师	310
23	医学	1 332	73	乙肝	521	123	早泄	310

序号	关键词	词频	序号	关键词	词频	序号	关键词	词频
24	副作用	1 329	74	出血	518	124	注射	310
25	感冒	1 216	75	服用	509	125	经期	308
26	早期	1 209	76	分娩	504	126	阿胶	306
27	医药	1 208	77	避孕药	500	127	睡觉	303
28	艾滋病	1 191	78	药店	499	128	祛斑	300
29	食物	1 182	79	奶粉	498	129	门诊	297
30	药品	1 180	80	生育	493	130	肺癌	297
31	人民医院	1 138	81	新生儿	493	131	湿疹	296
32	皮肤	1 089	82	致癌	491	132	挂号	293
33	儿童	1 082	83	保健品	489	133	剖宫产	292
34	有限公司	1 032	84	医生	486	134	健美操	292
35	排卵	1 031	85	解剖	485	135	瘦身	285
36	治疗方法	1 026	86	食用	483	136	痔疮	283
37	美容	1 003	87	辐射	477	137	慢性	277
38	检查	909	88	白带	458	138	水果	263
39	咳嗽	907	89	初期	458	139	疾病	262
40	补肾	885	90	美白	446	140	管理局	255
41	医学院	829	91	感染	445	141	木瓜	254
42	小儿	794	92	牛奶	439	142	痘痘	247
43	太极拳	788	93	手术后	432	143	糜烂	245
44	中心	786	94	生姜	429	144	打针	241
45	避孕	773	95	肌肉	428	145	体温	235
46	高血压	773	96	防治	427	146	腹泻	226
47	健身	737	97	人流	424	147	术后	222
48	保健	726	98	流产	410	148	康复	216
49	面膜	726	99	体重	403	149	疙瘩	216
50	体检	703	100	心脏	399	150	脂肪	213

5.3.2 主题分类

由于用户的查询条目过多，对每个检索词都做相关分析并不现实，因此笔者对前150个健康相关的高频词汇进行主题分类。结果如表6所示：

表 6　高频词主题分类

主题	相关高频词	词频总计
疾病	月经、手术、胶囊、感冒、艾滋病、排卵、咳嗽、高血压、糖尿病、发烧、出血热等	44 832
保健	健康、按摩、中医、偏方、营养、饮食、太极拳、健身等	29 088
母婴	怀孕、孕妇、婴儿、宝宝、分娩、奶粉、流产、避孕等	23 915
医疗机构	医院、中医院、卫生局、医学院、药店等	14 198
美容整形	美容、面膜、整形、美白、护肤品、丰胸、减肥等	8 707
其他	医生、药师、体检、计划生育、器械、门诊、挂号等	3 110

（1）疾病：医学相关词汇，包括疾病名称、症状、治疗方法、药物等，例如"弥漫性丘疹"、"肝胆不好有哪些症状"、"甲状腺功能亢进手术后评估"、"长期服用奥美拉唑有副作用吗"等。与疾病相关的查询出现频次最高。

（2）保健：强身健体、滋补养生相关词汇，例如"降血糖的食物"、"马洪陈式太极拳"。

（3）母婴：很多查询和孕妇或婴儿健康相关，例如"孕妇能吃螃蟹吗"、"婴儿2个月发育状况"、"国产婴儿奶粉什么牌子好"等。

（4）医疗机构：包括医院、卫生局、公司等，例如"延吉市诺布尔口腔医院种牙"、"日照市精神卫生中心"、"呼吸道病毒检验全套试剂盒有限公司"等。

（5）美容整形：美容养颜、整形塑身相关词汇，例如"在家里如何减肥"、"怎样做美白保湿面膜"等。

（6）其他：包括医护人员（医生、药师、护士等），医疗设施（器械、手术刀等），医疗流程（门诊、挂号、住院等）和医疗政策（计划生育等），例如"中国最好的烟雾病医生"、"医疗器械"、"鼓楼医院专家门诊"等。

6　点击行为特点分析

6.1　点击位置

在搜索引擎中，用户每一次查询，系统将反馈几百甚至上千个结果 URL 列表，它们按照与查询词的相关度进行排序，每个结果 URL 有一个序号，代表了该 URL 在返回列表中的位置。在搜狗搜索引擎中，每 10 个 URL 及其摘要组成一页的结果信息。由于日志数据仅给出了序号数，因此我们无法得知每个 URL 出现的页数。对 URL 点击位置的分布统计如下：虽然大多数用户（60.17%）点击了排名前 3 的网页，但序号为 4 - 10 的网页频数分布较为平均。如表 7 所示：

表 7 URL 点击位置频数分布

序号	频数	百分比（%）
1	59 870	29.73
2	36 265	18.01
3	25 041	12.43
4	18 138	9.01
5	14 799	7.35
6	11 841	5.88
7	10 146	5.04
8	8 809	4.37
9	8 159	4.05
10	8 332	4.14
总计	201 400	100.00

6.2 点击内容

点击内容指用户输入查询后于搜索引擎返回页面中点击的 URL，即用户输入检索词后点击的具体网站。由于网页层数问题，笔者将二级或二级以上深度的网页统一转化为一级网页，例如以下网页 "http://baike.baidu.com/view/155992.htm"，将其格式转化为 "http://baike.baidu.com/"。

对日志中的 URL 去重后得到非重复的 24 354 个 URL，其中前 10 个 URL 被点击的频数占所有 URL 点击频数的 35.12%，前 20 个 URL 占 42.00%，前 50 个 URL 占 50.14%，可见大多数用户只倾向于少数几个网站。

前 10 个高频 URL 的统计结果见表 8，按频数高低依次为百度知道、搜狗问问、百度百科、快速问医生、好大夫在线、爱问、宝宝树、百度文库、39 问医生和豆丁网。董志安等人[27]对百度日志中所有主题类查询进行分析，发现用户点击的高频 URL 包括淘宝、迅雷、人人网、酷狗等。

142

表 8 前 10 个高频网址统计

网址	频数	前 10 URL 中 所占百分比（%）
http：//zhidao. baidu. com/	22 291 （11.07%）	31.51
http：//wenwen. soso. com/	11 739 （5.83%）	16.59
http：//baike. baidu. com/	96 39 （4.79%）	13.63
http：//www. 120ask. com/	5 777 （2.87%）	8.17
http：//www. haodf. com/	4 308 （2.14%）	6.09
http：//iask. sina. com. cn/	3 716 （1.85%）	5.25
http：//www. babytree. com/	3 680 （1.83%）	5.20
http：//wenku. baidu. com/	3 627 （1.80%）	5.13
http：//ask. 39. net/	3 312 （1.64%）	4.68
http：//www. docin. com/	2 652 （1.32%）	3.75

7 讨论

本文基于搜狗搜索引擎 7 天的用户查询日志，采用日志挖掘的方法，从查询行为和点击行为两个角度对网络用户的健康信息检索行为进行了研究。在健康相关查询的过滤方面，以前研究主要采用了两种策略：一种是在海量日志中随机抽取较少数量的用户日志，采用人工筛选的方式，挑选出样本日志中的健康相关查询，例如 A. Spink 等人[7]在 120 万的用户查询日志中随机抽取了 10 000 条日志样本，由两位专家共同筛选；另一种是通过对用户点击网站的分类判断该查询是否为健康相关查询，例如 R. W. White 等人[25]使用开放式目录管理系统过滤出包含医学或健康类网站的查询日志。两种筛选策略都有其不足：首先，日志挖掘方法的特点就在于数据量大，较少的样本数量说服性不够；其次，网站的分类并不可靠，例如用户点击的网站为百度知道，但系统并没有将百度知道归类为医学健康类。本文为了避免以上不足，使用了机器筛选和人工筛选相结合的方法，一方面机器筛选可以对某段时间内的数据整体进行过滤，既减少了人工筛选的工作量，又避免了数据抽样造成的偏差；另一方面，与人工筛选的结合可提高筛选准确度，相对平衡了数据量与数据准确性的矛盾。

对用户查询行为的研究结果表明，68% 的用户并没有修改查询词。对于修改查询词的用户来说，可能原因之一在于他们对当前搜索结果不满意，除了搜索引擎本身的问题外，同时也说明仅用几个简单的查询关键词很难准确描述用户的查询意图。此外，用户还可能因为想获取进一步的信息而修改查询，例如 ID 为"001f81ba13babfafd5e55803bea9e7b6"的用户首次查询词为"雌激素低的症状"，在浏览相关网页后修改为"雌激素食物"，可以推测该用户在浏览网页的过程中认为自己的雌激素水平较低，因而想进一步获取和雌激素食物相关的信息来缓解自身症状。与检索式重构相比，更多用户倾向于不修改查询词，而是对于同一查询来说点击 2 个或 2 个以上的网站。这是因为他们对健康网页结果不满意，需要浏览更多结果；或是由于健康信息的特殊性，人们对待它会更小心谨慎，从而想要搜寻更多相关结果来比较或确认，以待进一步研究。在查询串长度方面，本文和以往的研究结果不同。搜狗搜索引擎中平均每个查询包含的词数较多，这或许与中英文词语性质不同有关，国外的医学词汇通常较长，例如"glomerulonephritis"在英文中为一个词，而中文的"肾小球肾炎"则会被分词软件自动分为"肾小球"和"肾炎"两个词。

对用户点击行为的研究结果表明，大多数用户点击了排名前 3 的网页，是因为这些网站更有权威性因而受到用户偏爱，还是因为在搜狗搜索引擎的返回列表中这些网站排名较为靠前更方便用户点击，有待进一步研究。除了点击位置，本文还对点击内容做了相关统计，与非健康主题相比，健康主题相关的前 10 个高频 URL 中，有 5 个是问答型知识共享平台（百度知道、搜狗问问、快速问医生、爱问和 39 问医生），说明大众更喜欢用问答交流的方式获取健康相关信息；其中快速问医生和 39 问医生是专门针对健康信息的网站，但用户点击频数较低，说明健康相关网站的知名度还不够高。此外还应注意宝宝树这一网站，它是一个大型育儿网站社区，提供育儿博客、电子相册、在线交流育儿论坛等服务，为准备怀孕、怀孕期以及 0～6 岁的婴幼儿父母提供育儿知识与育儿问答等内容。其他高频网站内容主题比较广泛，而宝宝树是一个主题很明确即以母婴为主题的网站，与本文前面提到的母婴主题相关查询数量较多相符合。

本文的研究能给健康搜索引擎或网站的设计者提供一些启发。近来健康搜索引擎/网站的数量激增，但质量却良莠不齐。本文研究数据显示，仅有 3.39% 的查询和健康主题相关，这或许可以为跟风加入此领域的程序设计者敲响警钟。

用户在检索健康相关信息和其他信息时的不同行为方式应引起设计者的注意。首先，健康相关查询的重复率较高，对于某个用户来说，个体重复查询意味着浏览多个网页；对于所有查询来说，重复查询表明用户的关注点较为单一。对此，搜索引擎可以将具有高重复率的查询串的返回结果缓存，以提高程序的反应速度和准确度，健康网站可以挖掘这些查询串的关注热点，将相关信息放在更易被用户看见的位置。其次，检索健康信息的用户更偏爱使用问答型平台，搜索引擎设计者可将问答型平台的 URL 位置适当前移，或专门针对问答型网页进行垂直搜索，健康网站可开辟问答式的互动形式，以满足用户需求。

此外，设计者还应了解健康信息的独特之处。在本文的研究结果中，疾病、保健、母婴、医疗机构与美容整形是大众关注的热点领域，对于搜索引擎来说，可以将这些领域作为垂直搜索的分类；健康网站可以将这几个领域作为网站导航，方便用户浏览。笔者对检索式重构情况进行统计时发现，用户可能因为想获取进一步的信息而修改查询，这种查询之间并不仅仅是字面上的相似，还蕴含着一定的语义联系，搜索引擎可以此为基础，为用户推荐相关信息。

8 研究局限和未来方向

目前，国内未见基于网络查询日志的大规模健康信息检索行为研究，本研究对真实数据的挖掘可以从宏观角度展现用户的健康信息检索行为模式。由于研究还处于初级阶段，存在较多不足之处。从研究方法来看，日志法不能将查询与特定的用户联系起来，无法统计人口特征与检索行为之间的关系；从研究对象的选择来看，笔者仅对搜狗搜索引擎进行了统计分析，或许与其他搜索引擎的实际情况不符；从研究步骤的实施来看，医学词库虽然经过笔者多次修整和完善，但不能保证它可筛选出所有和健康信息相关的查询条目。

后续研究将关注网络用户健康信息检索行为随时间的改变，以期预测健康信息检索的未来趋势，为搜索引擎检索系统的改善及相关网站设计者提供进一步的帮助。

参考文献：

[1] 中国互联网络信息中心（CNNIC）．第 16 次中国互联网络发展状况统计报告［EB/OL］．［2015 - 04 - 16］．http：//www.cnnic.net.cn/.

[2] 黄成．基于非医学专业信息用户需求的我国医学健康网站可用性评价研究［D］．重庆：西南大学，2008.

[3] Hersh W R, Hickam D H. How well do physicians use electronic information retrieval systems?: A framework for investigation and systematic review［J］. Jama, 1998, 280 (15)：1347 - 1352.

［4］ 张馨遥, 曹锦丹. 网络环境下用户健康信息需求的影响因素分析［J］. 医学与社会, 2010, 23（9）: 25 – 27.

［5］ Shuyler K S, Knight K M. What are patients seeking when they turn to the Internet? Qualitative content analysis of questions asked by visitors to an orthopaedics Web site［J］. Journal of Medical Internet Research, 2003, 5（4）: e24.

［6］ 张洪武, 冯思佳, 赵文龙, 等. 基于网络用户搜索行为的健康信息需求分析［J］. 医学信息学杂志, 2011, 32（5）: 13 – 18.

［7］ Spink A, Yang Yin, Jansen J, et al. A study of medical and health queries to Web search engines［J］. Health Information & Libraries Journal, 2004, 21（1）: 44 – 51.

［8］ Zeng Qing, Kogan S, Ash N, et al. Characteristics of consumer terminology for health information retrieval［J］. Methods of Information in Medicine, 2002, 41（4）: 289 – 298.

［9］ 李菲, 张嘉熙, 李宁. 医生网络信息检索行为与医学图书馆信息服务策略探究——以山西省为例［J］. 图书馆理论与实践, 2014（4）: 40 – 43.

［10］ Wildemuth B M. The effects of domain knowledge on search tactic formulation［J］. Journal of the American Society for Information Science and Technology, 2004, 55（3）: 246 – 258.

［11］ Sillence E, Briggs P, Fishwick L, et al. Trust and mistrust of online health sites［C］// Proceedings of the SIGCHI Conference on Human Factors in Computing Systems. Vienna: ACM, 2004: 663 – 670.

［12］ Eysenbach G, Kohler C. How do consumers search for and appraise health information on the world wide Web? Qualitative study using focus groups, usability tests, and in-depth interviews［J］. BMJ, 2002, 324（7337）: 573 – 577.

［13］ Toms E G, Latter C. How consumers search for health information［J］. Health Informatics Journal, 2007, 13（3）: 223 – 235.

［14］ 吴丹, 李一喆. 老年人网络健康信息检索行为实验研究［J］. 图书情报工作, 2014, 58（12）: 102 – 108.

［15］ Rice R E. Influences, usage, and outcomes of Internet health information searching: Multivariate results from the Pew surveys［J］. International Journal of Medical Informatics, 2006, 75（1）: 8 – 28.

［16］ Zeng Qing, Kogan S, Ash N, et al. Patient and clinician vocabulary: how different are they?［J］. Studies in Health Technology and Informatics, 2001（1）: 399 – 403.

［17］ 王继民, 李雷明子, 孟涛. Web 搜索引擎日志挖掘研究框架［J］. 数字图书馆论坛, 2011（8）: 25 – 31.

［18］ Spink A, Wolfram D, Jansen M B J, et al. Searching the Web: The public and their queries［J］. Journal of the American Society for Information Science and Technology, 2001, 52（3）: 226 – 234.

［19］ 中国互联网络信息中心（CNNIC）. 第 35 次中国互联网络发展状况统计报告

[EB/OL]. [2015 - 02 - 03]. http：//www. cnnic. net. cn/.

[20] 搜狗实验室. 用户查询日志（SogouQ）［EB/OL］. ［2015 - 02 - 03］. http：// www. sogou. com/labs/dl/q. html.

[21] Eysenbach G, Kohler C. What is the prevalence of health - related searches on the World Wide Web? Qualitative and quantitative analysis of search engine queries on the Internet ［OL］. ［2015 - 02 - 03］. http：//www. ncbi. nlm. nih. gov/pmc/articles/PMC1480194/.

[22] 窦志成，袁晓洁，何松柏. 大规模中文搜索日志中查询重复性分析［J］. 计算机 工程，2008，34（21）：40 - 41.

[23] 王浩，姚长利，郭琳，等. 基于中文搜索引擎网络信息用户行为研究［J］. 计算机 应用研究，2009，26（12）：4665 - 4668.

[24] 董志安，吕学强. 基于百度搜索日志的用户行为分析［J］. 计算机应用与软件， 2013，30（7）：17 - 20.

[25] White R W, Dumais S, Teevan J. How medical expertise influences web search interac- tion. ［C］// Proceedings of the 31st Annual international ACM SIGIR Conference on Research and Development in Information retrieval. Singapore：ACM，2008：791 - 792.

作者简介

王若佳（ORCID：0000 - 0003 - 1806 - 0688），E-mail：wrjvswxl @ qq. com；李培，馆长。

北京市三甲医院门诊患者互联网 健康信息查寻行为研究[*]

1 引言

互联网的普及发展，对公众健康医疗信息行为产生了深远影响，互联网日益成为公众获取健康信息的重要渠道。美国一项调查表明，61%的美国网民都会在互联网上搜寻健康或疾病相关信息，其中60%的人认为这些信息会影响他们的健康决策[1]。澳大利亚的一项研究表明，人们会在对自己健康状况不良预期的驱动下使用互联网来搜索健康信息，很多不经常使用互联网的人也会出于对健康信息的需求而使用网络。2001 - 2008年，南澳大利亚人对于互联网健康信息资源的使用上升了57%[2]。根据39健康网发布的《2010年第四届中国网民健康状况白皮书》提供的数据，网络已经成为中国网民了解健康资讯的主要渠道，分别有69.8%和75.6%的网民会使用搜索引擎和浏览健康类网站等了解健康信息[3]。

在这一背景下，我国政府高度重视互联网环境下医疗健康信息服务建设。刚刚发布的《国务院关于积极推进"互联网+"行动的指导意见》（国发〔2015〕40号）指出，要"发展基于互联网的医疗卫生服务"，"充分利用互联网、大数据等手段，提高重大疾病和突发公共卫生事件防控能力"。可以预见，未来基于互联网的医疗健康信息服务将在我国医疗健康事业发展中占据越来越重要的地位。互联网健康信息服务的丰富性、获取便捷性、及时性、交互性等特征，将大大提高人们包括患者的健康相关知识状况[4]，进而可能改变其就医、保健、养生等行为，从而提高人们的健康素养和健康水平。

一般认为，健康信息包括与人们的疾病、营养、养生等身心健康相关的各种数据、文本和多媒体信息。健康信息搜寻行为则是患者本人或者利益相关方在某一具体情景下为了满足自身或他人健康就医过程中存在的各种信息需求而产生的信息行为的统称[5]。在互联网环境下，健康信息行为的查找方

* 本文系北京市青年英才计划项目"北京市三级甲等综合医院门诊护理信息服务模式构建研究"（项目编号：YETP0798）研究成果之一。

式和目的等均与线下环境有很大差异。目前，国内外学者开始关注互联网环境下的健康信息行为研究。张馨遥等调查了网络环境下用户对网络健康信息的使用状况、对网络健康信息内容的关注程度，获取网络健康信息的用途，并总结了健康信息需求及影响因素[6]。安娜·德·克利夫兰等对美国达拉斯福和地区华人进行调查，了解了上述地区华人的互联网使用情况和健康信息需求[7]。E. K. Yun 和 H. A. Park 研究了韩国人健康信息搜寻用户的行为特点，表明女性是韩国健康信息搜寻的主体[8]。除了一般人群，一些特定人群如老年人、青少年的网络健康信息查询行为也获得关注。郑钊权就老年人健康信息需求等进行了回顾性研究，提出了老年人健康信息需求的特点和影响因素[9]。韩妹采用网络问卷调查的方式，探索中老年人使用网络健康信息的状况以及获得的满足情况[10]。周晓英等通过定性访谈的方法对大学生网络健康信息搜寻行为进行了研究，提出了 3 种行为模式，并分析了大学生搜寻行为的特点和影响因素[11]。余春艳等进行了上海地区青少年网络健康信息寻求行为及其与健康危险行为的研究[12]。Zhao Shanyang 分析了父母受教育程度与青少年的网络健康信息搜寻行为的关系，结果提示父母学历水平与青少年使用网络查询健康信息倾向之间呈负相关[13]。患者作为身体或心理健康受损者，对健康信息有直接和较强烈的需求，在互联网环境下，他们对于健康信息的查询行为有哪些特征呢？Liang Huigang 等通过问卷调查法对神经源性残疾人的网络健康信息查询行为及其影响因素进行了探讨[14]。刘小利对武汉市 4 所医院的患者进行了网络健康信息查询行为的调查，主要关注患者的查询意愿、查询方式、对信息质量的关注情况以及查询中的困难等内容[15]。总体而言，针对患者这一群体的网络健康或疾病相关信息查询行为的研究尚且有限，需要进一步探讨。

本研究主要采用调查研究的方法，对在北京市 4 所三级四等（以下简称"三甲"）医院就诊的 400 例门诊患者进行问卷调查，了解我国一线城市患者基于互联网开展健康或疾病相关信息查询的行为特点，包括内容、模式、路径等，为提升我国互联网健康信息服务能力提供对策建议和参考依据。

2 研究方法

本研究主要采用问卷调查方式获取研究所需数据。

2.1 调查对象

采用便利取样的方法，选取于 2014 年 10 月 – 12 月在北京市某 4 所三甲综合医院门诊就诊的患者。调查对象均为成人患者，具有初中以上文化程度，意识清楚，无精神疾病及智力迟滞史，知情同意自愿参与本研究。

2.2 调查工具

本研究主要采用自行设计的调查问卷。调查问卷初稿在文献回顾和征求相关专家意见的基础上形成，形成初稿后请5名相关专家就内容、语言表述等进行修改，而后进行了20例患者预调查，进一步就问卷语言表述、设计形式等进行修正。最终形成的问卷共包括"患者一般情况"和"患者互联网健康信息查询情况"两部分。

2.3 调查方法

问卷由研究者和经过培训的医院护士发放，当场发放当场回收。共发放问卷400份，回收问卷389份，有效问卷379份，有效回收率94.8%。其中，男性162人，女性217人，平均年龄37岁。

教育程度方面，19.5%受访者为高中或以下，61.4%为大专或本科，19.1%为研究生及以上文化程度。职业分布方面，66%的受访者有固定职业，15%为在校学生，9%为退休人员，10%无固定职业。有固定职业人员中，中高收入群体（月收入3 000元以上者）占66%。

2.4 数据处理

采用Excel进行描述性统计分析，采用Pajek进行查询内容关联网络构建，互联网健康信息平台的使用率和可信度评价的坐标象限图采用SPSS进行绘制。

3 患者互联网健康信息查寻的内容特征

3.1 患者互联网健康信息查询内容分布情况

本次调查结果显示，96.2%的患者选择在自己、家人、朋友身体不适或患病时，求助于网络查询相关的信息，这一结果高于周晓英等对于大学生群体的研究结果[11]、刘小利对于患者群体的研究结果[15]以及刘瑛对于高校学生群体的研究结果所给出的数据[4]。这可能与研究年份时间不同、互联网的普及程度不同有关，也可能与研究群体有较大关系。患者作为罹患疾病的人群，具有现存的健康问题，因此健康相关信息需求比较强烈，从而更倾向于寻找相关信息满足其需求。

从患者在互联网查找健康信息的具体内容看（见表1），患者查找最多的健康信息包括病因、治疗、预防与保健、诊断、用药等方面，占比达到70%以上。不同于大学生将养生保健、健身美容、生理健康等作为网络健康信息查询的主要内容[11]，也不同于老年人将养生保健、相关疾病等作为网络健康信息查询主要内容。这可能与不同人群的需求驱动有关，患者因有健康问题，健康信息需求比较直接、有针对性。可以看出，患者通过互联网查找信息与线下查找信息（主要采取在就医环节咨询医护人员等方式）的内容构成一定程度的互补关系。就我国目前一线城市三甲医院的实际就诊情况看，当患者因身体不适就医时，庞大的候诊患者群体使得医患互动时间相当紧张，医生主要专注于解决现存就诊问题，直接给出诊断和治疗方案，很难有时间再解答患者的其他疑问。然而，患者的需求显然不只是得到诊断和治疗方案，他们会考虑为什么得了这个病，医生给的这个治疗方案行不行，有没有更好的治疗方法和药物，除了遵医嘱用药，平时还应该注意什么才有利于疾病康复和预防再发等。在满足上述患病相关信息需求的过程中，互联网成为了现代患者的重要选择途径，也成了实体医疗机构传播健康信息的重要补充渠道。这也提示一些专业的健康信息服务网站，要重视专业知识的介绍和传递，以有效地满足患者的信息需求。

表1　患者互联网健康信息查询内容分布情况

内容	人数	占比
病因	228	17.1%
治疗	212	15.9%
预防与保健	167	12.5%
诊断	165	12.4%
用药	163	12.2%
哪所医院/哪位医生看得好	119	8.9%
化验检查	89	6.7%
护理	72	5.4%
康复	60	4.5%
大众对医院/医生评价	57	4.3%

3.2　患者互联网健康信息查询内容的关联性分析

调查问卷对于互联网查找健康信息的内容是不定项选择设计，患者可以根据自身情况进行不同的选择，如可以同时选择"病因"和"用药"等。通过分析患者同时选择不同健康信息内容的规律，可以了解在互联网环境下患者关注健康信息内容的关联性。以上述9类信息内容为结点，患者同时选择

151

任意两类信息的次数为边，构建了一个加权无向图。图1之上下分别显示了保留最核心（边权值＞80）和中间层（边权值＞50）的网络结构：

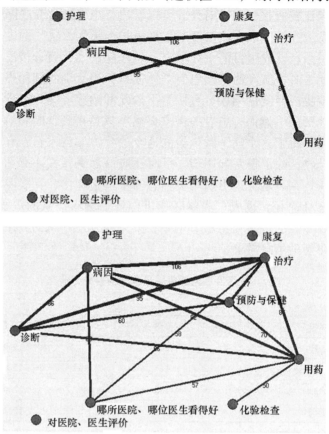

图1　患者互联网健康信息查询内容的关联性

通过图1可以看出，患者互联网健康信息查询内容中存在一个"诊断－病因－治疗"基本三角结构，围绕该三角结构，进一步衍生出"病因－预防与保健"和"治疗－用药"两个分支结构，上述5类信息构成了患者健康信息查询的核心层。在该核心层之外，基于"用药"、"治疗"和"病因"3类信息，衍生出对"哪所医院、哪位医生看得好"相关信息的需求以及基于"用药"信息衍生出的对"化验检查"相关信息的需求。除此之外，护理、康复等信息基本属于患者健康信息需求结构的最外围。

该结果显示，与"我患了什么病"，"我为什么患这个病"，"所患疾病应该怎样治疗更好"这3类问题相关的信息是患者最基本、最核心的健康信息需求。这一结果也为健康信息服务类网站（包括医院网站）提供了一定的参考依据，有助于其明确什么是患者的核心信息需求，应该如何设置信息服务的内容，以更好地服务于患者群体。

4 患者互联网健康信息的查寻模式

患者互联网健康信息查询行为与患者自身的患病情况、上网环境、信息素养等因素密切相关，因此也是该领域研究的热点问题之一。周晓英等[11]将大学生网络健康信息搜寻行为模式归纳为3种类型：偶遇获取型、问题解答型、长期关注型，这是该领域较有代表性的一种观点。结合上述观点和数据统计情况，本研究将患者互联网健康信息查寻的基本行为模式归纳为3类：

4.1 长期关注型

研究结果提示，39.0%的被调查患者选择长期关注某些健康网站，长期关注型为本研究的主要信息查询行为类型。这与周晓英等[11]人所作研究中偶遇获取型为主要类型的结果不同，主要原因可能与研究对象不同相关。本研究的研究对象为患者，将近40%的患者由于自身或家人亲友等长期患有某种慢性病，具有相关信息需求，从而形成了定期上网查询健康或疾病相关信息的行为习惯。其中63.6%的人选择每月定期上网查询相关信息，31.8%的人每周会上网查询健康或疾病相关信息，此外还有4.6%的人属于互联网深度使用者，每天都会上网查找疾病健康或疾病相关信息。这提示，患者群体对于慢性病相关的网络健康信息类服务具有较强的需求，健康信息服务网站包括医院网站要进一步加强慢性病相关的信息服务，同时提高可见性，使得广大患者知道有哪些服务，并能运用这些服务，获取所需的专业权威信息。

4.2 偶尔查询型

结果显示，38.3%的被调查患者属于偶尔查询型，这一比例与长期关注型相当。这部分一般是在自己或家人突然罹患某种疾病或身体不适时，选择上网查询相关健康需求信息。从其所选择查找信息的入口类型看，偶发患病型患者选择使用搜索引擎查找信息的比例为79.3%。可以看出，偶尔查询型用户由于对于健康信息查询缺乏经验，采用搜索引擎等通用入口是首选方式。然而通过搜索引擎获取信息的可信度如何，能否以之作为参考依据，非常值得深思。

4.3 偶遇获取型

22.8%的被调查患者属于偶遇获取型。一般来说，偶遇获取是指用户并没有对健康信息的直接需求，在网络使用过程中发现某些健康或疾病相关信息后，由于自身潜在的需求或浏览兴趣被触发而产生的一种信息查询行为[10]。这部分患者并非因为个人或亲友患病才开始信息查寻行为，而多是出于对自身保健和疾病预防的关注而选择在互联网上查找健康或疾病相关信息。从其所关注的信息内容看，他们会更加关注预防与保健信息（占比14.8%）、大众对医院医生评价（占比5.9%）等信息，说明这类患者对于健康信息的关注还是停留在"未雨绸缪"的阶段，希望在自身或亲友尚未患病时，多了解些预防保健和就医信息以作为自己的知识储备。

5 患者互联网健康信息的查寻路径

一般认为，用户在互联网上获取信息的途径可以分为浏览、搜索、询问3种模式[10]。本研究也基于上述分类，将患者互联网健康信息查询行为路径划分为搜索引擎、直接浏览和社交征询3种渠道。但更进一步而言，很多患者在选择上述3类渠道时，实际上只是查询的行为起点，或者说是选择了查询的入口类型。从这些渠道进入后，最终抵达需求信息所在的站点（目的地），则并不一定和查询入口相同。举例来说，某患者可能使用搜索引擎查找某一疾病信息，但最终搜索结果可能并不满意，进而被搜索引擎导引到某一个专业的医学网站，患者通过在该网站继续浏览信息而最终满足自身健康信息查寻需求。为此，本研究将患者互联网健康信息的查寻路径划分为两个基本环节，即入口选择和查询命中。以下对这两个环节的基本行为特征分别进行分析。

5.1 患者互联网健康信息查寻的入口选择分析

从患者在互联网上查找健康信息的入口选择看，研究结果显示，选择使用搜索引擎作为其健康信息查询入口的患者占65%，选择在线咨询或关注论坛、微博、微信等社交媒体平台的患者占18%，选择通过直接浏览某些健康网站查找信息的患者占17%。选择搜索引擎作为主要途径，这与周晓英等[11]、刘瑛[4]的研究结果相似。这一方面体现了搜索引擎在信息查找方面的方便、快捷，另一方面也体现了其他健康或疾病相关信息平台建设的不足。查询者有问题时没有第一时间想到去哪个权威健康信息网站，而是选择搜索引擎，可见目前健康信息网站群众知晓度和选择率依然较低。此外，选择社交媒体平台作为健康信息查询入口的患者平均年龄为32岁，显著低于本次调查患者的平均年龄水平（37岁）。这说明年轻群体相对而言更加倾向于通过社交媒体查找医疗健康相关信息。可以预见，未来随着年轻群体逐步成长为主要服务对象，这类渠道的重要性将不断提升。

5.2 患者互联网健康信息查寻的命中渠道分析

通过上述 3 类入口开展健康信息查询的患者最终所确认找到的自己所需信息的平台，可以归纳为以下 9 类：搜索引擎、政府/卫生行政机构网站、医学协会网站、医院网站、医学数据库网站、医学专业信息网站、移动 APP、社交网络、医学资讯网站等，各类命中渠道的占比情况见表 2。其中搜索引擎作为查询命中渠道的比例依然最高，占所有平台的 32%（即这部分患者通过搜索引擎搜索即直接在搜索结果中找到了自己所需信息），医学资讯网站占13%，医院网站占 12%。患者使用医学专业信息网站、医学数据库网站以及移动 APP 等查找信息的比例均低于 10%。值得注意的是，选择使用医学专业信息网站的患者中，56% 填写的职业为医生、药师、护士、医药代表、药厂职工等医药相关行业工作者，这说明这类信息查询渠道目前主要适用于具备一定专业知识的患者，普通大众接受程度不高。可见，患者查找互联网上健康或疾病相关信息的手段多样性不够，一些医学专业网站未来面向普通患者尚有巨大市场和服务空间有待进一步开发利用。

表 2 患者互联网健康信息查询命中渠道分析

渠道	人数	占比
搜索引擎	288	32%
医学资讯网站	117	13%
医院网站	109	12%
医学专业信息网站	84	9%
医学协会网站	84	9%
政府/卫生行政机构网站	72	8%
社交网站	67	7%
医学数据库网站	43	5%
移动 APP	43	5%

可以看出，以搜索引擎作为互联网健康信息查询主要入口的患者，其中大约 1/2 通过搜索确认找到了自己所需的信息，可以认为通过搜索引擎的健康信息查询命中率约为 50%。其他患者则部分被搜索引擎引导到了各类医学相关网站，并进一步找到其所需信息；也有一些患者选择了其他信息查询入口，并找到所需信息。这进一步显示了搜索引擎在信息查找中的便捷性。

此外，通过对患者互联网健康信息查寻使用的终端类型分析发现，6% 的患者主要通过电脑上网查找健康信息，17%的患者则主要通过手机上网，此外47%的患者两类技术渠道均会使用。综合而言，64%的患者会通过手机上网查找健康或疾病相关信息。此外，主要通过手机上网的患者群体平均年龄为31岁，显著低于本次调查患者总体平均水平（37岁）。这说明年轻群体对于移动终端信息服务的需求更加强烈，移动互联网将在患者健康信息查询行为中扮演越来越重要的角色。针对移动终端开展患者就医信息服务优化，充分发挥APP的优势与作用，可以整合在线信息咨询、患者社交网络、专病或主题健康信息等服务，从而有效提升移动健康信息服务的附加值。

6　患者对互联网健康信息查询渠道的可信度与使用率评价

可信度是对信息内容的权威性和可信赖程度的主观判断依据。一般来说，患者在选择好查询入口、找到所需信息后，会对信息的可信程度进行判断，满足心理预期后才会采纳相关信息。研究表明，大多数的查询者查询健康信息时会注意其来源的可靠性[15]；查询者对网络健康信息的信任程度会影响其网络健康信息查询行为[16]。

根据调查结果，笔者统计了患者对于网站可信度和使用率的评价，同时将这些健康信息查询渠道的使用频率和可信度放入同一个坐标图中分析（见图2），横坐标表示不同类型命中渠道的使用率；纵坐标表示这些命中渠道信息用户感知的可信度水平。

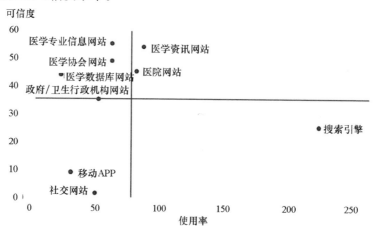

图2　患者对互联网健康信息查询渠道的使用率和可信度评价

156

6.1　高使用率、高可信度查询渠道

第一象限为可信度比较高、使用率也相对较高的查询渠道。主要包括医学资讯类网站（如丁香园等）和医院官方网站。这些网站一般有比较专业、可靠的数据来源，发布信息的可信度较高，且属于患者经常访问的信息查询渠道，因此是患者获取健康信息的理想来源。然而也可看到，该类网站的使用率相比搜索引擎还是较低，说明此类网站平台应进一步完善，同时提高网站易用性和用户关注度，以更好地为公众提供健康信息服务。

6.2　低使用率、高可信度查询渠道

第二象限为可信度较高但使用率较低的查询渠道。主要包括医学专业信息网站、医学协会网站、医学数据库网站和政府/卫生机构官方网站等。这些网站具有和医学资讯网站或医院一样的权威性和专业性，其内容可信度一般无问题。但这些网站内容相对比较专业、晦涩，因此服务内容受众面有限，使用率一般不高。可以鼓励这类网站开设一些医学知识普及或专题服务内容，提供如健康专题、百科全书、网络课堂等多种形式的服务，提高服务受众覆盖面。

"健康信息的发布机构"是查询者最常用的信息可信性评价标准[15]。从上述两类高可信度的查询渠道可以看出，权威机构主导的平台或发布的健康信息可信度最高。美国国立卫生研究院开发了权威平台 Information Rx，旨在帮助人们更好地理解健康信息，促进医患互动交流，支持在互联网上开展循证健康信息的传播与使用；网站信息是免费、无广告且经过专家评审的，而且定时更新。官方主导的权威的健康信息资源平台不仅对于医务人员，更重要的是为普通大众包括患者提供了可信赖的资源。我国也可以建立官方主导的，对于普通大众来说方便获取的、权威的、大型的、实用的、整合不同权威医学资源、经过专业评估和审核、定期更新的健康信息服务查询渠道。

6.3　高使用率、低可信度查询渠道

第四象限为使用率高，但可信度低的查询渠道，主要是搜索引擎。患者在进行网络健康信息搜寻时，希望在短时间内快速获得其所需的大量信息。搜索引擎使用简单便捷，患者无需掌握专业的检索原理，只要将问题直接输入检索框就可以获得大量信息，所以，患者在进行网络健康信息搜寻时更易通过搜索引擎获得其所需信息[11]。这也符合 Xiao Nan 等人的研究结果，即网络信息获取的难易程度会影响用户的在线健康信息查询行为[16]。

近年来，我国搜索引擎市场秩序较为混乱，特别是健康信息领域过度滥用搜索营销、恶意购买关键词等商业行为较为普遍，导致用户在通过搜索引

擎搜索健康信息时，各种垃圾信息、无用信息、广告信息充斥搜索结果页，严重影响了用户体验，导致用户对于搜索引擎推送的各种健康信息的可信度普遍存在疑虑，影响了其可信性。

6.4 低使用率、低可信度查询渠道

第三象限为使用率和可信度均较低的查询渠道，主要包括移动 APP 和社交网络。社交网络上人人都是自媒体，社交网络信息一般较为业余化和生活化，各种信息鱼龙混杂，因此来自社交网络的健康信息内容对于患者而言可信度较低。至于移动 APP，则可能是由于目前医学专业移动 APP 的普及程度和规范程度不高，导致患者对于这类平台信息的可信度认可程度不足。

7 结语

本研究主要探讨了患者互联网健康信息查询行为特点，得出了其主要的关注内容及内容之间的关联，总结了患者对于互联网健康信息的查询模式，发现了主要的查询途径。此外，还依据患者对网络健康信息的使用率和可信性评价得出患者惯常使用平台的不同类型。上述研究结果有助于进一步理清我国互联网健康信息服务开展的现状和用户使用情况，也可以为我国健康相关网络信息服务的完善和发展提供一定参考依据。未来可进一步扩展研究人群，了解不同群体的互联网健康信息查询行为特点及其影响因素等。

参考文献：

［1］ Fox S, Jones S. Americans' pursuit of health takes place within a widening network of both online and offline sources ［EB/OL］. ［2015 - 06 - 16］. http：// www. pewinternet. org/ ~ /media//Files/Reports/2009/PIP_ Health_ 2009. pdf.

［2］ Reinfeld-Kirkman N, Kalucy E, Roeger L. The relationship between self-reported health status and the increasing likelihood of South Australians searching Internet health information ［J］. Australian and New Zealand Journal of Public Health, 2010, 34 (4)：422 - 426.

［3］ 2010 第四届中国网民健康状况白皮书 ［EB/OL］. ［2015 - 08 - 30］. http：// news. 39. net/xwzt/10jkdc/108/16/1427127. html.

［4］ 刘瑛. 互联网使用对个体健康行为的影响研究 ［D］. 武汉：华中科技大学, 2011.

［5］ 李月琳, 蔡文娟. 国外健康信息搜寻行为研究综述 ［J］. 图书情报工作, 2012, 56 (19)：128 - 132.

［6］ 张馨遥, 曹锦丹. 网络环境下用户健康信息需求的影响因素分析 ［J］. 医学与社会, 2010, 23 (9)：25 - 27.

［7］ 安娜·德·克利夫兰, 潘雪群, 陈江萍, 等. 健康信息需求分析及相关网络资源的

使用（对达拉斯福和地区华人的调查）［J］. 图书情报工作，2008，52（3）：112 -116.

［8］ Yun E K, Park H A. Consumers' disease information-searching behavior on the Internet in Korea［J］. Journal of Clinical Nursing, 2010, 19（19-20）: 2860-2868.

［9］ 郑钊权. 老年人的网络健康信息需求研究［J］. 内蒙古科技与经济，2010（12）：55-56.

［10］ 韩妹. 中老年人对网络健康信息的使用与满足研究［D］. 北京：中国传媒大学，2008.

［11］ 周晓英，蔡文娟. 大学生网络健康信息搜索行为模式及影响因素［J］. 情报资料工作，2014（4）：50-55，6.

［12］ 余春艳，史慧静，张丕业. 青少年网络健康信息寻求行为及其与健康危险行为的相关性［J］. 中国学校卫生，2009，30（6）：482-484.

［13］ Zhao Shanyang. Parental education and children's online health information searching: Beyond the digital divide debate［J］. Social Science & Medicine, 2009, 69（10）: 1501-1505.

［14］ Liang Huigang, Xue Yajiong, Chase S K. Online health information searching by people with physical disabilities due to neurological conditions［J］. International Journal of Medical Informatics, 2011, 8（3）: 745-753.

［15］ 刘小利. 网络环境下患者健康信息查询行为研究［D］. 武汉：华中科技大学，2012.

［16］ Xiao Nan, Sharman R, Rao H R, et al. Factors influencing online health information search: An empirical analysis of a national cancer-related survey［J］. Decision Support Systems, 2014, 57（1）: 417-427.

作者简介

侯小妮（ORCID：0000-0002-8417-9321），博士研究生，讲师，E-mail：hxiaoni325@163.com；

孙静（ORCID：0000-0002-1845-345x），硕士研究生。

老年人网络健康信息查寻
行为影响因素研究

1 引言

    21 世纪是人口老龄化的时代。目前，全球发达国家已经进入老龄化社会，不少发展中国家正在或即将进入老龄化社会。国务院办公厅日前印发的《社会养老服务体系建设规划（2011 - 2015 年)》指出，目前，中国的老年人口正在以每年 3% 以上的速度快速增长，预计到 2015 年，中国老年人口将达到 2.21 亿，约占总人口的 16%；2020 年达到 2.43 亿，约占总人口的 18%，中国即将进入"银发时代"。同时，随着信息技术的发展，互联网已成为大众工作、学习、生活及娱乐的一部分，通过互联网获取信息也逐渐被老年人所接受。有数据显示：截至 2014 年 12 月，中国 60 岁以上网民规模占比 2.4%，相比 2013 年底增加了 0.5 个百分点，互联网继续向高龄群体渗透[1]。互联网的迅速发展以及深度社会化使得网络健康信息日益丰富。研究发现[2-3]，相对于其他年龄段的用户，老年人对健康问题有很高的关注度，健康信息已经成为老年人最为关注的网络日常生活信息。然而，由于知识匮乏以及对网络信息技术的认知不足，老年人在获取网络信息方面遇到不少障碍[4-5]。在这样的时代背景下，为了提高老年人健康信息查寻效率，满足其对健康信息的需求，信息行为研究领域开始关注老年人如何使用网络查寻、获取健康信息，老年人网络健康查寻行为成为了学界关注的焦点。

    对于"健康信息"这一概念，学术界并没有统一明确的定义。广义上讲，健康信息泛指所有与医疗或保健相关的信息，包涵医学知识、健康知识以及患者健康服务信息等诸多内容[6]。有关健康信息查寻行为的研究可以追溯至 20 世纪 70 年代末。E. R. Lenz 于 1984 年最早提出健康信息查寻行为（ health information seeking behavior，HISB) 的概念且最具代表性，她认为健康信息查寻行为是依据"程度"和"方法"两个维度而变化的一系列信息行为。程度维度指信息查寻的范围和深度，方法维度指信息获取的渠道或来源，不同的行为主体在这两个维度上均存在差异[7]。随后，A. M. Barsevick、B. Corbo - Richert、J. D. Johnson 等人从情境、方式等不同角度对健康信息查寻行为的概

160

念进行了界定[8-10]。

自 20 世纪 80 年代中期开始，互联网在健康信息生活领域的初步应用促使国外图书情报学界及健康传播领域的学者开始关注网络环境下的健康信息查寻行为。其中，有关老年人这一特殊群体的研究成果主要涉及：①网络健康信息查寻行为的障碍、特征研究。Huang Man 等人对 17 位老人进行了实验观测研究，发现老年人在构建有效检索式方面经验不足、对不同的浏览器及搜索工具无法清楚区分、信息查寻基于先前的经验，并且缺乏评价网络健康信息的能力[11]。R. J. Campbell 和 D. A. Nolfi[12] 在对老年人进行为期 5 周的技能培训之后，发现他们利用网络查寻健康信息的意识和能力并没有得到明显提高；老年人仍旧习惯于向专业医师咨询医疗保健信息，只有在查寻常识性健康信息时才会选择网络渠道。②网络健康信息查寻行为的影响因素。R. J. Campbell 和 D. A. Nolfi[12] 的研究发现，人口统计和情境因素会影响老年人是否选择网络作为其健康信息的来源；K. E. Flynn 等[13] 对 6 000 多名老年人的调查发现，心理特征和健康状况的不同会导致老年人选择上网查寻健康信息的时间点有所差异。S. J. McMillan 和 W. Macias[14] 通过线上问卷调查的方式分析了 424 位老年人（55 岁以上）的网络健康信息查寻行为。结果发现态度、人口统计学因素会对信息查寻行为产生影响。Chang Sunju 和 Im Eum-Ok[15] 以在过去几个月使用过互联网查寻健康信息的 300 位韩国老年人为研究对象，对影响他们信息查寻的因素进行路径分析。结果发现：先前使用互联网的经验、使用意愿以及感知易用性会对网络健康信息查寻行为产生正面积极的影响。

总体上讲，网络健康信息查寻行为领域的重要内容在国际上已经受到广泛重视，但针对老年人这一群体的本土化研究仍相当缺失。通过 CNKI 系统检索，笔者发现目前国内有关本领域的研究仅局限于师栋楷等人、郑钊权、吕俊文、马佳等人、戴艳清、吴丹分别对老年人健康信息获取状况、老年人网络健康信息需求、老年人健康信息化服务以及老年人网络健康信息检索行为模式的研究，对于该群体健康信息查寻行为影响因素的系统研究仍偏少。为了丰富该领域的本土研究，进一步了解网络环境下我国老年人的健康信息查寻行为是否具有其独特性？造成这种独特性的因素何在？本文拟对老年人网络健康信息查寻行为进行深入细致的分析，探索其相关影响因素并构建概念框架模型，为更合理化地开展老年人健康信息服务予以理论指引和支撑。

2 研究设计

2.1 研究方法

健康信息查寻行为研究领域目前使用最为广泛的研究方法是横截面设计，即在同一时间截面上使用问卷调查法和结构化访谈，此外还包括队列设计、人为控制情境下的实验法，而运用质性方法的研究比较少见[16]。虽然量化研究具有客观、严密、可推广等优点，但信息查寻行为研究归根结底是与人有关的，人的行为及思维的复杂性导致很多问题无法用量化的方式测量清楚。相对而言，质性研究更具有人文关怀，强调在整个研究过程中采取开放、弹性的立场，更有利于发掘未知变量，进行深入探索与研究。由于本研究不是为了简单描述老年人健康信息查寻的行为与过程，而旨在深入挖掘影响其行为的相关因素并构建理论框架，因而笔者选择以扎根理论[17]这一质性研究方法为指导，自下而上地开展数据分析，归纳式地引导出实质理论。

2.2 模型变量设计

网络用户信息查寻行为主要是通过信息检索与信息浏览来完成的[18]。因此，网络健康信息查寻行为可划分为"信息浏览行为"和"信息检索行为"。其中，网络健康信息浏览行为指事先缺乏明确健康信息需求和目标的网络用户，大多通过点击超链接、网页浏览、保存、复制、收藏信息等方式来获取健康信息的行为；网络健康信息检索行为则是指通过特定的网络信息检索工具来满足健康信息需求的行为。

2.3 数据收集

在数据收集方面，扎根理论特别强调研究样本数据的丰富性而非样本的数量多少。因此，本文注重样本数据来源的多样性，按不同地区和时间点进行数据的深度收集和跟踪收集。具体的数据来源如表1所示：

表1 数据来源

地区	时间点	来源	方法
四川	2014/05/01 – 2014/06/08 2014/07/10 – 2014/08/20 2014/12/29 – 2015/02/02	笔者	"一对一"深度访谈 ／焦点小组
重庆	2014/05/01 – 2014/06/08 2014/12/29 – 2015/02/02	笔者	"一对一"深度访谈 ／焦点小组

地区	时间点	来源	方法
西安	2015/01/10 – 2015/01/29	笔者	"一对一"深度访谈
北京	2014/07/10 – 2014/08/20	笔者	"一对一"深度访谈
新疆	2014/07/10 – 2014/08/20	笔者	"一对一"深度访谈

访谈法是质性研究中广泛采用的一种研究方法。其中，焦点小组访谈可以使受访者在头脑风暴式的思维模式下充分讨论、相互启发；深度访谈则可以留给受访者充分思考和发表观点的空间，揭示其行为的内在机理。因此，本研究主要采用焦点小组访谈和"一对一"深度访谈相结合的方式收集数据。

根据世界卫生组织的规定，笔者将老年人划分为年轻老年人（60 – 74岁）、中龄老年人（75 – 89 岁）以及长寿老年人（90 岁及以上）。鉴于质性研究要求受访者对研究主题和所提问题要有一定的理解和认识，本研究所选样本基本都是认知能力较强，并且能够通过网络独立查寻信息的老年人（60 – 78 岁）。最终我们选取了四川、重庆、西安、北京、新疆的 35 名老年人参与此次访谈。受访者基本情况如表 2 所示：

表 2　受访老年人基本信息分布

编号	性别	年龄（岁）	居住地（3 年以上）	学历	月收入（元）	健康状况	职业	工作状况	是否使用网络查寻健康信息
01	男	65	四川	中专	4 000	中	公安人员	退休	是
02	女	61	四川	中专	5 000	良	银行职员	退休	是
03	男	64	四川	中专	6 000 以上	良	公司经理	在职	是
04	女	60	四川	高中	3 000	中	护士	退休	是
05	男	67	四川	本科	6 000	良	法官	返聘	是
06	女	65	四川	高中	4 000	中	公务员	退休	是
07	女	62	四川	高中	5 000	优	银行职员	退休	是
08	男	61	四川	高中	3 000	优	工人	退休	是
09	男	65	四川	大专	4 000	良	中学教师	退休	是
10	女	65	四川	中专	5 000	良	银行职员	退休	是
11	男	75	四川	高中	4 000	中	公司职员	退休	是
12	男	78	四川	初中	3 000	良	公司职员	退休	否

编号	性别	年龄（岁）	居住地（3年以上）	学历	月收入（元）	健康状况	职业	工作状况	是否使用网络查寻健康信息
13	男	70	新疆	初中	5 000	良	摄影师	在职	是
14	女	68	新疆	小学	2 000	良	工人	退休	否
15	男	62	北京	本科	10 000	良	公司高管	在职	是
16	女	62	北京	本科	6 000	良	公司高管	退休	是
17	女	70	北京	本科	6 000	中	大学教师	退休	是
18	男	74	北京	高中	4 000	良	公务员	退休	是
19	男	61	西安	本科	5 000	良	大学教师	退休	是
20	女	62	西安	小学	3 000	良	工人	退休	否
21	女	60	重庆	中专	5 000	良	公司经理	退休	是
22	男	60	重庆	中专	4 000	优	中学教师	退休	是
23	女	61	重庆	中专	4 000	良	公司职员	退休	是
24	男	65	重庆	高中	3 000	良	公司职员	退休	是
25	男	69	重庆	高中	3 500	中	小学教师	退休	是
26	男	67	重庆	中专	4 000	良	小学教师	退休	是
27	女	75	北京	大专	4 500	中	中学教师	退休	是
28	女	60	北京	中专	5 000	良	公务员	退休	是
29	男	62	四川	中专	4 000	良	公安人员	退休	是
30	女	60	四川	中专	4 000	良	公安人员	退休	是
31	男	66	四川	大专	5 000	良	律师	在职	否
32	男	64	四川	中专	6 000	良	律师	在职	是
33	男	75	新疆	小学	3 000	中	工人	退休	否
34	女	60	四川	小学	2 000	良	保姆	在职	否
35	女	76	四川	无	无	中	无	无	否

　　根据扎根理论的研究思路，数据分析与数据收集需要同时进行，并根据分析中产生的疑问引导后续样本的选择和资料收集，即样本数的确定以理论饱和为准。在初步构建理论模型阶段，有25名老年人接受了访谈，包括3次焦点小组访谈（2组3人、1组2人），17人"一对一"深度访谈（11人面对

面访谈和 6 人视频访谈），平均每次访谈时间约为 60 – 90 分钟；其余 10 人为后期检验模型理论饱和度的参与者，分别进行了 1 次小组访谈（1 组 4 人）和 6 次"一对一"深度访谈，平均每次访谈时间约为 60 分钟。本研究所用访谈提纲如表 3 所示：

表 3 访谈提纲

访谈主题	主要提纲内容
个人基本信息	性别、年龄、居住地、健康状况、学历、收入、职业、工作状况
对网络健康信息查寻的态度及了解程度	您是否通过网络浏览或检索健康信息？浏览或检索的频率如何？ 您对网络（互联网）提供的健康信息有何看法？
网络健康信息查寻行为的影响因素	您在什么情况下更倾向于通过网络浏览、检索健康信息？为什么？ 您通常是如何在网络中浏览、检索健康信息的？为什么？ 您在浏览、检索网络健康信息的过程中遇到过哪些困难以及需要哪方面的帮助？

2.4 数据编码

对于访谈资料，先将录音逐字转化为书面文本，最终得到 4 万余字的访谈记录。为保证数据的完整性和可靠性，每次访谈记录的书面文本均整理出两稿，第一稿为原始访谈记录，第二稿为研究者对信息真实性以及受访者各方面情况的整体判断，从而剔除无效的访谈内容，共得到 580 余条原始语句。

数据编码方面，扎根理论的 3 个流派[19]之间存在着较大差异。由于 Corbin 的程序化扎根理论发展最为成熟，本研究倾向于采用程序化扎根理论的数据编码方式[17]，即通过对访谈中收集到的文本资料进行三级编码——开放式登录、关联式登录和核心式登录，在研究过程中不断比较、不断提炼和修正概念，直至达到理论饱和。

2.5 信度与效度

质性研究中，"信度"指的是研究者的记录数据与自然环境中实际发生事物的吻合程度。"效度"则是指研究者所宣称的知识与事实相符合的程度（外部效度）或研究者对现实的建构程度（内部效度）[20]。其中，外部效度是指"内部推广度"，它不追求找到一种普遍规律，只要处于类似情形的人和事能够认同研究者所揭示的现象本质，结论便可以达到一种推广，即从样本中获得的结果能够推广到样本所包含的情境和时间；内部效度是特别用来评价研究者对结果的表述是否再现了研究过程中所有部分、方面、层次和环节之间的平衡和一致性。笔者采用下述方法[21]来保证研究的信度和效度，见表4。

3 研究过程

3.1 开放式登录

开放式登录，即是将原始资料按其本身所呈现的状态进行登录，并对其进行逐字逐句的编码和录入，从中发现初始概念和类属，并对类属加以命名。在此过程中，将编码发展出的类属不断与原始资料中其他文本段落进行比较，以验证所得诠释的可信性[17]。经过多次整理分析，最终得到50个初始概念，聚焦14个范畴，这14个范畴即为影响老年人网络健康信息查寻行为的因素。为了节省篇幅，在本文中笔者仅节选1条具有代表性的原始语句与每一范畴相对应，见表5。

表4 检验研究信度与效度的方法

评价指标	方 法
信度	数据收集方面，采用三角互证（不同的数据收集地点及时间点）保证资料的多元性
	在不受外力控制或干扰的情境下收集研究资料，并辅以科学仪器（录音笔）记录
	透过受访者的协助来确认记录的内容，以明确受访者对意义的诠释。将原始资料综合之后，邀请受访者加以检核
	证伪法。用原始文本中其他段落来测试编码发展出的新类属，以提高所得诠释信度
效度	不断反省。通过反思性记录（备忘录）时刻提醒自己应对已有理论以及原始资料中所呈现的理论保持敏感，注意捕捉新的线索以构建理论
	外部审核。将研究过程和初步结论与自己的同行、朋友分享，听取他们的意见
	参与人员反馈。将最终所形成的理论框架交给被研究者检视，尊重他们的意见，并对结论进行必要修改
	理论检验。将研究发现与先前研究的结果做比较
	目的性抽样。抽样时从研究的目的和问题出发，选择最合适的样本参与调查，以保证研究结论的外部效度

表5 开放式登录形成的概念类属

原 始 资 料	范畴化
a07 我觉得身体是革命的本钱，年纪大了更要注意保养，经常在网上浏览健康信息也是因为我的健康意识比较高（a07 健康意识强度）	A1 健康意识
a30 在线咨询还是不太靠谱，我也不晓得对方到底是不是正规的医生（a30 对信息源可靠性的感受）	A2 对信息可靠性的感受
a17 我这个人比较开朗，容易接纳新鲜事物，比如说像互联网这些信息技术（a17 开朗）	A3 性格特征
a09 俗话说好记性不如烂笔头，何况现在记性也越来越差，有时候在网上看到比较好的信息还是要记下来或者把网页保存下来（a12 记忆力）	A4 认知能力
a03 我一般很少浏览网站，因为那上面的信息太多，看多了也觉得烦（a03 信息繁杂）	A5 信息特征
a02 之前口腔溃疡去医院花那么多钱，排队挂号，一去就是一天，现在网上咨询也治得好，节约钱还节约时间（a02 时间效益、经济效益）	A6 信息效益
a26 网页上的字太小，而且排版也很乱，看起来很吃力，所以有时候还是宁愿看电视（a26 信息服务质量）	A7 信息服务
a14 我向来都是从电视、报纸上获得信息，上网查找我觉得没得必要（a14 查寻习惯）	A8 传统习惯
a30 就是直接在百度里输入要查的东西，把字都打进去（a30 检索技巧）	A9 知识技巧
a01 我有高血压，也经常在网上看一些食疗方法（a01 慢性疾病）	A10 健康状况
a22 电脑买了很多年，反应慢得很，所以有时候也懒得上网查（a22 设备质量）	A11 基础设备
a17 现在的大医院，看病人太多了，懒得去跟人挤（a17 医院人多）	A12 医疗环境
a33 女儿和儿子都说我年纪大，看看电视就够了，没必要上网（a33 家人的态度）	A13 社会支持
a10 现在人人都上网，上网查找健康信息也不是个稀奇事儿（a10 社会氛围）	A14 社会风气

注：a ** 表示第 ** 位受访者回答的原话，每句话末尾括号中的语句表示对原始资料编码后得到的初始概念。

3.2 关联式登录

关联式登录的主要任务是通过比较的方法，发现和建立范畴之间的各种

167

联系，以表现资料中各个部分之间的有机关联，发展主范畴及其子范畴。本研究将开放式登录形成的 14 个影响因素进一步范畴化，通过分类和合并使得影响老年人网络健康信息查寻行为的各个影响因素更具有层次性。最终形成了个人心理因素、个人实施成本、信息因素、社会因素 4 个主范畴。各主范畴及其对应的子范畴见表 6。

表6　老年人网络健康信息查寻行为影响因素的范畴化

主范畴	子范畴	子范畴内涵
个人心理因素	健康意识	维护自身健康而预先必须注意的保健知识和理念
	认知能力	人脑加工、储存和提取信息的能力
	对信息可靠性的感受	对网络健康信息是否可靠的主观性认识
	性格特征	老年人较稳定的个性心理特征
个人实施成本	健康状况	老年人的患病情况与生理机能
	知识技能	与完成网络健康信息查寻密切相关的知识和技能
	传统习惯	积久养成的生活方式
	基础设备	网络健康信息查寻所需要的一切基础设备
信息因素	信息特征	网络健康信息所具备的区别于传统信息的特征
	信息效益	网络健康信息查寻和利用之后产生的净收益
	信息服务	在网络环境下信息机构和行业利用现代技术从事健康信息采集、处理、存贮、传递和提供利用等一切活动
社会因素	医疗环境	国家提供的保障人民健康水平、治疗疾病的组织系统
	社会支持	来自社会各方面给予老年人精神或物质上的帮助和支持
	社会风气	社会上或某个集体中流行的爱好或习惯

3.3　核心式登录

核心式登录是通过分析核心范畴与主范畴及其他子范畴的关系，从各子范畴和范畴中挖掘"核心范畴"。核心范畴必须在所有类属中占据中心位置，同时在与其他范畴的比较中一再被证明具有统领性，能够最大限度地将多数研究结果囊括在一个比较宽泛的理论范围之内[17]。

关联式登录的结果表明，上述 4 个主范畴都影响着老年人网络健康信息查寻行为（包括信息浏览行为和信息检索行为），即这 4 个主范畴可以概括出一个比较重要的核心。因此，在核心式登录的过程中，将核心范畴定为"老年人网络健康信息查寻行为"。其中，个人心理因素和个人实施成本是内部因素，直接决定老年人网络健康信息查寻行为模式；信息因素、社会因素是老年人网络健康信息查寻的外部情境条件，分别影响着内部因素与行为之间的关系强度。主范畴与核心范畴的关系结构如表7所示：

表7　主范畴与核心范畴的关系结构

主范畴	核心范畴	关系结构	关系结构的内涵
个人心理因素 个人实施成本	老年人网络健康信息查寻行为	因果关系	个体心理与个体实施条件是老年人网络健康信息查寻的内部因素
信息因素 社会因素	老年人网络健康信息查寻行为	中介关系	信息因素与社会因素是老年人网络健康信息查寻的外部情境条件

3.4　理论饱和度检验

作为决定何时停止采样的鉴定标准，理论饱和度检验是指不能再从搜集的新鲜数据中产生新的理论见解，也不能再揭示核心范畴新的属性之检验。以资料中初步生成的理论作为进一步抽样的标准，笔者继续访谈10名老年人以检验理论饱和度，按照程序化扎根理论的数据编码方式对该10份访谈资料进行随机抽取和编码，得到的结果仍然符合原有理论中所呈现的脉络和关系。通过检验，发现没有形成新的范畴，因此，本研究建立的理论模型是饱和的。

3.5　信息查寻行为影响因素模型的构建

通过以上数据编码分析，得到老年人网络健康信息查寻行为影响因素理论模型。具体结果如图1所示：

由图1可知，老年人健康信息查寻行为的影响因素可以归纳为个人心理因素、个人实施成本、信息因素、社会因素4个主范畴。虽然这4个要素同为信息查寻行为的影响因素，但它们各自对信息查寻行为的影响程度和方式并不完全一致。具体阐释如下：

3.5.1　个人心理因素

个人心理因素是影响老年人网络健康信息查寻行为的内在因素之一，包括健康意识、认知能力、对信息可靠性的感受及性格特征。根据行为心理学，意识观念是决定一个人行为的主导因素。本研究中，健康意识同样对老年人健康信息查寻行为产生影响：①健康意识强度会影响网络健康信息查寻行为的产生。当健康意识较弱时，老年人通过网络查找健康信息的动机几乎为零，也更不会在上网期间主动关注和浏览健康信息。在深度访谈中，很多受访者都反复强调这一点，如；"a01 中国老一辈人的思想中缺少预防保健意识，把

169

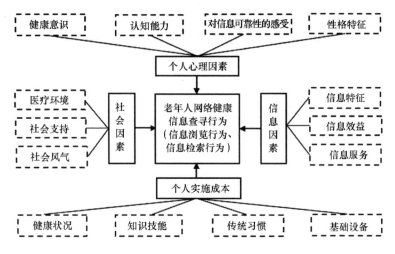

图 1 老年人网络健康信息查寻影响因素理论模型

健康完全寄托给医生";"a09 我上网很少关注健康信息,关键还是健康意识不够高"。可见,要真正促使老年人网络健康信息查寻行为的发生,健康意识还需要达到一定的意识"临界点"。②健康意识结构,即对"健康"内涵的理解会影响老年人的行为。根据老年心理学,健康应包括躯体健康、心理健康和社会适应良好[22],而本研究中,老年人的健康意识结构并不完整,"身体没有疾病即是健康"观念的存在严重影响了老年人网络健康信息查寻的主题选择,如"a25 我一般就是浏览生理方面的保健知识,因为以我们这个年纪能保证生理上没有大毛病就不错了,精神方面是其次的"。通过实证研究,笔者发现被研究者基本没有形成一个正确且全面的健康意识观,多数受访者在患病的情况下,偶尔通过互联网查寻健康信息。

笔者还发现,性格开明、好奇心强的老年人对计算机、互联网的接受度较高,愿意学习、提升自己的信息检索技能,尝试从多种渠道、以多种方式获取健康信息。另外,对来自不同信息源、不同主题的健康信息,老年人对其可靠性的感受程度是不一致的,如:"a01 我觉得医院官网比百度可信,所以我比较喜欢上官网查找";"a32 主要查寻中医方面的治疗方法或者是物理治疗方式,因为这种中医类的疗法相对西医来说更保险"。可见,对信息可靠性的感受不仅会影响行为产生的可能性,也会影响老年人网络健康信息查寻的主题和来源选择。此外,随着年龄增长,老年人的认知能力会逐渐下降。通过深度访谈和实证研究,笔者发现认知能力下降是干扰老年人网络健康信息查寻的因素之一,主要体现在对信息的持续注意、空间定向、记忆及判断等方面。例如"a15 我在浏览网页的时候很容易被其他信息或者广告干扰，本来要查一个信息，结果一会儿就看到其他地方去了，而且有时候很难对它们进行区分"。这一结果与许多文献的研究结果相一致，如 J. Sharit[4] 和吴丹等[23] 的实验研究均证明推理能力、工作记忆、知觉速度等认知能力在老年人网络健康信息检索中具有重要作用。

3.5.2 个人实施成本

个人实施成本是影响老年人网络健康信息查寻行为的内在因素之一，包括健康状况、知识技能、传统习惯和基础设备。本研究中，健康状况指的是患病情况和生理机能两个方面。患病情况是指患病程度和患病类型。身患重病的老年人更愿意寻求医生的帮助而非上网查寻健康信息，如"a15 如果只是感冒初期，我可以在网上查一下症状，然后自己买点药就行了，但严重的还是得去医院"。另外，患有慢性疾病（如高血压、关节炎、糖尿病等）的老年人更倾向于通过网络渠道查寻相关信息。不过，在生理机能不断衰退的情况下，老年人上网查寻健康信息的情况也会逐渐减少，因为视觉、触觉等感觉器官的衰退不利于其操作和使用计算机，如"a13 平时在网上浏览的时间也不多，看久了眼睛也不舒服"。

此外，研究还发现，受传统习惯的影响，大多数老年人倾向于经验的分析，他们往往在习惯使用一两种信息源之后便很难接受和适应新的查寻途径或方式，例如，"a14 我都是从电视、报纸上获得信息，上网查找我觉得没得必要"，"a30 用百度直接搜索，每次查找信息首先想到的还是百度，很少使用其他的搜索引擎"。可见，老年人信息查寻的来源和方式比较固定化。当然，除了传统习惯和经验的制约，老年人网络健康查寻的阻碍还在于对相关知识技能（包括外语能力、领域知识、计算机技能、信息检索技巧等）缺乏正确而全面的认识与掌握，如："a21 我想了解国外一些治疗技术，但是又看不懂，只能局限于国内网站"；"a23 对专业术语不熟悉，所以只是浏览健康新闻，不会去专业医学网站"；"a29 我都是在网上浏览信息，因为不会打字"。R. A. Sit[24] 的实验研究也指出，老年人严重缺乏与信息检索相关的概念知识，如检索式的构造、关键词的选择和布尔逻辑检索等；A. J. Stronge[25] 的研究也认为，在信息查寻的过程中，具备足够的领域知识和网络检索策略知识的老年人能够更加有效地选择关键词和检索策略。同时，本研究发现，无法接触和拥有上网设备以及家庭或工作场所没有宽带接入是妨碍部分老年人进行网络健康信息查寻的首要原因，K. E. Flynn 等[13] 的研究却发现西方发达国家的老年人不太关注家庭宽带接入的问题，认为这并不是影响其进行网络信息查寻的重要因素。

3.5.3 信息因素

信息作为用户行为的客体，亦是影响老年人网络健康信息查寻行为的外部因素之一，它主要体现在信息效益、信息特征以及信息服务3个方面。信息效益指的是查寻和利用网络健康之后所产生的时间、费用和精力等方面的净收益。从研究结果来看，信息源的选择在一定程度上会受到信息效益的影响，如："a05在线咨询是免费的，一些小病看的好，经济又实惠"；"a09我很少浏览网站，因为在门户网站上浏览信息虽然学得到东西，但是太费时间"。

此外，网络健康信息所具有的易获取性、多样性也是老年人选择互联网作为信息渠道，不再局限于图书、报刊等传统手工系统的重要原因。不过，由于网络健康信息过于繁杂，老年人的信息查寻也受到一定负面影响，如："a28网上信息量太大，有时候看多了也消化不了，需要控制上网时间"；"a29信息量大，不好辨认哪些信息才是正确的"。另外，信息系统（门户网站、在线咨询平台、社交媒体等）和信息机构（图书馆、咨询公司等）服务方式、质量的差异也会对老年人信息源的选择产生影响，如："a02微信更方便，每天都会推送一些健康资讯，这样我也不用去其他网站上看了"；"a21门户网站用的不多，那上面的字太小，密密麻麻的，看起来很费神"。通过编码分析，笔者还发现老年人查寻健康信息主要使用搜索引擎、社交媒体和门户网站，对在线咨询平台和数字图书馆的了解和利用率较低，其主要原因在于：①国内在线咨询的服务质量良莠不齐，缺乏权威的咨询平台；②国内正规健康信息咨询公司和医学图书馆几乎没有展开面向老年人的健康信息在线咨询服务。

3.5.4 社会因素

社会因素是影响老年人网络健康信息查寻行为的外部因素之一，它主要体现在医疗环境、社会支持、社会风气3个方面。众所周知，医疗环境恶劣、医患关系紧张是目前国内医疗体系面临的一大问题，也在一定程度上促使老年人选择网络渠道获取健康信息以变相解决"看病难、看病贵"的问题，如："a09医院看病人太多，还不如在网上在线咨询呢"；"a28有些医生的态度还不好，懒得去受气"。相对来说，西方发达国家的医疗环境和制度较为完善，老年人不易受医疗大环境制约而作出被动的选择。

社会支持主要体现于亲人、朋友及社会组织对老年人进行网络信息查寻的帮助和支持。从本研究的结果来看，无论在物质上还是精神上，老年人获得的社会支持都不高，如："a33 女儿和儿子都说我年纪大，看看电视就够了，没必要上网"；"a34 家里人不同意，一直不给我买电脑，我也就算了"。可见在缺少外界鼓励支持的情况下，老年人上网查寻信息的动力和积极性很容易遭受打击。除此以外，社会风气也会对行为产生一种潜移默化的影响，如："a21 就是听朋友说，他们用那个微信看健康信息，我才用的"；"a17 经常听到一些老年人上网被骗的事情，所以我现在都不怎么去网站上看东西"。

4　讨论与展望

本文尝试用扎根理论来探索老年人的网络健康信息查寻行为。研究表明，老年人网络健康信息查寻行为影响因素可归纳为个人心理因素、个人实施成本、信息因素和社会因素 4 个方面，具体包括 14 个子因素。与国外已有研究（如 C. Marton 等人的网络信息查寻行为理论框架[26]、J. D. Johnson 等人的信息查寻通用模型[10]）相比，本研究进行了如下拓展：①进一步探索了个人心理因素对信息查寻行为的影响机制。特别强调健康意识的强度和结构对老年人网络健康信息查寻行为的不同作用；②探讨了在中国的文化语境下，医疗环境、社会支持等情境因素对老年人网络健康信息查寻行为产生的影响，这些因素在发达国家已有的研究文献中尚未受到普遍关注。

通过建立老年人网络健康信息查寻行为影响因素模型，本文希望在实践中能够为信息服务机构进一步优化与完善查寻系统，有针对性地开展适合老年人的健康信息服务活动提供理论指引与借鉴：

- 作为地方的教育科学文化事业机构，公共图书馆应充分履行其传播知识、提高公民文化素质的职能。一方面，建设面向老年人的健康信息线上服务平台，如在线专题数据库，在线咨询服务等，并加大对其宣传力度；另一方面，开展提高老年人健康信息查寻能力的培训和讲座，普及相关的领域知识、计算机技能和检索技巧，以帮助其更有效地获取健康信息。

- 作为老年人健康信息查寻使用的工具——信息系统，特别是微信、门户网站、在线咨询平台应努力加强健康信息的质量评价和控制，提高信息服务质量，规避虚假信息的传播；同时根据老年人的特征，设计适合老年人使用的浏览界面和检索工具。

- 作为信息查寻行为的主体，老年人也应当发挥主观能动性，增强和完善健康意识，提高学习新事物、新技术的动力，主动增强自身使用互联网获取、利用健康信息的能力。

参考文献：

［1］ 中国互联网络信息中心．第35次中国互联网络发展状况统计报告［R］．北京：中国互联网络信息中心，2015．

［2］ Macias W, McMillan S. The return of the house call：The role of Internet – based interactivity in bringing health information home to older adults［J］. Health Communication，2008，23（1）：34 – 44．

［3］ Manafo E, Wong S. Exploring older adults' health information seeking behaviors［J］. Journal of Nutrition Education and Behavior，2012，44（1）：85 – 89．

［4］ Sharit J, Hernández M A, Czaja S J, et al. Investigating the roles of knowledge and cognitive abilities in older adult information seeking on the Web［J］. ACM Transactions on Computer-Human Interaction（TOCHI），2008，15（1）：63 – 92．

［5］ Xie Bo, Bugg J M. Public library computer training for older adults to access high-quality Internet health information［J］. Library & Information Science Research，2009，31（3）：155 – 162．

［6］ Elliott B J, Polkinhorn J S. Provision of consumer health information in general practice［J］. British Medical Journal，1994，308（12）：509 – 510．

［7］ Lenz E R. Information seeking：A component of client decisions and health behavior［J］. Advances in Nursing Science，1984，6（3）：59 – 72．

［8］ Barsevick A M, Johnson J E. Preference for information and involvement, information seeking and emotional responses of women undergoing colostomy［J］. Research in Nursing & Health，1990，13（1）：1 – 7．

［9］ Corbo – Richert B, Caty S, Barnes C M. Coping behaviors of children hospitalized for cardiac surgery：A secondary analysis［J］. Maternal-child Nursing Journal，1993，21（1）：27 – 36．

［10］ Johnson J D. Cancer-related information seeking［M］. Cresskill, New Jersey：Hampton Press，1997．

［11］ Huang Man, Hansen D, Xie Bo. Older adults' online health information seeking behavior［C］//Proceedings of the 2012 i Conference. Toronto, Canada：ACM，2012：338 – 345．

［12］ Campbell R J, Nolfi D A. Teaching elderly adults to use the Internet to access health care information：Before-after study［EB/OL］.［2014 – 11 – 10］. http：//www. Ncbi. Nlm. Nih. gov/pmc/articles/PMC1550650/．．

［13］ Flynn K E, Smith M A, Freese J. When do older adults turn to the Internet for health information? Findings from the Wisconsin Longitudinal Study［J］. Journal of General Internal Medicine，2006，21（12）：1295 – 1301．

［14］ McMillan S J, Macias W. Strengthening the safety net for online seniors：Factors influen-

174

cing differences in health information seeking among older Internet users ［J］. Journal of Health Communication, 2008, 13 (8): 778 – 792.

［15］ Chang Sunju, Im Eun-Ok. A path analysis of Internet health information seeking behaviors among older adults ［J］. Geriatric Nursing, 2014, 35 (2): 137 – 141.

［16］ Anker A E, Reinhart A M, Feeley T H. Health information seeking: A review of measures and methods ［J］. Patient Education and Counseling, 2011, 82 (3): 346 – 354.

［17］ Denscombe M. The good research guide: For small-scale social research projects ［M］. Maidenhead: Open University Press, 2010.

［18］ 邓小昭, 阮建海, 李健, 等. 网络用户信息行为研究 ［M］. 北京: 科学出版社, 2010.

［19］ 卡麦兹. 建构扎根理论: 质性研究实践指南 ［M］. 边国英, 译. 重庆: 重庆大学出版社, 2009.

［20］ 李鸿儒. 定性研究中的信度和效度 ［D］. 哈尔滨: 哈尔滨工程大学, 2009.

［21］ 弗里克. 质性研究导引 ［M］. 孙进, 译. 重庆: 重庆大学出版社, 2011.

［22］ 肖健, 沈德灿, 姜德珍, 等. 老年心理学 ［M］. 北京: 中国社会出版社, 2009.

［23］ 吴丹, 李一喆. 老年人网络健康信息检索行为实验研究 ［J］. 图书情报工作, 2014, 58 (12): 102 – 108.

［24］ Sit R A. Online library catalog search performance by older adult users ［J］. Library & Information Science Research, 1998, 20 (2): 115 – 131.

［25］ Stronge A J, Rogers W A, Fisk A D. Web-based information search and retrieval: Effects of strategy use and age on search success ［J］. Human Factors: The Journal of the Human Factors and Ergonomics Society, 2006, 48 (3): 434 – 446.

［26］ Marton C, Wei Choo C. A review of theoretical models of health information seeking on the Web ［J］. Journal of Documentation, 2012, 68 (3): 330 – 352.

作者简介

朱姝蓓 (ORCID: 0000 – 0002 – 2275 – 364X), 硕士研究生;

邓小昭 (ORCID: 0000 – 0002 – 4197 – 9580), 教授, 博士, 硕士生导师, 通讯作者, E-mail: dxz@ swu. edu. cn。

老年人网络健康信息检索行为实验研究

1 引 言

全世界已进入以老龄化和信息化为特征的阶段。中国是世界上老年人口最多的国家，已进入老龄化社会。据《中国老龄事业发展报告（2013）》蓝皮书指出，截至 2012 年底，我国 60 岁及以上人口为 1.94 亿，占全国总人口的 14.3%。据联合国人口司估计，到 2050 年，全球 60 岁以上的老龄人口总数将近 20 亿，占总人口的 21%。随着全球信息化建设的发展，计算机网络已经成为老年人的重要信息源。《第 32 次中国互联网络发展状况统计报告》指出，截至 2013 年底，中国 60 岁以上的网民占 3.8%，互联网的普及逐渐从青年向中老年扩散，中老年群体是网民增长的主要来源[1]。2012 年美国 PEW 统计中心调查得出，美国 65 岁以上老年人有超过 53% 使用网络。老龄人口增长和网络的普及，使信息行为研究领域开始关注老年人这一特殊群体。K. Williamson、A. Palsdottir 分别调查了老年人的信息需求，研究表明健康是老年人最为关注的信息[2-3]。随着计算机网络等先进技术在卫生保健方面的应用、健康信息网络化及老年人医疗保健财政负担加重，关于老年人利用网络查寻和利用健康信息的行为研究，得到了更多学者的重视。

国外关于老年人信息行为研究早期主要是通过调查的方法，描述老年人的信息世界包括信息需求、信息来源和影响信息行为的因素等。1991—1992 年 E. Chatman 调查 55 位南卡罗来纳州退休女士的信息需求和获取信息的来源[4-5]；1995—1997 年澳大利亚 K. Williamson 通过日记和访谈方法，调查 202 位老年人日常生活情境下的信息需求、行为和常用信息源，并从文化、生理和社会环境等角度了解影响老年人信息搜寻行为的因素，认为老年人主要处于被动信息接受状态而不是主动的信息查寻状态[2,6]；1997 年 C. J. Gollop 关注老年人健康信息行为，调查老年女性健康信息行为的影响因素、获取健康信息的渠道及公共图书馆在健康信息查寻中的作用，研究表明老年人健康信息的来源是多样化的，包括个人医生、媒体、家庭成员和朋友，影响老年人健康信息查寻行为因素主要包括教育水平、年龄、文化素养及健康信息可获得性[7]。

21 世纪后，随着计算机网络等先进技术逐渐进入日常生活，网络环境下老年人信息行为得到了学者的关注。研究方法通常采用用户实验法、长期跟踪法和调查等方法，结合使用观察法、访谈法，问卷调查法、出声思考、网页日志等数据收集方法。研究内容主要包括 3 方面：①网络信息查寻行为研究。Huang Man 等通过实验研究老年人在网络中查找健康信息的行为，分析其检索式构造、检索策略选择和检索结果评价的特点[8]；V. L. Hanson、J. Chin、A. J. Stronge 等学者研究老年人不同的检索策略，认为老年人网络信息查寻能力较差，且较多依赖于先前的知识经验[9-11]。②网络信息查寻行为影响因素研究。如 J. Sharit 等通过实验分析了知识、认知能力和检索任务复杂性等因素对老年人网络信息检索行为和表现的影响[12]；其他一些学者的研究认为，年龄、性别、认知能力、知识、经验、情感态度等都是老年人信息行为的影响因素。③提升网络健康信息查找能力措施研究。Xie Bo 等的研究表明，通过教育和培训能够提高老年人网络健康信息查寻的信心和检索能力，提高老年人健康信息素养[13]。国内关于老年人健康信息行为还处于描述性研究阶段，起步晚，文献数量少，如郑钊权分析了老年人网络健康信息需求和利用网络获取健康信息的影响因素[14]；戴艳清提出了社区图书馆为老年人提供健康信息服务的方式和应注意的问题[15]；而对老年人网络健康信息的检索行为研究还处于空白状态。

总体而言，关于老年人的网络信息行为研究，国内外侧重于对老年人网络信息行为各种影响因素的研究，关于老年人网络健康信息检索行为的实验研究还较少。针对国内外研究现状的不足，本文的思路是探究老年人网络健康信息检索过程中的行为特点与检索模式，分析行为产生的原因，并调查网络健康信息对老年人日常信息获取的影响。研究的意义是扩展对信息行为研究领域中"特定用户群体"的研究，分析老年人网络健康信息检索行为，以便更有针对性地开展老年人网络健康信息服务。

2 实验设计

本研究采用用户检索实验为主要研究方法，利用屏幕录像软件对检索过程进行全程记录并结合访谈录音来收集数据。数据分析方法采用统计法、编码法、内容分析法进行定量和定性研究。通过对录像资料进行分析，记录并定量分析每位受试者在检索过程中的具体行为，同时定性分析其原因；并定性分析访谈内容，探究网络健康信息对老年人日常信息获取的影响。

本实验招募了 20 名受试者，要求年龄 55 岁及以上并有使用网络检索信息的经验。实验受试者多为武汉大学老年大学计算机班的学员或武汉大学退休工作人员，参与者的年龄范围为 55 – 81 岁，平均年龄为 64.3 岁（标准差：6.93）。其中 13 位的受教育程度为大学本科，3 位为高中或大专，4 位为初中或中专；参与者的职业为：8 位行政管理人员，6 位教育工作者，4 位技术人员，1 位医护人员，1 位商人。实验过程包括任务检索和深度访谈两部分。考虑到老年人检索能力减退以及研究主要针对一般的网络健康信息检索行为，因此，实验设置的检索任务都不是很复杂，选择老年人常见的 3 种疾病——癫痫病、糖尿病、高血压为检索内容，3 个检索任务的类型包括简单事实型、复杂事实型和列举型。实验设置采用一对一的方式，由实验指导人员控制实验流程，包括检索任务描述、屏幕录制、检索时间控制和访谈，要求每位受试者依次完成 3 个检索任务，并把检索结果记录在 Word 文档中，每个检索任务限定在 20 分钟。实验结束后，对每位受试者进行约 10 分钟的访谈，访谈问题为："您日常生活中在什么情况下会利用健康类网站检索信息？"和"您认为网络健康信息是否容易理解、可信？"。

本实验的研究问题有两个：①老年人网络健康信息检索的行为倾向；②网络健康信息对老年人日常信息获取的影响。

3 基于检索过程的行为特点分析

3.1 检索工具选择行为分析

Huang Man 等把老年人网络健康信息检索策略总结为 4 种：内置搜索框检索、浏览器地址栏检索、搜索引擎检索、健康网站内检索，并认为检索策略在任务中呈现动态变化性[8]。本实验中用户使用的检索策略单一，都是通过搜索引擎进行检索。所有用户对检索工具的选择行为共 85 次，其中，有 80 次选择百度网页搜索、4 次选择百度问答搜索（百度知道）、1 次选择搜狗网页搜索，此外，老年人检索入口的转换很少，只有在百度问答搜索和百度网页搜索之间的变换以扩大或缩小检索范围。老年用户选择检索工具，都是平常熟悉的搜索引擎，说明定势心理在选择检索工具时起主要作用。

3.2 检索式构造行为分析

检索式能表明用户对检索任务最初的理解，而检索式重构可以揭示在信息检索过程中用户对任务和检索系统的认知变化。本实验老年人用户检索式构造行为共 89 次，包括直接输入检索式、从下拉列表中选取检索式和选取搜索引擎提供相关搜索词 3 种行为。此外，对实验受试者的检索式重构行为进行统计分析，共识别出重构行为 100 次。

3.2.1 检索式构造

老年人在检索式构造阶段的行为特点有：①构造检索式花费精力多（见表1），老年人构造的检索提问式平均长度为8.4个字，平均时间为2分2秒，即平均构造检索式速度为14.5秒/字。国内外研究表明用户倾向于构造较短的检索式，如马寒等的研究表明，用户在百度搜索引擎所构造的检索式汉字词汇平均长度为6.4个字[16]；Huang Man等研究显示，老年人在完成不同健康信息检索任务时检索式长度为2.1-4.3个字符[8]。本实验中老年用户构造检索式的平均长度比先前研究都长，花费精力多，笔者认为产生这样结果的原因有：老年人缺乏检索经验、检索能力较低、输入法不熟练和检索任务的类型不同等。②构造检索式跟随性强，表现为对搜索引擎和任务描述内容的依赖（见表2）。老年人用户构造检索式来源于系统提示的占37.1%，包括相关搜索和下拉列表提示，但选用搜索引擎提供的检索词，其检索结果出现广告推广网站概率大，易误导用户。此外，在检索式的语言构成中，自然语言使用77次，占86.52%，用户倾向于使用实验中任务描述的内容。韩毅认为对检索内容越熟悉、检索技能越高的用户在表达需求时更能使用其他语言形式[17]。本研究发现老年人由于对检索任务认知不明确、对自身检索能力不自信而倾向依赖其他渠道提供的检索提问式。③高级检索策略使用少。本实验检索式中逻辑检索使用只占5.6%，且只使用空格。这与邓小昭总结网络用户信息检索行为特点相符合，即用户一般只使用简单检索策略，只有极少数人能正确使用高级检索策略[18]。表

1　检索式长度和构造时间

统计项	检索式长度	构造检索式时间
最大值	20个字/字符	8分2秒
最小值	1个字/字符	14秒
平均值	8.4个字/字符	2分2秒

表2　检索式分析

检索式内容构成		检索式来源		检索式逻辑检索（空格）的使用
自然语言	词组	人工输入	系统提示	
77次	12次	56次	33次	5次

3.2.2 检索式重构

根据 S. Y. Rieh 和 Xie Hong 对网络信息检索行为中常见查询式重构类型的定义[19]，结合本文查询重构所包含的类型，笔者把检索式重构类型定义为以下3大类7个子类，并进行编码（对同一检索式重构行为分析时，可编码为两种及以上类型）。具体如表3所示：

表3　检索式重构类型编码

重构大类	子　类	编码	示　例
内容重构	缩检，调整提问式以缩小检索结果范围，通常用增加提问词或内涵更窄的词替换	S	癫痫病 更改为：癫痫发作时怎么办
	扩检，调整提问式以扩大检索结果范围，通常用减少提问词，或是用内涵更广的词替换	G	糖尿病怎么治疗最好 更改为：糖尿病
	同义词替换，用同义词替换先前的检索词	Y	dian xian bing 更改为：癫痫病
	平移，提问式含义上没有缩小或扩大，调整后提问词含义上有部分重叠，或反映不同侧面	P	癫痫病是怎么引起的 更改为：癫痫病急救措施
	跟随系统相关词，包括下面的相关搜索词提示词和输入框下拉表的相关提示词	R	高血压 更改为：高血压的治疗与饮食
语法和句法调整	术语调整，改变提问式的句法格式，包括词语前后位置的调整、中英文互换等	T	糖尿病在什么情况下必须注射胰岛素 更改为：糖尿病人需要注射胰岛素的情况
资源范围调整	来源范围限定，调整信息来源的范围，或限定网站的部分搜索领域	D	百度知道搜索 更改为：百度网页搜索

老年人用户的检索式重构行为不频繁，共100次，平均检索尝试次数为1.7次，这与 Huang Man 等的结论相符。其研究表明老年人进行网络健康信息查寻时，检索式重构的频次少，平均只有1.2次[8]（见表4），89%检索式构造行为只包含一次检索重构，多次重构行为随重构次数的增加而减少。一次检索式重构中，出现频次较多的依次是内容重构大类中的缩减、跟随系统词、同义词替换、平移。41%的检索重构都包含有内容缩减，表明老年受试者初次构造检索式往往范围过大，较为依赖搜索引擎，之后则通过缩小检索范围找到满意的答案；另外跟随系统检索重构类型比例较多，占31%，这是老年

180

人较为特殊的重构行为倾向。多次检索式重构行为中，出现频次最多的为逐步缩减，其他多次重构模式有缩减后平移、缩减后同义词替换、平移后缩减、同义词替换后缩减，多次重构行为都是在内容重构大类下的重构类型之间交互进行的，说明老年人在检索时通常是对检索式的内容和语义上进行调整，且在一次任务检索中出现大于 3 次重构的行为很少。

表 4　检索式重构类型分布

一次重构类型	频次	多次重构类型	频次
S	41	S – S	5
R	31	S – Y	1
Y	7	P – S	1
P	5	Y – S	1
G	2	S – S – S	1
D	2	Y – S – S – Y	1
T	1	S – S – P – Y – G – S	1

3.3　检索结果浏览行为分析

浏览是网络信息检索的关键行为。王庆稳等把网络信息浏览行为定义为：为满足已知或未知的信息需求，循超链接在不同节点间自由游移的目标导向或非目标导向的网上信息查寻行为[20]。本实验中检索任务是基于特定的问题，是目标导向性浏览行为。

老年受试者在检索网络健康信息过程中，共访问网页 200 次，平均每次任务检索查看 3.3 个网页。用户浏览最多的网站依次是：百度知道（40 次）、寻医问药（37 次）、39 健康网（21 次）、好大夫（17 次）、120ask（15 次）等。可以看出，老年人访问百度知道最为频繁，其次是健康类网站，此外，部分老年人也会被广告（如百度的医药推广类广告网站）、学术网站（如知乎网）等所吸引。除了百度知道，老年人还浏览了百度旗下的其他网站，如百度经验（5 次）、百度百科（2 次）、百度文库（1 次），可见老年人较容易受搜索引擎的牵制。

本实验用户点击搜索引擎返回的结果中，共点击网站 174 次，点击网页内链接次数为 37 次，占19.5%；其中所访问网站位于检索结果的第 1 页有 155 次，占 89.1%；一次任务检索中连续循着链接浏览最多达 5 个，这与其他学者的研究结果基本一致。邓小昭对一般网页检索进行研究，表明约 70%

的用户只查看了 Google 检索结果的首页，就每次检索行为而言，平均只查看 1.7 个网页[18]；Huang Man 等的研究表明老年人在检索网络健康信息时，查看的网页较少，平均查看 1.2 – 1.7 个网站[8]；P. G. Fairweather 认为老年人更加倾向于利用网页上包含的链接，因为链接与搜索引擎相比更加显而易见，复杂性低[21]；而韩毅研究表明，检索技能水平较低的用户会更倾向使用超链接来定位信息[17]。

研究发现，与一般网页检索研究相比，老年人用户在网络健康信息检索中不倾向于翻页浏览，大约 90% 的老年人只查看首页内容，且很少同时打开多个网页。老年人信息检索水平偏低，更愿意使用网页内提供的链接查找信息。

3.4　检索结果选择行为分析

检索结果选择行为指用户从目标网站中获取检索答案。老年受试者最终选择答案的行为共 82 次，笔者把网站按照内容类型和形式类型分为 4 种：综合类网站社区问答型、健康类网站社区问答型、一般健康类网站型、一般综合类网站型。老年人答案选择最多来自于综合类网站社区问答型，即百度知道；其次是健康信息网站问答社区，如寻医问药、39 健康、120ask 等。可以看出，老年人倾向选择问答类网站获取检索答案。

笔者进一步对老年人选择答案来源网站在检索结果列表中的深度进行了统计，可以看出一般老年用户选择搜索引擎检索结果列表的前 5 个网站，即位于检索结果网页的上部；选择排名第 1 的网站最多，占 20.7%；最大深度为 11，即一般搜索引擎检索结果第 2 页的第一个。可见，老年人对搜索引擎的结果排序非常信任和依赖。如图 1 所示：

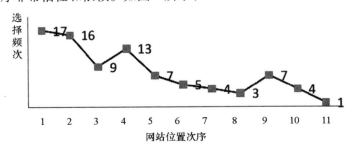

图 1　检索结果选择深度

4 检索行为模式分析

4.1 检索过程的时间分布

P. G. Fairweather 认为老年人在使用网络过程中，倾向于更加缓慢地一页一页地浏览网页，花费更多的时间来完成任务，多次重复地访问一个网页，花费更多的时间选择目标链接，而这些差异和他们生理状况和认知能力的减退是保持一致的[21]。为分析老年人在网络检索中花费时间的分布，本实验统计了每一检索任务平均所用总时间以及检索式构造时间、检索结果浏览时间、网页内浏览时间、结果编辑时间 4 个检索阶段用时，其他阶段时间如系统或受试者的反应时间等没有记录在内。

实验要求检索任务在 20 分钟内完成，从表 5 可以看出，老年受试者每一检索任务平均用时 11 分 42 秒，在构造检索式上花费时间最多，平均为 2 分 2 秒，比其他 3 个阶段长 1 倍多，说明老年人在网络健康信息检索过程中，检索式的构造占用精力较大。受试者对搜索引擎返回的检索结果浏览时间比对网页内容的浏览时间平均短 21 秒，说明在判断网站与任务的相关性和确定点击哪个网站时用户花费时间相对较少；而在点击进入网页后则较为缓慢地浏览，以判断其内容与检索目标的相关性，说明老年人不太注重对检索结果的判断和筛选，倾向尝试性浏览。此外，由于部分用户计算机技能缺乏，对所选信息编辑花费时间较长。

表 5　检索时间分布

统计项	总用时	构造检索式用时	检索结果浏览用时	网页内浏览用时	结果编辑用时
平均时长	11 分 42 秒	2 分 2 秒	40 秒	1 分 1 秒	1 分 2 秒

4.2 高频检索行为模式

根据对老年人用户检索网络健康信息行为的记录分析，笔者将检索过程分为 4 个阶段、14 种行为并编码，见表 6。将用户的一次任务检索过程按操作顺序编码为一个行为序列，则共有 60 个序列，通过对 60 个行为序列的统计分析发现，老年人用户在信息检索中表现出 3 种明显的检索行为模式倾向，即首页/重选网页模式、跟随链接模式、重构检索式模式。在一次任务检索中，检索模式并不是单一存在，具有动态变换性。

表6 检索行为编码

类别	检索行为操作描述	行为编码
搜索引擎行为	初始检索入口	SO
	更换检索入口	SC
提问请求行为	初始检索提问式	QO
	重构检索提问式	QC
检索结果处理行为	检索结果浏览	RS
	点击进入网页	WC
	浏览网页内容	WS
	点击网页内超链接	HC
	返回初始检索结果页面	ISR
	重复点击网页	WD
	退回上一个网页	WR
	检索结果集翻页	IRT
相关判断行为	选择结果	CV
	关闭网页	DL

4.2.1 首页/重选网页模式

这种检索模式的行为编码序列为/ISR/RS/WC/，出现最为频繁，共65次。当搜索引擎返回检索结果后，用户会较为迅速地进入一个网页内浏览，如果没有与任务相关的答案，再回到初次检索结果页面，继续浏览，进入下一相关网页判断其内容，直到找到合适的答案。在一次任务检索中最多重复出现/ISR/RS/WC/序列为6次，出现1次该序列的有12次任务检索，多数用户会利用此模式查找信息。

4.2.2 跟随链接模式

目前我国知名医疗健康信息网站大都包含问答形式的信息（如寻医问药等），网页内会有类似问题的超链接内容，使得老年人在查找时容易被链接吸引。跟随链接型检索模式的行为编码序列为/HC/WS/，共出现31次。用户进入网页后开始浏览，当看到与任务相关疾病提问超链接就会点击进入链接网页进行浏览，其中有2次任务检索中重复出现/HC/WS/序列模式5次。研究发现，这类用户通常检索经验不足，较为依赖搜索引擎的功能，而超链接的直观易操作性可免去重新选择网页或构造检索式的"麻烦"。

184

4.2.3　更换检索式模式

这种检索模式的行为编码序列为/QC/RS/WC/，共出现 28 次，用户浏览搜索引擎返回结果首页的网页名称和摘要，若判断返回的结果与任务问题无太大相关性，或浏览几个网页内容后发现与任务不相关，就更换检索提问式，重新检索，直到找到符合要求的答案。在一次任务检索中出现/QC/RS/WC/序列模式最多有 5 次。检索式重构是一般网页搜索中常用的检索方法，但老年人由于构造检索式花费精力大，不是特别倾向选择这种检索方式。

这 3 种模式是老年人网络健康信息检索过程最常见的方式，其他还有翻页、更换检索入口等方式。翻页模式的行为编码序列为/IRT/RS/，共出现 16 次，由于首页内容一般是最为相关内容或易被翻页上方"相关搜索"吸引，老年用户不常翻页查找信息，只有极少受试者会不断翻页，一次任务检索中重复/IRT/RS/序列最多达 6 次，到第 10 页。此外，研究发现老年人用户倾向于采用与浏览相关的行为模式，/RS/和/WS/出现次数为 239 次，占检索行为（不包括相关判断行为）的 30.2%。

4.3　检索失败行为

国外相关研究认为老年人信息检索能力相对表现较差，本文分析了导致其检索行为失败的原因，为制定提高老年人检索能力的措施提供参考。笔者请健康领域专家对 20 位实验受试者的 60 次检索结果以百分制进行评价，把低于 60 分看作检索失败行为，共有 9 次检索失败，占 15%。通过对检索失败行为录屏资料的统计和分析，发现老年人检索失败原因依次有：①任务认知不明确。部分用户对于检索任务内容或要求不理解，检索式构造偏离目标而无法找到信息，或是查找的答案不符合任务要求。②网络知识缺乏。一些用户对网站相关概念不清楚，缺乏对其质量的判断，不能识别出推广类广告网站等。③计算机技能低。部分老年人无法熟练使用输入法等功能花费大量时间。④检索策略缺乏变化。这类用户通常会不断重复已失败的检索模式，如一位用户在构造一个检索范围过大的提问式后，就开始漫长浏览，不断翻页，仅在大河网内浏览时间约 3 分钟。

老年人的信息检索行为的每一个过程都依赖于他们已有的知识结构和认知能力，而且认知能力随着年龄的增加而衰退。A. J. Stronge 等研究表明，当老年人查寻信息遇到困难的时候，具备领域专业知识和网络检索策略知识可以选择更有效的关键词和检索策略检索，完成检索任务[11]。从本实验的分析中，可以看出，认知能力、知识和经验是影响老年人网络健康信息检索成功的主要因素。因此，可从网络检索知识的教授、提高认知能力等方面提高老年人检索能力，使其更有效地利用网络健康信息。

5 讨 论

5.1 老年人网络健康信息检索行为倾向

笔者在第 3 节对老年人网络健康信息检索 4 个阶段的行为特征进行了具体分析，在第 4 节分析了老年人在查找网络健康信息时常用的检索模式：首页/重选网页模式、跟随链接模式、重构检索式模式；研究发现在整个检索过程中，老年人用户表现出明显的依赖性和定势性。①由于老年人网络搜索经验缺乏和认知能力减退，使其对自身网络检索能力不自信，表现出对搜索引擎的相当依赖。如在构造检索式时，跟随系统提示的下拉列表选择检索式或是网页下的相关搜索；在信息浏览和选择过程中，基本只看排序靠前的网页；容易被相关搜索链接吸引等。因此，搜索引擎返回结果首页网站信息质量对于老年人能否正确快速找到健康信息十分重要；同时搜索引擎应为老年人提供便于构造检索式的措施，如关键词相关提示、下拉列表提示等。此外，部分受试者经常询问实验指导人员，独立检索能力不够，表达检索需求时较为依赖检索任务的描述内容。②检索行为受思维定势影响。老年受试者在检索工具的选择时会倾向选择自己平常习惯的搜索引擎，一般很少变换；选择浏览网站时也会受到日常搜索经验的偏好影响等，最倾向访问百度知道。

5.2 网络健康信息对老年人日常信息获取的影响

本文从网络信息角度出发，探讨网络健康信息对老年人检索行为的影响，通过对用户访谈内容分析，研究发现：健康状况、网络熟悉程度和网络健康信息的可信度是老年人日常利用网络获取健康信息时考虑的主要因素。

本实验中，身体状况良好的老年人用户不主动查找健康信息，只有当出现健康问题时才会查找网络健康信息，而身体状况不好的用户对健康信息较为关注。其中，对网络熟悉度高的用户会主动查找疾病信息、浏览健康类网站，网络熟悉度低的用户则通过其他渠道获取信息，如一位受试者说到"我想要上网查寻健康信息，但是计算机知识的缺乏使上网不是很方便"。

老年人认为网络健康信息易于理解，但对其可信性持怀疑态度。对于网络健康信息的可信性和可理解性，40% 的用户表示非常容易理解，60% 用户则认为比较容易，对于专业的病理知识不太理解。85% 的用户认为网络健康信息可信度不确定，但具有参考价值，其中一位受试者说到"大的网站如有些医院发布的健康信息还是比较可信，但有些广告网站或信息还要仔细分辨，不好的东西就不采用"；但也有 3 名用户认为网络健康信息是完全可信，如一位受试者说到"我对网络信息很相信，包括吃药的控制、身体锻炼等，认为不是诈骗信息，是医生的建议"。

Xie Bo 等认为获取高质量健康信息是老年人制定健康决策至关重要的因素[13]；而 M. D. Slater 和 D. E. Zimmerman 研究了 5 个不同的网络搜索引擎，发现高达 43% 的搜索结果都没有科学的证据，还可能有无科学依据的医疗产品销售[22]；高琴对 16 个中文健康信息网站进行评估，发现目前中文健康信息网站基本可认为处于一般水平或接近良好，网上健康信息质量良莠不齐，用户需谨慎利用网络医疗健康信息[23]。目前，网络健康信息缺乏一定质量评价和控制，我国缺乏权威的医疗健康网站及部分老年人对网络健康信息认知不正确，对于老年人利用网络健康信息十分不利。

6 结 语

本研究进行了老年人网络健康信息检索实验，分析了健康情境下老年人网络信息检索中各个阶段的行特点和常见的检索行为模式，并揭示了老年人日常利用网络获取健康信息时考虑的主要因素。后续的研究将关注老年人网络健康信息搜寻行为影响因素分析及其模型的构建，探究有效提升老年人利用网络健康信息的措施。

参考文献：

［1］ 中国互联网络信息中心. 第 32 次中国互联网络发展状况统计报告－网民规模与结构特征［OL］. ［2013－10－05］. http：//tech. hexun. com/2013－07－17/156236562. html.

［2］ Williamson K. Older adults：Information, communication and telecommunications［D］. Melbourne：Royal Melbourne Institute of Technology，1995.

［3］ Palsdottir A. Elderly peoples' information behavior：Accepting support from relative［J］. Libri，2012，62（2）：135－144.

［4］ Chatman E. Channels to a larger social world：Older women staying in touch with the great society［J］. Library & Information Science Research，1991，42（6）：438－449.

［5］ Chatman E. The information world of retired women［M］. Westport：Greenwood Press，1992.

［6］ Williamson K. Discovered by chance：The role of incidental learning acquisition in an ecological model of information use［J］. Library & Information Science Research，1998，20（1）：23－40.

［7］ Gollop C J. Health information seeking behavior and older african american women［J］. Bull Medicine Library Association，1997，85（2）：141－146.

［8］ Huang Man, Hansen D, Xie Bo. Older adults' online health information seeking behavior ［C］//Proceedings of the 2012 iConference. New York：ACM, 2012.

［9］ Hanson V L. Influencing technology adoption by older adults ［J］. Interacting with Computers, 2010, 22 (6)：502 – 509.

［10］ Chin J. Adaptive information search：Age-dependent interactions between cognitive profiles and strategies ［C］//Proceedings of the SIGCHI Conference on Human Factors in Computing Systems. New York：ACM, 2009.

［11］ Stronge A J, Rogers W A, Fisk A D. Web-based information search and retrieval：Effects of strategy use and age on search success ［J］. Human Factors, 2006, 48 (3)：434 – 446.

［12］ Sharit J, Hern'anez M A, Czaja S J, et al. Investigating the roles of knowledge and cognitive abilities in older adult information seeking on the Web ［J］. ACM Transactions on Computer-Human Interaction, 2008, 15 (1)：1 – 25.

［13］ Xie Bo, Bugg J M. Public library computer training for older adults to access high-quality internet health information ［J］. Library & Information Science Research, 2009, 31 (3)：155 – 162.

［14］ 郑钊权. 老年人的网络健康信息需求研究 ［J］. 内蒙古科技与经济, 2010 (12)：55 – 56.

［15］ 戴艳清. 社区图书馆为老年人提供健康信息服务初探 ［J］. 图书馆论坛, 2011, 31 (4)：138 – 140, 146.

［16］ 马寒, 冯锦玲. 中文搜索引擎用户检索式特征探析 ［J］. 情报学报, 2005, 24 (6)：718 – 722.

［17］ 韩毅. 用户网络信息检索的实验研究 ［D］. 重庆：西南大学计算机与信息科学学院, 2007.

［18］ 邓小昭. 因特网用户信息检索与浏览行为研究 ［J］. 情报学报, 2003, 22 (6)：653 – 658.

［19］ Rieh S Y, Xie Hong. Analysis of multiple query reformulations on the Web：The interactive information retrieval context ［J］. Information Processing and Management, 2006, 42 (3)：751 – 768.

［20］ 王庆稳, 邓小昭. 网络用户信息浏览行为研究 ［J］. 图书馆理论与实践, 2009 (2)：55 – 58.

［21］ Fairweather P G. How older and younger adults differ in their approach to problem solving on a complex Website ［C］//Proceedings of the 10th International ACM SIGACCESS Conference on Computers and Accessibility. New York：ACM, 2008.

［22］ Slater M D, Zimmerman D E. Characteristics of health-related Web sites identified by common internetportals ［J］. The Journal of the American Medical Association, 2002, 288 (3)：316.

[23 高琴. 中文健康信息网站的评价［J］. 中华医学图书情报杂志, 2010, 19（2）: 40 –
    44.

作者简介

吴丹，武汉大学信息管理学院副教授，博士，E-mail：woodan @
whu. educn；

李一喆，武汉大学信息管理学院硕士研究生。

189

服 务 篇

大学生信息行为调查分析与信息服务对策

1 引言

随着信息技术的飞速发展和大数据时代的到来，各种类型的数据信息通过互联网的应用已经扩展到电信、IT乃至金融、证券、保险、航空、酒店服务等各行各业，以至于每个人都已成为信息的参与者、贡献者和受益者，人和事物无一例外地都在成为信息的生成者。各国政府相继公开政务信息，以满足无所不在的以开放创新和协同创新为特点的创新2.0时代的生产、工作、生活方式需求。2012年3月29日，奥巴马政府公布了美国继高速网络和超级计算中心之后的另一个重大科技项目——"大数据研发计划"，该项目投资2亿美元，其目标在于提升当前人们从海量和复杂的数据中获取知识的能力[1]。在十二届全国人大三次会议上，李克强总理在政府工作报告中首次提出的"互联网＋"实际上是创新2.0下互联网发展的新形态、新业态，是知识社会创新2.0推动下的互联网形态演进，"大众创业、万众创新""互联网＋"模式，从全面应用到第三产业，形成了诸如互联网金融、互联网交通、互联网医疗、互联网教育等新业态[2]，引领了创新驱动发展的"新常态"[3]。当代大学生能否有效掌握和运用各类数字资源，最大限度地发挥其信息发现与利用能力将成为其成长的关键。因此，分析当代大学生的信息行为，提出面向当代大学生开展信息服务的对策与方法，将有助于高等教育机构开展信息素质教育，迎接大数据时代的挑战[4]。

2 大学生信息行为现状调查与分析

2.1 调查问卷设计与调查对象选取

为了解目前高校学生的信息需求和信息获取能力，笔者针对大学生学习中关注的信息资源、信息获取方式、资源利用需求以及信息的重要性、真伪性、权威性、时效性判别等方面，设计了15个问题，并于2015年2月向西安电子科技大学、西安外国语大学和西安电子科技大学长安学院的信息技术、电子技术和英语专业的学生发放了问卷。此问卷既面向高校的"一本""二本"和"三本"3个等级，又包含了文科、理工科的不同专业方向。共发放问卷441份，收回410份。

2.2 问卷调查统计结果及分析

2.2.1 信息素质概念了解程度及学科信息利用方式分析

"信息素质"的概念由美国信息化协会主席 P. Zurkowski 首次提出并将其定义为"利用大量的信息工具及主要信息源使问题得到解答的技术和技能"[5]。图1的统计数据表明，在收回的410份有效问卷中，对于信息素质的概念，知道者有65人（约占16%），不知道者有295人（约占72%），听说过者有50人（约占12%）。

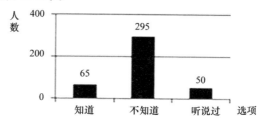

图1 "是否知道什么是'信息素质'"（单选）统计结果

图2的统计数据表明，大学生对所学专业领域的期刊或数据资源不知道和听说过的人数合计299人（约占73%），知道的人数为100人（约占24%），看过本专业期刊或数据资源信息的人数为42人（约占10%）。

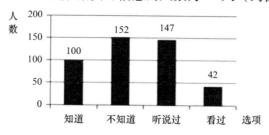

图2 "是否知道本专业期刊或数据资源"（多选）统计结果

由此可见，高校学生对于信息素质基本概念和利用期刊与数据资源获得专业知识的方法了解甚少，所以，迫切需要加强对大学生进行信息素质教育，提高其发现信息的能力和处理信息的技能。

194

2.2.2 大学生对信息关注度分析

图3给出的学生关注信息类型的调查结果显示，对新闻类、知识类和科普类型信息关注的学生人数位居前三，分别是243人（约占59%）、237人（约占58%）和197人（约占48%），而对科研类信息关注的人仅有117人（约占28.5%）。由此表明大学生对科学研究方面的信息素质尚未给予应有的关注。作为当代大学生，其科学研究能力将是不可或缺的基本技能，因此，高校必须加强面向科学研究的信息素质培训。

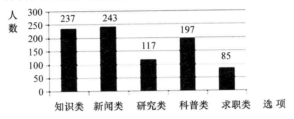

图3 "常常关注的信息类型"（多选）统计结果

图4 – 图6的统计数据显示，高校学生（234人，约占57%）清楚地知道文献资料对日常学习具有较大的帮助作用，并有近50%的学生知道求助学术论文获取知识，并有近50%的学生想方设法获取全文，这些都表明学生对信息利用有较高的认知度，对专业文献有较强的获取愿望。

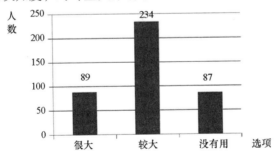

图4 "文献资料对日常学习的帮助"（单选）统计结果

图7的统计数据表明，大学生在利用信息的过程中，对信息的可信性、有效性、准确性、权威性和时效性的关注度均较高。

图3和图7的统计数据表明，高校大学生对各类信息不仅有强烈的需求，同时也关注信息质量并加以高效利用，但遗憾的是，他们并不知此举即为一个人"信息素质"能力的体现，因此有必要加强信息素质教育的引导作用，

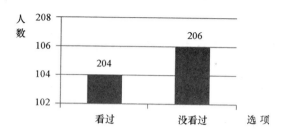

图 5 "学习中遇到专业上的问题是否看论文"（单选）
统计结果

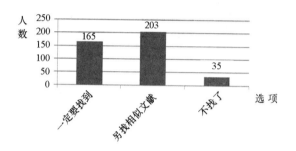

图 6 "找全文的想法"（单选）统计结果

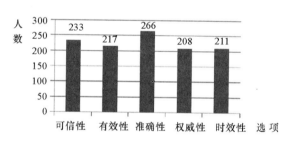

图 7 "利用信息的关注点"（多选）统计结果

帮助他们在理解概念的同时进一步提升信息素质能力。

2.2.3 常用信息获取方式及需求分析

图 8 的数据显示，被调研的学生中，有 355 人（约占 86.6%）表示获取信息的主要途径是通过百度或谷歌进行搜索。当需要查找参考资料时，如图 9 所示，想到去图书馆查询的有 189 人，从数据资源库查找论文的有 105 人，上网搜索论文的却有 232 人（约占 56.6%）之多。虽然上网搜索的人相对较多，但利用网络数据库进行论文查找的仅有约 25.6%，说明高校学生信息获

取方式单一，大多是借助搜索引擎，且很少专业数据库，从而导致高校购买的专业数据库资源利用的性价比较低。

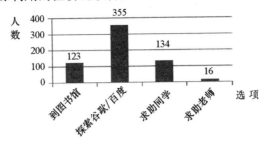

图8 "日常学习遇到不懂的问题时"（多选）统计结果

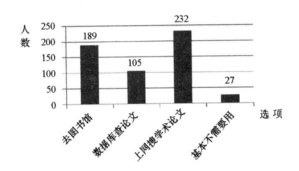

图9 "日常学习需要参考资料时"（多选）统计结果

2.2.4 常用资源类型及查找方式分析

图10－图13的数据表明，高校学生使用最多的还是图书类文献，其中使用中文图书的有335人（约占82%），使用外文图书的有105人（约占25%），使用中文期刊杂志的有143人（约占35%），使用外文期刊杂志的有31人（约占8%）。由图11可知，学生常用中文数据库为中国知网、万方数据库和维普数据库，但仍有170人（约占41%）从未用过网络数据资源，同时，有120人会关注或利用百度查找文献，如图12所示。

另外，由图13可见，学生查找资料的手段主要有按主题词检索（325人，约占79%）、按期刊名称检索（132人，约占32%）、按作者姓名检索（123人，约占30%）等。由此可见，高校缺乏对学生检索技能的引导和培训。

2.3 大学生信息行为现状分析

问卷调查统计结果显示：大学生对信息价值有较高的认知度，并希望高

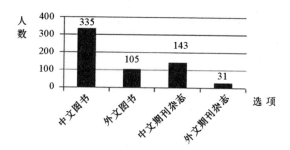

图 10 "使用图书期刊"（多选）统计结果

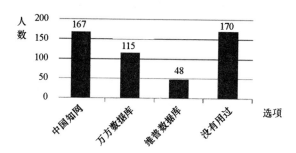

图 11 "中文数据库使用"（多选）统计结果

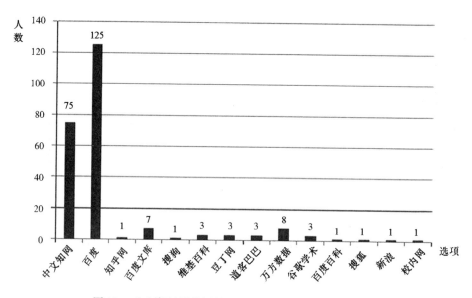

图 12 "查资料最常用的网站"（个人填写）统计结果

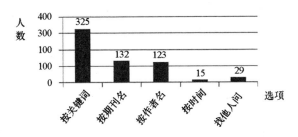

图 13   "查文献常用检索手段"（多选）统计结果

效、准确和快速地获取可信及权威性专业信息。但由于大学生的信息素质能力不足，信息发现与利用的基本技能尚有欠缺，遇到信息需求问题时，除首选互联网借助搜索引擎获取信息外，很少利用专业数据库中的数据信息，导致信息利用过程中存在检索信息的盲目性、信息获取方式的单一性、对互联网模式的依赖性、跟踪发现信息的未知性、深度挖掘信息的畏难性及分析工具利用的缺失性等问题。因此，培养高素质、创新性人才需要从培养学生的信息能力入手，需要研究提升学生信息技能的服务方法和对策，从而解决大学生信息获取时的盲目性和对互联网模式的依赖性问题。

3   大学生对信息源和信息服务的需求

3.1   基本信息源需求

基本信息是指大学课程信息、科普信息、数字资源信息、人文教育信息以及就业指导信息等，这些信息的教育构成了大学生信息素质教育的基础。设置并提供基本信息获取环境，是信息素质教育的基本保障。主要包括：

3.1.1   课程信息源需求

常见的课程信息包括相关书籍、辅导资料、网络课程资源检索与阅读。然而，一款由学生开发的名为"超级课程表"的手机 APP 应用工具的出现，让我们看到了除查找课程相关资料以外的信息素质技能的应用展示。"超级课程表"自 2011 年第一个版本发布到 2014 年年底，"其应用已覆盖全国 3 000多所大学，拥有 1 500 多万注册用户，在中国的各个院校风靡流行，大学生对课程信息的需求愿望可见一斑。学生一族可以直接在上面看到自己未来一天或几周的课程安排，可以浏览学校其他学院的课程安排，还可以根据自己的兴趣选择"蹭课"，这些对自己的信息素质的提高有极大的帮助。

3.1.2   科普信息源需求

大学科普的基本任务在于不仅要培养大学生对未知领域的好奇心和探索

激情，同时也要提升大学生的综合科学素质，拓展学生的视野，提高其信息素质。如果说专业教育是要把大学生培养为"专家"，那么科普则是要把大学生培养为"通才"。因此，科普信息构成了大学生信息素质教育的重要组成部分。

3.1.3 数据信息源需求

信息素质教育的最直观体现是在数据资源信息处理能力上。主要包括信息获取能力、信息处理能力、信息利用能力和信息交流与创新能力。对高素质的人才而言，信息能力已经成为整体能力和综合素质的重要组成部分[6]。这些能力具体表现为[7]：①能够明确地表达信息需求。即分析信息需求、理解信息需求并加以明确地表达。②能够快速地检索信息。即了解各种信息源，运用科学的方法，采用专门的工具，从大量信息、文献中迅速、准确地获取所需信息[8]。③能够正确评价信息。即在获取大量信息的基础上，能准确地进行分析、判断，评价其可靠性、有效性、准确性、权威性和时效性[9]。④能够综合信息。即能从信息中提取主要观点和思想，并加以综合，形成新的观点。⑤能够交流信息。即能够选择有效的方式进行交流。

3.1.4 人文教育信息源需求

郑建明、孙建军等主张，"信息素质是属于人文素质的一部分，是人文社会的信息知识、信息意识，经过教育、环境因素的影响等，所形成的一种稳定的、基本的、内在的个性心理品质，它有明显的外在表现"[10-11]。信息素养不仅是衡量个体综合素质的重要指标，还是信息社会个人生存技能的体现，已成为现代社会成员生存和发展的必备素质[12]。

3.1.5 就业信息源需求

就业信息素质包括三方面内涵：一是毕业生在获取就业相关信息时，应当具有明确的就业信息意识，了解就业信息需求的相关问题，发现潜在的就业信息源，并制定相关的就业信息策略，从而获取各种与就业相关的信息；二是在获取就业信息后具有一定的信息分析、鉴别、处理和利用的能力；三是具有就业信息道德，在就业信息需求活动中，坚持真实性、时效性、共享性的原则，具有遵守有关信息活动的道德规范和法律法规的自觉性[13]。

3.2 知识追踪服务需求

信息素质与学习能力是密切相关的，是终身学习的必备素质。应培养大学生学会从浩瀚的文献信息中找出符合需要的知识的能力，增强学生消化、吸收和利用信息知识的能力，扩展学生的知识面，更新学生的知识结构，使他们在今后的工作中能够把握科技发展的脉搏，用超前的眼光开拓新课题，进行真正意义上的创新研究。包括：①追踪领域专家的研究工作的功能：提供追踪一个完整而准确的专家已发表文献的集合，跟踪研究领域专家及其研究方向，方便学生高效利用专家文献信息；②追踪基于学科主题高质量文献选读功能：提供基于学科专业研究主题的相关文献，并提供按该主题下领域研究的发展历史、进展和趋势，依据主题相关性、期刊影响因子、作者 H 指数、文献被引频次及最新文献等指标，辅助学生选读高质量文献；③追踪学科专业相关的研究机构之科研产出信息的功能：提供跟踪科研机构最新科技论文查找及方便阅读的服务功能，并提供文献相关主题的学科分布、发文趋势分布、文献收录情况、科技论文引用情况等统计信息，方便学生了解机构科研产出情况；④追踪学科专业相关出版物信息的功能：提供出版物的投稿文献的录用比例、出版频率、出版物刊出的文章被收录情况、刊物的影响因子等信息，并跟踪其变化，指导学生选择发文刊物。

知识追踪服务，不仅能辅助学生高效、便捷地使用信息资源，更重要的是在这些功能的应用中引导学生学会发现、整合和利用知识的技能。

3.3 信息服务工具需求

高校信息素质教育，离不开课程设置和基于信息服务平台检索以及信息服务领域机构的专业指导。高校图书馆作为以信息网络化和资源共享为特征的全新信息服务机构，承担着对大学生进行信息素质教育的义务和职责。然而，大学生的信息素质水平的提高，并非"一朝一夕"可以完成，需要从基础的信息素质教育平台建设做起，同时，还需要把平台建设成大学生信息活动的承载体，使其在信息素质教育中发挥支撑、引导和提升学生信息素质能力的重要作用。因此，在加强大学生信息素质教育工作中，借助于图书馆服务和基础平台提供服务显得尤为重要。

3.3.1 在线平台建设需求

目前分散式的信息服务，已不能完全有效地满足大学生一体化的信息需求，只有集成化的信息服务，才能满足未来发展的需要，建立具有信息资源实时获取和实时跟踪等特点的一站式的信息素质教育平台模式，可为大学生提供及时而准确的信息资源，满足其迫切的资源服务需求。

3.3.2 实时获取信息的环境建设需求

数字环境下的图书馆的集成信息服务功能充分考虑了现代信息用户的需求特点，以数字化的信息资源管理为出发点，整合各类网上数据资源及各种服务功能，包括一次性用户认证、检索服务、数据下载、在线参考咨询、在线培训、网上出版、推送服务、馆际互借与文献传递、信息发布、电子商务等，全面支持各类信息实时检索与实时获取，这种强调对信息资源进行规范的利用与管理，从而充分体现了图书馆一体化的服务特征的模式，可引导学生提升信息素质能力。

3.3.3 实时跟踪信息的环境建设需求

利用一站式的图书馆信息服务还需要针对具体用户个人的特殊需求、特定心理等特征来进行，即支持个性化需求。如为读者提供长期、定向、准确的专题信息服务，这样，当读者向图书馆提出一个课题咨询后，便能定期获得图书馆提供的相关信息，而不用不断地重复咨询和检索。在对用户行为进行分析的基础上，应掌握用户的基本情况和信息需求特点，比如专业领域、研究方向等，做好个性化服务的设计准备。再通过学科馆员与用户的交流（包括直接交流和网络交流）制定出合理、有效的追踪服务方案，保证个性化服务的质量，达到个性化追踪服务的目的。这种在服务实施过程中始终体现个性化的特点，随时根据用户需求的变化，改善追踪服务方案，定时、自动地为其提供新颖、高效的信息资源、信息查询工具的做法，不仅在理念上，而且在方法上也能潜移默化地达到提升大学生信息素质的目的。

4　信息服务对策

针对大学生信息行为和信息服务需求，笔者提出了以信息素质教育内容为主线、以面向其科学研究方向为重点、以支撑工具作为信息服务手段的多信息资源和多服务模式整合的信息服务对策，为大学生提供多资源整合和多服务定制的信息服务。

4.1　多资源整合与利用的信息服务模式

为解决学生利用信息资源的单一性问题，设计如图 14 所示的嵌入多数据源和多种检索模式的嵌入式信息服务模式，以满足高校学生高效利用数据资源学习专业课程和了解科普信息、人文教育信息、就业指导信息的需求，帮助高校学生整合多数据资源，挖掘所学专业知识，提高大学生基本信息素质能力。

其中，根据学生关注的信息类型，筛选出优秀的信息资源，组成信息资源层；技术服务人员研发对底层信息进行信息采集、整合和检索服务的多种检索工具（包括对单数据源、同类数据源和异构数据源等进行检索的工具），满足学生对其所关注信息的检索需求。除此之外，该模式还可培养学生学会发现信息和整合信息的方法，为提高信息素质能力奠定基础。

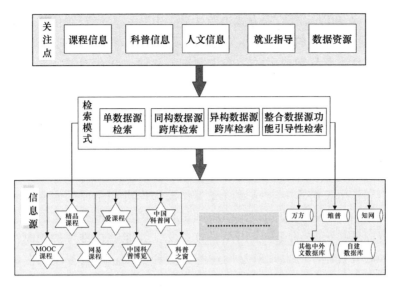

图 14　嵌入式信息服务模式

4.2　嵌入科研过程的知识组织与服务的定制服务模式

文献[16]为笔者曾经研究的知识组织与知识服务方法，该方法将科研过程划分为选题、科研、成果 3 个主要阶段。其中，在选题阶段，科研人员普遍需要全面了解相关选题的国内外研究现状、发展趋势，借助检索工具进一步确定领域关键词、代表专家、代表机构等，查阅与课题相关的文献、综述，确定研究领域，发现对当前研究有价值的思路；在科研阶段，科研人员希望能够跟踪领域内权威专家、机构，掌握领域发展动向和课题研究进展，获取代表学科高水平和发展方向的高质量文献资料，了解学科前沿最新进展与动态；在成果阶段，科研人员需要确定在哪些期刊、会议上发表相关学术成果，成果发表后需要查看其被收录、引用的情况。依据上述每个阶段的不同信息需求，设计重组数据库的分析功能并按功能应用导航的知识组织与服务模式，对中文数据资源的功能进行拆分与重组并嵌入科研过程中，提供嵌入科研过程的知识组织与知识服务方法，为大学生推荐相关的数据资源，使其尽早了解科研活动的重要过程和信息需求，并学会如何高效、便捷地使用数据资源，达到支持信息素质教育的目的。

4.3　满足个性化定制的信息服务模式

个性化定制服务模式包括主题定制和专家定制，主要提供个人关注内容的定制服务，包括定制"我的专家"和"我的主题"两项服务，并可自动更新专家信息[17]和以实时检索方式追踪主题。其中，专家定制依据专家姓名和发文署名单位进行存储，并在相关的数据源中，对专家发表的文章进行检索；主题定制将学生感兴趣或者关注的主题进行存储，并在相关数据源中按主题进行检索。将上述两者的检索结果集中呈现在个人的个性化空间中，其目的在于帮助学生跟踪主题及领域专家，为学生提供一个可以定制主题和定制专家的个性化跟踪学科专业的发展及研究情况的管理工具，以培养学生有目标和有计划地关注自己所学专业的研究动向。

4.4 满足知识组织与推送的服务模式

为引导学生了解本专业领域研究工作的知识点和重要的专家学者，需从本科教育开始，通过构建知识组织与知识推送的服务模式，定时、定期地为学生推荐领域知识和领域专家以及科技论文，并能够在推荐的同时，让学生通过这种服务机制学会发现科学问题的方法和手段。该服务模式设计以收集特定领域专家的文献记录为目标，使用"作者＋署名单位"方式从最常用的数据源定制跟踪专家信息，通过相同作者去重、相近作者去伪及知识主题集成的方式，实现基于领域专家的学科知识链[18]，以帮助大学生了解所关注的专家或导师的科研进展、取得的成就以及研究方向。

4.5 辅助选取与推送高质量科技文献的服务模式

调查问卷统计结果表明，大学生以依赖互联网检索（如百度、谷歌等）为主要手段，然后从检索结果中大海捞针般地寻找自己需要的信息。这种方式不仅效率低，更重要的是当学生需要专业文献信息时相关数据不多，要找出高质量文献，困难巨大。而必须依赖专业数据库查找高质量文献资源，必须根据文献主题的相关性、期刊影响因子、作者 H 指数、文献被引频次及文献新颖性等诸多评价指标的综合信息判别高质量文献，对大学生的信息素质能力要求较高。

为帮助学生提高文献查找效率，需构建选取与推送高质量科技文献服务模式，该模式按照主题在指定数据库中进行相关文献检索，并对一定相关度范围内检索到的文献，计算其作者 H 指数，并按照用户的需求，分别从相关性、被引频次、期刊影响因子以及作者 H 指数方面进行高质量文献推荐。此服务模式若能应用于高校，不仅能提高学生查找专业文献的效率，更能通过高质量文献指标的应用，帮助学生提高判别优质科技文献的信息素质能力。

5 结论

在收获与利用大数据的信息时代，具备对数据的敏感性并具备对数据的收集能力、数据分析与处理能力、数据的判断与利用能力以及知识获取能力是有效发现、利用、获取与整合数据信息的基本技能，这种技能也将成为个人在现代社会的基本生存手段和必要技能。因此，高校作为国家教育机构，有责任为国家培养具备高信息素质能力的人才。本文通过问卷调查，了解高校学生信息行为，发现学生利用信息过程中存在的问题，探索多视角、多模式的信息服务对策，为提升学生信息素质能力奠定基础。若通过构建信息服务平台的方式，将上述服务模式集成运用于其中，将会使大学生在感受信息服务的同时，达到提升信息素质技能的目的。

参考文献：

［1］ CIO 时代网．大数据正在撬动世界经济的神经［EB/OL］．［2015 - 02 - 25］．http：//www. ciotimes. com/bi/sjck/64408. html.

［2］ 人民网 - 科技频道．学者热议李克强的"互联网 +"概念［EB/OL］．［2015 - 03 - 06］．http：//news. xinhuanet. com/info/2015 - 03/06/c_ 134042655. htm.

［3］ 中国报告大厅．互联网 + 行动计划分析：产业互联网的机遇和痛点［EB/OL］．［2015 - 03 - 06］．http：//www. chinabgao. com/freereport/65210. html.

［4］ 宋雪清，刘雨．大数据：信息技术与信息管理的一次改革［J］．情报科学，2014，32（9）：14 - 17，39.

［5］ Zurkowaski P. The information service environment relationships and priorities［M］. Washington，D. C：National Commission on Libraries and Information Services，1974.

［6］ 王东升，卢克建．论大学生的信息能力教育［J］．现代图书情报技术，2002（S1）：139 - 140.

［7］ 于树胜．大学生信息素质标准及其评价研究［D］．保定：河北大学，2005.

［8］ 符礼平．信息素质教育［D］．上海：华东师范大学，2003.

［9］ 周晓辉．柳州地区本科生信息素质培养［D］．上海：华东师范大学，2007.

［10］ 陆美，孙建军，邹志仁，等．开展大学生信息素质教育活动的几点思考［J］．江苏图书馆学报，1999（4）：36 - 39.

［11］ 孙建军，郑建明，成颖，等．面向21 世纪的大学生信息素质教育［J］．中国图书馆学报，2000（6）：16 - 19.

［12］ 孟芳芳．高校大学生信息素养的培养［J］．内蒙古科技与经济，2013（6）：9 - 10.

［13］ 熊文斌．高校毕业生就业信息素质教育优化策略研究［J］．文教资料，2014（24）：88 - 89，107.

［14］ 周卫勇．走向发展性课程评价［M］．北京：北京大学出版社，2002：64.

［15］ 杨丽勤．基于 Big6 的大学生信息素养培养研究［D］．临汾：山西师范大学，2010.

［16］ 刘雅静，周津慧，王衍喜，等．嵌入科研过程的文献数据库功能重组方法与服务实践［J］．图书情报工作，2012，56（5）：67-72.

［17］ 郝丹，周津慧，关贝，等．文献跨库检索中去重方法研究与应用［J］．现代图书情报技术，2011（S1）：116-120.

［18］ 周津慧，王衍喜，王永吉，等．基于领域专家学科知识链的文献资源组织与导航［J］．科研信息化技术与应用，2011，2（1）：33-42.

作者简介

周艳玫（ORCID：0000-0002-9124-198X），工程师，E-mail：zhouyanmei12345@163.com；刘东苏（ORCID：0000-0002-5572-882X），教授，博士；

王衍喜（ORCID：0000-0003-3504-206X），数字图书馆主管；郝丹（ORCID：0000-0002-1305-3916），工程师。

基于 WLAN 的图书馆读者行为
采集分析平台框架研究

1 引言

图书馆正处于从"以资源为中心"到"以用户为中心"的转变过程中。随着读者信息环境的变化以及读者信息需求的个性化、专业化，图书馆越来越重视对读者行为进行研究，以期从中找出读者获取图书馆资源和服务的规律，为图书馆提供人性化和个性化的服务提供依据，从而提升图书馆的服务质量，使图书馆的服务更加贴近读者需求。相关文献研究表明，读者行为分析在图书馆内部管理[1]、馆藏建设[2-3]、业务流程优化[4]等方面均取得了积极效果。尽管图书馆行业对读者行为的研究分析已很重视，但是相对于其他行业还远远落后，图书馆界应加强对读者行为分析的重视程度，尤其是在移动互联网时代[5]。

2 相关研究现状

图书馆读者行为主要指读者的阅读行为，高校图书馆读者行为还包括自主学习、学术与文化交流、教学与科研支持等内容。读者行为的基本单元要素是需求，所有行为都由相关的需求所触发。图书馆服务的重要任务之一就是要了解、分析与预测读者在什么时候可能产生什么需求，以及什么动机或环境在某一特定时间会唤起他们何种行为需求。通过了解读者行为意愿并间接推测其接受图书馆服务的意愿，就能了解读者以后的意愿倾向，作为图书馆调整其服务内容、服务方式，提高服务质量的参考依据[6]。

从技术上来讲，2000 年以前，分析读者行为主要是以问卷调查和人工分析手段为主。这一时期主要采用问卷调查的方法收集读者数据，然后对收集来的数据进行分析，更多是倾向于一种数据上的统计。2000 年后，数据分析逐渐转变为以利用计算机技术为主，这时候数据来源也出现了日志、数据库等，分析技术主要有日志分析[7]、数据挖掘[8-9]等，这些技术有可能挖掘出读者使用图书馆过程中的一种潜在规律和内在关联性。随着日志和数据挖掘技术的逐步普及，在图书馆界，使用成熟的日志分析软件和数据挖掘软件对读者行为进行分析成为主流[5]。

近几年，随着数字资源的日益丰富和移动互联网的快速发展，读者更倾向于使用无线网络进行图书馆电子资源访问。各高校图书馆也相应加强信息化建设的投入，提供免费 WLAN 网络供读者使用[10-11]。在新环境和新形势下，读者行为更多地体现在无线网络访问方面，读者的上网行为和上网内容自然成为读者行为分析的基础，也越来越显示出它的价值和作用。比如分析读者的访问偏好，即可以推送个性化网页，以提升读者感知，实现精准服务；分析网络资源量的多维分布，即可以对 WLAN 网络进行精细管控；分析读者访问对象的排名，即可对图书馆主页、馆藏文献、服务项目等进行优化布局及内容形式的合理化调整。

笔者利用中国知网（CNKI）数据库，在高级检索的主题项同时输入"WLAN/无线局域网/无线网"、"图书馆"、"读者/用户/行为"这几个主要关键词进行检索（即在专业检索中采用检索式"SU =（WLAN + 无线局域网 + 无线网）＊图书馆＊（读者 + 用户 + 行为）"），共检出文献 58 篇。逐篇筛选统计发现，有将近一半的检出文献（25 篇）主要涉及无线网络的设计、优化等网络构建方面的问题。有 22 篇文献以无线网在图书馆中应用为研究主题，内容主要涉及室内导航定位、移动图书馆信息服务两个方面。例如，薛涵[12]研究了基于 WLAN 的室内定位技术和虚拟现实技术设计并实现实时虚拟导航的图书定位系统；周伟等[13]通过将二维码智能识别技术与 Wi-Fi 室内定位技术相结合以实现图书位置导航，从而简化图书查找与借阅过程；孙翌[14]介绍了上海交通大学图书馆使用 SMS（short message service）和 WAP（wireless application protocol）建设手机图书馆的应用案例。其中，主要相关文献有 1 篇，该文献[15]对大规模校园无线局域网用户行为进行深入分析，以 SNMP、AC 日志信息作为数据源，对无线局域网用户行为进行了建模和数据挖掘。以日志信息作为主要的数据来源，存在信息不够详细、内容单一、实时性差等问题，因此数据挖掘的成果也是有限的。通过以上文献分析可以得出：国内图书馆界在无线网络访问领域的读者行为研究是十分缺乏的，主要原因在于缺乏对应的读者行为基础数据及相应的分析手段和分析工具。

本文针对目前相关技术手段缺乏的问题，提出了一种基于 WLAN 网络的读者行为采集分析平台框架。利用此平台可采集、记录图书馆内读者利用 WLAN 网络的行为数据，实现对读者上网行为和上网内容的全面统计和分析，还可了解和掌握图书馆无线局域网的整体利用情况，分析图书馆网络环境下用户的行为特点，从而实施图书馆的精细化管理，提升图书馆 WLAN 网络环境下的读者体验和服务质量。

3 平台系统框架

基于WLAN网络的读者行为采集分析应用平台系统框架见图1。其中，采集层的功能主要为从WLAN网络中接入并采集网络基础数据，对数据流按照规则进行过滤和转发，保证同一用户的数据包转发到同一出口；预处理层的主要功能是实现基础数据的格式化和标准化，包括数据包关键字段识别与提取、部分内容还原和数据清洗等；数据层作为整个平台的数据中心，负责存储平台核心数据和过程数据，满足数据存储和快速查询处理需求；数据业务层作为整个平台分析流程的核心，提供了一系列分析中间件实现平台的分析功能，这些分析中间件包括统计行为分析中间件、数据挖掘中间件和内容分析中间件等；应用层除了提供平台管理基本功能外，可根据用户需求提供行为分析和内容分析的结果呈现。

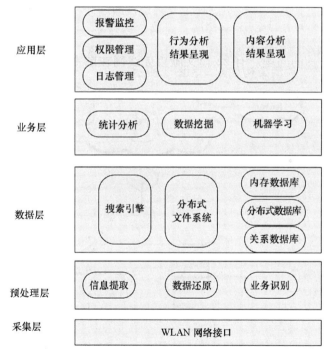

图1 基于WLAN网络的读者行为采集分析平台系统框架

4 关键技术点和解决方案

基于 WLAN 网络的读者行为采集分析平台的关键技术主要包括海量数据采集技术、大数据存储与分析技术、可视化技术等。下面将分别论述各层关键技术点及其解决方案。

4.1 采集层

当前针对校园 WLAN 网络的数据收集方式主要有两大类：主动采集和被动采集。主动采集需要在客户端安装特定的软件实时记录客户端的位置；被动采集主要分为三种：基于 SNMP（simple network management protocol）数据采集、基于日志数据采集、基于网络嗅探技术的数据采集[15]。本平台的数据采集方式建议采用网络嗅探技术，其优点在于可详细记录用户行为数据，但数据存储要求较高，分析较复杂，本文后续内容将提出解决这些问题的方法。作为采集层而言，其关键技术点在于采集位置的选择。

高校图书馆作为人员密集场所，对网络容量有一定要求。目前高校图书馆 WLAN 的网络结构从小规模组网的自主管理型 FAT AP 发展成集中式 AP + AC 的组网模式。典型架构如图 2 和图 3 所示：

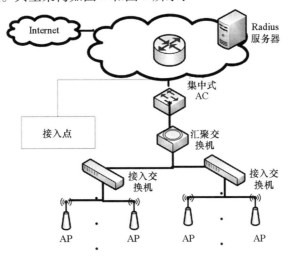

图 2　WLAN 网络典型结构 1 和采集接入点

图 2 中 AP 数据经过汇聚后通过集中式 AC 管理和转发。为实现读者上网内容和用户的关联，平台需要采集读者全部上网数据（含认证数据）。因此，接入点选取在 AC 与核心路由器之间。图 3 中不同的 AP 属于不同的 AC 管理，

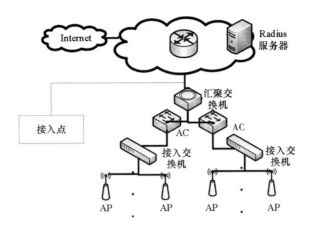

图 3 WLAN 网络典型结构 2 和采集接入点

分布式 AC 经过汇聚交换机与核心网络通信,这种网络架构下接入点应选取在汇聚交换机与核心路由器之间。接入点必须包含 WLAN 用户的上网认证数据和所有上网数据,实现上网数据和用户认证数据的有效关联。

在具体实现上,为不影响原有网络环境,尽量采用旁路接入方式实现数据采集,比如采用分光器或者 TAP 设备。当接入的数据流量超过单台接入设备处理能力时,还需要通过负载均衡设备和分流策略满足接入容量要求。接入设备可以设置简单的策略实现数据过滤功能,过滤信息包括源 IP 地址、目的 IP 地址、协议号、源端口、目的端口,服务类型等。

4.2 预处理层

数据预处理层的主要功能是将网络数据根据 TCP/IP 相关协议进行数据包的分析、还原、过滤,实现数据归并和标准化(见图 4)。标准化的数据将发送给数据层进行存储。

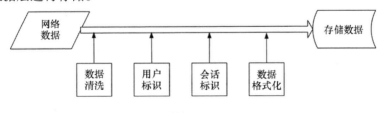

图 4 数据预处理过程

在预处理层的实现上,需要重点解决以下两个问题:

211

4.2.1 WLAN 网络承载协议及 Radius 网络协议分析和关联技术

这涉及 TCP/IP 协议和 Radius 协议解析技术[16]。通过分析 Radius 信令，可以获得热点 IP、热点 MAC、终端 MAC、终端 IP、用户名/手机号/IMSI、终端 MAC 上下线时间等，从而确定用户和数据包之间的关系。一旦知道了终端 IP 便建立了上网终端和数据包的对应关系。

4.2.2 需要对网络用户上网业务进行识别与分类

常见的业务识别分析技术包括：①深度包检测技术，该技术在传统端口号、IP 等底层信息检查技术上，增加了对应用层内容进行识别的技术；②深度流检测技术，该技术与深度包检测技术的不同之处在于，该技术是基于流量行为的识别技术；③流量特征检测技术，该技术综合考虑了数据包层面和数据流层面的特征，结合特定业务的特点，利用各种辅助技术对流量进行全面分析[17]。

4.3 数据层

数据层的主要功能是存储标准化后的数据，同时向上提供数据访问接口。WLAN 网络基础数据属于多源异构类型，根据数据量和数据结构的不同（见表1），数据层采用不同的存储方案和机制。许多商业应用已经证明了传统的关系型数据库（例如 Oracle/MySQL）能够很好地管理结构化数据，但是在管理非结构化数据时局限性非常明显[18]。目前海量非结构数据的存储分析则更多地依靠以 Hadoop 为代表的分布式数据存储系统[19-20]。为提高分析和检索效率，在大数据环境下，还需要引入内存数据库和分布式索引与并行检索系统（例如 Lucene）[21]。

表1 平台存储基础数据分类

基础数据	数据分类
热点 IP、热点 MAC、终端 MAC、用户名/手机号/IMSI	结构化
IP、上下线时间、URL、内容类别	结构化
网页内容（文档、图片、音频、视频）	非结构化

4.4 业务层

数据业务层的主要功能是为应用层提供分析组件，数据分析技术是业务层的技术基础，包括 MapReduce 技术、机器学习和数据挖掘技术等。根据具体分析需求，还可以动态引入其他分析技术。

212

针对图书馆 WLAN 网络数据，基础的统计分析，比如利用流量、AP、时段、URL 和业务类型进行多维联机事务处理（OLAP）分析，用于找出用户排名、被访问页面排名、最频繁访问时间段排名等，仍然是平台使用者关注的重点。但是在大数据量环境下，基础的统计分析也变得复杂，需要利用流处理和批处理技术，比如 MapReduce 技术[22]，满足分析效率和处理容量的要求。

WLAN 网络数据深层次的分析必须借助先进的数据挖掘算法和工具实现。数据挖掘常用的分析模式包括分类、聚类、回归、关联、序列、偏差等。采用的常用分析方法包括模糊方法、粗糙集理论、云理论、证据理论、人工神经网络、遗传算法、归纳学习等[23]。针对不同的目的，所采用的数据挖掘技术有所不同，以分析系统性能为目标的数据挖掘研究多采用统计学的方法，以改进系统设计为目标的数据挖掘多采用关联规则挖掘的方法，以理解用户意图为目标的数据挖掘研究多采用聚类挖掘和分类挖掘的方法。

就图书馆读者行为的研究分析而言，为分析图书馆 WLAN 网络的使用状况，一般采用统计挖掘方法，统计结果包括 AP 流量分布、在线用户随时间分布、数字图书馆资源访问排名等；为改进 WLAN 网络布局和网站设计，可采用关联规则挖掘技术，分析结果包括网页内容关联性、网络使用习惯等；为进一步了解读者行为规律，可采用更为复杂的数据挖掘技术对用户社会关系、用户移动性和上网具体内容等信息进行深层次的研究。

在业务层开发方面，可以使用的数据挖掘工具比较多。按照一般的分类方法，数据挖掘工具可以分为：特定领域的数据挖掘工具和通用的数据挖掘工具。当然也可以根据具体应用自行开发新的数据挖掘工具[24]。

4.5 应用层

数据应用层除了系统框架通用的功能外，主要是实现分析结果的呈现，包括：

（1）用户上网行为多维度分析，分析维度包括流量、时间、区域、终端等，结果呈现方式包括统计图表、GIS 空间分布等。

（2）用户上网内容分析，包括用户上网内容分类、喜好等，分析结果的呈现形式主要有数据排名、比例构成、空间分布等，也可针对特定上网内容进行还原。

在技术层面上，应用层应主要关注如何把用户需求的分析结果用合适的方式展现出来。一般需要引入可视化技术，通过图形、表格、地图等方式更清晰直观地展示分析结果。比如在具体实现方面，目前通常采用浏览器/服务器模式，基于 SSH 框架进行界面开发。

4.6 平台用途

从图书馆工作角度看，基于 WLAN 网络的读者行为采集分析平台提出了一种一定时期内针对 WLAN 上网读者群上网行为（上网终端、时间、位置、类型、内容等）进行详细采集和高效、快速存储的建设思路，可有效解决读者行为数据全面采集和高效存储的难题，为后续分析研究提供了基础数据源支持。基于 WLAN 网络的读者行为采集分析平台提出的业务分析和数据挖掘思路，为平台开发者设计相应的分析工具提供了重要参考，为最终解决缺乏读者行为分析工具的问题奠定了坚实的基础。当然，平台开发者可以根据使用过程中用户的意见和建议，对分析工具集进行优化升级，以更好地满足用户需求。

5 平台应用前景

本平台框架借鉴了互联网大数据分析应用平台的成熟架构，提出了一种可全面获取和分析图书馆无线网用户上网行为数据的技术解决方案。该平台通过记录并存储当前和一定时期内读者使用图书馆 WLAN 网络行为的基础数据，包括用户终端码（MAC 地址等）、位置、时间、业务类型、特定业务内容等重要基础数据，结合图书馆业务特点和数据特征，在大数据应用环境下采用科学的统计分析方法和数据挖掘工具，分析图书馆 WLAN 用户的行为特征及使用偏好，并运用合适的可视化方式对分析结果加以展现。在移动互联网时代，该平台可为图书馆进行 WLAN 网络用户的行为分析提供可靠的数据来源和先进的技术分析工具，同时也为了解和掌握到馆读者的行为特征及其发展趋势提供有效的信息获取渠道。根据图书馆的管理需要，平台应可定制相关联的数据对象，得到有针对性的分析结果，用于特定的研究用途，从而服务于图书馆从业者。表 2 提出了几种常见应用，根据具体业务需求可挖掘出更多用途。

表 2　平台的常见应用

序号	分析对象	分析内容	用途	服务对象
1	AP、流量	基于位置的流量	监控告警/ 网络优化/ 场馆优化	网络管理员

序号	分析对象	分析内容	用途	服务对象
2	URL、业务	排名、关联	网站建设/资源建设与布局调整/服务设计与优化	网页设计人员/资源建设与管理人员/图书馆服务营销人员等
3	终端、URL、业务	读者偏好	个性化服务	图书馆服务营销人员等
4	流量、业务	基于业务的流量	基于业务的流量控制	网络管理员
5	流量、时段	基于时段的流量	基于时段的流量控制	网络管理员
6	终端、时间、位置、内容	关联	安全审计	网络管理员
7	特定 Web	特定资源或服务的使用情况及关联性	信息收集	资源建设与管理人员/网页设计人员等

6　结语

随着无线网络的快速发展和图书馆数字资源的极大丰富，未来的 WLAN 网络流量必然有一个高速增长过程。本文所提出的基于 WLAN 网络的读者行为采集分析平台框架也兼顾了未来大数据网络环境。值得一提的是，作为数据采集分析类应用，该平台的实现需要兼顾个人隐私和信息安全问题。

本文提出的平台框架，可以为从事相关系统开发的人员提供开发思路，同时也供相关系统的使用者学习参考。开发者可在平台框架基础上开发出相关系统，提供分析成果给图书馆相关部门使用，为图书馆高层的管理决策及读者个性化服务的开展提供参考依据。平台系统的使用者可以在了解平台架构的基础上，结合日常工作提出分析建议并利用分析结果指导工作。因此，该平台框架的研究，将有助于在信息化需求不断变化的今天，图书馆变被动为主动，掌握到馆上网读者的第一手信息，并加以分析利用，优化配置图书馆的资源与服务，从而有效提升图书馆的竞争力。

参考文献：

[1]　江长斌，陈莉．基于读者行为分析的高校图书馆主动服务研究［J］．武汉理工大

学学报, 2009 (5): 132 - 136.

[2] 陈浩. 基于用户行为分析的图书馆数据库资源的整合与利用 [J]. 计算机应用与软件, 2014 (7): 24 - 27.

[3] 周伟, 汪少华, 杨云. 基于数据挖掘和读者行为分析的图书馆荐书系统的研究与设计 [J]. 图书情报研究, 2014 (4): 38 - 44.

[4] 谭丹丹. 基于读者到馆行为分析的图书馆服务优化策略 [J]. 图书馆工作与研究, 2011 (1): 110 - 115.

[5] 牛现云, 王宇鸽. 1979 - 2010 年图书馆读者行为分析文献研究 [J]. 公共图书馆, 2012 (1): 51 - 53.

[6] 冯琼. 图书馆服务质量与读者行为意愿研究 [J]. 图书馆学研究, 2010 (9): 91 - 94.

[7] 李祝启, 陆和建, 毛丹. 基于 Web 日志统计分析的公共图书馆用户行为研究 [J]. 图书馆杂志, 2014 (7): 39 - 46.

[8] 王伟, 张征芳, 王海明. 基于数据挖掘的图书馆读者行为分析 [J]. 现代图书情报技术, 2006 (11): 51 - 54.

[9] 张炜, 洪霞. 基于 OPAC 读者行为的知识发现研究 [J]. 图书馆论坛, 2011 (1): 17 - 19.

[10] 谢超. 浅谈无线局域网技术在图书馆中的应用以及安全 [J]. 信息通信, 2012 (3): 131 - 133.

[11] 李莉. 基于集中式 FIT AP 架构的图书馆无线局域网 [J]. 现代情报, 2012 (1): 81 - 83.

[12] 薛涵. 基于 WLAN 的图书馆室内定位技术研究 [J]. 图书馆杂志, 2014 (12): 81 - 86.

[13] 周伟, 陈立龙, 宋建文. 基于增强现实技术的图书馆导航系统研究 [J]. 系统仿真学报, 2015 (4): 810 - 815.

[14] 孙翌. 上海交通大学: 手机图书馆承载移动服务 [J]. 中国教育网络, 2011 (7): 67 - 69.

[15] 尧婷娟. 校园无线局域网用户行为分析研究 [D]. 济南: 山东大学, 2014.

[16] 吴越湘. 基于 Radius 协议的移动通信 WLAN 网管系统研究 [D]. 长沙: 湖南大学, 2013.

[17] 李锐. IP 网业务识别关键技术研究 [D]. 北京: 北京邮电大学, 2010.

[18] Blumberg R, Atre S. The problem with unstructured data [EB/OL]. [2015 - 03 - 20]. http://secs.ceas.uc.edu/~mazlack/ECE.716.Sp2010/DM.Review.Unstructured.Data/DM.Review.Discovery.1.pdf.

[19] 陈赣, 李曙海, 曹卫明. 基于 Hadoop 框架的 WLAN 网络智能管道大数据分析 [J]. 信息通信, 2014 (8): 222 - 223.

[20] 胡珊珊. 面向云存储的非结构化数据存储研究与应用 [D]. 广州: 广东工业大

学, 2014.

[21]　杨建丹. 基于云平台的分布式索引与检索系统的设计与实现 [D]. 沈阳: 东北大学, 2011.

[22]　黄斌, 许舒人, 蒲卫. 基于 MapReduce 的数据挖掘平台设计与实现 [J]. 计算机工程与设计, 2013 (2): 495 - 501.

[23]　王光宏, 蒋平. 数据挖掘综述 [J]. 同济大学学报 (自然科学版), 2004 (2): 246 - 252.

[24]　钱峰. 国内数据挖掘工具研究综述 [J]. 情报杂志, 2008 (10): 11 - 13.

作者简介

赖剑菲 (ORCID: 0000 - 0002 - 9702 - 4206), 馆员, 硕士, E-mail: jflai @ lib. whu. edu. cn;

江舟 (ORCID: 0000 - 0002 - 0100 - 9838), 高级工程师。

基于公共与非公共检索计算机的 OPAC 检索行为比较研究[*]

1 引言

日志记录了用户与信息系统交互过程的操作与活动轨迹[1]。在图书馆日常运行和管理活动中记录的大量日志信息，不仅为系统管理员监测系统运行状况、排查技术问题提供了便利，也为馆员洞察用户的需求、喜好与行为提供了依据。其中，OPAC 系统是图书馆专门提供馆藏资源检索的一类系统，国内外研究者利用 OPAC 日志已经开展了一系列的用户研究与实践工作[2]。与一般的 Web 日志不同，图书馆 OPAC 系统的访问来源主要有两类：一类是通过图书馆提供的公共计算机进行检索，简称公检机；一类是通过个人等非公共计算机进行检索，简称非公检机。在已有基于日志的 OPAC 用户研究中，通常不对这两类访问进行区分。然而，公检机和非公检机通常在物理环境的开放性上存在差异，而且公检机的共享使用和非公检机的个体使用也有所不同，这些不同是否会影响到用户的检索行为呢？在不确定这一影响是否存在的情况下，不加区分地对两类用户生成的日志信息进行整体抽样、统一处理和分析，不仅加大了工作量，同时也容易影响后期对检索行为规律的总结的可靠性。因此，有必要就公检机和非公检机用户检索行为的一致性问题进行探讨。

公检机和非公检机用户的差异主要来自检索使用机器的公用性以及检索环境的开放性。而关于环境因素与用户信息行为关系的讨论，图书情报领域已经开展过一些相关研究：

首先，从物理环境角度，早在上世纪 80 年代末，就有研究者提出图书馆焦虑问题，C. A. Mellon[3] 曾指出图书馆的物理环境、服务人员、用户个人信息素养等可能引发用户的焦虑情绪，进而影响用户的信息行为。之后，不少研究者进一步对图书馆焦虑的影响因素进行探讨，指出在物理环境方面，图

* 本文系中央高校基本科研业务费专项资金资助项目"基于日志的高校图书馆用户检索行为研究"（项目编号：310422101）研究成果之一。

书馆设备的易用性、设计的舒适性等均会影响用户使用图书馆资源的信息行为[4-6]。不同的是，D. Kelly 等[7]从更微观的实验物理环境角度进行分析，该研究招募了 69 人，分为两组，分别在远程和实验室环境下完成相同的检索任务，从而比较被试在受到更少干扰的远程实验环境和招募被试亲临实验室的两种情况下检索行为的关系，结合检索日志和问卷调查结果发现，两种不同物理环境下被试表现出来的检索行为以及对检索结果的评价等都无显著差异。

其次，从系统平台的环境角度考察与信息检索行为的关系，如 D. Wolfram[8]对数字图书馆信息检索系统与网络搜索引擎两类不同平台下的检索行为关系进行了分析，结果发现，两类用户在检索主题、检索策略等方面均表现出不同，其中，使用数字图书馆信息检索系统的信息需求一般较为明确、具体，相比而言，使用搜索引擎查找的信息需求更为宽泛。Y. Choi 等[9]则考察了专题图像库和一般的搜索引擎中用户的图像检索行为，比较了用户在两类不同系统中评价检索结果相关性的差异，结果发现，在专题图像库中，用户更侧重结果的新颖性，而在一般的搜索引擎中，用户更看重结果的相关性。

再次，还有研究者从更为宏观的不同国家间的文化环境角度进行研究，如李月琳等[10]分析了中国互联网信息中心（CNNNIC）和美国皮尤互联网研究项目（Pew Research Internet Project）发布的数据，从网络用户搜索的主题、搜索方式等方面对中美两国的网络用户信息搜寻行为进行比较，结果发现：由于价值观、文化背景等的不同，两国用户在信息需求主题、移动设备使用等方面存在较大差异。

综合国内外相关研究可以看到，已有研究不仅从物理的实体环境、软件系统层面的虚拟环境，还从更为宏观抽象的文化环境角度对环境因素与用户信息需求、信息行为的关系进行过探讨。由这些研究揭示出大多数情况下环境因素对用户信息行为具有一定的影响，不过在特定情境下，环境因素对用户检索行为的影响关系可能并不显著。那么，在 OPAC 检索中，公检机和非公检机用户是否会因为检索计算机公用情况的不同而存在检索行为的差异？在利用 OPAC 日志探讨用户检索行为时是否有必要区分这两类用户？本研究以北京师范大学图书馆的 OPAC 日志为例，对其中典型的公检机和非公检机产生的日志进行分析，从检索会话识别、检索入口选择、提问调整方式、检索时长等方面进行比较，探讨两类情境下用户检索行为表现的异同，以便为同类研究更科学、合理地利用 OPAC 提问日志研究用户信息行为提供参考和借鉴。

2 研究设计

2.1 研究问题

本研究通过 OPAC 提问日志对公检机和非公检机用户的检索行为进行比较和分析，比较的方面包括两类特征：一类是基础特征，包括提问平均长度、检索点和高级检索功能的使用情况；第二类是以一次会话为单位的检索行为特征，在利用日志开展用户研究时，因为访问的匿名性，日志数据中难以区分需求产生主体是一个人还是多个人。于是，日志研究通常以一次检索会话为单位进行分析，在 OPAC 用户研究中亦是如此[11]。一次检索会话是指主题上相关的一组提问[12]，提问则是指用户在一次递交过程中输入的一个或多个检索词[13]。因此，在本研究中，以一次检索会话为单位的比较特征包括：一次检索会话中的提问次数、平均提问长度、起始检索点、提问调整方式、一次检索会话持续的时间以及不同检索会话之间的时间间隔。

2.2 数据准备与抽样

本研究收集了北京师范大学图书馆一个学期（153 天）的 OPAC 提问日志，该日志记录了提问来源 IP、检索点、检索词、检索时间、检索结果是否为零等信息。为了比较公检机和非公检机上用户的 OPAC 检索行为，先根据日志记录对这两类计算机检索记录进行抽取，然后采用内容分析法对一次检索会话以及检索行为特征进行编码和分析。

在选取典型公检机时，本研究挑选了公检机中使用最频繁的一台，该计算机位于图书馆一层大厅，其 IP（记为 $IP_{公检}$）记录的查询次数为 20 007 次，覆盖 140 天，日均查询次数为 142.91 次。在选取非公检机时，因为非馆内 IP 的来源很多样，为了获得典型的非公检机，本研究选择了日志记录时间范围内仅出现过一天的 IP 地址（记为 $IP_{非公检}$）集合，这些 IP 对应的计算机更有可能是个人计算机，结果共获得 22 822 个 $IP_{非公检}$，它们产生了 95 091 次查询，平均每个 $IP_{非公检}$ 进行了 4.17 次查询。

对一次检索会话的识别以及检索行为的编码主要依靠人工判定，因此，针对上面获得的两类日志分别抽取代表性样本供编码使用。首先，针对非公检机，抽样方法根据 $IP_{非公检}$ 查询次数的分布情况进行抽取。每个 $IP_{非公检}$ 的查询次数的频数分布如图 1 所示：

同时，结合表 1 可以看到，查询次数不超过 13 次的 $IP_{非公检}$ 个数占所有 $IP_{非公检}$ 个数的近 95%，说明绝大部分非公检机用户与 OPAC 系统查询交互不超过 13 次。

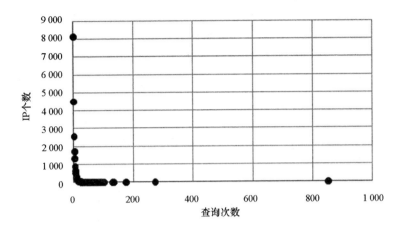

图 1　IP_{非公检}查询次数的频数分布

表 1　查询次数 < =13 次的 IP_{非公检}查询次数的频次统计

查询次数	IP 个数	百分比
1	8 115	35. 558%
2	4 499	19. 713%
3	2 562	11. 226%
4	1 735	7. 602 3%
5	1 319	5. 779 5%
6	892	3. 908 5%
7	631	2. 764 9%
8	517	2. 265 4%
9	401	1. 757 1%
10	311	1. 362 7%
11	266	1. 165 5%
12	247	1. 082 3%
13	173	0. 758%
合计	21 668	94. 94%

　　因此，本研究对查询次数不超过 13 次的 IP_{非公检}按照 10% 的比例进行抽样，即从 21 668 个 IP_{非公检}中按照查询次数进行等比例随机抽样，得到 2 167 个 IP_{非公检}，这些 IP_{非公检}产生的查询次数为 6 711 次，然后针对这些查询记录进行

内容编码和分析。

其次，针对公检机，因为查询过程的连续性无法对 20 007 个查询记录进行简单随机抽样，因此，抽样时以单位时间内查询次数为标准。为了抽取和 $IP_{非公检}$ 规模相当的查询记录（6 711 次），先根据 $IP_{公检}$ 日均查询次数为 142.91 估计出约要抽取 47 天。然后，以月份为单位，按照各月查询记录数进行天数的等比例抽取，在各月天数确定后，再按照简单随机抽样方法从每个月中随机抽出具体的日期，如表 2 所示。将所有抽中日期的查询记录汇总为样本，结果得到 6 482 次查询，与 $IP_{非公检}$ 抽取的记录数相近。

表 2　$IP_{公检}$查询记录的抽样天数

月份	查询次数	百分比	每月应抽取天数
9 月	3 873	19. 36%	9
10 月	4 995	24. 97%	12
11 月	3 490	17. 44%	8
12 月	4 522	22. 60%	11
1 月	3 127	15. 63%	7
合计	20 007	100. 00%	47

2.3　一次检索会话的识别和提问调整编码

在比较两类计算机用户在一次检索会话内检索行为时，基础特征分析可以通过 SPSS、Excel 等软件对日志总体进行处理和统计得到，而提问调整策略则需要借助内容分析法在识别检索会话的基础上进行编码，主要基于抽样数据进行分析。与同类日志研究的做法相似[14]，本研究对一次检索会话的识别由人工根据提问主题相关性进行判断。在识别不同检索会话基础上，对一次检索会话内的提问调整方式进行编码。确立提问调整方式时，本研究在参考 S. Y. Rieh 和 Xie Hong[15] 提出的用户提问调整类型基础上，同时结合 OPAC 检索的特殊性删除了资源调整方式而增加了检索点调整方式。此外，还根据 P. Bruza 和 S. Dennis[16]、Y. Choi[17] 的研究发现，将重复也作为一种调整方式进行补充。实际编码中设定的提问调整方式包括内容调整、检索点调整、格式调整和重复 4 类，如表 3 所示：

表3 提问调整方式的类型与说明

调整方式	具体类型	说明	举例
内容类调整	专指调整	增加新的检索词或者替换更专指的检索词,令提问更专指	WRD =(旅游) WRD =(福建旅游)
	泛化调整	减少检索词或者替换更宽泛的检索词,令提问更泛化	WRD =(知识与权力劳斯) WRD =(知识与权力)
	近义词替换	使用近义词来代替当前提问词	WET =(我们仨) WET =(我们三)
	平移	提问含义上没有缩小或扩大,调整前后的提问词含义上有部分重叠,或者反映不同侧面,或在不同提问要素之间平移	WRD =(团体咨询) WRD =(团体治疗)
检索点调整	专指调整	从所有词检索调整为非所有词检索	WRD =(外语教材) WTI =(外语教材)
	泛化调整	从非所有词检索调整为所有词检索	WET =(中国早期建筑和艺术中的纪念碑性) WRD =(中国早期建筑和艺术中的纪念碑性)
	平移调整	检索对象相同,检索点变换	WAU =(brucecomings) WET =(the korean war a history)
	新增调整	增加新的检索点	WET =(红楼梦) SET = 034188 AND WAU =(曹雪芹)
格式类调整	术语变换	变换检索词的格式,但是主题相同。变换包括全称与缩写变换、介词增删、单复数变换等	WRD =(数字图像处理) WRD =(digital image processing)
	使用操作符	使用 and/or/not,"+"、"-"、空格、"."等符号	WRD =(教育心理学试卷) WRD =(教育心理学试卷)
	错误纠正	修正拼写错误或者格式错误	WRD =(人伦) WRD =(人论)

调整方式	具体类型	说明	举例
重复	连续重复	与前一次提问重复	WRD =（于凤至） WRD =（于凤至）
	间隔重复	与非前一次提问重复	WRD =（牛奶致癌） WRD =（牛奶） WRD =（致癌） WRD =（牛奶致癌）

在编码前，先对编码人员进行培训和试编码，然后由 3 名研究生完成了编码工作。编码后，从公检机的 6 482 条提问记录识别出 2 547 次检索会话，非公检机的 6 711 条提问记录识别出 2 771 次检索会话。在一次检索会话的识别上，编码员内部一致性均值为0.97；在提问调整方式的编码上，编码员内部一致性均值达到0.96。

3 数据分析与讨论

3.1 关于基础特征的比较与分析

3.1.1 提问的长度

在提问长度上，公检机的平均提问词个数为 1.21（SD = 0.65），最少提问词个数为 1，最多提问词个数为 11，词个数最多的提问中用户在 "所有词" 检索中输入 "书院与文化传承文献传承与文化认同研究丛书" 查找相关丛书。对于非公检机，平均提问词个数为 1.34（SD = 1.218），最少提问词个数也为 1，最多提问词个数为 26，词个数最多的提问中用户在 "所有词" 检索中输入 "proceedings of the annual meeting of the north american chapter of the international group for the psychology of mathematics education 10th dekalb illinois november 2 – 5 1988" 该提问反映出用户输入了会议论文集的名称、会议举办时间等详细信息来查找该年度会议论文集。比较两类机器记录的长提问（长度大于 10）可以看到，非公检机的长提问通常是更为精确、完整的查询目标，这可能与非公检机用户能够便利地从计算机里拷贝复制粘贴来完成检索输入有关。

根据公检机和非公检机不同词个数的提问出现频次计算 Spearman 相关系数，得到 r = 0.87（p < 0.01），反映两类计算机检索用户使用的提问长度在分布上具有相似性。如图 2 所示，提问词个数为 1 个的提问分别占公检机、非

公检机提问总个数的85.44%、85.38%，提问词个数在2-5的提问分别占公检机、非公检机提问总个数的14.15%、12.71%。长度超过6个词（含6个）的提问，占公检机提问总个数的0.40%，在非公检机上则仅占提问总个数的1.91%。总体体现出，绝大部分用户输入的均为长度为1的短提问。

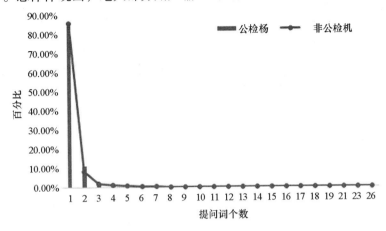

图2　公检机和非公检机不同长度提问出现频次百分比

3.1.2　检索点的使用情况

从检索点类型来看，非公检机与公检机提问日志中出现过的检索点类型均为14种，这些检索点出现的频次如表4所列。可以看到，所有词（WRD）在公共和非公检机检索情况下均为最常见的检索点，分别占到各自所有检索点使用总频次的83.98%和80.96%，这与该检索点为默认设置有关，也再次说明检索点使用与检索点显示顺序有关[18]。其他占比超过1%的高频检索点依次是作者（WAU）、题名关键字（WTI）、正题名（WET）、主题词（WSU），这些检索点的出现频次在两类计算机所有检索点总频次中仅占4%左右。

对两类情况下各检索点出现频次计算Spearman相关系数，得到r=0.99（p<0.01），可见，两类计算机上记录的检索点出现情况一致程度很高。从各检索点出现频次的排序来看，公检机和非公检机的前10个检索点出现频次排序完全相同，这10个检索点的出现频次已经占到两类计算机所有检索点总频次的99%左右。在所有出现的检索点中，仅有丛书（WSE）、标准国际刊号（ISS）两个检索点的频次排序在两类计算机上有所差异，公检机用户使用WSE的情况（0.11%）略高于ISS（0.09%），说明公检机用户对丛书检索的

需求略高于刊物检索需求，而非公检机的情况恰好相反，不过总体而言，二者相差并不大。

表4　公检机和非公检机各检索点出现频次

公检机			非公检机		
检索点	出现频次	百分比	检索点	出现频次	百分比
WRD	20 833	83.98%	WRD	70 882	80.96%
WAU	1 236	4.98%	WAU	5 369	6.13%
WTI	900	3.63%	WTI	4 375	5.00%
WET	857	3.45%	WET	3 125	3.57%
WSU	474	1.91%	WSU	1 342	1.53%
CLC	157	0.63%	CLC	600	0.69%
WPU	103	0.42%	WPU	557	0.64%
CAL	81	0.33%	CAL	363	0.41%
WYR	68	0.27%	WYR	278	0.32%
WIS	42	0.17%	WIS	240	0.27%
WSE	27	0.11%	ISS	179	0.20%
ISS	23	0.09%	WSE	33	0.04%
ISB	1	0.00%	ISB	29	0.03%
合计	24 802	100.00%	合计	87 372	100.00%

3.1.3　高级检索功能的使用情况

高级检索功能主要包括在基本检索中运用布尔逻辑运算符以及使用多个检索点进行的多条件组合检索功能，此外，还包括在提问中使用截词检索功能。表5列出了公检机和非公检机高级检索功能使用情况。

表5　公检机和非公检机高级检索功能使用情况

高级检索功能的类型		提问个数		百分比	
		公检机	非公检机	公检机	非公检机
基本检索	AND（+）	9	76	2.37%	4.43%
	OR	0	3	0.00%	0.18%
	NOT	0	0	0.00%	0.00%

高级检索功能的类型		提问个数		百分比	
		公检机	非公检机	公检机	非公检机
多条件检索	组合两个条件	187	541	49.34%	31.56%
	组合两个以上条件	27	173	7.12%	10.09%
截词检索		156	921	41.16%	53.73%
使用了高级检索功能的提问个数		379	1 714	100.00%	100.00%
提问总个数		20 007	95 091	1.89%	1.80%

表 5 显示出，无论是公检机还是非公检机，都只有不到 2% 的提问使用了高级检索功能。在使用了高级检索提问的情况下，计算两类计算机高级检索功能的出现频次的 Spearman 相关系数，得到 r = 0.93（p < 0.01），表明两类计算机用户在高级检索功能使用上具有显著一致性。在两类检索计算机的高级检索记录中，多条件组合检索在公检机中使用比例最高（56.46%），并且，大部分为两个条件的组合，如用户输入 "WRD =（人力资源管理）AND WAU =（陈水华）" 查找 "陈水华" 编著的与人力资源管理相关的书。非公检机中则截词检索使用占比最高（53.73%），截词检索更多使用在《中国图书馆分类法》分类号检索和英文图书检索情况下，如用户输入 "CLC = "G57?"" 对某一类主题分类的书籍进行查找。又如，用户输入 "WRD =（彼得?）" 对某个姓氏的作者或者与某个国外人物相关的书籍进行查找。

此外，两类用户在基础检索中使用布尔运算符的情况相似，只有不到 5% 的用户使用了这一做法，主要使用 "AND"，"OR" 和 "NOT" 几乎没有出现。并且，"AND" 运算符经常出现在 "所有词检索" 中，用于限定书名或者连接多个检索点，如 "WRD =（文明 and 技术）"。

3.2 关于一次检索会话内的检索行为特征比较与分析

从基础特征的比较和分析来看，公检机和非公检机反映的检索行为特征具有显著的一致性，下面以一次检索会话为单位，对其体现的检索行为特征进行分析。

3.2.1 提问次数、平均提问长度和起始检索点

从提问次数和平均提问长度来看，公检机一次检索会话的平均提问次数为 4.41 次，非公检机为 2.60 次。对两类情况下的一次会话平均提问次数进行了独立样本 T 检验，发现二者差异具有显著性（P < 0.01）。从平均提问长度来看，公检机一次检索会话的平均提问词个数为 1.23 个，非公检机为 1.30

个，较为接近，经过独立样本 T 检验也发现差异不显著。可见，公检机用户在完成一次检索需求时与系统交互的次数要高于非公检机，而平均提问词个数相差不大。

根据一次检索会话的起始检索点，对两类计算机的数据计算 Spearman 相关系数，得到 r = 0.75（P < 0.05），表明两类用户在一次检索会话时使用的起始检索点也具有显著一致性。如表 6 所示，公检机和非公检机查询记录中出现的前 3 个高频起始检索点基本一致，包括所有词检索（WRD）、作者检索（WAU）、题名关键字检索（WTI），除了这 3 个高频起始检索点，其他检索点出现率都不到 1%。

表 6 两类计算机起始检索点比较

公检机			非公检机		
检索点	频次	所占比例	检索点	频次	所占比例
WRD	1 482	89.87%	WRD	2 083	88.83%
WAU	76	4.61%	WTI	110	4.69%
WTI	57	3.46%	WAU	98	4.18%
WSU	13	0.79%	CAL	16	0.68%
CLC	10	0.61%	WIS	13	0.55%
CAL	7	0.42%	CLC	11	0.47%
WED	4	0.24%	WSU	11	0.47%
WIS	0	0.00%	WPU	2	0.09%
WPU	0	0.00%	ISS	1	0.04%
合计	1 649	100.00%	合计	2 345	100.00%

3.2.2 提问调整方式

在提问调整方式上，重复和内容类调整均为公检机和非公检机用户最常使用的方式，其中重复约占 45%，内容类调整约占 40%。

在重复这一方式中，连续重复现象在两类用户中表现得都比较突出，这一重复现象的出现通常被认为可能与系统响应速度有关，有研究曾指出，用户因为缺乏耐心而不断点击检索按钮导致重复现象出现[19]。非公检机都不是图书馆内的计算机，网速不易得到保障，但从连续重复现象出现情况来看，仅略高于公检机，这说明，馆内外访问的速度差异不大。

在内容类调整中，两类计算机提问日志中都反映出，平移方式被使用最多，其次是泛化调整和专指调整。在检索点调整中，检索点专指调整均为公检机和非公检机提问日志中出现最多的调整方式，在公检机中，新增调整略高于泛化调整，而公检机正好相反。综合内容类调整和检索点调整的平移、泛化和专指方式来看，公检机和非公检机上用户的调整策略均以平移方式最多，其次是泛化，再次是专指。

在格式类调整中，操作符在公检机和非公检机用户中被使用最多，并且非公检机略高于公检机。此外，非公检机用户对术语变换的使用也略高于公检机，如用户将"WRD =（日本伝説）"调整为"WRD =（日本传说）"。如图 3 所示：

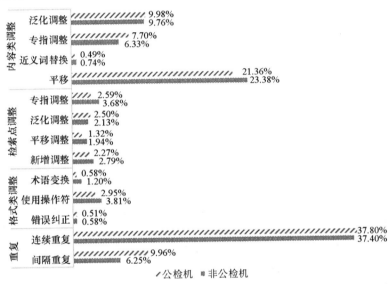

图 3　用户在公检机和非公检机一次检索中提问调整方式

对提问调整方式出现频次计算 Spearman 相关系数，得到 r = 0.98（P < 0.01）。可见，公检机用户和非公检机用户在一次检索会话中使用的提问调整方式具有显著一致性。

3.2.3　持续的时间与不同检索会话的时间间隔

在一次检索会话持续的时间方面，公检机平均时长仅为 2 分钟（SD = 7.71），而非公检机平均时长达到 10 分钟（SD = 30），对两类情况下的检索持续时间进行独立样本 T 检验，发现二者差异具有显著性（P < 0.01）。

图 4 显示了两类计算机一次检索会话持续时长的分布，可以看到，对于

两类计算机而言，一次检索会话持续时间在 1 分钟内的情况最为常见，分别占公检机和非公检机所有检索会话数的 46.98%、38.46% 左右。不过，一次检索会话持续时长在 5 分钟以上的情况更多出现在非公检机中，占非公检机所有检索会话总数的 29%，而在公检机中则占 11.79%。

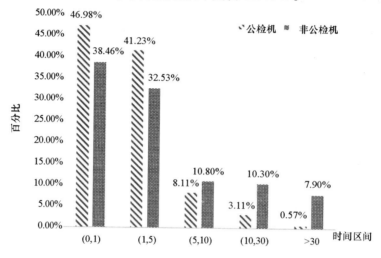

图4　公检机和非公检机中一次检索会话的时间特征分析

在不同检索会话的时间间隔方面，公检机中两次不同检索会话之间的平均时间间隔为 17 分钟（SD = 31），而非公检机仅为 9.55 分钟（SD = 23），对两类情况下的时间间隔进行了独立样本 T 检验，也表明二者存在的差异具有显著性（P < 0.01）。两次检索会话时间间隔在 1 分钟内的情况在非公检机上更为常见（42.86%），而在公检机中仅占 25.20%。并且，在公检机中，时间间隔在 10 分钟以上的情况占所有检索会话数的近 40%，而非公检机则占 20% 左右。如图 5 所示：

3.3　讨论

由前述分析可以看到，总体上，公检机和非公检机提问日志反映出的 OPAC 检索行为具有较高的一致性，主要表现在：

首先，在不同提问长度的频次分布上具有显著的一致性，提问长度在 1 - 5 个提问词的情况在两类计算机上均占到 98% 左右，平均提问长度都不到 1.5 个词。与已有研究结果相比，本研究发现的提问长度更短，如 H. L. Moulaison[20] 曾分析了美国新泽西学院图书馆的用户日志，发现用户使用两个词来进行检索是最多的，占全部检索日志的 36.5%，其次是使用 3 个词，占 25.5%。

230

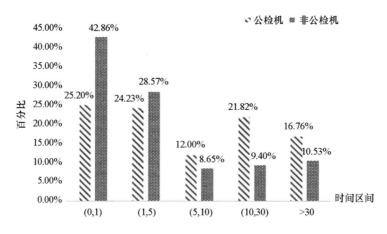

图5　公检机和非公检机中两次会话时间间隔特征分析

不过，这种差异可能与提问语种有关，本研究对英文提问长度也进行了专门分析，发现公检机的英文提问平均长度是2.30个词，非公检机的英文提问平均长度是3.23个词，与H. L. Moulaison的研究发现更为接近。

其次，在检索点的使用上具有显著的一致性，所有词检索（WRD）均为最高频使用的检索点，此外，前10个高频检索点在类型和排序上完全一致，均较多使用多条件组合检索和截词检索功能，较少在提问中直接输入布尔运算符，即使使用布尔运算符，也以"AND"的运用最为频繁，可见两类用户的检索意图和需求较为明确。

再次，在一次检索会话体现的检索行为特征上，两类计算机也反映出了一些共性，如一次会话内的平均提问长度、起始检索点的使用。并且，在提问调整方式上，重复调整使用最多，然后依次是内容调整、格式调整和检索点调整。在提问专指度调整变化上，以平移为最多，其次是泛化和专指调整。

两类计算机提问日志反映的检索行为也存在一些差异，主要体现在：

（1）在一次检索会话中，非公检机用户与OPAC系统的交互次数、会话持续时间均高于公检机。这可能与非公共检索环境的特点有关，如用户可能更少受到时间约束而更自由放松地浏览和选择，还可以选择在中途暂停，之后继续，因此使得整个检索持续时间变长。例如，非公检机中有一位用户想要查找与墨子有关的书籍，从早晨7点55分开始输入检索词，但是之后有近1个小时没有输入操作，一直到8点57分才继续输入检索词，从而使得整个检索会话持续时间为62分钟左右。如表7所示：

表 7   非公检机用户的一次检索会话

时间	检索式
7：55	WRD =（motzu）
7：57	WRD =（墨子）
7：57	WRD =（墨子）
7：57	WRD =（墨子）
7：57	WRD =（墨子英）
7：57	WRD =（墨子英）
7：57	WRD =（墨子）
7：57	WRD =（英）
7：58	WRD =（墨子）
8：57	WRD =（胡适墨子）
8：57	WRD =（motse）
8：57	WRD =（mozi）

（2）在两次会话的时间间隔上，非公检机要显著小于公检机。这一结果意味着两种可能：一是不同用户的交替；二是同一个用户的两次检索需求的交替。对于公检机两种可能都存在，当时间间隔越长时，用户交替的可能性越大。而对于非公检机，主要是第二种情况。日志数据反映出，无论是公检机还是非公检机，都有半数及以上用户会在较为集中的时间里连续完成两个不同的检索需求，并且这种情况在非公检机用户中出现的比例更高。在公检机中，约五分之二的时间间隔在 10 分钟以上，而非公检机中，这种情况约占五分之一。间隔 10 分钟对于公检机很可能意味着更换了不同的用户，因此不宜根据这一间隔来推断同一用户的检索行为。而对于非公检机记录，尽管两次检索时间间隔超过 10 分钟，甚至 30 分钟，更可能为同一用户的检索行为。因此，由非公检机记录的数据可以看到，约有五分之一的用户在完成两次不同检索需求时出现暂停，这种暂停既可能是用户在处理前一次的检索结果，也可能是中途因故而中断，这一现象也再次表明了非公检环境下用户进行信息检索的自由性。

4   结语

综合前述工作，本研究通过北京师范大学图书馆的 OPAC 提问日志探讨了公检机与非公检机用户的检索行为的一致性，根据提问的基本特征、一次检索会话内的检索行为特征的比较和分析，揭示出公检机用户与非公检机用户在关键检索行为上的特征具有高度的一致性，包括检索点与高级检索功能的使用、一次检索会话内的提问调整方式等特征。虽然，两类用户在一次检索会话的提问次数、持续时间、两次检索会话时间间隔等方面表现出差异，但是在检索提问长度、检索点使用以及检索提问调整策略等关键检索行为方面均表现出显著的一致性。由此说明，在利用 OPAC 日志开展用户检索行为研究时，不区分公检机和非公检机用户的做法对揭示检索行为共性规律揭示的稳定性影响不大。

本研究所发现的公检机与非公检机用户的 OPAC 检索行为一致性高，一方面可能与现在图书馆内配备的检索计算机较为充足有关，北京师范大学图书馆一层大厅就摆放有 8 台公共检索计算机，并且各阅览室都配备有公共检索计算机，不易出现排队等候上机的情况，因此，缩小了公共检索机与非公共检索机使用的差别。但是，本研究依然发现，在非公共检索环境下，用户检索时间的自由性更大，如用户更容易因为各种原因而中途中断检索，使得整个检索过程持续时间更长。另一方面也与检索需求和任务的特点有关，有研究[21]曾指出，尽管用户在家进行信息搜寻时更加自然，但相比已有用户检索行为的研究发现，用户的检索行为并未有太大变化，由此认为物理环境并不会显著影响用户的检索行为。特别是在 OPAC 检索中，用户的信息需求通常较为明确，并且教学科研特征比较突出，即便是娱乐化主题的检索需求也不会像网络信息检索那样容易触及用户不愿意他人知道的个人隐私，因此，检索计算机的公共性以及所处物理环境对用户检索行为的影响不大。

本研究的不足是，仅以一所高校图书馆的 OPAC 数据为例进行了分析；同时，尽管将 153 天中仅出现一次的 IP 视为非公共检索计算机具有一定的合理性，但是因为无法追溯到真实的用户，所以这类计算机所处的真实物理环境无法确定，无法判断这些计算机实际使用的环境是在家庭、宿舍、教室或者其他场所。因此，在后续研究中，还有必要综合运用用户调查、访谈、实验等方法。并且，随着基于资源发现系统的下一代图书馆目录检索系统的普及使用，这些新型检索服务在检索功能、搜索范围上更为丰富，用户的检索需求也更为复杂，用户的认知行为对心理场的依赖也会更多[22]，从而更易受外界环境的影响。所以，在新一代的信息检索系统中，检索环境的开放性、检索平台的公用性等因素与用户检索行为、检索内容的关系以及这种关系的影响因素都值得进一步探讨。

致谢：感谢北京师范大学心理学院的骆方老师在统计方法上提供的帮助，

233

感谢北京师范大学政府管理学院的王珊珊、王凯飞同学参与 OPAC 数据编码工作。

参考文献：

［1］ Rice R E, Borgman C L. The use of computer-monitored data in information science and communication research ［J］. Journal of the American Society for Information Science, 1983, 34 (4): 247 – 256.

［2］ 黄崑，张路路，郭建峰. 基于用户视角的 OPAC 研究述评 ［J］. 图书情报知识, 2015 (1): 77 – 85, 115.

［3］ Mellon C A. Library anxiety: A grounded theory and its development ［J］. College & Research Libraries, 1986, 47 (2): 160 – 165.

［4］ Bostick S L. The development and validation of the library anxiety scale ［D］. Detroit: Wayne State University, 1992.

［5］ Jiao Q G, Onwuegbuzie A J. Reading ability as a predictor of library anxiety ［J］. Library Review, 2003, 52 (4): 159 – 169.

［6］ Swigoń M. Library anxiety among Polish students: Development and validation of the Polish Library Anxiety Scale ［J］. Library & Information Science Research, 2011, 33 (2): 144 – 150.

［7］ Kelly D, Gyllstrom K. An examination of two delivery modes for interactive search system experiments: Remote and laboratory ［C］//Proceedings of the SIGCHI Conference on Human Factors in Computing Systems. Vancouver: ACM, 2011: 1531 – 1540.

［8］ Wolfram D. Traditional IR for Web users: A context for general audience digital libraries ［J］. Information Processing & Management, 2002, 38 (5): 627 – 648.

［9］ Choi Y, Rasmussen E M. Users' relevance criteria in image retrieval in American history ［J］. Information Processing & Management, 2002, 38 (5): 695 – 726.

［10］ 李月琳，刘冰凌. 中美网络用户信息搜寻行为比较研究：基于跨文化视角 ［J］. 情报理论与实践, 2015 (3): 116 – 121.

［11］ Novotny E. I dont think I click: A protocol analysis study of use of a library online catalog in the Internet age ［J］. College & Research Libraries, 2004, 65 (6): 525 – 537.

［12］ 方奇，刘奕群，张敏，等. 基于群体智慧的 Web 访问日志会话主题识别研究 ［J］. 中文信息学报, 2011 (1): 35 – 40.

［13］ Silverstein C, Henzinger M, Marais H, et al. Analysis of a very large altavista query log ［EB/OL］. ［2015 – 05 – 15］. ftp: //gatekeeper. hpl. hp. com/gatekeeper/pub/dec/SRC/technical – notes/SRC – 1998 – 014. pdf.

［14］ 方奇，刘奕群，张敏，等. 基于群体智慧的 Web 访问日志会话主题划分研究 ［C］//第六届全国信息检索学术会议论文集. 哈尔滨：中国中文信息学会信息检索与内容安全专业委员会, 2010: 8.

[15] Rieh S Y, Xie H I. Analysis of multiple query reformulations on the Web: The interactive information retrieval context [J]. Information Processing & Management, 2006, 42 (3): 751 – 768.

[16] Bruza P, Dennis S. Query reformulation on the Internet: Empirical data and the hyperindex search engine [C/OL]. [2015 – 05 – 15]. http://citeseerx.ist.psu.edu/viewdoc/download? doi = 10.1.1.44.1331&rep = rep1&type = pdf.

[17] Choi Y. Analysis of image search queries on the Web: Query modification patterns and semantic attributes [J]. Journal of the American Society for Information Science and Technology, 2013, 64 (7): 1423 – 1441.

[18] Ray K L, Lang M S. Analyzing search styles of patrons and staff: A replicative study of two university libraries [J]. Library Resources & Technical Services, 1997, 41 (3): 219 – 235.

[19] Jansen B J, Booth D L, Spink A. Patterns of query reformulation during Web searching [J]. Journal of the American Society for Information Science and Technology, 2009, 60 (7): 1358 – 1371.

[20] Moulaison H L. OPAC queries at a medium-sized academic library [J]. Library Resources & Technical Services, 2008, 52 (4): 230 – 237.

[21] Rieh S Y. On the Web at home: Information seeking and Web searching in the home environment [J]. Journal of the American Society for Information Science and Technology, 2004, 55 (8): 743 – 753.

[22] Lewin K, Heider, Fritz, Heider, Grace M. Principles of topological psychology [M]. New York: McGraw – Hill Principles of topological psychology, 1936: 139 – 139.

作者简介

黄崑（ORCID：0000 – 0003 – 0850 – 7263），教授，博士，E-mail：huangkun@ bnu. edu. cn；

张路路（ORCID：0000 – 0001 – 5953 – 0864），硕士研究生；

郭建峰（ORCID：0000 – 0001 – 7082 – 9816），副研究馆员，硕士。

协同搜索行为中的用户任务
感知及情绪状态研究[*]

1 引言

20 世纪 60 年代，美国汉布什尔学院图书馆馆长泰勒发现人们在查找信息时趋向于事先向其他人员寻求建议或合作，他将这种行为归纳为协同信息搜索行为。20 世纪 90 年代以后中外学者对协同搜索的机制了解得更加深入，并将协同搜索与认知、个人情感和搜索效率结合起来进行研究。

协同搜索过程中，用户与系统的交互行为受用户对任务感知的影响，用户只有了解了任务的基本情况、协作成员对任务的理解情况以及任务的基本执行步骤和进展方向，协同搜索任务才得以推进。协同搜索过程中成员之间会基于个体情绪传达各自对搜索任务执行状况的评价，个人的情绪状态变化将潜移默化地影响着搜索的决策以及行为状态，并最终影响搜索结果和效率。论文从任务感知和情绪状态的角度对用户的协同搜索行为的一般规律进行探讨，以为协同搜索机制的创新提供新的线索。

2 相关研究

2.1 协同搜索的基本概念研究

T. Koschmann 认为协同信息搜索（CIS）是一个大的行为体系，包括信息需求、信息查寻任务的组织方式以及信息利用[1]。J. Foster 认为协同搜索是信息查寻（seeking）、搜索（searching）和检索（retrieval）过程中使个人走向合作的实践[2]。A. Hust 等将协同搜索视作基于共同兴趣爱好或共同问题的不同用户与搜索引擎进行的交互和相互合作，根本目标是满足用户自身信息需求且最大限度地复用社会知识经验，从而以快速、经济、共享、可靠的方式解决信息的获取利用问题[3]。

---

* 本文系江苏省社会科学基金一般项目"社会化媒体环境下用户信息搜索策略选择及其效率评价研究"（项目编号：15TQB010）研究成果之一。

协同搜索具有群体性、交互性和复杂性。协同搜索是面向多个用户的社会化的信息搜索行为，通过用户与信息系统及用户之间的信息交互和协调来共同完成针对某一主题或者相似主题的信息获取任务。任务导向的协同搜索中，群体知识和力量的集合得到最大限度的运用。协同搜索的交互过程不是单纯的搜索行为，还包括问题定义、需求分析、搜索策略、搜索效果评价等。群体性和交互性决定了协同搜索在认知、信息需求、任务以及环境背景等方面的复杂性[4]。

在梳理相关研究后发现，随着信息搜索研究从以系统为中心向以用户为中心的转化，情感分析和认知研究逐渐成为协同信息搜索领域的研究热点。

2.2 协同搜索中用户任务感知研究

M. De Mey 首次提出认识观这一术语，并指出集体的感知结构是各个行动者进行社会交互的结果。信息检索的交互过程是所有行动参与者对情境进行解释和感知的一个连续过程[5]。协同搜索中的感知包括团队感知、工作空间感知、情境感知、任务感知等[6]。其中任务感知是指任务执行者对任务复杂性、过程进展和完成结果的感知，受任务执行者主观认识的影响[7]。团体成员的个性特点以及专业知识水平不同，对任务的内涵和侧重点的认知程度各不相同。

国内外学者从不同角度对协同搜索中的感知问题进行了研究，协同搜索中的认知机制综合了个人微观上的感知以及宏观环境中各用户间的交互影响。闫临霞等通过对群组中任务、角色、活动等基本要素的研究，提出一种基于任务的群体感知模型[8]。V. Robert 等研究了不同的感知与搜索行为以及搜索效果的关系，指出了感知对协同搜索行为和效果的重要作用[9]。韩毅等提出了嵌入合作的信息查寻与检索社会认知模型[10]，在融合认知导向与系统导向信息检索的基础上，集成了单用户信息检索与合作信息检索。吴丹通过协同信息检索实验分析了协同能力和任务类型对用户认知的影响，研究发现，协同能力对任务认知的影响较小，任务类型对任务认知影响较大[11]。

2.3 协同搜索中用户情绪研究

情感和情绪都是感知过程的一种心理形式，情感是在大量的情绪体验的基础上形成的，情感通过情绪的形式表达。情感测量的一种重要方法是文本情感分析，它从文本中提取有某种情感倾向的词语或句子，按某种规则或者算法归类分析，从而挖掘有规律有价值的情感倾向[12]。群体行为情绪测量的一种常用方法是测量群体内个体成员的个体情绪，以群体成员的平均情绪状态衡量群体情绪[13]。

已有研究确认了情绪与协同搜索的行为、效率之间的相互影响以及情绪的变化规律。D. Bilal 认为，搜索者管理自身情绪的方式会对其搜索行为和搜索效果产生很大的影响[14]。J. McGrath 指出，处于团队工作互动状态中的搜索者的信息行为会受他人信息行为、态度和情绪的影响[15]。D. Nahl 认为自我情绪控制、情感技能、乐观情绪会对搜索效果产生积极影响，用户的情绪随时间变化，在任务不同阶段会有不同情绪倾向[16]。C. Shah 通过实验探索了情感维度信息的搜寻和感知的相关性[17]。邱瑾和吴丹研究了协同能力、任务两个因素对协同信息搜索过程中用户情感变化的影响，以及用户的交流行为与情感表达之间的关联性，揭示了用户完成不同任务时各阶段情感的动态变化过程[18]。

总的来说，协同搜索的相关研究正从理论转向实践，从模拟实验转向具体应用，研究主题和研究方法渐渐丰富。情感和认知角度的研究拓展了协同搜索行为的研究框架。但在现有的研究中，情感分析和认知研究均被视为独立的研究课题，而忽视了两者之间的关联，实际上，情感是认知的外在表现，两者完全可以纳入同一研究范畴。目前全面考量任务感知和情感状态两者在协同搜索中呈现的规律及其对协同搜索效率的影响的研究还是欠缺的。

3 研究设计

现有研究深入探讨了任务属性对用户信息搜索行为的影响，研究者认为，任务是信息搜索的原动力[19-20]，信息搜寻行为中的任务研究有过程和类型两种视角[21]，即任务首先是一个包含不同阶段的过程，它还可以划分为不同的类型。本研究将综合考虑两种视角，全面探求不同任务类型和不同任务阶段的协同搜索行为的特点和规律。

主体要素是协同搜索行为重要的影响因素，这是目前搜寻行为影响因素研究中内容最为庞杂的部分，涉及性别、教育程度、搜索能力、领域知识、时间压力等诸多因素。协同搜索本质上是基于"问题解决"的主体间的协作信息获取利用行为，因此本研究首先选取"（成员）问题解决能力"变量，同时为了突出协同搜索与单用户搜索的差异，再确定"（团队）亲密度"变量。问题解决能力（problem solving ability）是一种面对问题的习惯和处理问题的能力，它体现在整个的问题解决过程中，表现为遇到问题时，能自主地谋求解决，处理问题有规划、有方法，解决问题合理有效。亲密度是团队成员关系亲疏和协作紧密程度的度量，它包含协同搜索中的团队结构、任务分工、沟通交流等多个方面[22]。亲密度的测量可以运用社会网络的方法。

本研究将设定不同的任务情境，从问题解决能力和亲密度两个主体要素角度进行协同信息搜索行为研究。

基于以上分析，本研究将采用模拟实验和问卷调查相结合的方法，需要解决的问题是：①不同任务类型的协同搜索过程中，问题解决能力和亲密度不同的团队的任务感知差异；②不同任务类型的协同搜索过程中，问题解决能力和亲密度不同的团队的情绪状态情况；③协同搜索过程中用户任务感知和情绪变化对搜索效率的影响；④协同搜索用户任务感知和情绪变化之间的关联性。

3.1　实验平台及工具

Coagmento 是 C. Shah 和 G. Marchionini 设计的专门支持多用户对共享目标进行协作检索的系统，用户可以在系统中搜寻和共享信息、沟通、完成协作报告等。这一远程协同搜索系统功能全面、性能稳定、安装操作简单、便于实验数据的搜集。Coagmento 可以插件形式安装在火狐浏览器上。

录屏软件 WebEx Recorder 用以记录搜索过程，历史记录统计软件 Browsing History View 用以统计搜索页面和时间；利用 SPSS19.0 对实验数据进行分析处理。

3.2　实验任务

参照 A. Border 对搜索任务的分类，本研究设定了三类协同搜索任务：信息类（informational）、事务类（transactional）以及导航类（navigational）[23]。信息类任务的目标是寻找文件的集合，用户发现并获取文档，没有进一步的相互作用；事务类任务目的性比较强，到达一个网站或网页后，围绕具体任务进一步互动；导航类任务主要是对指定网页的搜寻。

搜索任务具体设定如下：

（1）信息类任务：了解团购网站的信息。要求列举国内 3 家大型团购网站，说明它们各自的受欢迎程度、用户数量、团购带来了哪些方面的便利？何以吸引用户？团购未来的发展趋势。

（2）事务类任务：为国内某企业制定培训计划，设计培训方案。需要包括时间安排，每个阶段的培训主题、培训内容、培训师资、总费用以及培训效果考核和结果评定。至少列出分别适用于管理阶层和基层员工的两套培训方案。

（3）导航类任务：高校应届生求职信息调查。列出至少 10 所省内高校的官方网站中关于 2015 应届生应聘信息的网址，各摘录 2 条求职信息。

3.3　问卷设计

实验问卷包括 4 个部分：个人信息统计、问题解决能力检测、实验过程情况记录、实验后总体评价。

个人信息统计用以采集实验用户亲密度指标数据，除了姓名、性别、专业、年级等常规的个人信息外，还包括是否相识、距离远近、网络互动、兴趣圈、关系圈、合作经历、合作搜索经验等，据此确定实验用户之间的人际关系和合作默契度，为实验分组提供依据。

问题解决能力检测借鉴了 P. P. Heppener 的 PSI（The Problem Solving Inventory）量表[24]，然后依问题解决过程调整题项表达和排列顺序，形成面向问题解决过程的能力测评量表，如表1所示：

表1　问题解决能力测评量表题项

序号	题　项
1	当意识到问题存在时，我首先做的是试着找出确切的问题
2	当遇到问题时，我会想尽可能多的办法直到想不出为止
3	我想出的问题解决办法通常是有创新并且有效的
4	在解决问题前，我会先预测总体的结果
5	在解决问题时，我倾向于从我有把握的部分开始处理
6	在解决问题时，我在做出下一步决定前会停下来仔细考虑
7	在作决定时，我会衡量每个可能的结果，并且与其他选择进行比较
8	我通常对自己做的决定不会后悔
9	在解决问题时，我不会因为情绪化而出差错
10	问题解决后的结果通常与我的预测的结果一致
11	如果问题不能成功解决，我会反思总结
12	如果有足够多的时间和精力，我能解决我面对的绝大多数问题

实验过程情况记录包括搜索过程的情绪状态和任务完成评价。情绪状态反馈表（见表2）中的18种情绪状态是在大连理工大学的情感词库[25]以及知网 Hownet 情感词库的基础上确定的。该反馈表用以记录任务开始、前期、后期、结束4个阶段的情感状态变化，每项任务填写4次。

表2　情绪状态反馈

任务阶段	情绪状态																		
	1 高兴	2 满意	3 期待	4 愉悦	5 欣慰	6 轻松	7 淡定	8 平静	9 无所谓	10 一般般	11 还行	12 从容	13 别扭	14 无奈	15 厌烦	16 郁闷	17 慌忙	18 愤怒	其他情绪
任务开始																			
任务前期																			
任务后期																			
任务结束																			

任务感知反馈表是在 NANA 任务负荷量表[26]的基础上设计而成,用于每项任务完成后收集实验者对搜索任务的感知程度。从哪些方面入手真实地分析用户的任务认知目前还没有统一的标准。根据 O. Liechti[27]对任务感知的阐述,结合任务的过程研究视角,本研究将任务感知分为基本感知、过程感知和结果感知,并对 3 种任务感知的内涵作进一步的界定,如表 3 所示:

表3　任务感知反馈表及设计思路

题　项	设计思路	
1、我能理解这项任务的主题	任务主题感知	基本感知
2、我很清楚这项任务的内容	任务范畴感知	
3、我对其他成员的任务搜索进度很了解	任务进度感知	过程感知
4、我对搜索的步骤很清晰	任务方向感知	
5、这项任务实际完成时间和预期时间接近	任务时间感知	结果感知
6、我觉得这项任务完成得很成功	任务效果感知	

实验后总体评价用于收集所有任务完成后用户对任务难易度和激发兴趣程度的评价,由小组成员讨论后回答两个主观问题:①3 类任务哪个完成得最轻松?请排序。②3 类任务哪个能激发探索的兴趣?请排序。

3.4　实验用户及分组

招募了 18 位在校大学生参与实验研究,男女比例为 1:1,文理学科比例为 1:1。通过能力测评量表将实验者分为高问题解决能力组和低问题解决能力组,每组 9 人,根据事先采集的实验用户的个人信息,将不同问题解决能力组划分为关系紧密、中等关系和关系疏离组,最终形成 6 个小组,编号依次为 A – F。

亲密度的测量是通过实验前个人信息统计及组织者有针对性的访谈获取一系列表征合作网络紧密程度的指标（见 3.3 节以"个人信息统计"为起始的段落），构建合作网络和合作矩阵，将每位实验者定义为一个节点，如两位实验者在上述指标上存在关联，则在两点之间建立一条边，并根据相应指标的值（相识时长、物理距离、互动频率、共同圈子数、合作次数等）构造合作矩阵，从而定量地测度实验者之间关系的紧密程度。

3.5　实验研究流程

实验研究分为实验准备、实施、数据提交 3 个阶段，研究流程如图 1 所示：

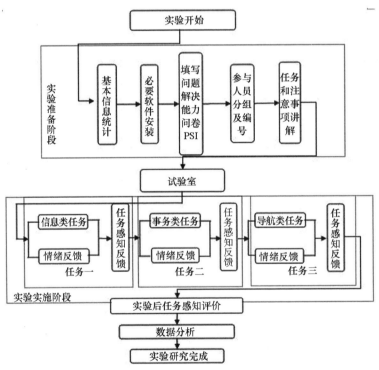

图 1　实验研究流程

搜索实验于 2015 年 3 月 28 – 29 日在笔者所在学院机房进行，共回收有效数据 18 套，1 套完整数据由问卷、视频和浏览记录统计文件组成。

4 数据分析

4.1 用户协同搜索任务感知分析

实验数据满足正态分布，方差的相伴概率大于0.05，方差齐性。研究涉及任务类型、问题解决能力和亲密度3个维度，所以以任务类型为实验组内因素，以问题解决能力和亲密度为实验组间因素进行三因素多变量重复测量方差分析。

4.1.1 任务主题感知

针对表3中的题项1（我能理解这个任务的主题）的方差分析显示，问题解决能力主体间效应显著，并且它和任务类型的交互作用明显，见表4（a）和表4（b）。从表4（c）任务类型与问题解决能力交互效应可知，高能力组在事务类和导航类任务的主题感知上差异显著，低能力组在信息类和事务类任务的主题感知上差异显著。均值比较发现，高能力组对导航类任务的主题比事务类的更加理解，低能力组对信息类任务主题内涵的把握度比事实类任务要好。而上述差异的显著性通过表4（d）的问题解决能力对任务类型的多变量简单效应可知，低能力的差异性更为显著，解释的变异度为47.2%。

表4（a）　　问题解决能力主体间效应

(I) 问题解决能力	(J) 问题解决能力	均值差值（I-J）	标准误差	Sig. a
高（4.333）	低（3.593）	.741 *	.196	.003
低（3.593）	高（4.333）	-.741 *	.196	.003

表4（b）　　任务类型与问题解决能力交互作用

任务类型	(I) 问题解决能力	(J) 问题解决能力	均值差值（I-J）	标准误差	Sig. a
事务类	高（4.000）	低（3.111）	.889 *	.385	.040
	低（3.111）	高（4.000）	-.889 *	.385	.040
导航类	高（4.889）	低（3.667）	1.222 *	.222	.000
	低（3.667）	高（4.889）	-1.222 *	.222	.000

表 4 （c） 问题解决能力与任务类型交互作用

问题解决能力	（I）任务类型	（J）任务类型	均值差值（I－J）	标准误差	Sig. a
高	事务类（4.000）	信息类（4.111）	－.111	.272	.970
		导航类（4.889）	－.889*	.304	.038
	导航类（4.889）	信息类（4.111）	.778	.294	.063
		事务类（4.000）	.889*	.304	.038
低	信息类（4.000）	事务类（3.111）	.889*	.272	.020
		导航类（3.667）	.333	.294	.625
	事务类（3.111）	信息类（4.000）	－.889*	.272	.020
		导航类（3.667）	－.556	.304	.254

表 4 （d） 问题解决能力分析

问题解决能力		值	F	Sig.	偏 Eta 方
高	Pillai 的跟踪	.451	4.518a	.037	.451
低	Pillai 的跟踪	.472	4.924a	.030	.472

4.1.2 任务范畴感知

针对题项 2（我很清楚这项任务的内容），方差分析结果显示：任务类型的主体间效应显著且能解释变异度的 70.4%，其他因素之间没有交互作用。不同任务类型的两两比较发现，信息类和事务类任务、事务类和导航类任务在任务范畴感知上差异显著。从平均数上看，实验者普遍感知事务类任务比其他两类任务涉及领域更宽，导航类任务范畴最窄。

4.1.3 任务进度认知

针对题项 3（我对组内其他成员的任务搜索进度很了解），方差分析结果显示：只有问题解决能力主体间效应显著，解释变异度的 34.3%，其他因素之间没有交互作用。均值比较发现，问题解决能力越高，协作成员对协同搜索进度的感知越清晰。

4.1.4 任务方向感知

针对题项 4（我对搜索的步骤很清晰），方差分析结果显示：任务类型和亲密度主效应显著，因此要进行同一因素的不同水平上的两两比较。比较亲密度的平均数，发现中等关系组比关系紧密组对搜索任务方向感知更为清晰；

比较任务类型平均数，发现各协作组对导航类任务的方向感知比事务类任务更为明确。

4.1.5 任务时间感知

针对题项 5（这个任务实际完成时间和预期时间接近），方差分析结果显示：任务类型的主体间效应显著，解释变异度的 64.7%，其他因素之间没有交互作用。在平均数上，导航类任务大于信息类任务，即各协作组在导航类任务上的时间花费比信息类任务更加接近预期时间，并且对时间成本预估准确。

4.1.6 任务效果感知

针对题项 6（我觉得这个任务完成得很成功），方差分析结果显示：任务类型的主体间效应显著，解释变异度的 86.3%，任务类型和亲密度有交互作用。具体而言，3 类任务在完成效果的感知上有显著差异，各协作组认为导航类任务最成功，其次是信息类，最后是事务类任务。另外，关系紧密和中等关系组在不同任务类型上存在显著差异，解释的变异度分别为 87.6%、86.1%，说明关系紧密组对不同类型任务的效果感知的差异度更大，他们认为导航类比信息类、事务类任务完成的效果更好，中等关系组只认为导航类比信息类任务完成的效果要好。

4.1.7 任务总体感知

各协作组在任务全部完成对任务总体的感知难易程度和激发探究兴趣程度的排序赋权后（排第 1、2、3 位分别赋权重 3、2、1）得到评价结果，见表 5。

表5 任务总体感知轻松程度和激发兴趣程度评价

问题解决能力	亲密度	感觉轻松			激发兴趣		
		信息类	事务类	导航类	信息类	事务类	导航类
高	紧密	2	1	3	2	3	1
	中等	2	1	3	1	2	3
	疏离	2	1	3	2	1	3
平均		2	1	3	1.67	2	2.33
低	紧密	3	1	2	3	1	2
	中等	1	2	3	1	2	3
	疏离	1	2	3	1	3	2
平均		1.67	1.67	2.67	1.67	2	2.33
总平均		1.83	1.33	1.83	1.67	2	2.33

高问题解决能力组一致认为导航类任务最轻松，信息类任务次之，事务类任务最困难，说明协同搜索适合导航类任务，而事务类任务在协作组内难以达成一致意见，用协同搜索的方式完成比较困难。但高能力的 3 个组对不同类型任务激发兴趣的评价各不相同，其中关系紧密组对任务激发兴趣程度的评价随搜索任务难度的上升而增加，表明协作小组关系越紧密，越倾向于迎难而上，关系疏离组相反，他们对任务激发兴趣程度的评价随任务难度的上升而降低。

低问题解决能力组认为导航类任务最轻松，对于信息类和事务类任务的难易程度，中等关系和关系疏离组意见一致，均认为信息类任务最困难，这说明低能力组完成精确性要求更高的信息类任务力不从心。在激发兴趣程度的评价上，关系紧密组和中等关系组的兴趣度排序与其对任务感觉轻松程度的主观评价一致，即任务越轻松，越感兴趣。

整体来看，实验者对信息类和导航类任务的难易感知轻松，对事务类任务感知困难。各类型任务激发实验者兴趣的程度按大到小依次是导航类、事务类和信息类。

4.2 用户协同搜索情绪状态分析

将情绪反馈表中的情绪状态依愉悦度、极性、程度分类，划分为正面 +、正面、中性 +、中性、负面 +、负面 6 种情绪类型（"+"代表愉悦度更大），每种类型由 3 种情绪状态组成。

4.2.1 任务类型对用户协同搜索情绪状态的影响

表 6 统计了协同搜索行为不同阶段用户的不同情绪状态的频数。

表6　任务各阶段不同情绪类型频数统计

任务类型	任务阶段	正面 +	正面	中性 +	中性	负面 +	负面
信息类	开始	6	4	3	2	0	3
	前期	0	1	5	9	2	1
	后期	0	2	7	3	4	2
	结束	2	3	6	5	1	1
总计		8	10	21	19	7	7
事务类	开始	4	2	4	4	2	2
	前期	0	2	2	4	7	3
	后期	1	1	1	7	5	3
	结束	1	4	2	6	5	0
总计		6	9	9	21	19	8

任务类型	任务阶段	正面 +	正面	中性 +	中性	负面 +	负面
导航类	开始	5	5	2	5	1	0
	前期	2	6	2	5	2	1
	后期	0	10	2	3	3	0
	结束	5	6	2	5	0	0
总计		12	27	8	18	6	1

从表6可知，各小组在信息类任务协同搜索时中性情绪最多，负面情绪最少，事务类任务中性情绪最多，正面情绪最少，导航类正面情绪最多，负面情绪最少。按搜索任务给实验者带来正面情绪的程度从高到低排序，是导航类任务、信息类任务、事务类任务。

4.2.2 问题解决能力和亲密度对用户协同搜索情绪状态的影响

表7统计了不同问题解决能力和亲密度的小组中6类情绪的数量和比率。

表7 各组情绪比率统计

情绪类型	高问题解决能力						低问题解决能力					
	关系紧密		中等关系		关系疏离		关系紧密		中等关系		关系疏离	
	频数	比率	频数	比率	频数	比率	频数	比率	频数	比率	频数	比率
正面 +	5	13.9%	4	11.1%	7	19.4%	1	2.8%	7	19.4%	2	5.6%
正面	9	25.0%	14	38.9%	4	11.1%	5	13.9%	7	19.4%	7	19.4%
中性 +	7	19.4%	4	11.1%	12	33.3%	5	13.9%	3	8.3%	7	19.4%
中性	6	16.7%	10	27.8%	6	16.7%	12	33.3%	9	25.0%	15	41.7%
负面 +	5	13.9%	3	8.3%	4	11.1%	11	30.6%	4	11.1%	5	13.9%
负面	4	11.1%	1	2.8%	3	8.3%	2	5.6%	6	16.7%	0	0.0%

从表7可知，在高问题解决能力的实验者中，成员关系紧密的实验组在协同搜索时情绪分布相对均匀，正面情绪略高于中性 +、中性情绪远高于负面情绪，关系中等组的正面情绪比例最大，中性情绪次之，关系疏离组中性 + 情绪比较集中；在低问题解决能力的实验者中，成员关系紧密的实验组情绪集中在中性和负面 + 之间，中等关系组中性情绪较多，关系疏离组中性情绪比率明显多于其他情绪类型。可见，高问题解决能力更易于产生协作搜索的正向情绪。

将不同问题解决能力实验组中同一亲密度类型的两个小组情绪状态比率求平均，从结果可知，关系紧密组和关系疏离组正面＋和负面两种极性情绪少，关系紧密组除极性情绪外，其余4种情绪状态分布相对平均，关系疏离组主要集中在中性＋和中性情绪，而中等关系组表现出显著的正向情绪，正面、正面＋情绪比率都很高。可见，紧密或疏离的关系规避了协作者的极性情绪，中等关系的协作者在协同搜索中情绪积极正向。

4.2.3 多因素交互作用下用户情绪状态的变化

将情绪状态从高兴到愤怒分别赋值1-18，情绪越负面数值越大。小组的整体情绪用成员情绪状态的均值表示，结果如表8所示：

表8 各协作组在3种类型任务的各阶段情绪状态的变化情况

问题解决能力	亲密度	信息类				事务类				导航类			
		开始	前期	后期	结束	开始	前期	后期	结束	开始	前期	后期	结束
高	紧密	6.67	9.00	13.00	7.67	10.67	15.00	14.33	10.67	7.33	12.67	13.00	8.67
	中等	10.67	11.67	11.33	9.00	12.67	13.00	11.00	9.33	5.00	6.67	6.67	5.00
	疏离	4.00	8.67	7.00	10.33	8.67	11.33	13.33	12.33	8.33	9.00	7.33	8.67
	均值	7.11	9.78	10.44	9.00	10.67	13.11	12.89	10.78	6.89	9.44	9.00	7.44
低	紧密	9.33	11.33	10.33	5.33	7.00	10.33	10.33	9.33	9.33	11.33	5.00	2.67
	中等	7.00	9.67	11.33	10.67	7.00	10.33	12.00	8.00	3.00	4.67	6.00	3.67
	疏离	7.33	11.67	9.67	7.00	6.00	13.00	10.00	7.67	5.00	7.00	8.67	7.33
	均值	7.89	10.89	10.44	7.67	6.67	11.22	10.78	8.44	5.78	7.67	6.56	4.56

图2（a）和图2（b）直观地展示了问题解决能力和亲密度交互作用下协同搜索情绪状态的变化。可以看出，协同搜索中用户情绪状态变化的一般规律是任务开始阶段正面情绪多，随着搜索的深入，情绪逐渐转向负面，最后阶段又转回正面，总体呈拱形变化。

对于高问题解决能力的实验者，不同亲密度的协作组情绪状态变化曲线跨度较大，与平均水平的拟合度较差，各组之间情绪的交互影响很小。对于信息类任务，不同亲密度的组在开始阶段情绪起点很分散。对于事实类任务，情绪变化曲线在高位运行，整体情绪较负面，即使任务进行到中间阶段，负面情绪还是最多。对于导航类任务，实验者的情绪变得积极正面，尤其是搜索进程的中间实验者情绪比其他类型任务的相应阶段要正面得多，但任务结束阶段的情绪状态和其他组在相近水平上，说明亲密度高的组情绪敏感。

248

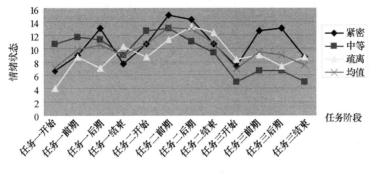

图 2（a）　　高问题解决能力组情绪变化

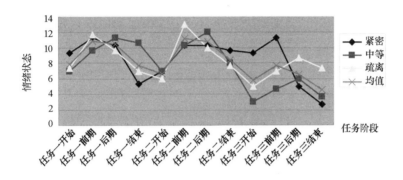

图 2（b）　　低问题解决能力组情绪变化

　　对于低问题解决能力的实验者，不同亲密程度的协作组在信息类搜索任务的前 3 个阶段情绪变化相似，保持轻松→还行→从容的趋势，在结束阶段情绪有差异。事实类任务的情绪变化曲线与平均水平拟合度较高；导航类任务的实验者表现出最明显的正面情绪变化趋势，但不同亲密度的曲线较分散。关系疏离组的情绪变化波动最小，结束阶段并未趋向正向积极，而关系紧密组的情绪变化波动最大，任务实施中间阶段甚至接近负面情绪，最后却逆转为满意的情绪。

4.3　用户任务感知和情绪状态对搜索效率的影响分析

　　运用录屏软件和浏览器历史记录插件统计的完成各项任务的浏览页面数和用时数，如表 9 所示：

表9　协同搜索浏览页面数和任务用时

协作组	信息类任务		事务类任务		导航类任务	
	浏览页面个数	用时（分）	浏览页面个数	用时（分）	浏览页面个数	用时（分）
A	104	21	17	22	114	15
B	78	29	16	11	85	23
C	81	14	24	21	100	15
D	20	14	28	16	81	12
E	40	20	69	36	110	20
F	46	24	32	21	97	18

　　浏览页面数和用时分别对应着搜索行为的收益和成本，搜索效率可以用两者的比值来度量，值越大效率越高。各协作组协同搜索效率如表10所示：

表10　协同搜索效率

协作组			信息类任务	事务类任务	导航类任务	均值
编号	问答解决能力	亲密度				
A	高	紧密	4.95	0.77	7.6	4.44
B	高	中等	2.69	1.45	3.7	2.61
C	高	疏离	5.79	1.14	6.67	4.53
高问题解决能力均值			4.48	1.12	5.99	3.86
D	低	紧密	1.43	1.75	6.75	3.31
E	低	中等	2	1.92	5.5	3.14
F	低	疏离	1.92	1.52	5.39	2.94
低问题解决能力均值			1.78	1.73	5.88	3.13
均值			3.13	1.43	5.94	3.50

　　从表10可知，高问题解决能力组的协同搜索效率为3.86，大于低能力组的3.13；导航类任务的协同搜索效率最高，其次是信息类、效率最低的是事务类，3类任务的搜索效率分别为5.94、3.13、1.43；将同类亲密度小组的效率求平均，可知协同搜索效率从高到低分别是关系紧密组、关系疏离组、中等关系组，对应的搜索效率分别为3.88、3.74、2.88。上述结果不仅揭示了协同搜索在不同类型任务上的适用性、不同问题解决能力和亲密度对搜索效率的影响，更深层次地提示了用户协同搜索过程任务感知和情感状态对搜

索效果的作用。

不同任务类型的协同搜索效率的差异，与4.1节中实验者对任务的主题认知、范畴认知，效果认知，难易认知的差异保持一致，感知主题范畴宽泛的、成功完成的、难度较小的任务其搜索效率更高，说明全面准确的任务感知对搜索效率有正向影响。这一差异还与4.2节中不同任务类型的协同搜索中正向情绪的差异性相一致，说明成员的正向情绪有利于高效的协同搜索。

不同问题解决能力的协作团队的搜索效率的差异，与4.1节中实验者对任务的进度认知的差异保持一致，也与4.2节中不同问题解决能力的实验者正向情绪的差异性相一致，再次显示高度的任务感知和正向情绪对协同搜索效率有正向影响。

不同亲密度的协作团队在搜索效率上的差异性，与4.1节中实验者对搜索任务的方向认知的差异并不完全一致，清晰的方向认知并不一定产生高的搜索效率，方向认知对搜索效率的影响不明确；另外，这一差异反映出极性情绪对搜索效率的负向影响，其影响程度甚至超过了正向情绪对搜索效率的提升作用。4.2节中的研究认为，紧密或疏离的关系规避了极性情绪，所以关系紧密组和关系疏离组的效率都较高，尽管中等关系组在协同搜索的过程中情绪积极正向，仍难抵极性情绪的负面影响。

4.4 用户任务感知和情绪状态之间的关联性分析

将实验者在3类任务搜索过程中不同阶段的情绪状态（反向数据需转化）与3种类型的认知测量数据进行相关性分析，结果如表11所示：

表11 用户任务感知与情绪状态的相关性

变量	统计指标	开始情绪	前期情绪	后期情绪	结束情绪	基本认知	进度认知	结果认知
开始情绪	Pearson 相关性	1	.518**	.165	.061	-.487*	.146	.243
	显著性（双侧）		.000	.232	.662	.035	.291	.077
前期情绪	Pearson 相关性	.518**	1	.551**	.263	-.134	.559*	.179
	显著性（双侧）	.000		.000	.054	.发336	.025	.195
后期情绪	Pearson 相关性	.165	.551**	1	.564**	-.169	.132	.242
	显著性（双侧）	.232	.000		.000	.222	.341	.078
结束情绪	Pearson 相关性	.061	.263	.564**	1	-.038	.050	.633*
	显著性（双侧）	.662	.054	.000		.784	.719	.014
基本认知	Pearson 相关性	-.487*	-.134	-.169	-.038	1	-.110	-.299*
	显著性（双侧）	.035	.336	.222	.784		.430	.028

变量	统计指标	开始情绪	前期情绪	后期情绪	结束情绪	基本认知	进度认知	结果认知
进度 认知	Pearson 相关性	.146	.559*	.132	.050	−.110	1	.589**
	显著性（双侧）	.291	.025	.341	.719	.430		.000
结果 情绪	Pearson 相关性	.243	.179	.242	.633*	−.299*	.589**	1
	显著性（双侧）	.077	.195	.078	.014	.028	.000	

**.在 0.01 水平（双侧）上显著相关；*.在 0.05 水平（双侧）上显著相关。

表 11 中数据显示，协同搜索不同阶段的用户情绪状态存在显著相关性，开始与前期情绪、前期与后期情绪、后期与结束情绪之间的相关系数分别为 0.518、0.551、0.564，均为强相关；从任务感知的角度来看，基本认知和结果认知弱相关，相关系数为 −0.299，进度认知和结果认知强相关，相关系数为 0.589。

此外，协同搜索用户在任务开始阶段的情绪状态与其对任务的基本认知中度负相关，相关系数为 −0.487,任务前期的情绪与进度认知强正相关，相关系数为 0.559，任务结束阶段的情绪与任务的结果认知强正相关，相关系数为 0.633。具体而言，用户对协同搜索任务的主题、内容的认知越明确，开始阶段的情绪倾向于平静乃至慌忙等中性或负面情绪，用户对任务的进程、步骤的认知越明确，任务前期阶段的情绪越正向，用户对任务完成结果的评价及其与预期结果的认知越明确，任务结束阶段的情绪越正向。

5　研究结论

5.1　用户协同搜索行为中的任务感知

（1）对协同搜索任务的基本感知。高问题解决能力的协作团队对导航类任务的主题更加理解，低问题解决能力的协作团队对信息类任务主题内涵的把握度要好，对事务类任务的主题感知存在困难；协同搜索用户感知事务类任务涉及的领域更宽，对导航类任务的感知范畴最窄。

（2）对协同搜索任务的过程感知。问题解决能力越高，协同搜索团队成员对协同搜索进度的认识越清晰；协同搜索用户对导航类任务的方向感知更为明确；中等关系组的方向感知更为清晰。

（3）对协同搜索任务的结果感知。协同搜索用户在导航类任务上的时间花费与预期时间更为接近；协同搜索用户认为导航类任务最成功，事务类任务最不成功，关系紧密的协作团队对不同类型任务的效果感知的这种差异度更大。结果感知与用户对任务的基本感知和进度感知相关，结果感知受整个搜索过程的影响。

（4）对协同搜索任务的总体感知。协同搜索用户感知导航类任务完成得最轻松，事务类任务最困难。低问题解决能力的协作团队在完成信息类任务和事务类任务时都存在困难；具有高问题解决能力、关系紧密的协作团队对任务激发兴趣程度的评价与其对任务难度的主观评价相一致，即任务越难，越感兴趣。其他成员结构特征的协作团队的兴趣感知则相反，任务越轻松，越感兴趣。

（5）任务感知与协同搜索效率。全面准确的任务感知，对协同搜索效率产生正向影响；但方向感知、时间感知、兴趣感知的影响在本研究中尚不明确。

（6）用户协同搜索行为中的不同类型的任务感知和不同阶段的情绪状态之间存在着较为复杂的相互影响关系。

5.2　用户协同搜索行为中的情绪状态变化

（1）任务类型与协同搜索情绪状态。导航类带来正面情绪的程度最高，其次是信息类，最后是事务类任务。

（2）问题解决能力与协同搜索情绪状态。高问题解决能力的用户比低问题解决能力的用户更易于产生正面情绪。

（3）亲密度与协同搜索情绪状态。紧密或疏离关系的成员在协同搜索的过程中不容易出现高兴、愤怒等极性情绪，中等关系的成员在协同搜索时情绪积极正向。

（4）协同搜索任务一般以正向情绪开始，随着搜索进程的深入，情绪逐渐变为负向，随着问题的解决，情绪恢复正向。高问题解决能力以及成员关系紧密的协作团队情绪更易于相互影响，情绪变化幅度更大。低问题解决能力的协作团队在协同搜索的最后阶段情绪状态较为分散。

（5）情绪状态与协同搜索效率。协作团队的正向情绪有利于提升协同搜索的效率，极性情绪将更大程度地降低搜索效率。

（6）协同搜索用户的情绪状态在前后衔接的不同阶段之间存在相关性，后阶段的情绪状态与前阶段均相关。

6　结语

本研究探讨了协同搜索中不同特征的用户的内在认知和情绪，并且对具有不同认知和情感的团队的协同搜索效果进行了对比分析，将认知和情感纳入同一研究框架，研究视野开阔、任务感知测量体系的建立、情感状态的划分都体现出一定的创新，这将有利于深入理解协同搜索中的用户行为及其内在心理机制，同时对于增强协同搜索系统的可用性、进一步引导和挖掘群体智慧具有一定的指导意义。

但是，由于协同信息检索领域用户研究的复杂性，加之实验条件、研究水平的限制，作为一项探索性的研究，还存在一些有待完善的方面：①对不同的主体因素对协同搜索行为的影响需进一步厘清；②对用户协同搜索行为中认知和影响之间复杂的关联影响机制的揭示有待深入；③由于模拟实验中设定的任务情境和实验样本的局限，本文的研究结论也要在后续研究中加以验证。

参考文献：

［1］ Koschmann T, Stahl G. Learning issues in problem – based learning：Situating collaborative information seeking ［C］ // Workshop on Collaborative Information Seeking, Seattle, 1998：407.

［2］ Foster J. Collaborative information seeking and retrieval ［J］. Annual Review of Information Science and Technology, 2006, 40（1）：329 – 356.

［3］ Hust A, Klink S, Junker M, et al. Towards collaborative information retrieval：Three approaches ［M］ // Franke J, Nakhaeizadeh G, Renz I. Text mining-theoretical aspects and applications. Berlin：Physica-Verlag, 2002.

［4］ 吴丹，邱瑾. 国外协同信息检索行为研究述评 ［J］. 中国图书馆学报，2012（6）：100 – 109.

［5］ De Mey. The cognitive viewpoint：Its development and its scope ［C］ //International Workshop on the Cognitive Viewpoint. Ghent, Belgium：University of Ghent, 1977.

［6］ Simon C, Bandini S. Integrating awareness in cooperative applications through the reaction diffusion metaphor ［C］ //Proceedings of Computer Supported Cooperative Work. New Orleans, 2002：495 – 530.

［7］ Bystrom K, Jarvalin K. Task complexity affects information seeking and use ［J］. Information Processing and Management, 1995, 31（2）：191 – 213.

［8］ 闫临霞，曾建潮. 基于任务的群体感知模型的形式化描述 ［J］. 计算机工程与应用，2005（30）：84 – 88.

［9］ Robert V, Nicholas G, Joemon M J, et al. A study of awareness in multimedia search ［J］. Information Processing and Management, 2012, 48（1）：32 – 46.

［10］ 韩毅，李鹏，李琳琳，等. 嵌入合作的信息查寻与检索社会认知模型 ［J］. 情报科学，2012（3）：444 – 449.

［11］ 吴丹，邱瑾. 协同信息检索行为中的认知研究 ［J］. 情报学报，2013，32（2）：

125 – 137.

[12] 李维杰. 情感分析与认知 [J]. 计算机科学, 2010, 37 (7): 11 – 15.

[13] 陈满琪. 群体情绪及其测量 [J]. 社会科学战线, 2013, 10 (2): 174 – 179.

[14] Bilal D. Children's use of the yahooligans! Web search engine: Cognitive and physical behavio on research tasks [J]. Journal of Lhe American Society for Information Science and Technology, 2001, 52 (2): 118 – 136.

[15] McGrath J. Groups: Interaction and performance [M]. Englewood Cliffs: Prentice-Hall, 1984.

[16] Nahl D. Measuring the effective information environment of web searchers [J]. Proceedings of the American Society for Information Science & Technology, 2004: 41 (1): 191 – 197.

[17] Shah C. Exploring information seeking processes in collaborative search tasks [J]. Proceedings of the American Society for Information Science & Technology, 2010, 47 (1): 1 – 7.

[18] 邱瑾, 吴丹. 协同信息检索行为中的情感研究 [J]. 图书与情报, 2013 (2): 105 – 110.

[19] Kim J. Describing and predicting information seeking behavior on the Web [J]. Journal of the American Society for Information Science and Technology, 2009, 60 (3): 679 – 693.

[20] Li Yuelin. Exploring the relationships between work task and search task in information search [J]. Journal of the American Society for Information Science and Technology, 2009, 60 (2): 275 – 291.

[21] 孙丽, 曹锦丹. 信息搜寻行为研究中任务概念框架的构建 [J]. 图书情报工作, 2014, 58 (2): 47 – 52.

[22] 李鹏, 韩毅. 扎根理论视角下合作信息查寻与检索行为的案例研究 [J]. 图书情报工作, 2013, 57 (19): 24 – 29.

[23] Border A. A faxonomy of Web search [J]. ACM SIGIR forum, 2002, 36 (2): 3 – 10.

[24] Heppner P P. The problem solving inventory: Manual [M]. Phio Alto: Consulting Psychologists Press, 1988.

[25] 徐琳宏, 林鸿飞, 潘宇, 等. 情感词汇本体的构造 [J]. 情报学报, 2008, 27 (2): 180 – 185.

[26] Hart S G, Staveland L E. Development of NASA-TLX (task load index): Result of empirical and theoretical research [C] //Hancock P A, Meshkati N. Human Mental. Workload Amsterdam: North Holl and Press, 1988: 139 – 183.

[27] Liechti O. Awareness and the WWW: An overview [J]. ACM Siggroup Bulletin, 2000, 21 (3): 3 – 12.

作者简介

袁红（ORCID：0000-0003-2865-640X），副教授，博士研究生；

赵宇珺（ORCID：0000-0002-0762-5957），本科生，通讯作者，E-mail：yh@ntu.edu.cn。

师生团队模式下科研人员信息查询行为特征和差异研究[*]

高校是国家知识创新体系的重要组成部分，随着现代学科的不断交叉融合、各国科研投入的不断增加和各种激励政策的实施，科学研究变成了政府、资本、科研人员共同参与的社会行为，逐步形成了 4 种科研模式：①以个人为单位的个体科研模式；②以师承关系为纽带的师生团队科研模式；③以项目为龙头的项目团队科研模式；④以学科创新为目标的学科团队科研模式。其中，以师承关系为纽带的师生团队科研模式是目前高校最基本、最活跃的科研组织模式，主要是研究生（硕士生、博士生等）和指导老师之间的团队运作模式，偶有本科生和指导老师之间的团队运作模式[1]。这种团队模式具有协作能力较好、和谐度和认同度较高、易于管理等特点[2]，在高校培养人才、学科建设、科研创新等方面发挥着极其重要的作用。

信息查询行为是为了满足某一目标需要而产生的有目的、有意识的信息行为[3]。高校师生团队模式下的科研人员为了教学、科研和社会服务每天需要查阅大量的信息。然而师生团队构成（性别构成、团队规模、团队模式、学科差异）对信息查询行为施加何种影响、产生何种特征、存在什么差异等现实问题，却未见相关研究成果发表。为此，从师生团队构成的角度出发，深入揭示科研人员信息查询行为特征，比较分析科研人员信息查询行为差异，对于提高师生团队的信息查询能力，具有重要的理论意义和现实意义。

1 研究综述

随着科研模式的变化，信息查询行为的研究从聚焦于单学科科研人员扩展到多学科科研人员：20 世纪 40 年代至 70 年代，主要关注自然科学和工程领域，如 E. B. Parker 研究心理学家与其所使用的信息系统间的交互作用[4]，A. Anon 对物理学家和化学家的信息需求进行研究[5]；80 年代，相关研究扩展

---

  * 本文系国家社会科学基金项目"不同科研模式下学术研究人员信息查询行为与创新行为互动机理研究（项目编号：11BTQ044）"研究成果之一。

到社会科学和人文艺术科学领域，如 D. A. Ellis 研究社会科学学术研究人员的信息查询模式，将其概括为 6 个特征：开始、追踪、浏览、区分、动态跟踪和提取，从而为信息检索系统的设计建立行为模型[6]；90 年代，主要开展了多学科科研人员的信息查询行为研究，如 C. M. Brown 研究了电子信息时代天文学家、化学家、数学家、物理学家的信息查询行为，发现他们主要依靠期刊文献进行科研和创造活动[7]；Niu Xi 等调查研究了美国自然科学、医学和工程领域科研人员的信息查询行为，发现最大的变化是学术资源的电子存储、检索和共享[8]。

随着信息环境的变化，国内外学者较多采用开放式问卷方式，刻画科研人员群体的信息查询行为特征，如信息源选择、信息获取、认知信念、性别差异、学科差异等。R. J. Hamid 等对英国科研人员使用电子资源的情况进行调查，发现科研人员频繁使用电子期刊，并且 1/3 至 1/2 的页面访问量来自于 5% 的电子期刊，这表明科研人员所使用的电子资源集中度非常高[9]。胡昌平等对网络环境下高校科研人员信息查询行为进行了调查与分析，揭示了网络环境下高校科研人员的一些重要信息行为特征，为提高科研人员以项目为中心的信息利用水平提供参考[10]。沙勇忠等对网络信息查询行为的相关概念以及行为模型构建进行了理论探讨[11]。E. Whitmire 发现认知信念高的检索者能够很好地掌握、评价所查询到的信息，并且对从网络上和开放获取期刊中获取的信息的可靠性和权威性提出质疑，识别重点信息[12]。S. Halder 的研究表明：除多样化搜索外，女性在信息查询行为的各个方面得分高于男性；并且女性不愿探索一种新的主题，总是选择自己熟悉的、感兴趣的领域进行检索，而男性经常开展广泛且多样化的信息检索，以寻找更多的相关信息[13]。N. K. Sheeja 通过对自然科学和社会科学两个研究领域的博士的信息查询行为进行研究发现：自然科学研究领域的学生主要采用互联网查询信息，而社会科学领域的学生一般依赖于纸质期刊[14]。上述研究没有借助更科学、合理的量表来反映其行为特征及差异。

近年来，随着科学研究的广度和深度日益增加，科研创新越来越依赖科研团队合作完成，合作信息查询行为引起了广泛的关注，得到了有益的探索。如 S. Talja 通过半结构化访谈调查了科研团队和部门的合作信息查询行为，提出 4 种信息共享模式[15]。J. Hyldegard 揭示了科研团队学习环境中合作信息查询行为的特征：由于个人经历和环境因素的影响，团队成员所表现的信息行为有差异。因此，他认为不能完全按照 C. C. Kuhlthau 的信息检索模型（ISP）对团队进行研究，而是建立了相应的团队合作的信息检索模型，并将个人的社会和环境因素考虑在内[16]。吴丹进行了用户协同信息检索实验，发现协同能力强弱对用户的情境认知和协同认知的影响较大，而任务类型不同对用户的任务认知影响较大[17]。沈丽宁针对研究任务的复杂性、创新性、科研工作者的知识结构和认知能力、信息查寻的社会性4个层面提出科研人员合作信息查寻行为发生的动机[18]。褚峻等指出传统信息查寻和情报检索研究忽略了社会情境以及用户之间的相关关系的问题，因此在信息查询系统建设的过程中，应考虑用户间的合作行为[19]。然而，这些研究未定量揭示师生团队中科研人员信息查询行为的特征及差异。

2 研究对象与方法

2.1 研究对象

对中南大学交通运输工程学院、数学与统计学院、外国语学院、公共管理学院、商学院和基础医学院的52个团队，共350人进行问卷调查，获得有效问卷306份，样本有效率为87.4%。调查对象的基本情况如表1所示：

表1 调查对象的基本情况

调查对象	性别		年龄（岁）				学历		
	男	女	20－29	30－39	40－49	50－60	博士	硕士	本科
导师（人）	39	13	－	7	28	16	43	6	3
百分比（%）	75.0	25.0		13.7	54.9	31.4	82.7	11.5	5.8
学生（人）	79	170	234	15	－	－	28	226	－
百分比（%）	31.7	68.3	90.4	9.6	－	－	11.0	89.0	－

2.2 研究工具

本研究根据国内外信息素养评价体系和信息素养、信息查询行为量表，结合高校科研人员自身特征，研制科研人员信息查询行为量表。该量表由信息意识、信息获取、信息评价、信息组织管理、信息利用、信息伦理道德6个维度共46个条目构成。采用Likert 5点量表进行测量。在后期的数据处理中，对总是、经常、有时、偶尔、从不选项分别赋予分值5、4、3、2、1。

本研究中量表的信度检验方法采用Cronbach α系数，α值越大，表示该因子内部各题项之间的关系越大，即内部一致性越高。信息查询行为量表及各维度的信度检验结果如表2所示：

表2 信息查询行为量表及各维度的信度检验结果

量表及各维度	Cronbach α 系数
信息查询行为量表	0.934
信息意识	0.775
信息获取	0.871
信息评价	0.806
信息组织管理	0.698
信息利用	0.762
信息伦理道德	0.786

由表2可知，信息查询行为总量表 Cronbach α 值为 0.934，表明总量表内在一致性很好。6 个维度中，除信息组织管理维度 Cronbach α 为 0.698 外，其余均在 0.762 – 0.871，因此，该量表信度较好，适合进行问卷调查。

本研究中量表的信度检验方法采用结构效度检验方法，根据 KMO 值和 Bartlett 球形检验进行判断。信息查询行为量表及其维度的效度检验结果如表 3 所示：

表3 信息查询行为量表及各维度的效度检验结果

量表及各维度	KMO	Bartlett 球形检验		
		卡方值	df	Sig.
信息查询行为量表	0.905	6 560.537	1 035	0.000
信息意识	0.786	378.372	10	0.000
信息获取	0.883	1 770.253	120	0.000
信息评价	0.790	588.044	15	0.000
信息组织管理	0.718	226.879	6	0.000
信息利用	0.872	785.395	21	0.000
信息伦理道德	0.836	726.252	28	0.000

由表3可知，信息查询行为总量表 KMO 值 = 0.905，Bartlett 球形检验的卡方值 = 6 560.537，df = 1 035，P = 0.000，具有统计学意义。其次，6 个维度 KMO 值均在 0.718 – 0.883 之间，Bartlett 球形检验均具有统计学意义，表明该量表及其各维度均具有良好的结构效度。

2.3 方法

采用 Excel 软件对问卷数据进行录入，对经过评分转换后的数据采用 SPSS 18.0 统计软件进行管理与统计，应用描述性分析、t 检验、F 检验、最小显著性法（LSD 法）等统计学方法。

3 结 果

3.1 不同性别成员信息查询行为特征和差异比较

由表 4 可知，男性成员信息查询行为及各维度得分均稍高于女性，但不同性别成员的信息查询行为没有显著性差异（$p = 0.064 > 0.05$）。不同性别成员均表现为信息伦理道德得分最高，信息组织管理得分最低。

表 4　不同性别成员信息查询行为的描述性分析和 T 检验

信息查询行为及各维度	M ± SD		t	显著性
	男性	女性		
信息查询行为	3.61 ± 0.50	3.50 ± 0.50	1.859	0.064
信息意识	3.68 ± 0.64	3.40 ± 0.61	3.837	0.000
信息获取	3.49 ± 0.54	3.40 ± 0.62	1.279	0.202
信息评价	3.80 ± 0.66	3.69 ± 0.64	1.382	0.168
信息组织管理	3.28 ± 0.78	3.23 ± 0.76	0.487	0.627
信息利用	3.52 ± 0.66	3.37 ± 0.77	1.722	0.086
信息伦理道德	3.90 ± 0.68	3.85 ± 0.59	0.700	0.485

信息查询行为各个维度中，除信息意识外，其他各维度在 $\alpha = 0.05$ 检验水准下，均不存在差异。不同性别科研人员的信息意识在 $\alpha = 0.05$ 检验水准下存在差异（$p < 0.05$），且男性强于女性。研究结果与李织兰等[20]对学生信息素质的调查结果一致，信息素养明显存在着性别倾向，男性的信息意识高于女性，这可能与男性对信息的敏感程度强于女性以及男性的好奇心比女性强烈有关。

3.2 不同师生团队规模科研人员信息查询行为特征和差异比较

将所有团队按规模及团队个数分为 3 组，团队人数为 2 - 4 的为小规模团队，共 18 个；团队人数为 5 - 7 的为中规模团队，共 21 个；剩余的为大规模团队，共 13 个。不同师生团队规模科研人员信息查询行为的差异分析见表 5。

表 5　不同师生团队规模科研人员信息查询行为的方差分析

信息查询行为 及各维度	M ± SD			F	显著性
	小规模团队	中规模团队	大规模团队		
信息查询行为	3.63 ± 0.54	3.53 ± 0.50	3.49 ± 0.49	1.561	0.212
信息意识	3.62 ± 0.63	3.52 ± 0.58	3.43 ± 0.69	1.925	0.148
信息获取	3.57 ± 0.64	3.38 ± 0.59	3.42 ± 0.55	2.207	0.112
信息评价	3.78 ± 0.66	3.72 ± 0.67	3.71 ± 0.64	0.214	0.807
信息组织管理	3.25 ± 0.74	3.27 ± 0.77	3.19 ± 0.79	0.344	0.709
信息利用	3.51 ± 0.64	3.44 ± 0.70	3.35 ± 0.80	1.127	0.325
信息伦理道德	3.95 ± 0.60	3.89 ± 0.66	3.79 ± 0.61	1.467	0.232

由表 5 可知，小规模团队的信息查询行为最优（M = 3.63），大规模团队的信息查询行为较差（M = 3.49），但不同师生团队规模科研人员信息查询行为及各维度在 α = 0.05 检验水准下，均不存在差异（p > 0.05）；不同师生团队规模科研人员均表现为信息伦理道德得分最高，信息组织管理得分最低。

从信息查询行为各维度来看，信息意识、信息评价、信息利用和信息伦理道德均为小规模团队得分最高，大规模团队得分最低，信息获取能力最强的是小规模团队，最弱的是中规模团队，信息组织管理能力较强的是中规模团队，较差的是大规模团队。

3.3　不同团队模式科研人员信息查询行为特征和差异比较

师生团队模式分为导师/硕士团队（teacher、master，TM），导师/博士团队（teacher、doctor，TD）和导师/博士/硕士团队（teacher、doctor、master，TDM）。本研究中，导师/硕士团队共 37 个，导师/博士团队 1 个，导师/博士/硕士团队共 14 个。3 种团队模式科研人员信息查询行为的描述性分析和差异比较如表 6 所示：

表 6　3 种团队模式科研人员信息查询行为的方差分析

信息查询行为 及各维度	M ± SD			F	显著性
	TM	TD	TDM		
信息查询行为	3.54 ± 0.52	4.03 ± 0.52	3.51 ± 0.48	1.541	0.216
信息意识	3.52 ± 0.64	3.93 ± 0.92	3.46 ± 0.62	0.915	0.402
信息获取	3.43 ± 0.59	4.02 ± 0.31	3.43 ± 0.59	1.519	0.221
信息评价	3.73 ± 0.68	4.11 ± 0.19	3.71 ± 0.61	0.587	0.556

信息查询行为及各维度	M ± SD			F	显著性
	TM	TD	TDM		
信息组织管理	3.24 ± 0.77	3.50 ± 1.09	3.22 ± 0.76	0.209	0.812
信息利用	3.43 ± 0.77	4.05 ± 0.70	3.38 ± 0.64	1.228	0.294
信息伦理道德	3.88 ± 0.65	4.29 ± 0.51	3.82 ± 0.59	1.031	0.358

由表6可知，导师/博士团队的信息查询行为及各个维度得分均稍高于导师/硕士团队和导师/博士/硕士团队，3种团队模式科研人员信息查询行为及各维度在 α = 0.05 检验水准下，均不存在差异（p > 0.05）。这可能与博士研究生在所调查的研究生中所占比例较小（仅占11.0%）有关；3种团队模式科研人员均表现为信息伦理道德得分最高，信息组织管理得分最低。在信息查询行为各个维度中，导师/博士团队的各个维度得分均高于导师/硕士团队和导师/博士/硕士团队；除信息评价平均得分相同外，在各个维度上，导师/硕士团队得分均高于导师/博士/硕士团队。

3.4 不同学科师生团队模式下科研人员信息查询行为特征和差异

总体上看，科研人员信息查询行为的平均得分为3.54，稍高于3，说明科研人员的信息查询行为处于中等偏上水平。在信息查询行为各个维度中，信息伦理道德得分最高，科研人员大都能在信息的传播、获取和利用过程中遵守相关的伦理要求；其次为信息评价能力，科研人员能在众多的信息资源中进行评价和选择；信息意识、信息获取和信息利用的平均得分排在第三位，显示科研人员对信息有一定的敏感性，能掌握相关的信息技能准确获取信息，并对相关信息进行整合利用；相比较而言，信息组织管理能力最弱，科研人员尚未意识到信息的组织对提高信息利用率的重要性。

表7 不同学科师生团队信息查询行为的描述性分析和方差分析

信息查询行为及各维度	M ± SD							F	显著性
	总	医学	管理学	理学	工学	文学	法学		
信息查询行为	3.54 ± 0.50	3.68 ± 0.52	3.52 ± 0.55	3.40 ± 0.45	3.61 ± 0.49	3.53 ± 0.55	3.50 ± 0.43	1.961	0.084
信息意识	3.50 ± 0.63	3.57 ± 0.58	3.46 ± 0.69	3.48 ± 0.66	3.62 ± 0.64	3.45 ± 0.62	3.44 ± 0.58	0.624	0.681
信息获取	3.43 ± 0.57	3.61 ± 0.60	3.51 ± 0.57	3.24 ± 0.58	3.58 ± 0.54	3.29 ± 0.61	3.36 ± 0.53	3.851	0.002
信息评价	3.74 ± 0.64	3.81 ± 0.62	3.72 ± 0.71	3.56 ± 0.55	3.65 ± 0.71	3.90 ± 0.70	3.82 ± 0.55	1.978	0.082
信息组织管理	3.26 ± 0.77	3.46 ± 0.62	3.19 ± 0.74	3.12 ± 0.77	3.19 ± 0.80	3.35 ± 0.91	3.25 ± 0.77	1.496	0.191
信息利用	3.43 ± 0.71	3.62 ± 0.65	3.37 ± 0.87	3.20 ± 0.67	3.55 ± 0.65	3.43 ± 0.82	3.42 ± 0.59	2.264	0.048
信息伦理道德	3.87 ± 0.63	3.95 ± 0.61	3.73 ± 0.65	3.88 ± 0.57	3.93 ± 0.61	3.96 ± 0.69	3.75 ± 0.63	1.332	0.251

从表 7 来看，各个学科师生团队信息查询行为均达到较高水平（M >
3.00），其中医学师生团队的信息查询行为最优（M = 3.68），理学最低（M
= 3.40），但不同学科师生团队的信息查询行为不存在显著性差异（P <
0.05）。信息意识最强的是工学，最弱的是法学；信息获取、信息组织管理、
信息利用能力最高的是医学，最低的是理学；信息评价最高的是文学，最低
的是理学，信息伦理道德最优的是文学，最差的是管理学。从信息查询行为
各维度来看，6 个学科师生团队的信息评价能力和信息伦理道德较好，医学、
管理学、理学、工学和法学信息组织管理能力较弱，文学信息获取能力较差。

由表 7 可知，不同学科师生团队信息查询行为不存在显著性差异（p >
0.05），但是在信息获取和信息利用方面存在差异（p < 0.05）。对不同学科师
生团队的信息获取、信息利用采用 LSD 法进行多重比较，结果如表 8 所示：

表 8　不同学科师生团队信息获取、信息利用的 LSD 法多重比较

(I)\n学科	(J)\n学科	信息获取			信息利用		
		均值差（I－J）	标准误	显著性	均值差（I－J）	标准误	显著性
医学	管理学	0.099 03	0.109 74	0.368	0.248 69	0.138 16	0.073
	理学	.368 24 *	0.110 82	0.001	.419 27 *	0.139 52	0.003
	工学	0.028 1	0.117 39	0.811	0.067 8	0.147 79	0.647
	文学	.322 11 *	0.122 08	0.009	0.186 84	0.153 7	0.225
	法学	.251 71 *	0.124 54	0.044	0.193 91	0.156 79	0.217
管理学	理学	.269 21 *	0.101 27	0.008	0.170 58	0.127 5	0.182
	工学	− 0.070 93	0.108 42	0.514	− 0.180 89	0.136 5	0.186
	文学	0.223 08	0.113 49	0.05	− 0.061 84	0.142 88	0.665
	法学	0.152 68	0.116 12	0.19	− 0.054 78	0.146 2	0.708
理学	工学	− .340 14 *	0.109 52	0.002	− .351 47 *	0.137 88	0.011
	文学	− 0.046 13	0.114 53	0.687	− 0.232 43	0.144 2	0.108
	法学	− 0.116 53	0.117 15	0.321	− 0.225 36	0.147 49	0.128
工学	文学	.294 01 *	0.120 9	0.016	0.119 05	0.152 21	0.435
	法学	0.223 61	0.123 38	0.071	0.126 11	0.155 33	0.418
文学	法学	− 0.070 4	0.127 86	0.582	0.007 06	0.160 97	0.965

＊表示在 α = 0.05 检验水准，P < 0.05。

在信息获取维度上，医学与理学、文学、法学，理学与管理学、工学，
工学与文学的师生团队信息获取存在差异，且医学的信息获取能力显著强于

理学、文学、法学，管理学、工学的信息获取能力显著强于理学，工学的信息获取能力强于文学。研究结果与 R. J. Hamid 等[21]的研究相似，他们调查了不同学科科研人员的信息查询行为，结果发现，不同学科在信息获取方面存在差异。这可能与不同学科的课程设置及侧重点不同有关。医学和工学大部分学科均设置了信息检索课程，这对科研人员的信息获取能力有较大提高；医学和工学对动手操作能力要求较高，因此，信息检索课程的开设有助于提高科研人员的信息查询能力。

在信息利用维度上，医学、工学与理学的师生团队信息利用存在差异，且医学、工学的信息利用能力强于理学。不同学科之间信息利用存在差异，这与 B. S. Joanne[22]的研究结果类似。

4 结论及对策

4.1 师生团队模式下科研人员的信息查询行为特征

（1）师生团队模式下，无论是男性还是女性，信息查询行为总体上处于中等偏上水平；男性的信息查询行为及其各个维度均好于女性，在各个维度中，信息伦理道德最好，信息组织管理最差。

（2）师生团队模式下，小规模团队的信息查询行为水平最优，中等团队规模次之，大规模团队最差，因此，师生团队的信息查询行为水平不随着团队规模增大而增高。

（3）导师/博士团队的信息查询行为水平及各个维度均稍高于导师/硕士团队和导师/博士/硕士团队。

（4）各个学科师生团队信息查询行为均达到较高水平，其中医学师生团队的信息查询行为水平最优，理学最差；从各维度来看，6 个学科师生团队的信息评价能力和信息伦理道德较好，医学、管理学、理学、工学和法学信息组织管理能力较弱，文学信息获取能力较弱。

4.2 师生团队模式下科研人员的信息查询行为差异

（1）不同性别科研人员的信息意识存在差异性，且男性强于女性，但是信息查询行为总体上和其他各维度均不存在差异。

（2）不同师生团队规模科研人员信息查询行为及各维度均不存在差异。

（3）不同团队模式科研人员信息查询行为及各维度均不存在差异。

（4）不同学科师生团队的信息获取和信息利用存在差异，在信息获取维度上，医学与理学、文学、法学，理学与管理学、工学，工学与文学的师生团队存在差异，且医学显著强于理学、文学、法学，管理学、工学显著强于理学，工学强于文学。在信息利用维度上，医学、工学与理学存在差异，且医学、工学强于理学。信息查询行为总体上和其他维度不存在差异。

4.3 对策与建议

4.3.1 充分发挥师生团队模式下科研人员信息查询行为的长处

研究发现，师生团队模式下科研人员信息查询行为水平较高，其中尤以信息评价能力和信息伦理道德最强。因此应在师生团队现有基础上继续提高信息评价能力，规范信息伦理道德。科研人员应取长补短，对信息进行质量评价，提高对信息是否新颖、是否可靠、是否全面的判断能力；规范信息伦理道德，如合法获取信息、遵守有关知识产权的使用限制、规范标注引用的他人的观点等，在一定程度上提高师生团队信息查询行为水平。

4.3.2 弥补师生团队模式下科研人员信息查询行为的不足

师生团队模式下科研人员的信息意识、信息获取以及信息利用能力普遍不高。信息意识是人的信息敏感程度，是信息查询行为产生的前提。信息获取能力包括信息获取途径和信息获取技能，本研究发现信息获取是对信息查询行为影响最大的因素。信息获取来源和途径，包括查询中外文期刊及专业数据库、咨询图书馆员、同行交流或者向老师请教、参加国际或国内会议等；信息获取技能包括使用布尔逻辑检索、使用高级搜索功能、使用系统的限定检索功能、使用截词搜索、利用系统相关反馈功能等。可以通过增加信息获取来源和途径，提高信息获取技能来提高查全率、查准率和查询效率，提升师生团队信息查询行为水平。信息利用是指对信息进行提炼和整合后充分应用的能力，是信息查询行为的目的。可以通过增强对信息的敏感程度，提高信息利用能力来改善师生团队的信息查询行为。具体来讲，可以通过持续关注学科前沿，敏锐地捕捉它们的发展动态，学会从收集的信息中提炼主要观点，形成新的观点和想法，比较判断新旧知识的价值等来增强对信息的敏感程度，提高信息的利用能力。

师生团队模式下科研人员的信息组织管理能力最差。信息组织管理是指对收集到的信息进行整理、归类、组织和管理，亦是信息查询行为中不可忽视的一环，科研人员经常作阅读记录，学习使用文献管理软件管理信息，加强信息的备份管理并提高信息分类整理能力，对信息获取效率有较大影响。

4.3.3 开展有针对性的信息素养教育

师生团队模式下不同性别信息意识存在差异，男性高于女性，因此，应对团队中的女性成员有针对性地开展信息意识的培养，提高她们的信息敏锐性和觉察力。其次，不同学科的信息获取和信息利用能力有差异，医学、管理学和工学师生团队的信息获取能力较强，医学和工学师生团队信息利用能力较强。因此，应从学科、团队规模、团队成员的学历、性别等多角度考虑，选择知识技能互补、具有共同目标的科研人员组成团队，相互合作，提高信息查询行为水平。研究还发现，医学师生团队的信息查询行为水平最高，这可能与医学注重科学研究有关，其他学科可以借鉴医学师生团队的科研精神，通过提高对科学研究的重视程度来改善信息查询行为；也可以引进具有较高信息查询行为的学科的学生，通过学科的交叉融合，提高团队信息查询行为水平。

参考文献：

［1］ 李自胜，肖晓萍. 师生共组科研创新团队模式的研究 ［J］. 商场现代化，2009（13）：62－64.

［2］ 李新荣. 浅议高校科研团队的构建模式 ［J］. 社会科学战线，2008 （8）：274－275.

［3］ Wilson T D. Human information behavior ［J］. Informing Science，2000，3 （2）：49－56.

［4］ Parker E B，Paisley W J. Research for psychologists at the interface of the scientist and his information system ［J］. American Psychologist，1966，21 （11）：1061－1071.

［5］ Anon A. Survey of information needs of physicists and chemists ［J］. Journal of Documentation，1965，21 （2）：83－112.

［6］ Ellis D. A behavioural approach to information retrieval system design ［J］. Journal of Documentation，1989，45 （3）：171－212.

［7］ Brown C M. Information seeking behavior of scientists in the electronic information age：Astronomers，chemists，mathematicians，and physicists ［J］. Journal of the American Society for Information Science，1999，50 （10）：929－943.

［8］ Niu Xi，Hemminger B M，Lown C，et al. National study of information seeking behavior of academic researchers in the United States ［J］. Journal of the American Society for Information Science and Technology，2010，61 （5）：869－890.

［9］ Hamid R J，Patricia H S. Diversity in the e-journal use and information-seeking behaviour of UK researchers ［J］. Journal of Documentation，2010，66 （3）：409－433.

［10］ 胡昌平，贺娜，张俊娜. 网络环境下高校科研人员信息查询行为的调查与分析 ［J］. 情报理论与实践，2008，31 （2）：223－225.

［11］ 沙勇忠，任立肖. 网络用户信息查寻行为研究述评 ［J］. 图书情报工作，2005，49 （1）：128－132，111.

［12］ Whitmire E. The relationship between undergraduates epistemological beliefs，reflective judgment, and their information – seeking behavior ［J］. Information Processing and Management, 2004, 40 (1)：97 – 111.

［13］ Halder S, Ray A, Chakrabarty P K. Gender differences in information seeking behavior in three universities in West Bengal, India ［J］. The International Information & Library Review, 2010, 42 (4)：242 – 251.

［14］ Sheeja N K. Science vs social science：A study of information – seeking behavior and user perceptions of academic researchers ［J］. Library Review, 2010, 59 (7)：522 – 531.

［15］ Talja S. Information sharing in academic communities：Types and levels of collaboration in information seeking and use ［J］. New Review of Information Behaviour Research, 2002, 3 (1)：143 – 160.

［16］ Hyldegard J. Collaborative information behavior-exploring Kuhlthau's information search process model in a group-based educational setting ［J］. Information Processing & Management, 2006, 42 (1)：276 – 298.

［17］ 吴丹, 邱瑾. 协同信息检索行为中的认知研究 ［J］. 情报学报, 2013, 32 (2)：125 – 137.

［18］ 沈丽宁. 学术信息合作查寻行为及其动机剖析 ［J］. 情报理论与实践, 2010 (11)：86 – 89.

［19］ 褚峻, 张咏, 巢乃鹏. 信息查寻活动中的合作行为与合作式信息查寻 ［J］. 大学图书馆学报, 2003, 21 (4)：35 – 39.

［20］ 李织兰, 蒋晓云. 高职高专学生信息素质的现状调查及分析 ［J］. 高教论坛, 2007 (4)：162 – 165.

［21］ Hamid R J, Nicholas D. Information-seeking behaviour of physicists and astronomers ［J］. Aslib Proceedings：New Information Perspectives, 2008, 60 (5)：444 – 462.

［22］ Joanne B S. Tracking trends：Students' information use in the social sciences and humanities, 1995 – 2008 ［J］. Libraries and the Academy, 2011, 11 (1)：551 – 573.

作者简介

胡德华, 中南大学湘雅医学院医药信息系教授, 副主任, 湖南省高等学校医学信息研究重点实验室副主任, 博士生导师, 博士, E-mail：hudehua2000@163.com;

张娟, 河北民族师范学院图书馆助理馆员;

车丹, 中南大学湘雅医学院医药信息系硕士研究生;

罗爱静, 中南大学湘雅三医院教授, 湖南省高等学校医学信息研究重点实验室主任, 博士生导师, 博士。

青少年社会化阅读动机与
行为之关系研究[*]

——以上海市初高中生微信阅读为例

1 引 言

古往今来，不论长幼，谁都无法否认阅读的重要性[1]。相关研究也指出：阅读可以刺激大脑神经的发展，是创造健康心智和建立终身学习所需能力的重要条件[2]。而作为一种人类活动的阅读，它具有双重属性：个人独立的阅读体验和基于互动的分享体验[3]。相对于由个人独立完成的阅读活动，社会化阅读强调多人在阅读过程中的互动和分享。虽然这种阅读形态也存在于物理空间中，但读者的互动和分享行为往往被局限于很小的范围，比如传统阅读俱乐部[4]。进入21世纪后，随着数字化文本和社会化媒体的发展，社会化阅读才获得真正的发展，日益成为一种备受读者青睐的阅读方式[5]。在Flip-board诞生之后，众多的社会化阅读应用（比如国外的Zite和国内的扎客等APP）相继进入读者的视野。

除了专门的社会化阅读应用之外，诸多社会化媒体也为读者提供阅读服务，微信阅读就是一个典型的例子。这里所谓的"微信阅读"特指用户阅读订阅公众号或朋友圈内好友所分享的文章，并在阅读过程中可能开展的系列互动和分享活动。可以说，微信阅读非常符合社会化阅读的核心特征。首先，微信朋友圈分享的链接通常是具有一定篇幅的文本，因此阅读这些内容是真正意义上的"阅读行为"。其次，当读者通过朋友圈阅读文章（尤其是阅读好友分享的文章）时，其阅读入口就产生于社交行为本身。再次，由于朋友圈具有一定的私密性，读者在阅读过程中很有可能开展互动或分享活动。相对于专门的社会化阅读应用，微信阅读的使用人群更为庞大。因此，本研究选择微信阅读作为考察用户社会化阅读的研究案例。而本研究之所以聚焦于青

* 本文系国家社会科学基金青年项目"新媒介环境下青少年社会化阅读及其引导机制研究"（项目编号：13CTQ015）和上海市哲学社会科学规划课题青年项目"上海市青少年数字阅读及其引导机制研究"（项目编号：2012ETQ001）研究成果之一。

少年群体，是因为青少年更容易受到新媒体的影响[6-7]，同时这一群体又是社会促进全民阅读的重点对象[8-9]。

2 文献回顾

社会化阅读的普及不仅对读者的阅读行为和消费方式产生深远影响，而且将导致文本和内容的生产与制作方式的巨大变革，是一个非常值得关注的领域。尽管这一议题已逐渐进入学术视野，但相关的研究成果非常稀少。目前已有的文献主要聚焦于社会化阅读的概念特征[10-12]、平台应用及发展[13-14]、图书馆的角色定位和阅读推广[15-16]，但鲜有研究者从读者的态度、动机和行为等角度对该议题进行系统研究。因此，本研究将借鉴传统阅读研究成果，探索青少年社会化阅读动机与行为之间的关系。

关于阅读动机的研究可以追溯到19世纪末20世纪初[17-18]；在20世纪中叶前后，研究者开始从动机构念的角度研究阅读行为[19-23]。但是，针对阅读动机问题开展系统深入的研究工作则始于20世纪90年代。以J. T. Guthrie和A. Wigfield为代表的一批阅读研究者转向基于参与视角的研究路径[24]；这一研究路径整合了阅读的认知、动机和社会文化等因素[25]。可以说，参与视角引领了20世纪90年代以来阅读动机的研究工作，研究者们在此框架下开发了一系列的动机量表[26-28]。其中，由A. Wigfield和J. T. Guthrie提出的"阅读动机问卷"（motivation for reading questionnaire，MRQ）被广泛使用。该量表将阅读动机区分为三大类别11个维度：①阅读能力及效能信念（包括"自我效能"、"阅读挑战"和"阅读逃避"）；②阅读目标（包括"阅读好奇"、"阅读参与"、"阅读重要性"、"为认同而阅读"、"为成绩而阅读"和"为竞争而阅读"）；③阅读社交目的（包括"为社交而阅读"和"为顺从而阅读"）。随后，学者们根据不同的读者对象对MRQ进行了不同程度的修订[29-33]。

广泛意义上的"行为"包括内在的、外在的、意识的与潜意识的一切活动[34]。与此相对应，研究者认为阅读行为也可分为内在的阅读行为和外显的阅读行为，前者是指读者内在心理对于阅读的喜好程度与感受，而后者是指读者从事阅读所表现出来的行为[35]。在大多实证研究中，研究者都侧重于外显的阅读行为，如阅读时间和频率、阅读图书的种类和数量等。测量阅读行为最常用的量表为由J. T. Guthrie等人设计的"阅读行为评量表"（reading activity inventory，RAI)[36]。该量表将阅读区分为校内和校外两种情境，并分别针对这两种情境测量学生的阅读深度和阅读广度。也有研究者在RAI的基础上进行调整，如张怡婷就提出了包含阅读频率、阅读时间、阅读主动性和阅读分享这 4 个维度的新量表[37]。此外，PIRLS（progress in international reading literacy study，国际阅读素养进展调研）是定期对世界各地的儿童阅读素养进行调查的跨国比较研究项目，调查内容涉及儿童的阅读行为、态度、目的和成就。其中针对儿童阅读行为的测量问项除了阅读频率和阅读场所这些外显因素外，也包括儿童对通过阅读所获取的内容的分享行为[38]。

动机是决定思想和行为的重要因素[39]。L. B. Gambrell 等人认为阅读动机是个体的自我概念及其重视阅读价值的体现，激发学生的阅读动机是阅读教学中最重要的目标[40]。张必隐也指出，动机因素对阅读过程的影响是十分明显的，没有一定的阅读动机，就不可能有一定的阅读行为[41]。众多实证研究也表明阅读动机和阅读行为存在显著相关关系。比如，L. Baker 和 A. Wigfield 的研究指出，高年级小学生的所有阅读动机都跟他们的阅读行为存在相关关系，除了"阅读逃避"与阅读行为的关系是负向之外，其他维度的动机与行为之间的关系均为正向[42]。A. Wigfield 和 J. T. Guthrie 的研究结果显示，内在动机与外在动机都与高年级小学生的阅读行为有关，但内在动机与阅读行为的相关度更高[20]。K. L. Lau 针对香港地区的中学生开展问卷调查，研究发现将诸多变量同时纳入回归分析的时候，学生的内在动机跟阅读量的关系强度最强[43]。宋凤宁等人的研究也证实了中学生的阅读动机与他们的阅读时间、阅读成绩之间的相关关系，该研究还指出"在中学生的阅读活动中，内部动机还是占有相当重要的地位——他们进行阅读不仅是为了得到他人的认同，或者为获得某种奖项，更重要的是为了满足求知欲、兴趣和好奇心"[44]。

毫无疑问，针对传统阅读动机和行为的研究已经卓有成效。比如说，研究中所提出的测量阅读动机和行为的量表经过反复测试，已经具备较好的研究效度和研究信度。研究中所发现的阅读动机和行为之间的关系有助于我们洞察两者之间的内在逻辑，并为阅读教学人员和推广人员有针对性地开展相关工作提供了理论依据。但是，这些研究大多数都是针对基于印刷媒介环境下的传统阅读活动而开展的，虽然少数研究涉足了数字阅读领域，但没有考虑社会化阅读的特性。因此，本研究试图在这些研究成果的基础上，结合社会化阅读的主题特性，就青少年社会化阅读动机与行为之间的关系开展深入的研究工作。

3 研究方法

3.1 研究对象及步骤

本研究的调查对象为上海地区的青少年。考虑到实际操作的可行性和便利性，笔者将上海地区的初高中生作为研究样本。目前关于社会化阅读的实证研究非常少，对于社会化阅读动机和行为的测量还缺乏成熟的量表，因此，本研究首先对 16 名有过微信阅读经历的初高中生进行深度访谈，然后结合传统阅读动机和行为量表构建用于研究社会化阅读的相关量表。其次，利用基于方便抽样原则获得的 48 名有过微信阅读经历的中学生对问卷进行预测试，并根据预测试结果进行适当的修改。最后，在 2014 年 6 月中上旬开展正式的问卷发放和回收工作。

本研究利用多阶段整群抽样方法获取研究样本。第一步，把上海 16 个区县（除崇明县外）区分为三大类型：浦西城区、浦西郊区和浦东新区。由于浦东新区包括繁华的城区和偏远的郊区，笔者将浦东内环内外分别视为城区和郊区。第二步，在浦西城区随机抽取 3 个区（徐汇区、长宁区和杨浦区），在浦西郊区随机抽取两个区（闵行区和青浦区）。第三步，在上述 5 个区和浦东新区内环内外各随机抽取初高中各一所。通过上述 3 个步骤，产生 7 所初中和 7 所高中。第四步，抽取班级和发放正式问卷。由于当时初三和高三学生面临中考和高考，故调查对象分别来自初中和高中的一二年级。具体方法如下：首先，工作人员随机选择一年级的某个班级，在征求班主任同意的前提下，利用课间或自习课发放问卷。在发放问卷之前，通过提问的方式过滤从未有过微信阅读经历的学生。然后选择二年级的某个班级，重复同样的步骤。工作人员在一二年级中交替抽取不同的班级进行问卷发放，直到在每所学校获取 100 份问卷为止。

3.2 测量

3.2.1 社会化阅读动机的测量

在 MRQ 等传统读者阅读动机量表的基础上[20-21,23,25]，结合测量用户社会化媒体使用动机和信息分享动机的相关文献[45-46]，本研究构建了测量青少年社会化阅读动机的初始量表。该量表涉及 7 个维度，共 22 个问项。通过前期研究中的探索性因素分析，删除了一个问项，并萃取了 6 个公共因素。换言之，笔者发现社会化阅读动机是一个多维构念，包括三大类别[47]，分别是：内在性动机、成就性动机和社交性动机。其中，内在性动机分量表包括"信息获取"、"情感抒发"和"兴趣爱好"3 个维度，涉及 8 个问项（$\alpha = .87$）；"成就性动机"指向"个人发展"维度，涉及 4 个问项（$\alpha = .89$）；社交性动机包括"社会交往"和"他人认同"两个维度，涉及 9 个问项（$\alpha = .92$）。

3.2.2 社会化阅读行为的测量

通过前期的深度访谈，发现青少年微信阅读行为可以区分为阅读型行为

272

和社交型行为两个维度，后者包括点赞、分享和评论这 3 种典型的社会性行为。结合 RAI 等阅读行为测量量表[28-30]和前期深度访谈的结果，本研究设计了测量青少年社会化阅读行为的初始量表。该量表涉及两个维度，共 5 个问项。通过无量纲化处理和探索性因素分析，本研究萃取的社会化阅读行为具有单维性（α = .84）。其中，两个问项测量阅读型行为（用户在过去 1 周内的阅读频次和平均每次阅读时长），3 个问项测量社交型行为（用户在过去 1 周内的点赞、分享和评论的操作频率）。社交型行为的内在信度非常好（α = 0.86），而阅读型行为的内在信度也达到了 0.7 的基本要求。

4 数据分析及结果

4.1 描述统计分析

问卷发放及回收工作历时 2 周。经过将近半个月的努力，在 14 所中学成功收集 1 400 份问卷。删除了填答不完整和连续多道题目选择同一选项的问卷后，保留有效问卷 1 039 份，每条记录均无任何缺失值。其中，男生 470 名（45.2%），女生 569 名（54.8%）；初中生 506 名（48.7%），高中生 533 名（51.3%）；城区生 599 名（57.7%），郊区生 440 名（42.3%）。

本研究利用 SPSS 软件开展基本的描述性统计分析：①社会化阅读的频率。21.9% 的青少年开展微信阅读的频率为每天 1 次，1/4 的青少年每天多次通过微信开展阅读活动，而超过一半的青少年为轻度使用者（平均每天不到 1次）。②平均每次阅读时长。青少年开展阅读微信的平均每次阅读时长随人数的增加呈现下降的趋势。其比例分布为："5 分钟以下"（32.3%）、"6 - 15分钟"（25.0%）、"16 - 30 分钟"（15.9%）、"31 - 60 分钟"（14.0%）和"1 个小时以上"（12.8%）。③3 种社交型行为的操作频率（见图 1）。在过去的 1 周内，青少年使用最多的是点赞（M = 2.94, SD = 1.29），使用最少的是评论（M = 2.63，SD = 1.24），而分享的使用频率介于两者之间（M = 2.70，SD = 1.30）。④最经常阅读的文章类型。选择"消遣娱乐类文章"的青少年人数比例最多，将近一半（46.2%）。其次分别是："实用信息类"（22.2%）、"资讯新闻类"（17.8%）和"学习参考类"（137%）。另外，0.6% 的用户选择了"其他"选项。

表 1 提供了社会化阅读动机和社会化阅读行为之间的双变量相关分析结果。数据分析结果表明，这些核心变量两两之间都存在显著的相关关系。

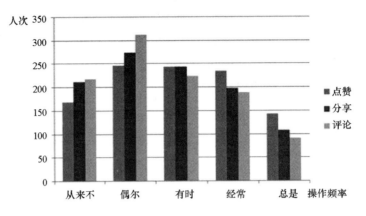

图 1 3 种典型社交型行为的频率分布对比

表 1 核心变量之间的相关系数及基本描述统计数据

变量	1	2	3	4	均值	标准差
1. 内在性动机	1.00				3.35	0.85
2. 成就性动机	.52**	1.00			3.16	1.02
3. 社交性动机	.59**	.58**	1.00		3.37	0.91
4. 社会化阅读行为	.44**	.47**	.48**	1.00	2.62	1.03

注:** P < .01

4.2 结构方程模型

本研究采用 AMOS 软件分析社会化阅读动机和社会化阅读行为的关系。问项组合是将若干个显性变量进行整合并形成新的观测指标的过程。研究表明,当问项具有单一维度结构特征的时候,使用问项组合可以使模型的适配度更好,同时对结构参数的估量也会更准确[48]。因此,在可以确定变量问项单一维度的情况下,本研究使用问项组合而非具体单个问项进行方程模型分析。但为了突出社会化阅读行为的阅读型和社交型两大维度,该变量还是被视为由两个构念组成的潜在变量:阅读型行为和社交型行为。

图 2 展示了预测模型中的标准化路径系数。为确保数据与假设模型相符,模型适配度指标须符合相关的规定[49]。该模型适配度的各评价指标及数值如下: $\chi^2 (2) = 8.605$ ($p = .014$),GFI = .997 (> .90),AGFI = .975 (> .90),RMR = .013 (<.05),RMSEA = .056 (<.08),NFI/RFI/IFI/TLI/CFI 均在 0.99 左右(> .90),AIC 和 CAIC 均小于独立模型和饱和模型的对应值。

274

可见，除了卡方值的显著性未达到大于 0.05 的标准，其他指标值都非常理想。在数据分析过程中，卡方值的大小很容易随样本数而波动。当样本数较大的时候，即使隐含的协方差矩阵与样本数据协方差矩阵差异很小，卡方值也会变得很大，造成显著性概率值变得很小。因此，应该综合各类指标对整体模型适配度进行判断[50]。考虑到本研究的样本数量超过 1 000，我们有理由认为该模型的拟合效果相当理想（随后分组的数据分析结果也表明了这一点）。

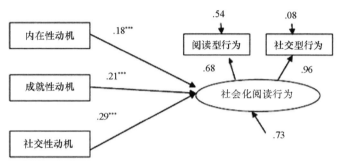

图 2　预测模型（标准化路径系数，***P＜.001）

根据结构方程模型的分析结果，本研究发现社会化阅读动机对社会化阅读行为均有显著性的影响。具体而言：①内在性动机对社会化阅读行为具有显著正向影响（β = .18，P＜.001）；②成就性动机对社会化阅读行为具有显著正向影响（β =.21，P＜.001）；③社交性动机对社会化阅读行为具有显著正向影响（β = .29，P＜.001）。这三大社会化阅读动机变量对社会化阅读行为的解释量达到 37%（R^2 = .37）。同时，根据针对标准化回归系数大小的比较结果，我们可判断对社会化阅读行为的解释贡献量最大的动机因素为社交性动机。换言之，社交性动机是青少年开展社会化阅读活动最为重要的动机因素。

表 2 展示了上述模型在不同群组中的整体模型拟合度和社会化阅读动机对社会化阅读行为的标准化回归系数。其中，字段名"内在性动机"、"成就性动机"和"社交性动机"分别代表的是这三大社会化阅读动机对社会化阅读行为的标准化回归系数。正如表 2 所示，该模型在不同的群组中跟实际数据的拟合效果都比较理想，三大社会化阅读动机对社会化阅读行为的共同解释量介于 28% － 46%。同时，该表揭示出尽管内在性动机和成就性动机在不同的群组中对社会化阅读行为的解释力呈现不同的权重模式，但社交性动机

275

始终是青少年开展社会化阅读活动最为重要的动机因素。

4.3 多元调节回归分析

先前众多实证研究表明，读者的阅读动机在性别、年级和城乡等人口统计学变量方面具有显著差异[28,32-33,42-44]。因此，在确定了社交性动机是影响青少年社会化阅读行为最为主要的动机因素之后，接下来分析性别、年级和所在区县这3个变量是否会对该动机变量与社会化阅读行为的关系产生调节效应。

对于自变量为连续变量、调节变量为类别变量的情况，有学者采用直接分组作回归的方法来检验调节变量的调节效应。考虑到可能存在的统计功效等问题，笔者所采用的方法为罗胜强和姜嬿推荐的多元调节回归分析[51]。步骤如下：①将性别、年级和所在区县这3个定类变量转化为虚拟变量；②将社交性动机这一连续变量进行标准化处理；③基于上述两个步骤分别构造社交性动机和3个虚拟变量的乘积项；④依次把控制变量、社交性动机（这里使用的是原始数值）、调节变量和两者的乘积项放在多元层级回归方程中检验其交互作用。当检验性别的调节作用时，将年级和所在区县作为控制变量，依次类推。如果两者的交互作用或模型的 $\triangle R^2$ 达到显著性，则认为相应的变量具有调节作用。

表 2　模型在不同群组中的整体模型拟合度指标

组别	内在性动机	成就性动机	社交性动机	R^2	CMIN（χ^2）	p	AGFI	RMSEA
男生组（N=470）	.23***	.18**	.30***	.40	.686	.710	.996	.000
女生组（N=569）	.14**	.24***	.29***	.34	10.169	.006	.947	.075
初中组（N=506）	.17**	.13*	.30***	.28	6.465	.039	.962	.066
高中组（N=522）	.17**	.27***	.28***	.42	2.705	.259	.985	.026
城区组（N=599）	.13*	.17**	.30***	.29	3.774	.152	.981	.039
郊区组（N=440）	.25***	.23***	.27***	.46	.5799	.055	.961	.066

注: $^*p < .05$，$^{**}p < .01$，$^{***}p < .001$

正如表3所示，性别对社交性动机与社会化阅读行为的关系并不具有调节作用，而年级和所在区县则对两者的关系具有调节作用。接下来，笔者在按年级和所在区县所分的不同组中检验社交性动机对社会化阅读行为回归的斜率，以此进一步阐述这两个调节变量分别对社交性动机与社会化阅读行为关系的作用模式。社交性动机和社会化阅读行为的关系方向均不受年级和区县变量的影响，但其关系强度在不同程度上受到了这两个变量的影响。具体而言，跟初中生和郊区生相比，高中生和城区生的社交性动机对自己的社会化阅读行为具有更强的解释和预测能力。如图3、图4所示：

表3　调节变量对社交性动机与行为关系的调节作用分析结果

变量	因变量 = 社会化阅读行为								
	X_1 = 性别 （X_2 = 年级，X_3 = 区县）			X_1 = 年级 （X_2 = 性别，X_3 = 区县）			X_1 = 区县 （X_2 = 性别，X_3 = 年级）		
	M_1	M_2	M_3	M_1	M_2	M_3	M_1	M_2	M_3
控制变量									
X_2	$-.33^{***}$	$-.25^{***}$	$-.25^{***}$	.11	.10	.11	.12	.10	.10
X_3	$-.28^{***}$	$-.16^{**}$	$-.16^{**}$	$-.27^{***}$	$-.16^{**}$	$-.16^{**}$	$-.32^{***}$	$-.25^{***}$	-25^{***}
主效应									
社交性动机		$.52^{***}$	$.49^{***}$		$.52^{***}$	$.43^{***}$		$.52^{***}$	$.61^{***}$
X_1		.10	.10		$-.25^{***}$	$-.25^{***}$		$-.16^{**}$	$-.16^{**}$
调节效应									
社交性动机 * X_1			.05			$.16^{**}$			$-.15^{*}$
R^2	.04	.25	.25	.02	.25	.26	.03	.24	.25
ΔR^2	$.04^{***}$	$.21^{***}$	.00	$.02^{***}$	$.23^{***}$	$.01^{**}$	$.03^{***}$	$.21^{***}$	$.01^{*}$

注：$^{*}p < .05$，$^{**}p < .01$，$^{***}p < .001$

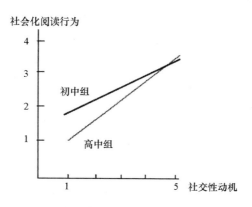

图3　年级的调节作用方式

277

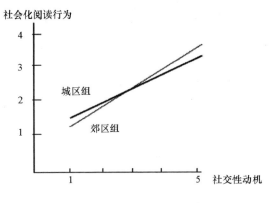

图 4　区县的调节作用方式

5　结论与讨论

先前众多相关研究都表明阅读动机与阅读行为之间存在相关关系，同时也提出内在性动机是促进阅读行为最为重要的动机因素[28,43-44]。本研究发现青少年的内在性动机、成就性动机和社交性动机对社会化阅读行为均有显著影响，但社交性动机是他们开展社会化阅读活动最为重要的动机因素。由此可见，本研究在再次证实了先前关于阅读动机与行为关系的研究结论的同时，也得出了不同的结论，即相对于内在性动机，社交性动机能够更好地解释和预测青少年的社会化阅读行为。这一研究发现说明了青少年学生更多地是将社会化阅读视为社交驱动型的阅读活动，他们开展社会化阅读更多地是为了保持与好友的沟通和取得他人的认可，而获取信息、抒发情感或满足自身阅读爱好的传统阅读目的则相对较为次要。出现这种现象，在很大程度上可以归因为社会化阅读与传统阅读模式的不同之处——相对于以书籍为核心、以内容为主的传统阅读模式，社会化阅读更加注重读者、注重社交[52]。但正如L. Johnson 等人所指出的，"（社会化阅读）允许读者与他人共同开启一段既现实又充满想象力的旅程"[53]，社会化阅读的价值不仅在于实现个人的社交目的，而且体现在通过提供互动和分享功能帮助读者更好地理解文本及其所传达的内涵，甚至产生新的原创内容。从这个意义上来讲，图书馆员需要跟其他相关人士（比如学生家长和教育工作者等）共同努力，引导青少年正确处理好社会化阅读和传统深度阅读之间的关系，帮助他们充分挖掘社会化阅读的互动和分享功能所带来的潜在价值。

同时，本研究发现年级和区县对青少年社交性动机和社会化阅读行为的关系具有调节作用。跟初中生相比，高中生的社交性动机与其社会化阅读行为的关系更为密切；这说明随着青少年年龄的增长，社交性动机在其行为决策方面扮演着越来越重要的角色。但结合截距项来看，几乎在所有的动机强度区间，在同一动机水平下，初中生的社会化阅读行为较高中生而言更为频繁。这或许可以解释为高中阶段学生有更为繁重的学业和课内阅读任务。相对而言，初中生的自由度更高，有更多的时间和精力将其动机落实为实际行为。在区县的调节作用方面，郊区生的社交性动机较城区生而言能够更好地解释和预测其社会化阅读行为。结合截距项来看，在中低强度区间，在同一动机水平下，城区生的社会化阅读行为较郊区生更为频繁；在中高强度区间，城区生和郊区生的社会化阅读行为在同一动机水平上的表现则与中低强度区间中的表现刚好相反。这些研究发现无疑有助于我们能够更加深入地了解青少年的社交性动机与社会化阅读行为之间的关系，也有助于图书馆员等相关人士为不同群体青少年的社会化阅读活动提供更有针对性的引导和服务措施。

当然本研究也存在诸多不足，比如所选取的案例仅限于微信阅读。虽然正如上文提到的，微信阅读非常符合社会化阅读的核心特征，但微信朋友圈本身并不是专门的阅读社区，这在一定程度上无疑会影响青少年对微信阅读的功能定位（比如将其更多地定位为社交应用而非阅读应用），进而影响他们微信阅读的动机和行为。当诸如 Flipboard、Zite、扎客和网易云阅读等专门的社会化阅读软件在青少年群体中拥有一定的用户基础的时候，我们可以以这些阅读软件为案例开展同样的研究，验证本研究结论的普遍性和可推广性。另外，本研究表明三大社会化阅读动机只是解释了青少年社会化阅读行为的37％。换言之，在动机之外还存在其他影响青少年社会化阅读行为的因素。A. Bandura 认为个体的行为通常依循"交互决定"的原则，亦即行为是个人与环境相互动态作用的产物[54-55]。笔者所进行的前期访谈也发现了一些可能会影响青少年微信阅读行为的因素，比如初高中生对智能手机等移动阅读终端的使用在很大程度上受限于学校和家长的要求或规定。因此，今后可就青少年社会化阅读行为的发生机理这一议题开展深入研究，探索影响青少年社会化阅读行为的诸多因素以及彼此之间的作用机制。

参考文献：

［1］ 费希尔. 阅读的历史［M］. 李瑞林，贺莺，杨晓华，译. 北京：商务印书馆，2009.

［2］ 洪兰，曾志朗. 儿童阅读的理念——认知神经学的观点［J/OL］. 教育资料与研究，2001（38）：1 - 4. ［2014 - 11 - 12］. http：//www. docin. com/p -

279

9604592. html.

[3] Hartnett E. Social reading and social publishing [OL]. [2013 – 10 – 03]. http：// appazoogle. com/2013/01/03/.

[4] Antonio J, Alonso J, Gomez R, et al. Social reading：Platforms, applications, clouds and tags [M]. Oxford：Chandos Publishing Ltd, 2013：2.

[5] Romero N. Social reading and the creation of customer loyalty clubs or communities to improve communication with our users and reduce costs in marketing and advertising [J]. The Bottom Line：Managing Library Finances, 2012, 25 (2)：63 – 67.

[6] Buckingham D, Willett R. Digital generations：Children, young people and new media [M]. Mahwah：Lawrence Erlbaum Associates, 2006.

[7] Gross E F. Adolescent Internet use：What we expect, what teens report [J]. Journal of Applied Developmental Psychology, 2004, 25 (6)：633 – 649.

[8] 柳斌杰. 建长效机制、繁荣少儿出版、推动青少年阅读 [N/OL]. [2014 – 11 – 12]. http：//www. chinaxwcb. com/index/2009 – 04/17/content_ 172369. htm.

[9] 朱永新. 拯救青少年阅读 [N/OL]. [2014 – 09 – 10]. http：//bjyouth. ynet. com/ 3. 1/1011/03/4921333. html.

[10] Stein B. Matrix：A taxonomy of social reading [OL]. [2013 – 11 – 01]. http：//futureofthebook. org/social – reading/matrix/.

[11] 毕秋敏, 曾志勇, 李明. 移动阅读新模式：基于兴趣与社交的社会化阅读 [J]. 出版发行研究, 2013 (4)：49 – 52.

[12] 王宇明. 社会化阅读与数字出版的变革趋向 [J]. 出版发行研究, 2013 (10)：69 – 72.

[13] Farhi I. The best apps for reading Ebooks on the iPad for power readers [OL]. [2014 – 11 – 12]. http：//www. digitalbookworld. com/2013/the-best-apps-for-reading-ebooks-on-the-ipad-for-power-readers/.

[14] 徐媛. 基于用户黏性的社会化阅读社区盈利模式分析 [J]. 科技与出版, 2014 (3)：49 – 52.

[15] Mennella A. What is "Social Reading" and why should libraries care? [OL]. [2014 – 11 – 12]. http：//tametheweb. com/2011/06.

[16] 刘亚. 移动互联时代的大学图书馆阅读推广策略——基于社会化阅读的启示 [J]. 图书馆论坛, 2014 (5)：48 – 54.

[17] Arnold S L. Learning to read：Suggestions to teachers of young children [M]. New York：Silver Burdette, 1899.

[18] Huey E B. The psychology and pedagogy of reading [M]. New York：Macmillan, 1908.

[19] Butler H L. An inquiry into the statement of motives by readers [J]. The Library Quarterly, 1940, 10 (1)：1 – 49.

[20] Holmers J A. Emotional factors and reading disability [J]. The Reading Teacher,

1955, 9 (1): 11 – 17.

[21] Prescott G A. Use reading tests carefully: The can be dangerous tools [J]. The Reading Teacher, 1952, 5 (5): 3 – 5.

[22] Ramsey W. An analysis of variables predictive of reading growth [J]. Journal of Developmental Reading, 1960, 3 (3): 158 – 164.

[23] Singer H. A developmental model for speed of reading in grades three through six [J]. Reading Research Quarterly, 1965, 1 (1): 29 – 49.

[24] Guthrie J T, Wigfield A. Engagement and motivation in reading [M] //Kamil M L, Mosenthal P B, Pearson P D, et al. Handbook of Reading Research (Vol 3). Mahwah: Lawrence Erlbaum Associates, Inc., Publishers: 403 – 422.

[25] Baker L, Afflerbach P, Reinking D. Developing engaged readers in school and home communities: An overview [M] //Baker L, Afflerbach P, Reinking D. Developing Engaged Readers in School and Home Communities. Mahwah: Erlbaum, 1996.

[26] Chapman J W, Tunmer W E. Development of young children's reading self – concept: An examination of ermerging subcomponents and their relationship with reading achievement [J]. Journal of Educational Psychology, 1995, 87 (1): 154 – 167.

[27] Gambrell L B, Palmer B M, Codling R M, et al. Assessing motivation to read [J]. The Reading Teacher, 1996, 49 (7): 2 – 18.

[28] Wigfield A, Guthrie J T. Relations of children's motivational for reading to the amount and breadth of their reading [J]. Journal of Educational Psychology, 1997, 89 (3): 420 – 432.

[29] Watkins M W, Coffey D Y. Reading motivation: Multidimensional and indeterminate [J]. Journal of Educational Psychology, 2004, 96 (1): 110 – 118.

[30] Lau K L. Construction and initial validation of the Chinese reading motivation questionnaire [J]. Educational Psychology, 2004, 24 (6): 845 – 865.

[31] Schutte N S, Malouff J M. Dimensions of reading motivation: Development of an adult reading motivation scale [J]. Reading Psychology, 2007, 28 (5): 469 – 489.

[32] 刘佩云，简馨莹，宋曜廷. 国小学童阅读动机与阅读行为之相关研究 [J]. 教育研究资讯，2003, 11 (6): 135 – 158.

[33] 柳长友. 中学生阅读动机发展的研究 [D]. 天津：天津师范大学，2007.

[34] 张春兴. 张氏心理学词典 [M]. 台北：东华书局，1992.

[35] 陈俊瀚，梁育维. 国小学童家庭阅读环境与阅读行为相关性探究 [J/OL]. 网络社会学通讯. 2009 (78). [2014 – 04 – 16]. http://www.nhu.edu.tw/~society/e – j/78/78 – 25.htm.

[36] Guthrie J T, McGough K, Wigfield A. Measuring reading activity: An inventory, instructional resource [R/OL]. [2014 – 11 – 12]. http://files.eric.ed.gov/fulltext/ED371343.pdf.

[37]　张怡婷. 个人认知风格、班级阅读环境与国小高年级学童阅读行为之相关研究 [D]. 屏东: "国立"屏东师范学院, 2002.

[38]　Institute of Education Sciences. Overview of PIRLS (Progress in International Reading Literacy Study) [OL]. [2014 – 10 – 04]. http: //nces. ed. gov/Surveys/PIRLS/.

[39]　韦纳. 人类动机: 比喻、理论和研究 [M]. 孙煜明, 译. 杭州: 浙江教育出版社, 1999.

[40]　Gambrell L B, Palmer B M, Codling R M, et al. Assessing motivation to read [J]. The Reading Teacher, 1996, 49 (7): 2 – 18.

[41]　张必隐. 阅读心理学 [M]. 北京: 北京师范大学出版社, 1992.

[42]　Baker L, Wigfield A. Dimensions of children's motivation for reading and their relations to reading activity and reading achievement [J]. Reading Research Quarterly, 1999, 34 (4): 452 – 477.

[43]　Lau K L. Reading motivation, perceptions of reading instruction and reading amount: A comparison of junior and senior secondary students in Hong Kong [J]. Journal of Research in Reading, 2009, 32 (4): 366 – 382.

[44]　宋凤宁, 宋歌, 佘贤君, 等. 中学生阅读动机与阅读时间、阅读成绩的关系研究 [J]. 心理科学, 2000, 23 (1): 84 – 87, 127.

[45]　Lee Chensian, Ma Long. News sharing in social media: The effect of gratifications and prior experience [J]. Computers in Human Behavior, 2012, 28 (2): 331 – 339.

[46]　Park N, Kee K F, Valenzuela S. Being immersed in social networking environment: Facebook groups, uses and gratifications, and social outcomes [J]. Cyber Psychology & Behavior, 2009, 12 (6): 729 – 733.

[47]　李武. 青少年社会化阅读动机研究: 以上海初高中生微信阅读为例 [J]. 中国图书馆学报, 2014 (6): 115 – 128.

[48]　Bandalos D L. The effects of item parceling on goodness – of – fit and parameter estimate bias in structural equation modeling [J]. Structural Equation Modeling, 2002, 9 (1): 78 – 102.

[49]　侯杰泰, 温忠麟, 成子娟. 结构方程模型及其应用 [M]. 北京: 教育科学出版社, 2004.

[50]　吴明隆. 结构方程模型——AMOS 的操作与应用 [M]. 2 版. 重庆: 重庆大学出版社, 2009.

[51]　罗胜强, 姜嬿. 调节变量和中介变量 [M] //陈晓萍, 徐淑英, 樊景立. 组织与管理研究的实证方法. 2 版. 北京: 北京大学出版社, 2012: 427 – 430.

[52]　钟雄. 社会化阅读: 阅读的未来 [N]. 中国新闻出版报, 2011 – 05 – 12 (6).

[53]　Johnson L, Smith R, Willis H, et al. The 2011 Horizon Report [R/OL]. [2014 – 08 – 01]. http: //net. educause. edu/ir/library/pdf/HR2011. pdf.

[54]　Bandura A. The self – system in reciprocal determinism [J]. American Psychologist,

1978, 33 (4): 344 –358.

[55]　Bandura A. Regulation of cognitive process through perceived self – efficacy ［J］. Developmental Psychology, 1989, 25 (5): 729 –735.

作者简介

李武，上海交通大学媒体与设计学院副教授，E-mail：lowie@ sina. com；

吴月华，上海交通大学媒体与设计学院讲师；

刘宇，上海大学图书情报档案系副教授。

多平台下文献传递用户评价和用户行为的研究[*]

1 前　言

随着云计算技术的发展，文献传递系统发生了重大改变，如 CALIS（中国高等教育文献保障体系）由原来的单一文献传递系统发展成为基于云计算的文献检索与获取平台"e 读"；超星公司推出以图书元搜索为基础的"读秀"和多种资源整合检索平台"百链"，并加入了文献传递与共享服务行业；加上原有的 NSTL 和 CASHL 文献传递系统，目前国内主要存在五大文献传递平台：NSTL、CASHL、e 读、读秀和百链。学者们从不同方面对各大文献传递平台进行了研究：杨坚红[1]、张艺缤等[2-3]提出了完善 CALIS、CASHL、NSTL 等系统文献传递服务的建议；扈志民[4]通过研究 e 读，得出图书馆信息资源共建共享的启示；王会丽[5]、洪跃[6]、吴云珊[7]分别研究了读秀的搜索功能对图书馆信息检索、信息获取、知识库建设、参考咨询服务、信息素质教育等方面的作用。

各文献传递平台在资源配置、网站设计、费用收取等方面各有不同，都在努力加强自身建设，以求更好地服务用户。为获得用户青睐，文献传递平台需要对用户行为进行研究。国内一些学者和文献传递工作者已对此进行过一些探讨，如：于曦[8]研究了文献传递服务用户的行为类型、行为特征和影响用户使用文献传递服务的因素；吴雪芝[9]通过对北京地区高校图书馆文献资源保障体系（BALIS）馆际互借服务的用户行为进行调查分析及跟踪研究，了解了用户对现有馆际互借服务的需求；席永春等[10]通过用户调查，分析用户行为习惯，提出了改进文献传递与馆际互借服务的措施。

文献传递用户在使用平台的过程中会根据自身体验产生一系列的评价，这些评价影响着用户行为，因此本文通过设计问卷获取文献传递全过程中用户对多个平台的评价，将评价—行为—平台关联起来，找出影响评价的因素，

＊ 本文系广东省图工委科研课题"云环境下文献传递用户与图书馆的互动关系研究"（项目编号：GDTK1246）研究成果之一。

分析相关的用户行为，总结出影响平台发展的主要因素，以帮助图书馆调整平台设计，使其更加符合用户需求，同时也有助于图书馆更好地引导读者选择符合其要求的平台。

2 研究设计

2.1 理论基础

本文借用针对网络消费者行为的"用户行为还原法"[11]对文献传递用户的行为进行分析。"用户行为还原法"是一种逆推的分析方法，它从网络消费者购买后的评价出发，对购买者的购买决策、比较选择、信息搜集等过程进行分析，探索购买者的真实需求并找出相关影响因素。如图1所示：

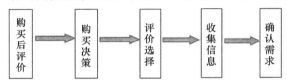

图1 网络消费者购买行为全过程

文献传递用户使用网络平台获取文献的过程与网络购物相似：首先，用户产生文献需求，在明确需求后，用户需要选择一个文献传递平台。由于多平台共存对用户造成了"选择困难"，用户选择平台时将参考自身以往的经历和其他用户的使用评价。好的评价可起到正面宣传作用，用户下次进行文献传递将锁定该平台，并通过交流宣传，影响周围人选择该平台；差的评价则起到反面宣传作用，用户下次进行文献传递将不再使用该平台，并通过交流影响他人对该平台产生差的印象。影响用户评价的因素来自于用户文献传递过程中的综合感受，包括对平台的直观印象、信息检索难易度、提交申请是否方便、获取文献是否快捷，等等。如图2所示：

2.2 研究方法

2.2.1 专家访谈法

芝加哥大学 A. Griffin 和 T. R. Hauser[12]的研究结果表明，通过对 20 – 30 个顾客的访谈可以了解 90% – 95% 的顾客需求。由于文献传递员比其他用户更了解各文献传递平台，本课题组对国内 10 所高校的 21 位文献传递员进行了访谈，访谈通过即时通讯工具（QQ 或者电话）和电子邮件形式进行。接受访谈的文献传递员长期在文献传递一线工作，对用户行为有深度认知，通过

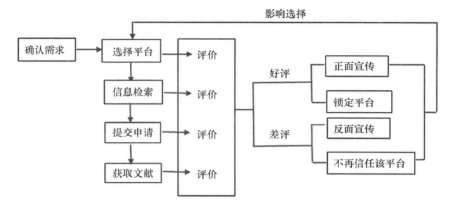

图2 文献传递用户评价与用户行为关系模型

访谈总结出影响用户评价的多项指标，在此基础上设计了问卷调查表。

2.2.2 问卷调查法

问卷调查对象选择本校接受过文献传递使用培训的用户。问卷发放步骤为：①通过 E-mail 或口头询问，筛选出使用过本文研究的五大平台中至少两个平台的用户（只使用过其中一个平台的用户未经过"平台选择"这一步骤，不符合本研究的要求）；②通过 E-mail 或在文献传递用户培训课后发放问卷。

调研时间为 2013 年 9 月 9 日 – 2013 年 11 月 4 日。共发放问卷 84 份，回收 83 份。

3 用户行为分析

3.1 用户评价的影响因素

网络购物的消费者的购买后评价一般都是基于商品本身作出的，而文献传递用户的评价则是基于整个文献传递过程作出的，用户从选择平台开始到获取文献的每一步感受都会影响最终评价，因此按照用户文献传递步骤总结出用户的 4 类行为——选择平台、信息检索、提交申请、获取文献，并通过对 21 位资深文献传递员的访谈，总结出影响用户评价的因素，将这些因素与 4 类行为关联起来。表 1 为用户行为与影响评价的因素对应表，其中将文献传递中用户行为与影响用户评价的因素对应起来，并针对信息检索、提交申请、获取文献 3 类行为设计了问卷问题。用户选择平台行为受平台网站素质影响，本研究中设计了用户对各平台网站的评分表，见表 2。

表 1   用户行为与影响评价的因素对应

影响用户评价的因素	问卷问题	文献传递中的用户行为
网站资源		选择平台
网站界面风格		
网站打开速度		
检索方式	在进行文献检索时，你喜欢哪种检索方式？（选择题）	信息检索
平台响应速度	如果平台响应速度比较慢，你会放弃使用该平台吗？（选择题）	
分类导航功能设置	"你在文献传递平台检索文献时会使用哪种方式"（多选题）	
提交方式	在平台上检索到文献后，你喜欢以下哪种方式完成提交申请？（选择题）	提交申请
文献满足率	①提交一篇文献申请后，如果最终无法获取该文献，下次还会使用该平台吗？（选择题）②如果分批提交了超过 10 篇申请，你能接受的最低满足率是多少？（填空题）	获取文献
文献响应时间	①你认为合理的文献响应时间是多久？（选择题）②你最多能容忍多少天收到文献？（填空题）	
文献费用	你接受文献传递收费吗？（选择题）	
文献获取方式	你喜欢哪种文献获取方式？（选择题）	

表 2   用户对各平台网站的评分（各项指标满分为 5 分）

平台	界面风格	网站资源	网站打开速度（s）
NSTL	2.7	3.7	4.9
CASHL	3.2	3.1	4.9
e 读	4.2	4.3	4.9
读秀	4.7	4.6	4.9
百链	4.6	4.5	4.9

3.2   获取文献行为分析

用户获取文献行为中有 4 项因素影响最终用户评价，即：文献满足率、文献响应时间、文献费用、获取文献方式。

3.2.1　文献满足率对用户行为的影响

用户提交一篇文献申请后，如果最终无法获得该文献，88%的用户选择下次放弃使用该平台，12%的用户选择下次还会使用该平台。说明文献满足率对用户行为影响较大。选择下次继续使用该平台的用户，其原因主要包括：①用户已习惯使用该平台，对该平台有依赖感；②用户对文献传递业务很理解，认为部分文献获取不到很正常。

当被问及"如果分批提交了超过10篇申请，你能接受的最低满足率是多少"时，令人吃惊的是90%以上的用户不约而同地填写了50%（该题为填空题，用户自由填写满足率），即用户的最低容忍度为50%，如图3所示：

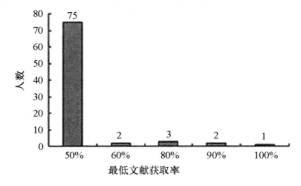

图3　用户可容忍的最低文献获取率

也就是说，部分用户对于单篇文章获取不到表现出一定的理解，但如果一批文献的满足率低于50%，则会严重影响用户对平台的信心，使其转而使用其他平台。

3.2.2　文献响应时间对用户行为的影响

文献响应时间是指从用户提出申请到最终获得文献的时间。71%的用户希望1小时内获取文献，12%的用户可以接受3小时内获取文献，17%的用户表示可以接受1天以上获得文献。为了测试用户对文献获取时间的最大可接受范围，笔者提出了"最多能容忍多少天收到文献"的问题，该题为填空题，大部分用户填写的时间在1天到3个月之间，也有11%的用户回答"不一定，能拿到文献就好"、"相信图书馆能在合理时间解决"，经询问得知这部分用户对文献传递业务使用比较多，有过到国外文献传递机构获取文献的经验，知道国外文献获取时间比较长。这说明文献响应时间虽然是影响用户行为的一个重要因素，但是否能真正获取到文献是用户更为关心的。

3.2.3 文献费用对用户行为的影响

五大平台中，从读秀和百链获取文献是完全免费的，从 NSTL、e 读、CASHL 获取文献均要付费。调查发现，不同人群对文献获取收费的态度不同：100%的教师用户对收费持积极态度，27%的学生用户接受收费。通过对多家单位的文献传递员的访谈了解到，如果该文献对用户很有帮助，用户基本不会因为费用问题而放弃获取文献。这说明相对而言，能否获取到文献比是否收费更重要。

3.2.4 文献获取方式对用户行为的影响

目前五大平台的文献获取方式主要为 3 种：①电子邮箱接收全文——读秀和百链的所有文献均采用这种方式发给用户，NSTL 和 CASHL 部分文献采用这种方式；②电子邮箱接收全文下载链接——e 读的所有电子版文献均采用这种方式；③邮寄纸质文献——NSTL、CASHL 和 e 读中部分无电子版的文献采用这种方式。由于电子邮箱接收全文更加快捷方便，80%的用户选择这种文献获取方式。

3.3 申请提交行为分析

用户在平台上检索到文献后需要提交申请，部分平台可以实现一键提交，部分平台却需要多步提交，即打开 3 – 4 层网页后才能完成提交。提交行为中影响用户评价的最重要因素是用户心理忍耐度，当用户不能简单快速地达到目的时将会产生受挫感，从而给予平台负面评价。问卷调查的结果显示，100%的读者赞同检索到文献后一键提交的方式。

3.4 信息检索行为分析

在用户进行信息检索的过程中，检索平台自身的功能会影响用户的最终评价，包括：检索方式、平台响应速度、分类导航功能。

3.4.1 文献检索方式对用户行为的影响

文献检索方式包括简单检索和多条件检索两大类别。通常网络用户倾向"省力原则"，习惯选择简单检索方式[13]。而文献传递用户往往对文献需求有明确认识，甚至很多用户清楚自己需要的文献在哪本期刊上或位于哪个图书馆，可对文献准确定位。检索是获取文献的核心步骤，问卷数据显示，48%的用户偏好简单检索，52%的用户喜欢多条件检索，可见简单检索和多条件检索是同等重要的。

3.4.2 平台响应速度对用户行为的影响

Google 做过一个试验，显示 10 条搜索结果的页面载入需要 0.4 秒，显示 30 条搜索结果的页面载入需要 0.9 秒，结果后者使得 Google 总的流量和收入减少了 20%。可见平台响应速度是影响用户体验的一个重要环节。由于问卷调查的局限性，用户无法回答准确的平台响应时间，因此笔者设计了问题："如果平台响应速度比较慢，你会放弃使用该平台吗？"以此来了解平台响应速度对用户的影响程度。根据问卷调查结果，83% 的文献传递用户认为只要能获得需要的文献，可以接受平台响应速度慢。

3.4.3 分类导航功能对用户行为的影响

分类导航的作用是帮助用户更方便地找到自己所需的内容，五大文献检索与传递平台均对网站内容设置了详细的分类导航，同时也提供强大的关键词检索功能。通常用户更喜欢简单易操作的关键词搜索功能，但若关键词搜索业绩较差，用户也会使用分类导航功能。在被问及"你在文献传递平台检索文献时会使用哪种方式"时（多选），70% 的用户只选了"关键词检索"，29% 的用户同时选择了"关键词检索"和"分类导航"，1% 的用户只选了"分类导航"。

3.5 平台选择行为分析

根据对文献传递员的访谈，影响用户选择文献传递平台的主要因素包括：网站界面风格（界面是否友好）、网站资源（资源是否丰富）、网站打开速度。

3.5.1 网站界面风格对用户体验感的影响

五大文献传递平台在网站设计上有着很大差别，e 读、读秀和百链网站界面风格类似搜索引擎，网站首页简洁明了，由搜索框和功能链接组成，提供关键词检索功能，进入二级网页后才能看到根据检索结果设置的分类导航目录；NSTL 和 CASHL 则类似门户网站风格，网站首页提供分类导航、关键词检索功能，同时还包含一些通知消息。从表 4 可看出，文献传递用户对 e 读、读秀和百链的界面风格评价较高，说明用户更偏好搜索引擎风格的平台。

3.5.2 网站资源对用户体验感的影响

资源内容方面，除 CASHL 主要偏重人文社科类文献外，其他平台均提供综合类文献。从表 4 可看出，文献传递用户对 e 读、读秀和百链的资源评价更高，因为这 3 个数据库与许多知名全文数据库进行了数据对接，当用户输入关键词后，能一站式检索出与该关键词相关的期刊论文、学位论文、书籍等。NSTL 尽管拥有丰富的文献资源，但由于没有与电子全文数据库数据对接，很多文献资源揭示不出来，用户直观感觉该数据库文献量较少。文献传递是目标导向性行为，平台的设计应以帮助用户找到文献为目标，因此各平台应该加强自身资源的揭示。

3.5.3 网站打开速度对用户体验感的影响

网站打开速度由于网络环境不同、测试时间不同、电脑情况不同会有很大差别，但根据网络用户体验的"2-5-10"原则，如果点击某一网站时，响应速度在 2 s（秒）之内，用户体验为网站打开速度快；在 2～5 s 之间，用户体验为一般；在 5～10 s 之间，用户就会感觉网站打开速度慢；大于 10s，用户体验为差，甚至会放弃访问该网站。根据表 2 可看出，用户对各网站的打开速度都很满意。

4　总　结

在多个文献传递平台并存的情况下，各平台都面临着空前的挑战，是积极应对还是消极应战？各文献传递平台应该革新服务理念，重视用户评价和用户行为研究，不断完善自我。由于用户评价在很大程度上能影响用户对平台的选择，根据上述对用户评价和用户行为的研究，笔者试提出如下建议，以供各文献传递平台管理机构参考：

4.1　保证文献获取率

文献传递是目标导向性行为，用户在平台上的操作都是以查找、获取文献为目的，如果文献满足率低于 50%，将导致用户转向其他平台，因此平台建设应首先加强资源建设，尽量保证用户的文献获取率。

4.2　提高服务效率

在 OA 资源、互联网搜索引擎迅猛发展的今天，文献传递平台不再是用户获取文献的唯一途径，用户通过其他方式获取文献的能力不断提高，对文献响应时间的要求也在提高，71% 的文献传递用户希望在 1 小时内获取文献。同时，习惯了快节奏生活的用户对平台响应速度（或网站打开速度）要求也较高。文献传递平台只能通过提高服务效率增加服务竞争力。

4.3　加强资源整合与揭示

由于对自身资源揭示不力，用户直观感觉 NSTL 网站平台的资源拥有量较低，百链、读秀、e 读等平台对各类学术资源数据库的整合较好，并可多方面呈现包括电子图书、电子期刊、会议论文、馆藏纸本等各类资源，用户通过平台可一站式检索到多种类型文献，用户评价好。因此，加强资源整合、充分揭示自身资源，是各平台必须练好的内功。

4.4 简化流程，方便读者

文献传递用户行为总体倾向"省力原则"，因此文献传递平台需要提供便捷的文献检索方式和获取方式，如在文献提交时使用"一键提交"方式，信息检索时提供"关键词检索"方式。

参考文献：

［1］ 杨坚红．CALIS CASHL NSTL 系统文献传递服务比较［J］．情报科学，2009（1）：83－88.

［2］ 张艺缤，郭劲赤．CASHL 与 NSTL 文献传递服务及用户体验之比较研究［J］．大学图书情报学刊，2011（4）：34－37，51.

［3］ 张艺缤，郭劲赤．CASHL 文献传递服务及用户体验之比较研究［J］．上海高校图书情报工作研究，2011（4）：38－41.

［4］ 扈志民．从 e 读推广看图书馆信息资源共建共享新方向［J］．图书馆学研究，2011（21）：74－76.

［5］ 王会丽．读秀学术搜索在图书馆阅览室服务中的应用研究［J］．图书馆理论与实践，2012（6）：98－100.

［6］ 洪跃．读秀学术搜索系统述评［J］．新世纪图书馆，2010（3）：76－78.　［7］ 吴云珊．读秀学术搜索与 Medalink 述评［J］．农业图书情报学刊，2010（6）：70－73.

［8］ 于曦．基于用户信息行为的文献传递服务提升［J］．图书馆，2013（3）：84－86.

［9］ 吴雪芝．BALIS 馆际互借用户行为与期望现状分析及对策研究——以首都师范大学图书馆为例［J］．大学图书情报学刊，2014（3）：113－118，128.

［10］ 席永春，王庆浩．文献传递和馆际互借用户需求分析——以复旦大学本地用户为例［J］．现代情报，2014（4）：153－155，163.

［11］ 肖锴．网上商城购买者行为还原分析及启示［J］．价值工程，2012（33）：161－162.

［12］ Griffin A, Hauser J R. The voice of the customer［J］．Marketing Science，1993：12（1）：1－27.

［13］ 甘泉．网络检索过程及其心理［D］．武汉：华中科技大学，2011.

作者简介

秦霞，华南理工大学图书馆馆员，E-mail：libqx@ scut. edu. cn。

图书馆用户自助服务使用行为研究

——以自助还书为例[*]

1 相关研究概述

图书馆自助服务，就是用户在一定服务设施的帮助下，按照确定的服务规则和服务流程，直接获取图书馆资源和服务，从而实现自我服务的一种服务模式[1]。自助借还是读者使用机器设备自行借阅或归还文献资料，而不需要经过馆员人工作业的一种自助服务方式[2]。目前国内已有相当多的图书馆通过自助借还系统提供服务。但是目前人们对这种服务的认识比较肤浅，甚至出现偏差，只看到系统的正面作用，忽略了系统的负面影响[3]。

国外图书馆自助借还服务的研究主要涉及：①图书馆自助借还服务中的实务问题。如 J. Stafford 列举了在自助借还服务之前必须考虑的关键问题，包括磁条的更换、自助借还设备所需的家具、对馆员的培训（使他们认识到自助借还将更有效率地为用户提供服务而不是使馆员面临失业的风险）、对用户的培训、自助借还设备安装的位置、自主借还服务的宣传和推广[4]。S. Kumi 和 J. Morrow 描述了纽卡斯尔大学图书馆和 3M 公司合作使用六西格玛方法去改进自助借还服务的实施方案，提供了定义阶段、衡量阶段、分析阶段、提高阶段、控制阶段等每一阶段的具体细节[5]。V. G. Jakobsen 介绍了挪威滕斯贝格公共图书馆实施自助借还的案例，指出了计划、用户培训等方面的具体事宜[6]。②自助借还的优点和不足。如 P. Brophy 以英国中央兰开夏大学主图书馆自助借还的实践为例，指出自助借书的优势在于用户较高的接受度；对于大多数用户而言，可以减少排队和等候的时间；降低馆员的工作强度；位置的独立性使得服务点的设置更符合逻辑（如接近书架）；对于耳聋的用户而言，可以避免与馆员面对面带来的尴尬。自助借书系统的不足之处在于市场上可供选择的系统较少；与图书馆目前系统的集成性较差；残障人士特别是

＊ 本文系广东省哲学社会科学"十一五"规划 2009 年度青年项目"基于用户需求和用户行为的图书馆自助服务发展模式探讨"（项目编号：09M－05）和广东图书馆科研课题 2009 年一般项目"图书馆自助服务的用户需求和用户行为实证研究"（项目编号：GDTK0910）研究成果之一。

视障人士使用存在困难；用户隐私问题特别是用户的姓名出现在屏幕上；当自助借书被拒而只能重新选择人工服务时面临双重排队问题；自助借书系统缺乏标准；防盗功能存在缺陷等[7]。③自助借还服务现状调查。如 P. Jones 对英国大学图书馆自助服务的调查，涉及可以在哪些地点使用自助借还服务、仅提供自助借还服务的时间、仅提供人工服务的时间和用户管理方面的问题[8]。

国内图书馆自助借还服务的研究内容大多是描述自助借还的优点和缺点。如钱红指出，图书馆自助借还系统可以增加图书馆借还书时间，实现 24 小时开放；节省读者借还书时间；可以提高服务效率，增加馆藏文献流通量；有利于提高读者满意度；有利于图书馆将工作重心转向深层次服务[9]。除此之外，邹学中还认为图书馆自助借还系统可以降低图书馆工作人员的劳动强度，提高馆员的积极性[10]。研究者认为，图书馆自助借还系统的缺点有：投入成本偏高；容易发生图书错借、漏借事件；对图书加工要求较高，易造成拒借率上升；不能识别读者的违规行为等[9,11-12]。对于自助借还服务和自助借还系统的优缺点，现有研究大多只是理论上的讨论，没有提供数据来证明，所以有些观点相互矛盾。如钱红认为图书馆自助借还系统节省了读者借还书时间[9]，但是邹学中和祁冰、刘岩都指出，自助借还的效率受到操作者的制约[10-11]。

图书馆用户自助服务使用行为的研究内容主要包括：①通过系统日志来分析用户使用行为。如齐凌、宓永迪对浙江图书馆自助借还系统使用情况的分析发现，使用自助借还系统进行还书的比例要远远高于使用自助借还系统进行借书的比例；自助借还系统的使用情况两极分化严重，从不使用自助借还系统借书的读者和完全使用自助借还系统借书的读者各占了近一半的比例；自助还书的时间大部分集中在开馆时间；闭馆期间读者的自助还书行为基本出现在闭馆后的 3 小时内和开馆前的 1 小时内[13]。②通过问卷调查、访谈等方式来了解用户使用行为。如李珀玲利用配额抽样对吴凤技术学院曾使用过自助借书系统的教职员工和学生进行问卷调查，获得 542 份有效样本。分析结果显示，利用自助借还机借书次数方面，以平均每月 1 次或以下占多数，其次为平均每月 2 次，平均每月借书 3 次的用户比例为 11.6%，每月借书 4 次的用户比例为 4.6%，平均每月借书超过 5 次及以上的用户比例为 12.4%[14]。

目前关于图书馆用户自助服务使用行为的研究，大多是描述自助服务使用的次数、自助服务使用的意愿、自助服务使用数据与人工服务使用数据的对比。对图书馆用户自助服务使用数据进行全面分析的研究并不多见。深入了解图书馆用户自助服务使用行为，有助于图书馆更加客观地认识自助服务的长处和不足，有助于图书馆根据用户的使用特征有针对性改进自助服务，使得自助服务发挥出应有的效益。

2　研究设计

华南师范大学图书馆（以下简称我馆）于 2008 年底开始使用自助服务设备提供自助借还服务。自助服务设备包括 4 台 3M 的 7210 系列自助借还书系统，可以根据需要设置为自助借书或者自助还书；另外还有 2 台博美讯室外型 24 小时 R 系列快速还书系统，安装在图书馆门口提供 24 小时自助还书服务。我馆的自助服务设备主要用于自助还书，自助借书使用得比较少。所以本研究通过对自助还书的系统日志分析考察用户自助服务使用行为。涉及的主要问题包括：①哪些用户在使用自助还书服务，用户自助还书服务使用的程度；②用户使用自助还书服务的时间段分布；③用户对自助还书服务和人工还书服务的偏好情况；④自助还书服务是否可以提高用户还书工作的效率；⑤自助还书服务是否可以增加馆藏流通量；⑥不同类型用户的自助还书行为是否存在显著差异。

学生是高校图书馆最大的用户群体，因为学生入学和毕业的关系，每年该群体都会有很大的变化，因此本研究没有采用自然年度而是采用学年度来进行数据的统计。考虑到我馆自助借还系统是在 2008 年底才投入使用，所以数据统计的时间起点为 2009 学年度，截止时间为 2012 学年度。每一学年度的时间范围为当年的 9 月 1 日到次年的 8 月 31 日。如 2009 学年度的时间范围为 2009 年 9 月 1 日到 2010 年 8 月 31 日。

图书馆流通数据保存在汇文系统的数据库中。首先从汇文系统中导出人工还书和自助还书的数据，包括用户名、用户身份、还书的时间、所还图书的索书号、还书的地点等信息。通过 Access 数据库提供的查询功能统计出用户每一学年度的自助还书和人工还书的数量、自助还书的时间段分布、自助还书和人工还书的使用比例等信息。对不同类型用户的自助还书使用率和自助还书数量进行单因子方差分析，如果方差分析整体检验的 F 值达到显著性水平，则进行事后分析以找出差异的具体所在。通过用户总还书量与其自助还书服务使用率之间的相关分析来寻找自助服务的使用与馆藏流通量之间的关系。

3 自助还书服务的使用情况

3.1 自助还书服务的使用率

自助还书服务的使用率包括整体自助还书服务使用率和个人自助还书服务使用率。前者为使用过自助还书服务用户的数量占使用过还书服务用户数量的百分比。后者为个人自助还书的数量占其还书数量的百分比。用户的整体自助还书使用率和个人自助还书服务使用率都呈现先上升再下降的趋势，但是100%地使用自助还书服务的用户的比例一直在上升。

整体自助还书服务使用率方面，2009学年度图书馆用户整体自助还书服务使用率为87.6%，2010学年度图书馆用户的整体自助还书服务使用率比2009学年度有所上升，达到92.1%，2011学年度图书馆用户整体自助还书使用率下降到85.9%，2012学年度图书馆用户整体自助还书服务的使用率进一步下降到75.4%。

本研究将用户分为本科生、研究生、教职员工、离退休人员和其他5种类型。表1列出了每一学年度各种类型用户整体自助还书服务的使用率。由表1可知，教职员工的整体自助还书使用率基本维持稳定，离退休人员的整体自助还书使用率在波浪式前进，各个学年度基本上都是研究生的整体自助还书使用率最高，本科生的整体自助还书服务使用率在2010学年度上升到顶峰之后一路下滑。

表1 各种类型用户整体自助还书服务的使用率

学年度	本科生	研究生	教职员工	离退休人员	其他
2012 学年度	74.6%	87.8%	73.7%	85.1%	75%
2011 学年度	86.1%	87%	76.3%	81.5%	76.1%
2010 学年度	92.8%	92.9%	77.6%	82.5%	98.5%
2009 学年度	87.7%	90.2%	73.6%	74.6%	77.4%

个人自助还书服务使用率见图1。个人自助还书服务使用率为100%，即仅通过自助方式还书的用户的比例一直在上升，未使用自助还书服务的用户的比例2010学年度比2009学年度有所下降，但是之后却呈现上升之势，个人自助还书服务的平均使用率先上升再下滑，且没有出现像齐凌、宓永迪提到的要么完全使用自助服务，要么完全不使用自助服务这样的两极分化现象[13]。

296

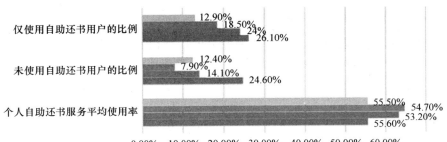

图 1　个人自助还书服务使用率

3.2　自助还书的时间段分布

首先，将用户自助还书的时间段分为开馆时间和闭馆时间。2009 学年度，闭馆时间自助还书的册数占全部自助还书册数的比例为 9.48%；2010 学年度这一比例有所下降，为 7.43%，2011 学年度和 2012 学年度的这一比例比前两个学年度都有所增长，分别为 9.68% 和 10.99%。

其次，将闭馆时间分为 0 点 – 6 点（每一时间段包括起点，不包括终点，下同）、6 点 – 7 点、7 点 – 8 点、22 点 – 23 点和 23 点 – 24 点 5 个时间段，分别计算每一时间段自助还书的数量占闭馆时间总自助还书数量的比例，结果如表 2 所示。

表 2　闭馆期间每一时间段自助还书数量的比例

学年度	0 点 – 6 点	6 点 – 7 点	7 点 – 8 点	22 点 – 23 点	23 点 – 24 点
2012 学年度	0.42%	0.29%	32.26%	65.41%	1.62%
2011 学年度	0.40%	0.66%	38.31%	58.45%	2.18%
2010 学年度	0.55%	0.58%	47.28%	47.49%	4.09%
2009 学年度	0.17%	0.99%	64.24%	32.99%	1.61%

用户在闭馆时间内使用自助还书时间段主要集中在开馆前一个小时和闭馆后的一个小时，并且开馆前一个小时自助还书数量占闭馆期间自助还书数量的比例一直在下降，闭馆后一个小时的这一比例一直在上升。0 点 – 6 点这一时间段自助还书的数量较少，占闭馆期间自助还书数量的比例大多在 0.5% 以下。

3.3 自助还书花费的时间

因为每一学年度使用过自助还书服务的用户都超过 2 万人，所以采用简单随机抽样的方式对 2010 学年度用户自助还书花费的时间进行研究。参考陈膺强在《应用抽样调查》中给出的计算样本公式[15]，在信赖区间 95% 以上且抽样误差不大于 5% 的条件下，需要抽取的样本数为 378。通过 SPSS 提供的随机个案样本生成需要的 378 个样本。对样本用户自助还书花费时间的分析显示，样本用户平均还一册书的时间是 13 秒，最快时间为 4 秒，最慢时间为 1 分零 6 秒，大多数为 7 秒。

3.4 自助还书的数量分布

将平均自助还书数定义为自助还书的数量除以使用过自助还书服务的用户数。2009 学年度的平均自助还书数最高，为 21 册；2010 学年度到 2012 学年度的平均自助还书数差别不大，分别为 15 册、16 册和 15 册，如表 3 所示：

表 3　自助还书的数量分布

学年度	平均自助还书册数	标准差	自助还书仅 1 册的用户比例	自助还书数量不低于平均数的用户比例
2012 学年度	15	17	10%	34%
2011 学年度	16	17	6%	36%
2010 学年度	16	16	5%	38%
2009 学年度	21	22	5%	36%

每一学年度用户自助还书数量的标准差都不低于平均数，说明用户自助还书数量存在极大差异。2009 学年度到 2012 学年度，分别有 5%、5%、6% 和 10% 的用户自助还书数量仅有 1 册。自助还书数量不低于平均数的用户的比例，每一学年度都差不多，2009 学年度到 2012 学年度分别为 36%、38%、36% 和 34%。

3.5 用户类型分布

与图书馆用户构成一样，每一学年度自助还书用户中，所占比例最高的都是本科生，其次是研究生，再次是教职员工，离退休人员所占的比例较少（见表 4）。并且每一学年度自助还书用户中各类型用户所占的比例基本维持稳定，如除了 2012 学年度外，教职员工所占的比例均为 3.8%，离退休人员 4 个学年度所占比例均为 0.2%。南京农业大学图书馆的统计结果表明，本科生是自助服务的主要用户，占 94.5%[16]。本研究中虽然本科生也是自助还书服务的主体用户，但是其所占比例要远低于南京农业大学图书馆的结果。原因可能是他们的自助服务刚刚开展，而我馆的自助服务已经开展很多年了。

表 4　自助还书服务用户构成情况

学年度	本科生	研究生	教职员工	离退休人员	其他
2012 学年度	68.1%	26.3%	4.2%	0.2%	0.4%
2011 学年度	69.9%	25.8%	3.8%	0.2%	0.4%
2010 学年度	69.9%	25.7%	3.8%	0.2%	0.4%
2009 学年度	69.3%	26.3%	3.8%	0.2%	0.5%

根据用户自助还书的使用率，本研究将用户分为不使用者、轻度使用者、中度使用者和重度使用者 4 种类型。轻度使用者指自助还书数量占其总还书数量33% 及以下的用户（不使用自助还书的用户除外），中度使用者为自助还书数量占其总还书数量34% ~66% 的用户，重度使用者为自助还书数量占其总还书数量67% 及以上的用户。

由表 5 可知，每一学年度，重度使用者所占的比例均为最高，2010 学年度重度使用者的比例比 2009 学年度有将近 100% 的增长，2011 学年度重度使用者的比例比 2010 学年度稍有增长，但是 2012 学年度重度使用者的比例比 2011 学年度有超过 6% 的降幅。不使用者的比例方面，2010 学年度比 2009 学年度有所下降，但是 2011 学年度比 2010 学年度增长了将近 80%，2012 学年度比 2011 学年度也是增长了将近 80%。轻度使用者的比例，2010 学年度比 2009 学年度下降了将近 50%，2011 学年度比 2010 学年度略有下降，2012 学年度比 2011 学年度稍有上升。

表 5　自助还书用户类型分布

学年度	不使用者	轻度使用者	中度使用者	重度使用者
2012 学年度	24.6%	13.4%	10.5%	51.6%
2011 学年度	14.1%	10.9%	17.5%	57.4%
2010 学年度	7.9%	11.1%	24.1%	56.9%
2009 学年度	12.4%	21.1%	20.4%	46.1%

4 自助还书服务的使用特征

4.1 总体而言，用户偏好使用自助还书服务

首先，每一学年度用户自助还书的使用率均高于人工还书的使用率。2009 学年度自助还书的使用率为 87.6%，人工还书的使用率为 87.1%。2010 学年度自助还书的使用率为 92.1%，人工还书的使用率为 81.5%。2011 学年度自助还书的使用率为 85.9%，人工还书的使用率为 76%。2012 学年度自助还书的使用率为 75.4%，人工还书的使用率为 73.9%。

其次，每一学年度自助还书的数量也是都高于人工还书的数量。2009 学年度，自助还书的总数量为 500 856 册，人工还书的总数量为 367 372 册。2010 学年度，自助还书的总数量为 397 543 册，人工还书的总数量为 226 836 册。2011 学年度，自助还书的总数量为 375 920 册，人工还书的总数量为 207 457 册。2012 学年度，自助还书的总数量为 300 750 册，人工还书的总数量为 228 659 册。

再次，每一学年度图书馆开馆时间内的自助还书的数量也比人工还书数量多。即同时提供人工还书服务和自助还书服务的情况下，更多的图书是通过自助的方式归还。2009 学年度到 2012 学年度，图书馆开馆时间内的自助还书数量分别为 367 372 册、226 836 册、207 457 册和 228 659 册。

4.2 用户倾向于在开馆时间使用自助还书服务

由用户自助还书服务使用时间段的分布可知，用户在闭馆时间段自助还书的数量基本上都占其总还书数量的 10% 及以下。究其原因，可能是在开馆时间，如果自助还书出现问题，用户可以更方便地找到工作人员来解决问题。

4.3 自助还书服务不会节省用户的时间

用户自助归还一册图书的时间大多数为 7 秒，一般情况下，这个时间要高于人工还书花费的时间。并且如果用户不熟悉自助还书设备的情况下，其自助还书花费的时间要远远高于人工还书花费的时间，也就是说，自助还书服务实际上并不会节省用户的时间。

4.4 自助服务不一定能够增加馆藏文献流通量

本研究采用 Pearson 相关系数来衡量用户的还书总量（自助还书和人工还书量之和）与其自助服务使用率之间的关系。

从表 6 可以看出，除 2010 学年度外，用户的还书总量与其自助服务使用率的相关系数为正，但是其相关系数的绝对值均小于 0.2，说明为弱相关或者

是不相关[11]。而2010学年度用户的还书总量与其自助服务使用率的相关系数为负,并且也是绝对值小于0.2。因此,整体而言,自助服务的使用率与其还书总量之间相关性不强,自助服务不一定能够增加馆藏文献的流通量。

表6 用户的还书总量与其自助服务使用率的相关分析

学年度	–	还书总量	自助服务使用率
2012 学年度	还书总量 相关系数 Sig.（双侧） N	1.000 27258	.029 * .000 27258
2011 学年度	还书总量 相关系数 Sig.（双侧） N	1.000 27569	.031 ** .000 27569
2010 学年度	还书总量 相关系数 Sig.（双侧） N	1.000 27151	-.031 ** .000 27151
2009 学年度	还书总量 相关系数 Sig.（双侧） N	1.000 27295	.064 ** .000 27295

**表示在置信度（双侧）为0.01时,相关性显著; *表示在置信度（双侧）为0.05时,相关性显著

4.5 不同类型用户的自助还书服务使用情况存在显著差异

由表7和表8可知,每一学年度本科生、研究生、教职员工、离退休人员和其他人员的自助还书服务平均使用率、平均自助还书量等都存在显著差异。

表7 不同类型用户自助还书服务平均使用率方差分析

学年度	本科生	研究生	教职员工	离退休人员	其他	F 值
2012 学年度	55.1%	56.6%	55.6%	67.7%	59.9%	2.966 *
2011 学年度	63.8%	63.5%	53.5%	61.5%	57.9%	23.111 **
2010 学年度	65.5%	65.2%	50.5%	61.5%	53.9%	71.109 **
2009 学年度	54.6%	59.4%	47.1%	40.8%	57.1%	43.534 **

**表示在置信度（双侧）为0.01时,相关性显著, *表示在置信度（双侧）为0.05时,相关性显著

表8 不同类型用户自助还书数量方差分析

学年度	本科生	研究生	教职员工	离退休人员	其他	F 值
2012 学年度	14.39	15.26	14.79	19.93	7.09	7.499 **
2011 学年度	15.93	16.33	12.66	12.07	7.24	15.219 **
2010 学年度	15.88	16.57	12.81	10.65	8.74	18.450 **
2009 学年度	21.24	21.14	14.79	12.61	10.80	26.817 **

**表示在置信度（双侧）为 0.01 时，相关性显著，* 表示在置信度（双侧）为 0.05 时，相关性显著

进一步分析的结果显示，2009 学年度，研究生的自助还书服务的平均使用率高于本科生、教职员工、离退休人员，本科生、其他类型用户的自助还书服务的平均使用率都高于教职员工。2010 学年度，本科生、研究生用户的自助还书服务的平均使用率都高于教职员工和其他类型的用户。2011 学年度，本科生、研究生用户的自助还书服务的平均使用率都高于教职员工。但分析并没有发现 2012 学年度究竟是哪些类型用户的自助还书服务的平均使用率存在显著差异。

2009 学年度到 2011 学年度，本科生、研究生平均自助还书的数量高于教职员工和其他类型的用户。2012 学年度，研究生平均自助还书的数量高于本科生，本科生、研究生、教职员工、离退休人员的平均自助还书的数量高于其他类型的用户。

4.6 用户分布大致符合三七法则

三七法则是由二八法则派生出来的，营销学中的三七法则是指企业 70% 左右的收入来自业务量最大的 30% 的客户群[17]。通过对用户自助还书数量的统计分析发现，自助还书用户的分布也大致符合三七法则。如 2009 学年度自助还书数量最多的 30% 的用户，其自助还书数量占全部自助还书总量的 67%；2010 年自助还书数量最多的 31% 的用户，其自助还书数量占自助还书总量的 66%；2011 年学年度自助还书数量最多的 30% 的用户，其自助还书总量占自助还书总量的 67%；2012 学年度自助还书数量最多的 30% 的用户，其自助还书量占自助还书总量的 69%。

5 对图书馆发展自助服务的建议

5.1 正确认识自助服务的意义，积极推进自助服务的开展

用户自助服务行为的分析结果已经充分说明，自助服务已经成为大多数

用户的偏好。因此，图书馆在条件具备的情况下，应当积极推动这项服务的开展，同时，也要正确认识自助服务的意义。自助服务在很大程度上给用户提供了多样化的选择，但是图书馆不能因为开展自助服务而忽略或者停止人工服务，毕竟还有一部分用户偏好人工服务。同时，图书馆也不要过于高估自助服务的价值，因为自助服务对于用户而言不一定带来工作效率的提高，对于图书馆而言也不见得能够提高馆藏文献的利用率。图书馆应该审慎评估自助服务的性价比，根据本馆实际情况合理选择最优的方案。

5.2 做好自助服务的规划工作

由前文可知，用户使用自助服务的时间段集中在开馆时间，而非开馆时间的使用时间段又集中在开馆前一个小时和闭馆后一个小时，如果能保证自助服务设备上述时间段内的正常运行就可以满足绝大多数用户的需求。因此，在进行自助服务规划时，要将以上时间段作为保障的重点。在开馆时间内加强对自助服务设备的巡查工作，出现问题及时解决。在闭馆前注意检查自助服务设备的运行情况，清空自助还书机的还书箱，以保证用户对自助服务的正常使用。如果有多台自助服务设备，开馆时间内保证其全部开放，闭馆时间内，只需要开放少数几台甚至是只开一台，就可以做到既能很好地完成自助服务工作，又能够节省电费等相关开支。

5.3 做好用户培训工作

用户需要了解和熟悉自助服务设备，如自助借还机的使用方法，才能够提高自助服务效率。因此，用户培训工作必不可少，通过用户培训，能使用户熟悉自助服务设施，明白问题产生的原因，避免因为用户体验的负面效应而对图书馆自助服务产生抵触情绪。

从用户自助服务使用情况的差异分析可知，教职员工和离退休人员自助服务的使用要少于本科生和研究生，所以，图书馆可以考虑重点对这两类用户群体进行培训，提高他们对图书馆自助服务的使用率。

5.4 做好重点用户的服务保障工作

对图书馆而言，不用用户群体的价值是不同的。图书馆应对用户进行细分，不能平均用力[18]。如前所述，在图书馆自助服务中，30%的用户的使用量占总使用量的70%，因此，这30%的用户就应该是图书馆自助服务的重点用户。图书馆应当更加深入地了解这部分用户的需求，做好服务保障工作，提供符合用户需求的个性化服务，推动图书馆自助服务的更好发展。

本研究基于华南师范大学图书馆自助借书服务的使用数据，探讨图书馆用户自助服务使用行为，总结用户自助服务使用特征，提出图书馆自助服务的发展建议，希望能对图书馆自助服务的开展有一定的借鉴意义。因为本研究的数据来源于单一图书馆，并且只使用了日志分析方法，故研究结果具有一定的局限性。

参考文献：

[1] 洪文梅．试论图书馆的自助服务［J］．江西图书馆学刊，2006（2）：51－52.

[2] 杨峰，王馨．自助借还书系统的管理与应用问题探讨［J］．图书馆学研究，2009（6）：18－20.

[3] 罗少芬．正确认识自助借还书系统［J］．图书馆学研究，2009（8）：87－89.

[4] Stafford J. Self-issue and self-return-system selection and performance at the University of Sunderland［J］. Vine, 1997, 27（1）: 14－19.

[5] Kumi S, Morrow J. Improving self service the six sigma way at Newcastle University Library［J］. Program, 2006, 40（2）: 123－136.

[6] Jakobsen V G. The self-service system in Toensberg Public Library, Norway［J］. Vine, 1997, 27（1）: 33－35.

[7] Brophy P. The SELF project: An investigation into the provision of self-service facilities for library users［J］. Vine, 1997, 27（1）: 8－13.

[8] Jones P. Self－service in academic libraries: A survey of current practice［J］. SCONUL Focus, 2004（32）: 49－50.

[9] 钱红．自助借还书系统的"功"与"过"［J］．图书馆建设，2008（5）：75－76, 80.

[10] 邹学中．对高校图书馆自助借还书系统的理性认识［J］．湖南科技学院学报，2012（1）：150－151.

[11] 祁冰，刘岩．高校图书馆自助借还系统的利与弊［J］．图书馆学刊，2012（12）：117－118.

[12] 韩颖．自助借还机在高校图书馆的应用探讨［J］．河北科技图苑，2009（5）：48－49, 29.

[13] 齐凌，宓永迪．RFID自助借还系统使用情况分析——以浙江图书馆为例［J］．图书馆建设，2011（10）：77－79.

[14] 李珀玲．影响图书馆自助借书系统满意度及使用行为之研究——以吴凤技术学院图书馆为例［D］．嘉义：南华大学，2006.

[15] 陈膺强．应用抽样调查［M］．北京：北京师范大学出版社，2010：46.

[16] 何建新，张勇．南京农业大学：使用图书馆自助服务本科生占94.5%［J］．中国教育网络，2012（7）：71－72.

[17] 邵立刚，马立群，张尧．时尚买手Q&A：服装服饰买手实务63问［M］．沈阳：辽宁科学技术出版社，2012：203.

[18] 徐剑，黄秋月. "二八定律" 在图书馆管理中的应用 ［J］. 中国图书馆学报，2007，33（5）：106 – 108.

作者简介

杨涛，华南师范大学图书馆副研究馆员，E-mail：yt@ m. scnu. edu. cn。

综　述　篇

跨学科信息查寻行为研究文献综述[*]

1 引言

　　跨学科研究是当代学科发展的一种基本趋势，产生这种趋势的一个重要原因在于，任何研究对象都已经变得综合化，仅凭单一知识思考问题已经无法解释或找到问题解决的途径，这是由知识本身发展决定的，也与当今技术的推进密不可分。诚如中国人民大学《跨学科研究系列调查报告之三：关于设立跨学科研究项目的一些情况和建议》所言：打破单一学科的科学研究模式，实行跨学科研究来应对越来越多的深刻化、复杂化和综合化的问题已经成为当今社会的一种共识，同时科学技术的不断进步也为我们进行跨学科研究提供了必要的技术支撑[1]。

　　跨学科研究者在从事跨学科研究的过程中势必会发生信息查寻行为，而且这些行为可能与单学科研究中的表现不同。比如，L. J. B. Mote 早在 1962 年就识别出了跨学科研究者与单学科研究者在信息行为上的不同[2]，但是多年来，对此领域的研究还十分有限。在网络环境下，跨学科研究本身出现了新特点，譬如对跨学科知识共享工具的使用等[3-5]，这些新特点势必会反映到跨学科研究人员的信息查寻行为中来。然而，据笔者文献调研发现，目前学界对这些特点的关注不够，已有的研究已不能满足跨学科盛行时代的用户需求[6]。因此，在图书情报领域对跨学科研究人员信息查寻行为的系统研究迫在眉睫。

2 跨学科信息查寻行为概念辨析

　　信息查寻这个概念已经在学术界有较多和较为成熟的定义。如 T. D. Wilson 认为信息查寻行为是为满足某个目标的需要而进行的对信息有目的的查找[7]。J. Krikelas 认为信息查寻行为是一种消除不确定性的行为，是个体为满足意识到的信息需求而开展的的甄别消息的所有活动[8]。

---

　　* 本文系国家社会科学基金资助项目"行为生态学视角下的学术用户网络信息查寻行为研究"（项目编号：11BTQ047）研究成果之一。

跨学科（interdisciplinary）一词最早出现于 20 世纪 20 年代的美国。当时，美国社会科学研究理事会提出它的主要职能是发展涉及到两个或两个以上学会的综合研究，而"跨学科"一词是该理事会会议速记使用的记录文字[9]。邹晓东、陈艾华根据一些文献总结出跨学科是跨越学科界限的两个或两个以上的理论的整合，结合不同的观点去解决一个共同的问题[10]。具有代表性的是 2004 年美国国家科学院、国家工程院等单位联合发布的报告《促进跨学科研究》中的定义：跨学科研究是一种经由团队或个人整合来自两个或多个学科（专业知识领域）的信息、材料、技巧、工具、视角、概念和理论来加强对那些超越单一学科界限或学科实践范围的问题的基础性理解，或是为它们寻求解决之道[11]。邹晓东的定义[10]与《促进跨学科研究》报告[11]中的定义相比，其共同点是都强调了学科间的合作和整合，但是后者比前者更加详细，具体指出了跨学科研究者可以是个人也可以来自团队以及整合的知识类型。

跨学科研究者在从事跨学科研究的过程中发生的信息查寻活动，便是本文所述的跨学科信息查寻行为。在此，本文着重梳理国内外有关跨学科信息查寻行为的研究进展，以期能为进一步的研究工作提供理论借鉴，同时也希望能引起更多的学者对跨学科信息行为的关注。

3　文献来源

笔者通过 CNKI、维普、万方等中文数据库，以"主题 = '跨学科信息查寻'或者主题 = '跨学科信息查找'或者主题 = '跨学科信息查询'或者主题 = '跨学科信息搜索'或者主题 = '跨学科信息搜寻'或者主题 = '跨学科信息'或者主题 = '跨学科研究者'或者主题 = '跨学科研究人员'或者主题 = '跨学科学者'"检索策略查找文献，经过筛选最终仅检索到 10 篇相关中文文献，其中最相关文献只有 1 篇。检索时间为 2015 年 5 月 11 日。通过外文数据库，如 EBSCO（LISTA）、Emerald（Library & Information Science）、Web of Science、Google 学术等，利用"interdisciplinary/cross-disciplinary/multi-disciplinary information behavior" or "interdisciplinary/cross-disciplinary/multi-disciplinary information seeking" or "interdisciplinary/cross-disciplinary/multi-disciplinary information search " or "interdisciplinary/cross-disciplinary/multi-disciplinary information " or "interdisciplinary/cross-disciplinary/multi-disciplinary researcher/scholar " 检索策略查找外文文献，检索时间为 2015 年 5 月 11 日，经过筛选最终找到相关外文文献 70 篇。笔者继续在 PQDT 查阅国外硕博士学位论文以补充数据来源，经过筛选后共获得 2 篇学位论文。综上，获得的国内外文

献共计 82 篇。

4 文献的基本情况

4.1 年代分布

根据这 82 篇文献进行年代分布的统计,国外跨学科信息查寻行为研究分布年代跨度较长,如 J. B. Mote 在 1962 年就展开了对跨学科信息行为的研究[2],而国内相关研究明显滞后,到 1988 年才出现,至今研究成果相当稀少。国内外跨学科信息查寻行为研究年代分布如图 1 所示:

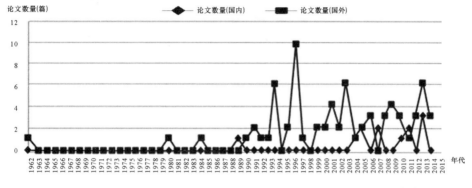

图1 国内外跨学科信息查寻行为研究年代分布

从图 1 可以看出,国内外跨学科信息查寻行为研究文献数量随着时间的推移而呈现波浪式变化。国外研究起步早,在跨学科信息查寻行为的研究中占有绝对的主导地位,而且在 1996 年掀起了研究的热潮,之后的研究虽有一些起伏,却依然保持着一定的成果产出。国内研究起步晚,文献稀少,虽然近几年跨学科是研究的热点,但对跨学科信息查寻行为的研究却是凤毛麟角,马翠嫦、曹树金立足图书情报学领域,在回顾和梳理与跨学科研究相关的现象、观点与理论的基础上,提出"信息分散下的信息行为"是图书情报学视觉下跨学科信息行为研究的主要问题和理论基础[6],是最近两年国内最主要的研究成果。国外近两年也有一些研究,J. E. Smith 等认为图书馆员遇到跨学科、跨部门等复杂研究的信息需求时,应该提供多层次的信息服务并主动寻找机会建立有效合作[12]。R. García-Milian 等人提出基于团队的跨学科合作对于如今复杂问题的解决至关重要,基于一个研究发现和收集平台 VIVO,图书馆员可以为跨学科团队提供信息服务[13]。从文献调研的情况来看,质性研究是目前跨学科信息查寻行为研究的主要研究范式,半结构化的访谈为主要研究方法。

4.2 作者贡献

本文采用正规计数法对国内外作者贡献值进行计量，其计量原理为不论合著者有几个，每位作者都算产出一篇论文。这种计数方法是前科研评价学术研究中使用较多的一种合著作者贡献计量方法[14]。其具体计算方法是：作者产出了几篇论文，不论其为第几作者，都算为该作者的贡献值，譬如，若产出 2 篇论文，其贡献值就为 2。笔者依据此方法挑选出贡献值为 2 的作者共 8 位，并基于 Web of Science 和 CNKI 的检索结果，统计其总被引频次，如表 1 所示：

表 1　文献贡献值大于等于 2 的作者

作者	贡献值	总被引频次
C. L. Palmer	10	128
陈向东	3	100
D. Ellis	2	242
A. Foster	2	164
M. J. Bates	2	36
J. M. Hurd	2	33
L. Westbrook		28
K. H. Gerhard	2	8

从表 1 可以发现，C. L. Palmer 是在跨学科信息查寻行为的研究中，产文量最高、影响力最大的作者。她发现了跨学科信息查寻行为中最为显著的两个特征：探索和翻译[15]。国内学者陈向东主要从信息行为的角度探讨跨学科知识共享工具，为国内的跨学科信息查寻行为研究提供了一定的理论借鉴[3-5]。值得一提的是 D. Ellis 的两篇经典文章虽然没有直接研究跨学科信息查寻行为，但作为跨学科信息查寻行为的理论基础和模型铺垫[16-17]，拥有很高的被引频次。国内外学者都倾向于寻求科研合作，独著情况尚不多见。

5　跨学科信息查寻行为研究的主要内容

笔者对文献进行梳理和总结后发现，研究者们对跨学科信息查寻行为的研究主要集中在跨学科信息需求、信息查寻渠道、信息查寻障碍、信息查寻行为模型等方面。

5.1 跨学科信息需求

跨学科研究者与单学科研究者之间在信息需求方面存在着差异。L. J. B. Mote 对跨学科科学家的信息需求进行了探索性的研究。他将科学家从事的工作划分为 3 组。第一组工作仅局限于一个学科范围内，这个学科的基础理论非常成熟、文献组织性较好且学科范围划分明确；与第一组相比，第二组工作涉及的学科领域更宽泛，并且信息的组织性较差；第三组工作涉及的学科主题比第一、二组都广泛，科学家需要解决的问题也更加多样化，需要的学科文献几乎没有组织性，需要解决的问题也更加多样化。研究发现，单学科科学家与跨学科科学家的信息需求呈现出明显的不同。L. J. B. Mote 还指出，第二组的科学家在对复杂领域进行研究的过程中，信息需求会受到时间因素的影响[2]。J. M. Hurd 也在 1993 年发现跨学科研究产生的信息需求与 20 年前相比发生了很大变化，科学家可能不止利用单个学科领域的信息[18]。

5.2 跨学科信息需求的类型

C. L. Palmer 认为跨学科研究人员需要本领域之外的知识和信息，其原因是想拓宽研究视角、产生新的研究思路或者寻找更加广泛多样的信息类型和信息来源[15]。L. Westbrook、D. Spanner、A. Foster 等发现，对于跨学科研究者来说，他们都有关于跨学科领域的文化、语言和知识的信息需求，研究者想要和其他领域的人交流学习，就需要其他领域的词汇知识，同时，研究者想要了解一个学科，必须先了解一个学科的文化[19-21]。A. Foster 指出，跨学科研究者的信息需求还包括识别关键的研究或主题、某学科的学术社群以及在跨学科领域的重要作者[21]。此外，D. Spanner 和 A. Foster 都认为跨学科研究者的信息需求还包括获取跨学科领域随时更新的最新信息与最新的研究成果[20-21]。C. L. Palmer 进一步指出，满足这种需求就需要保持一种意识，即意识到研究问题的多面性以及意识到新兴潜在的领域和相关学科研究问题的重要性[22]。K. H. Gerhard 发现，跨学科研究者倾向于依赖那种在本领域和跨学科领域同时发表的研究成果。除此以外，这些学者或许也在公开使用可获取的跨学科资源[23]。J. Murphy 在对环境学家跨学科信息查寻习惯的研究中发现，其为了进行研究，需要其他相关学科的知识，并且在信息查寻方面需要他人的帮助，如相关文献的查寻、科学信息报告的合成以及研究趋势的分析等[24]。

5.2.1 对信息源的需求

D. Spanner 强调了跨学科研究者的信息源，包括图书馆、电子计算机、电子邮件、网站、个人收藏、同事的个人收藏、名录和新闻等。其中跨学科研究人员电子邮件的使用率达到了百分之百，图书馆的使用率也在90%以上[20]。C. L. Palmer 在对跨学科人文学者的研究中得出了与 D. Spanner 相似的结论，她将信息源按其作用分为了3类：第一类是识别信息，其信息源包括同事、参考文献和脚注、图书馆目录、会议、学生和网络；第二类是定位和存取信息，其信息源有图书馆、个人收藏、同事的收藏和计算机；第三类是咨询和阅读，其信息源包括书、期刊、同事、报纸，手册和字典、个人论文、文档、人名以及网站。这些信息源都是通过对访谈数据的分析得到的。其后她又发现了另外一些信息源，包括档案、特殊收藏、稀有文件、手稿以及展览目录等。对于跨学科人文学者来说，其最核心的信息源是档案集，或关键作者的作品[25]。J. Murphy 在对环境学家跨学科信息查寻习惯的研究中提到常用的信息源，最多的还是纸质期刊。虽然研究者们指出电子数据库对查寻论文也很重要，但他们更加依赖纸质版本，除此之外还有电子期刊、纸质技术报告和在线技术报告[24]。国外也有一些学者只是强调了某一种或少数几种信息源，如 M. J. Bates 就认为引文索引对跨学科研究特别重要，强调了对 ISI 的引文索引的使用[26]。S. Talja 和 H. Maula 发现跨学科研究者会使用更多来自其他学科领域数据库中的文献，包括期刊和参考数据库，并以此来与本领域的文献进行对比研究[27]。S. Wiberley 和 W. G. Jones 在有关人文学科研究者在跨学科团队中使用信息源的相关研究中，发现跨学科团队中的人文学科研究者常常忽视网络数据库的使用，很少咨询普通图书馆员，主要依赖档案管理员和特殊收藏图书管理员，对正式参考书目的使用也有所限制[28]。S. Wiberley 和 W. G. Jones 与之前提到的 C. L. Palmer[25] 的研究对象都是跨学科人文学者，但是却得出了不同的结论。前者发现跨学科人文学者的信息源非常单调，而后者认为其信息源异常丰富。

5.2.2 对信息服务的需求

L. Westbrook 发现跨学科研究者需要图书馆为其在陌生领域提供导航服务[29]。P. D. Maughan 的研究表明，以拉丁美洲人为研究对象的跨学科研究者在查寻文献方面需要图书馆提供一些帮助，如文献传递服务，包括馆际互借[30]。L. O'Connor 和 J. Newby 的研究中提到研究生进行跨学科研究需要学术图书馆提供支持，学术图书馆应该开设提高他们信息素养的课程，主要内容是帮助用户学会处理不熟悉领域的文化和语言，包括学术通讯设备、信息的组织、识别定位关键作者、出版物、研究机构和新兴的研究领域，确定信息的完整性以及跟上最新的研究[31]。S. Wiberley 和 W. G. Jones 在对小规模的人文学科跨学科团队的信息查寻行为的研究中，提到人文学科的研究者往往

314

需要参考咨询馆员的帮助，因为他们不常使用机读目录数据库，而研究者经常意识不到他们需要参考咨询服务，这需要志愿者的提醒[28]。

由上述研究可知，跨学科研究者信息需求与单学科研究者相比确实存在着差异，跨学科研究者需要广泛多样的信息源和信息服务。不同领域的跨学科研究者其信息源有所不同，如跨学科环境学家和跨学科人文学家。而关于同一对象的研究其结论也有所不同，如上文提到的跨学科人文学者，其信息源就有所不同。在图书情报领域，信息需求在网络环境下出现了一些新的特征，如对一站式检索与智能化检索的需求以及对个性化服务的需求[32]。网络环境的形成，促使了图书馆信息资源结构、信息服务形式、服务内容、服务手段等因素的变革，同时也成为用户潜在信息需求和信息行为的障碍[33]。因此在新时期信息环境下，跨学科研究者信息需求的特征以及影响因素的研究较为缺乏，有待进一步深化。

5.3　跨学科信息查寻渠道

关于跨学科信息查寻渠道的研究，H. R. Jamali 和 D. Nicholas 等有着比较丰富的研究成果，在对物理和天文学领域的跨学科研究者的信息查寻渠道的研究中，他们关注了跨学科性和文献分散对信息查寻行为产生的两方面影响：①获取最新信息的方法，这是跨学科科学家信息查寻行为很重要的一个方面；②挑选期刊文献的方法。他们发现，为了跟踪学科领域的最新动态，科学家会采用不同的信息查寻渠道，其中就包含对数据库的搜索和浏览电子期刊等，其信息查寻的方式也因文献的分散程度和子领域的跨学科性而不同[34]。D. Spanner 在对 23 名跨学科研究者信息查寻习惯的研究中，对其信息查寻渠道进行了排序，发现使用率最高的是通过出版物中的参考文献进行查寻，排第二的是通过同事间交流的方式查寻信息，第三是通过正式的书目工具查寻信息[20]。

5.3.1　通过文后参考文献查寻信息

L. O'Connor 和 J. Newby 在关于开设跨学科研究生信息素养培训课程的研究中提到，跨学科研究生要学会跟进文后参考文献，并在 Google 学术或 Web of Science 中对这些参考文献进行检索[31]。H. R. Jamali 和 D. Nicholas 也认为追溯文后参考文献是跨学科信息查寻常用的方法[34]。C. Tenopir 认为跨学科研究者比单学科研究者更有可能通过引文链接方式来查寻文献[35]。

5.3.2　通过人际关系查寻信息

C. L. Palmer 和 L. J. Neumann 在研究中发现有些学者拥有编辑或审稿人的多重专家身份，这些身份在与跨领域研究者的信息接收渠道中扮演着重要的角色并使这些学者有机会获得手稿、电子邮件信息以及与其他学术组织、同行在会议中交流的机会[25]。C. L. Palmer 的研究表明跨学科研究者对知名专家发送电子邮件以获取有价值的书目信息[36]。J. Murphy 在对环境学家跨学科信息查寻习惯的研究中发现，通过人际交流的方式查寻信息比数据库查寻更能获得相关信息，这些人际交流包括与论文合著者的交流、参加会议以及发送电子邮件[24]。H. R. Jamali 和 D. Nicholas 也提到跨学科研究人员通过邮件提醒服务以及朋友或同事推荐来查寻信息[34]。S. Wiberley 和 W. G. Jones 在对小规模的人文学科跨学科团队的信息查寻行为的研究中，提到人文学科的研究者往往需要参考咨询馆员的帮助[28]。

5.3.3　通过搜索引擎或数据库查寻信息

P. Vakkari 发现，随着文献分散程度的上升，引文数据库成了跨学科研究者信息查寻的重要途径之一。其原因在于：文献分散程度高的交叉学科需要从大量相关数据库中查找信息，这样会花费研究者不少精力，而综合性期刊引文数据库恰好可以减轻跨学科查寻的负担[37]。L. M. Bartolo 和 T. D. Smith 使用 Kuhlthau 的信息查寻过程模型对跨学科信息查寻行为进行了研究，比较了人工查寻方式和网络查寻方式对跨学科信息查寻的效率，发现网络查寻方式（包括使用网络搜索引擎、全文在线数据库等）比人工查寻方式（包括纸质的二次文献、文摘、评论文章、百科全书）效率更高[38]。L. A. Kutner 则认为用关键词在电子图书馆目录查寻相关的资源对于跨学科研究者关注新兴领域有很高的价值[39]。

5.3.4　通过图书馆或书店查寻信息

妇女研究者在从事跨学科研究中，喜欢逛书店，部分原因是由于自己没有太多的时间在图书馆里研究与学习[19]。C. L. Palmer 和 L. J. Neumann 认为支持跨学科活动和信息源的图书馆对跨学科研究者起作用[25]。L. Westbrook 发现跨学科研究者在查找相关文献时，缺乏合适的数据库和参考文献，需要图书馆在陌生领域提供导航服务[29]。K. H. Packer 和 D. Soergel 发现图书馆的 SDI 服务（SDI 技术能够有选择性地将引文或新文献的复印本发送给研究者，这种选择是基于每个人的兴趣而准备的）能帮助跨学科科学家更有效率地查寻信息[40]。

除此之外，陈向东从信息行为视角出发，比较了网络环境下 3 种应用于跨学科知识共享的非正式交流工具——Blog、Wiki 和开放本体导航工具，指出它们具有不同的社会网络联结方式、内容组织方式和使用方便程度，适用于跨学科协作的不同阶段[3-4]。李馨也提到了 Wiki 是跨学科知识共享的有效工具[41]。虽然他们研究的是跨学科知识共享的交流工具，但知识共享的过程中实际包含信息查寻的部分，也可为社会网络环境下的跨学科信息查寻渠道提供理论借鉴。

在上述信息查寻渠道的研究中，笔者发现跨学科研究人员很依赖文后参考文献以及人际渠道以及来查寻信息，这是跨学科研究人员与单学科研究人员相比最为显著的信息查寻方式的不同。究其原因，是因为跨学科研究者所获得相关信息较少，需要借鉴他人成果来展开研究，因此他们习惯追溯文后参考文献；跨学科研究很多都是以团队形式进行，在团队中，团队成员之间有各自的领域"行话"，为了达成理解，相互间的信息交流必不可少，因此他们较为依赖人际渠道查寻信息。

5.4 跨学科信息查寻的障碍

5.4.1 信息分散

对于跨学科研究者来说，信息分散是因为潜在有用的信息跨越了学科的分布，这导致了信息查寻和使用中的一系列问题[15]。K. H. Packer 和 D. Soergel 发现在高分散领域工作的化学家知识更新较慢，究其原因，是因为在高分散领域，文献缺乏有效的组织[40]。M. J. Bates 也在研究中提到，如果研究者为了一个研究项目必须在高分散领域或多个学科领域查寻相关文献，这就意味着跨学科研究者比单学科研究者要遇到更多的困难[26]。L. A. Kutner 发现，研究环境问题的学生所需要的文献可能跨越整个图书馆，不会限制在某一物理区域，并且相关文献可能分散在综合图书馆的多个学科区域[39]。S. E. Searing 以妇女研究的跨学科领域为例，探讨了美国国会图书馆分类体系的问题，发现每本书都应被放置在某一特定学科领域中，但按照传统的分类标准，跨学科书籍资料很难被准确划分[42]。跨学科研究者在信息分散的情况下进行查寻活动，在本领域外浏览信息，开拓自己的视野，即 C. L. Palmer 所说的跨学科研究者很显著的行为特征——探索行为。探索行为是浏览的高度概括的形式，它是一种很有意义地识别分散信息的查寻策略。研究者探索外围领域是为了拓展自己视野的宽度，产生新的思想或者去探究各种范围的信息源。例如，在跨学科神经科学实验室中，具有高度影响力的信息都是科学家们从其他领域探索得到的[15]。笔者认为信息分散为学术研究的发展增添了活力，解决某一问题的信息如果分散在多个领域将会促进更好的知识创新，知识创新往往不是来自一个专业的核心区域，而是来自知识更加分散的边缘区域，分散在核心区外的知识将会更好地促进知识整合和创新。

5.4.2 学科文化

跨学科研究者往往在查寻过程中遇到不同的学科文化，这也给他们的查寻造成一定的障碍。D. Spanner 在对 23 名跨学科研究者信息查寻习惯的研究中，发现研究者进行跨学科研究时，文化交互是一个大问题，特别是要去适应词汇的冲突。有时两位学者用不同的术语讨论的却是一个相同的概念，又或是使用相同的术语，但表达的意思却完全不同，比如"mod-ern"、"moder-nity"、"modernism"这几个术语，在不同的学科有不同的意思，人类学家和可视化艺术家对其的解释就会各不相同。所以，只有跨学科研究者学习了新学科的词汇，搜索才会成功[20]。B. Allen 在一项哲学和心理专业 60 名学生执行跨学科研究任务的调查研究中，发现学术背景影响他们选择描述信息需求的词汇[43]。C. L. Palmer 也提出了类似的观点，学者要跨越学科边界去收集信息，他们会与跨学科领域的行话和术语做斗争，只有熟悉其他学科领域的术语或者行话才能更好理解他们的文献进而展开自己的研究；由于跨学科研究者需要理解本领域之外的词汇，进而产生了又一项显著的行为特征——翻译行为[25]。跨学科研究者需要翻译这些陌生领域的词汇去进行成功的搜索。如果人文科学和社会科学使用不精确的语言，那将会使识别跨领域信息更加复杂化，而且科学词汇自身的复杂性也会阻碍跨学科信息查寻的顺利展开[15]。此外，K. Wender 和 R. Hübler 也谈到了跨学科信息查寻的障碍是信息始终在不同领域的各个参与者之间传播[44]。L. O'Connor 和 J. Newby 在关于开设跨学科研究生信息素养培训课程的研究中提到，对跨学科研究者的挑战包括学习不熟悉领域的文化和语言、识别关键作者和关键研究领域以及找到一种方法去跟进跨学科领域的最新研究，探究其文化，比较两个不同领域的语言和文本组织，了解其历史，识别最为关键的词汇等[31]。J. Murphy 在对环境学家跨学科信息查寻习惯的研究中发现，环境学家需要助手协助完成查寻，其中最需要词汇方面的帮助[24]。J. A. Knapp 在其研究中提到，跨学科研究中的最大障碍是不同学科之间的文化差异，包含其方法论差异以及不同学科背景学者之间的交流等问题[45]。

D. Spanner 还提出了一些查寻障碍，比如跨学科研究者自身对跨学科领域没有安全感，图书馆没有订阅连接两个领域的期刊或者这些期刊长时间无人使用而下架等，都是跨学科研究者信息查寻的障碍[20]。总的来看，对跨学科信息查寻障碍的研究从一定角度凸显出跨学科信息查寻行为的特征，但缺乏对障碍发生机理等问题的深入研究，同时也没有提出克服障碍的解决办法。

5.5 跨学科信息行为模型相关研究

目前对跨学科信息行为的模型研究较少。D. Ellis 的经典信息查寻行为模型虽然没有呈现出跨学科研究者的信息查寻行为，但他提供了一种研究单学科和跨学科信息过程差异性的对比框架[16]。A. Foster 基于 D. Ellis 的信息查寻模型对跨学科研究者的信息活动进行了研究，提出了一种非线性模型，其模型包含 3 个核心过程：开始探索、识别定位、验证巩固[21]。相似的还有 C. Larkin 的研究，他同样是基于信息查寻过程模型对艺术类的跨学科研究者进行了研究[46]。L. I. Meho 和 H. R. Tibbo 对跨学科的社会科学家进行了研究，基于 D. Ellis 的信息查寻模型增加了 4 个新特征：①存取，即用户需要存取已识别的信息源；②联网，即研究者利用网络收集信息同时也分享信息；③验证，即检查信息的精确性；④信息管理，即研究者需要归档、存档、组织已收集的信息[47]。

总结上述行为模型研究成果发现，跨学科信息查寻行为模型大多数都是基于 D. Ellis 的模型进行了一定的修正，但仍未形成经典模型。模型研究是跨学科信息查寻行为研究的重点和难点，需合理解释行为发生的关系和机理，这也是未来研究的重中之重。

6   研究总结与未来展望

虽然信息查寻行为研究一直是图书情报学研究的热点，研究程度也随之不断加深，但是对于跨学科用户的信息查寻行为的研究却为数不多。通过分析发现，国内外的研究主要集中在用户的信息需求、查寻渠道及其障碍以及相应的信息服务上，研究较为零散，缺乏完整的理论体系和研究框架、研究范式以质性研究为主，研究方法较为单调。国外的研究占主流，国内的研究主要集中在跨学科知识共享方面[3-5,48-50]，虽然能够提供一定的理论借鉴，但是也反映出国内对跨学科信息查寻行为研究的匮乏。因此，该领域的研究还有许多值得关注和深入的地方，如马翠嫦、曹树金两位学者就谈到了跨学科信息行为还处于现象概括和模型发展为主的阶段，有必要探讨跨学科需求下的相关性判定标准的问题以及提出针对跨学科信息行为障碍的针对性解决办法[6]。

本文结合以上分析，认为未来研究可在以下 4 个方面开展：①结合已有研究，系统发掘出跨学科信息查寻行为的影响因素；②在 D. Ellis 经典模型的基础上，构建出跨学科信息查寻行为模型；③结合创造心理学，探讨跨学科信息查寻对跨学科知识创新的影响；④针对跨学科信息查寻行为特征，改进信息服务。

参考文献：

［1］ 中国人民大学．跨学科研究系列调查报告之三：关于设立跨学科研究项目的一些情况和建议［EB/OL］．［2014－03－03］．http：//www. npopss-cn. gov. cn/GB/220182/227704/15318925. html.

［2］ Mote L J B. Reasons for the variations in the information needs of scientists［J］. Journal of Documentation, 1962, 18 (4)：169－175.

［3］ 陈向东．网络环境下的跨学科知识共享［D］．上海：华东师范大学, 2005.

［4］ 陈向东．网络环境下的跨学科知识共享工具比较——信息行为的视角［J］．图书情报工作, 2007, 51 (2)：71－74.

［5］ 陈向东, 高丹丹, 张际平. Blog 在跨学科知识共享中的应用［J］．中国电化教育, 2004 (8)：17－20.

［6］ 马翠嫦, 曹树金．信息分散下的信息行为——基于国外图书情报学领域跨学科研究的回顾［J］．中国图书馆学报, 2013 (8)：1－10.

［7］ Wilson T D. Human information behavior［J］．Information Science, 2000, 3 (2)：49－55.

［8］ Krikelas J. Information seeking behavior：Patterns and concepts［J］．Drexl Library Quarterly, 1983, 19 (2)：17－19.

［9］ Worcester K, Sibley E. Social science research council, 1923－1998［M］．New York：Social Science Research Council, 2001：4－6.

［10］ 邹晓东, 陈艾华．面向协同创新的跨学科研究体系［M］．杭州：浙江大学出版社, 2014：20－21.

［11］ Committee on Facilitating Interdisciplinary Research. Facilitating interdisciplinary research［R］．Washington, DC：National Academies Press, 2004.

［12］ Smith J E, Brandenburg M D, Conte M L. Innovative information service development：Meeting the information needs of an interdisciplinary, cross-sector research complex［J］. Journal of the Medical Library Association, 2014, 102 (1)：8－13.

［13］ García-Milian R, Norton H F, Auten B. Librarians as part of cross-disciplinary, multi-institutional team projects：Experiences from the VIVO collaboration［J］．Science and Technology Libraries, 2013, 32 (2)：160－175.

［14］ 樊玉敬．合著论文作者的名誉分配［J］．情报杂志, 1997 (1)：37－38.

［15］ Palmer C L. Information research on interdisciplinarity［M/OL］//Frodeman R, Thompson J, Klein J T, et al. The Oxford handbook of interdisciplinarity. New York：Oxford University press, 2010, ［2014－06－27］．http：//csid. unt. edu/files/HOI%20CHAPTERS/ Chapter _ 12_ HOI. doc.

［16］ Ellis D. Modeling the information-seeking patterns of academic researchers：A grounded theory approach［J］．Library Quarterly, 1993, 63 (4)：469－486.

[17] Ellis D, Cox E, Hall K. A comparison of the information seeking patterns of researchers in the physical and social sciences [J]. Journal of Documentation, 1993, 49 (4): 356 – 369.

[18] Hurd J M. Interdisciplinary research in the sciences: Implications for library organization [J]. The Future of University Science and Technology Libraries, 1993, 13 (1): 17 – 32.

[19] Westbrook L. Information needs and experiences of scholars in women's studies: Problems and solutions [J]. College & Research Libraries, 2003, 64 (3): 192 – 209.

[20] Spanner D. Border crossings: Understanding the cultural and informational dilemmas of interdisciplinary scholars [J]. The Journal of Academic Librarianship, 2001, 27 (5): 352 – 360.

[21] Foster A. A nonlinear model of information-seeking behavior [J]]. Journal of the American Society for Information Science and Technology, 2004, 55 (3): 228 – 237.

[22] Palmer C L. Information work at the boundaries of science: Linking library services to research practices [J]. Library Trends, 1996, 45 (2): 176 – 177.

[23] Gerhard K H. Challenges in electronic collection building in interdisciplinary studies [J]. Collection Management, 2001, 25 (1): 51 – 65.

[24] Murphy J. Information-seeking habits of environmental scientists: A study of interdisciplinary scientists at the U. S. environmental protection agency in research triangle park, North Carolina [J]. Issues in Science and Technology Librarianship, 2003, 38 (6): 1 – 41.

[25] Palmer C L. Neumann L J. The information work of interdisciplinary humanities scholars exploration and translation [J]. Library Quarterly, 2002, 72 (1): 85 – 117.

[26] Bates M J. Learning about the information seeking of interdisciplinary scholars and students [J]. Library Trends, 1996, 45 (2): 155 – 164.

[27] Talja S, Maula H. Reasons for the use and non use of electronic journals and databases: A domain analytical study in four scholarly disciplines [J]. Journal of Documentation, 2003, 59 (6): 673 – 691.

[28] Wiberley S, Jones W G. Patterns of information seeking in the humanities [J]. College & Research Libraries, 1989, 50 (6): 638 – 645.

[29] Westbrook L. Interdisciplinary information seeking in women' s studies [M]. Jefferson: McFarland, 1999: 25 – 46.

[30] Maughan P D. A library resources and services: A cross-disciplinary survey of faculty and graduate student use and satisfaction [J]. Journal of Academic Librarianship, 1999, 25 (5): 354 – 366.

[31] O' Connor L, Newby J. Entering unfamiliar territory building an information literacy course for graduate students in interdisciplinary areas [J]. Reference & User Services

Quarterly, 2011, 50 (3): 224 – 229.

[32] 肖仙桃, 王丹丹. 用户信息环境、信息行为及信息需求发展趋势 [J]. 图书馆理论与实践, 2010 (1): 40 – 43.

[33] 陈新添, 朱秀珍, 田笑含. 网络环境下用户信息需求趋势、障碍与对策 [J]. 现代情报, 2007 (6): 16 – 18.

[34] Jamali H R, Nicholas D. Interdisciplinarity and information-seeking behavior of scientists [J]. Information Processing and Management, 2010, 46 (2): 233 – 243.

[35] Tenopir C. Digging deeper into e-journal use: Outcomes, value, and interdisciplinary reading [EB/OL]. [2015 – 04 – 29]. http://concert.stpi.narl.org.tw/fdb/tr/2007/pdf/01-CarolTenopir-doc.pdf.

[36] Palmer C L. Scholarly work and the shaping of digital access [J]. Journal of the American Society for Information Science and Technology, 2005, 56 (11): 1140 – 1153.

[37] Vakkari P, Talja S. The influence of the scatter of literature on the use of electronic resources across disciplines: A case study of FinELib [EB/OL]. [2015 – 04 – 29]. http://link.springer.com/chapter/10.1007/11551362_ 19.

[38] Bartolo L M, Smith T D. Interdisciplinary work and the information search process: A comparison of manual and online searching [J]. College and Research Libraries, 1993, 54 (4): 344 – 352.

[39] Kutner L A. Library instruction in an interdisciplinary environmental studies program: Challenges, opportunities, and reflections [J/OL]. [2015 – 04 – 25]. http://webdoc.sub.gwdg.de/edoc/aw/ucsb/istl/00-fall/article2.html.

[40] Packer K H, Soergel D. The importance of SDI for current awareness in fields with severe scatter of information [J]. Journal of the American Society of Information Science, 1979, 30 (3): 125 – 135.

[41] 李馨. 基于 Wiki 的跨学科知识共享 [J]. 电化教育研究, 2005 (4): 66 – 70.

[42] Searing S E. How librarians cope with interdisciplinary: The case of women's studies [J]. Integrative Studies, 1992, 10: 7 – 25.

[43] Allen B. The effects of academic background on statement of information need [J]. The Library Quarterly, 1990, 60 (2): 120 – 138.

[44] Wender K, Hübler R. Enabling more human-oriented exploration of complex building information Models [J]. Journal of Computing in Civil Engineering, 2009, 23 (2): 84 – 90.

[45] Knapp J A. Plugging the "whole": Librarians as interdisciplinary facilitators [J]. Library Review, 2012, 61 (3): 199 – 214.

[46] Larkin C. An exploratory study of interdisciplinary students conducting research in the fine arts: Toward the development of an information search model [J]. Canadian Journal of Information And Library Science, 2003, 27 (4): 59 – 61.

［47］　Meho L I, Tibbo H R. Modeling the information-seeking behavior of social scientists：El-
lis' s studies revisited ［J］. Journal of the American Society for Information Science and
Technology, 2003, 54 （6）：570 – 587.

［48］　武滨，赵子云，宋晔. 跨学科视阈下的高校知识共享 ［J］. 软件导刊（教育技
术），2013 （7）：58 – 59.

［49］　杨英杰，黄超. 大学跨学科研究合作的动力机制与政策影响 ［J］. 高教探索，
2013 （2）：16 – 22.

［50］　赵玉洁. 跨学科团队知识共享影响因素实证研究 ［D］. 济南：山东大学，2010.

作者简介

谭焱桐（ORCID：0000 – 0002 – 7626 – 7794），硕士研究生；

邓小昭（ORCID：0000 – 0002 – 0520 – 9765），教授，博士，通讯作者，
E-mail：dxz@ swu. edu. cn。

移动用户信息行为研究进展[*]

    1916 年美国学者 L. P. Ayres 等人针对图书馆文献展开的一系列调查被认为是现代用户信息行为研究的起点[1-2]。20 世纪 80 年代至 90 年代初期，图书馆在馆藏与服务管理中积累了大量用户行为分析方面的成熟理论和经验，并成功地演绎为用户服务的前期研究[3-5]；90 年代中后期，互联网迅速发展，信息资源及信息交流的网络化使得不同领域均开展了基于网络的、以用户管理与用户服务为目的的用户信息行为初步研究，传统商业用户行为研究在这个时期逐渐占据主流，大量基于商业用户的行为模型、用户满意度及个性化服务理论逐渐成熟；21 世纪前 10 年，伴随着搜索引擎、Web2.0 的发展以及社交网络的出现，商业用户服务从传统的线下服务逐渐转移到线上服务，从传统互联网用户向物联网、移动互联网用户迅速发展；自 2006 年起，伴随着移动电子商务平台的成功运营，基于移动平台的用户服务研究广泛兴起。其分支之一——移动用户行为研究，迅速成为现代用户管理与服务的重要内容。

    移动用户信息行为研究继承了传统网络用户信息行为研究的研究机制，扩展了研究对象，深化了研究理论。伴随着用户信息行为方式的转变与大数据的广泛应用，研究脉络也从原来的重用户模型、轻用户数据转变为以用户数据为中心。这种变化在电子商务企业用户行为数据的分析中显得尤为突出。与此同时，政府和传统企业也越来越重视对用户信息行为的获取与监控，这些现象直接导致更为复杂的研究手段和更为成熟的研究方法。在这些研究手段与研究方法的基础上逐渐建立起的针对移动用户信息行为的研究体系，给网络用户信息行为的分析和研究带来了巨大的变革。本文拟就国内外对移动用户信息行为研究的主要技术、方法与应用进展作一梳理，以便读者了解移动用户信息行为领域学术研究的发展趋势，同时了解电子商务及政府等机构对移动用户信息行为数据进行挖掘、利用的发展动态。

---

    [*] 本文系 2013 年度教育部人文社会科学研究青年基金项目"移动环境下图书馆用户行为发现与知识推荐研究"（项目编号：14YJC870004）研究成果之一。

1 文献来源

1.1 文献获取原则

（1）选取关于移动用户信息行为研究且研究对象为文本形式的文献，不包括非研究型、非文本形式的相关文献。

（2）对文献主题进行严格的限制，即文献主题必须为移动用户信息行为研究，主题为非移动用户信息行为以及移动用户非信息行为的研究文章不属于本文的研究重点。

1.2 文献选取过程

由于国内关于移动用户信息行为的研究起步较晚，而英文文献反映了移动用户信息行为研究领域大部分的研究热点与前沿，笔者以英文文献为主要检索对象，以中文文献为辅。检索截止时间为 2014 年 9 月 3 日。

对于英文文献，笔者选取的数据库包括 Wiley、WOS、EI、ACM、IEEE；检索式为（"Mobile users" or "users"）and（"Information behavior" or "behavior"）；检索字段限定为"主题"或"标题"。严格遵循上述文献获取原则，经过人工排查、去重，最终选取 91 篇与主题相关且有价值的文章。

对于中文文献，笔者选取的数据库为中国知网；检索式为（移动用户 or 手机用户）and（信息行为）；检索字段限定为"主题"或"标题"。严格遵循上述文献获取原则，经过人工、去重，最终选取 11 篇与主题相关且有价值的文章。

2 移动用户信息行为研究现状概述

移动用户信息行为研究始于移动用户与非移动用户概念的分离。移动用户与非移动用户的主要区别不在于终端设备的可移动性，而在于终端设备的类型。笔者将在第一时间利用手边的移动终端设备（手机、EBOOK、PDA 等）作为载体获取知识的用户称为移动用户。

纵观移动用户信息行为的研究历程，可以将移动用户信息行为的发展分为 3 个阶段：①用户通过电话等移动设备与其他移动用户进行信息交流和知识共享的电信阶段；②通过手中的移动设备进行单向信息发布和单向知识获取的网络阶段[6-9]；③任何人、机构都可以通过手中的移动设备成为发布站点的移动交互阶段[10]。移动用户信息行为的研究也从初期狭隘的研究范围、不完善的理论体系进入到研究理论与方法相对成熟的新时期。

2.1　电子商务领域移动用户信息行为的研究

由于企业对用户偏好的高度敏感性与营销、盈利的目的性，电子商务领域对移动用户信息行为的研究往往是基于电子商务平台中庞大的数据资源进行分析，得出移动用户偏好并加以个性化推送。在大数据技术的支撑下，分析总结移动用户信息行为偏好是该领域最大的研究特点[11-12]。在移动用户信息行为效度衡量上，研究方法与研究手段更是种类繁多，角度各异。有的利用协同过滤模型进行移动用户信息行为确认，进而利用满意度模型进行决策[13-14]；有的通过分析移动用户信息行为偏好进行推荐信息的采集，并提出测试移动用户对推荐产品喜好程度的评估机制[15-16]。据科技博客网站 VentureBeat.com 统计，Amazon 利用协同过滤模型对被推荐产品没有特殊要求这一特点开发的推荐系统为其增加了 35% 的产品销售额[17]。

由于多数电子商务企业受到法律或其他因素的制约不愿共享自己拥有的数据，导致越来越多的数据以颗粒状态存在[18]，国外部分电子商务企业使用基于位置的推荐代理（lbras）来简化移动用户信息行为研究和提高决策能力。这些消费代理通过统计移动用户在社交网站（SNS）上发布的内容，获取移动用户所在的地理位置，以移动设备为传输媒介向用户提供精确的基于位置的产品推荐服务。例如，I-MODE 和 Facebook 已经开始通过挖掘、匹配网站中累积的颗粒状态的移动用户数据和实时位置信息帮助部分电子商务公司做移动广告宣传和精准广告投放[19]。

2.2　政府及医疗领域对移动用户信息行为的研究

政府对移动用户信息行为进行研究的主要目的是实现民情监控、评测政策的满意度以及收集民众关注动态。政府机构网站主要依据移动用户上网的网络技术属性、社会属性和注册内容等特征信息，对移动用户类别进行细分；然后分析不同移动用户群体的信息行为过程（包括进入网站、浏览网页、留存网页、页内拉滚、页内跳转、页面跳转、内容查询、信息提交、技术功能使用、退出网站等）。另外，最近从语义角度对移动用户访问对象的内容进行深入分析的文章也有所增长[20]。

医疗领域对移动用户信息行为的研究主要是基于庞大的移动用户数据，通过对移动用户信息行为的分析得出移动用户的信息需求，然后对不同用户提供具有针对性的个性化医疗服务，最终实现提高用户满意度的目的。例如，诺森比亚大学学者 E. Sillence 与 P. Briggs 等通过日志分析法和问卷调查法研究医生使用移动设备搜索互联网信息的行为[21]；哈佛医学院学者 N. L. Bennett 与 L. L. Casebeer 等通过随机问卷的方式调查美国医师在移动互联网中的信息需求和信息寻求行为[22]；罗瑟琳富兰克林大学医学院学者 J. M. Plevinsky 与 R. N. Greenley 等以将 Facebook 中患有急性肠炎的青少年聚类的方式分析患者的生活质量和社会问题[23]。

因此，政府及医疗领域对移动用户信息行为研究的着眼点主要在于群体性行为、信息监督、健康信息组织与利用方面。这直接决定了其研究方法带有政策性与宏观性，而在对移动用户数据利用效率及利用水平的关注上仅次于电子商务领域。

2.3 图书情报界对移动用户信息行为的研究

图书情报界对用户信息行为的研究介入是最早的，因此研究思路与方法非常成熟；但其早期研究对象始终是较为单一的图书馆用户，很多研究方法没有得到实际应用。2000 年后，随着语义网及知识网络的形成，研究对象逐渐转为网络用户，并有向移动用户研究渗入的趋势。总体而言，国外图书馆学者在研究移动用户信息行为方面比国内学者要早，研究对象要广，尤其是在 2008 年以后，国外图书情报领域对移动用户信息行为的研究增长十分迅速，其主要体现在 3 个方面：①研究角度多维。国外学者和研究机构不仅从模型与计量角度来研究移动用户信息行为，还结合实际应用，从心理[24]、社会、感知[25-26]等多种角度来判断、预测移动用户信息行为[27]。②研究对象广泛。国外对移动互联网和商业人群等多个对象进行了研究，并且除利用手机内置加速传感器研究基于加速信息的人体行为识别外[28-29]，目前已有对触摸屏手势的研究。③研究目的性强。在移动环境下结合用户兴趣行为发现研究知识推荐[16,30]，结合移动用户习惯进行移动用户消费预测，结合移动用户交流行为进行安全决策[31]，等等，都是国外学者研究活跃的方面。

2.4 研究现状统计

笔者通过文献统计，从以下几方面概括国外对移动用户信息行为的研究方向：①行为规律研究。常采用时序关联、分段聚类、相似等方法研究移动用户信息行为演变规律[32]。②行为模型研究。常采用数据分析方法对查询、浏览、交互等行为进行模型优化工作[33-34]。③行为影响因素研究。常基于结构方程、因子分析模型、协同过滤算法等，对移动用户在满意度、忠诚度、最终决策等方面进行因素判断[13-16,35]。④行为统计及行为挖掘研究。主要利用数据来分析用户的查询、跳转、点击、反馈等行为[11,36]。⑤交流模式研究。研究的对象是博客、微博以及相关社区知识推荐领域，所用方法主要是通过社会化网络模型（SNS）探讨用户交流的机制、结构及特征研究[37]。⑥行为保障研究。通过博弈论、网络拓扑结构构建以及隐私保护等理论对移动用户相关信息行为加以保障[38-40]。

相对于国外，国内研究移动用户行为的论文仅有 11 篇，且并未完全涉及移动用户信息行为。其中，钟其柱、赵之健等通过模型构建的方式对移动用户行为进行了分析[41-42]；肖觅及其团队主要研究基于移动社区的移动用户行为发现算法[43]；王忠民及其团队将坐标转化应用到移动用户行为的识别中[44]；张宏等研究了半时变计费机制对移动用户网络行为的引导作用[45]。

3　移动用户信息行为研究的维度

3.1　维度一：研究对象

3.1.1　非电子商务移动用户

非电子商务移动用户是指通过网络和其他相关的网络系统以及在网络及系统中进一步衍生出来的社交网络中进行信息发布、知识获取的移动用户群体。群体中不同移动用户的职业、专业、年龄、性别及文化程度等的不同，导致他们在查找网络信息资源、获取知识时具有针对性和个性化，因而不同移动用户的信息行为之间存在着较大差异[46]。现代知识服务模式和商业运行机构是以用户为核心的，因此搭建在传统网络及其系统上的的大部分用户成为目前移动用户信息行为的主要研究对象之一。例如，美国 Minnesota 大学计算机科学与工程学院的 GroupLens 项目组将 Collaborative Filtering 和 Association Rules 技术相结合创出的 MovieLens，可为电影爱好者推荐其感兴趣的电影。

3.1.2　电子商务移动用户

非电子商务移动用户群体与电子商务移动用户群体有重叠部分，但是由于后者产生的数据具有更高的研究价值（例如能够反映实际市场需求与经济指标），在移动用户信息行为研究中需要与前者进行区分。各大电子商务企业为达到商业效益的最大化，依靠自己庞大的用户数据资源，通过相关的移动用户信息行为分析方法对商业市场中移动用户群体进行细分，以群体推荐的模式进行产品推销。除电子商务企业外，微软、Apple 等公司早在 2007 年就开始基于用户满意度来推荐移动客户端的下载；Google 也较早关注了基于用户搜索行为改善自身索引结构问题[47]；国外的 Electronic Arts（EA）和 Vivendi SA（威望迪）两大游戏公司，通过分析手机游戏用户的游戏数据以及个人信息、态度和行为意向，研究玩家对产品的满意度[48-49]；台湾相关的集资企业通过调查台湾三大集资平台（Flying V、zeczec、We project）中用户的基本情况，分析移动在线融资行为对用户的感知价值和购买意愿的影响[50]。

3.2 维度二：研究范式

3.2.1 以用户为中心的研究范式

以用户为中心的研究范式是以单个移动用户为中心进行信息行为的研究。目前主要以研究用户心理认知和用户偏好为主。用户心理认知研究是从心理层次上去挖掘移动用户发生信息行为时的用户认知、用户体验和心理活动等[39,51-52]。通过研究用户进行信息行为时内在的心理活动过程，从本质的层面获得用户对信息的反映。例如，K. Ling 和 G. Beenen 等人早在 2004 年就已经将心理学应用到在线社区推荐中[53]。用户偏好研究是依据已有移动用户对资源的评价数据来预测移动用户对未评价资源数据的喜爱程度，并通过相关算法主动为移动用户推荐合适的资源[16-17]。由于这些研究建立在以用户为中心的研究范式上，常常忽略用户之间的结构关系，因此对具有相似特点的移动用户群体之间关系的研究存在明显的不足。

3.2.2 以系统为中心的研究范式

以系统为中心的研究范式是通过用户聚类、群体决策、系统仿真等相关方法在研究对象上对移动用户进行划分、聚类，从而寻求具有相同信息行为的移动用户群[32,54]。通过对同一移动用户群体信息行为特点的分析，为知识推荐服务、企业决策和市场营销等提供理论依据[16,30]。例如数据分析公司Anderson Analytics 的一项研究披露了 Facebook、MySpace、Twitter 以及 Linked-dIn 等社交网络上用户的人群分布，并以这四大社交网络中移动用户为基本研究对象，分析得出不同社交网络中移动用户的知识获取方式、信息关注领域、人群结构、生活规律以及消费规律、消费模式[37]。这些数据对想进行社交网络广告投放优化的营销企业而言，具有重大的参考价值。

3.2.3 以数据为中心的研究范式

以数据为中心的研究范式主要利用云计算与海量数据存储的形式，从数据挖掘与数据分析的角度，对移动终端所产生的海量数据以及网络流量信息进行筛选、抽取、重构与利用（例如，Yahoo 在 GMIC 2014 大会上分享移动广告的精准投放与移动用户的个性化推荐系统等）。数据挖掘的相关研究方法是以数据为中心的研究范式的核心。直接从数据角度进行移动用户信息行为特征提取与利用的方法与传统的 Web 挖掘方法不同的是：从数据角度对移动环境下用户信息行为进行研究更加注重用户体验与使用习惯，而不是简单地从静态页面或者 Web 日志等角度得出用户行为规律。

3.3 维度三：研究方法与策略

3.3.1 基于认知心理学的方法策略

移动用户信息心理现象作为精神现象是主观的，但其规律和其他事物的规律一样，也是客观存在的。基于认知心理学的研究方法主要有：

（1）观察法。通过有计划、有目地地观察心理现象在用户活动中的表现，分析用户信息活动的心理规律和特征方法。

（2）实验法。控制和改变外部条件，人为地使一定的信息心理现象发生，从而对其进行分析研究。

（3）模拟法。根据人脑活动而设计的自动机器与人的心理活动具有相当的相似性，以类比的方法通过机器模拟移动用户的各种心理活动。

（4）评价法。包括测量、调查、访问、比较等方法。通过分析移动用户的信息行为、用户获取的信息效益等方面的资料来实现。

3.3.2 基于计算技术的方法策略

基于计算技术的方法策略旨在对数据进行获取、分析和处理。主要包括：

（1）网站数据分析。该方法侧重于对数据的监测、挖掘、收集、整理、统计。通过统计网站中每个模块的点击率、点击量、访问量，可以得出移动用户的基本访问信息[11]。

（2）移动用户基本动作分析。该方法侧重于对移动用户信息行为习惯的统计。包括访问留存时间、访问内容、发布内容、通话时间、移动地理位置以及移动用户在浏览界面的相关操作[55]。

（3）关联调查数据分析。关联调查数据分析的目的是为精准用户推荐提供数据支撑。该方法主要是揭示移动用户之间的关联和移动用户爱好之间的关联。

（4）移动用户社会属性分析。该方法主要是通过移动用户的注册内容调查移动用户的社会属性，包括年龄、性别、职业等固有的特征[26,56]。

（5）移动用户活跃度分析。通过统计分析用户在应用上的活跃频率和活跃时间，深入探讨移动用户喜欢使用产品某项功能的内在原因[35]。

3.3.3 团队研究方法分析

移动用户信息行为的研究团体遍及多学科、多领域。不同学科、领域之间学者的知识结构不同，致使其研究内容与关注角度存在明显的差异。移动用户信息行为的研究也由于其特定的研究特征，呈现出不同的研究方法，大体上可分为定量研究、定性研究和二者混合研究 3 种类型。而对于数据的获取方式，主要用到了问卷法、访谈法、观察法、实验法、案例法、模型法、日志分析法和有声思维法等相关方法。笔者通过对国内外各大数据库中有关文献的整理分析，最终得出目前关于移动用户信息行为研究的主要团队及其负责人信息，具体如表1所示：

表1　国内外移动用户信息行为研究的主要团队（机构）

序号	团队（机构）	负责人	主要成员
1	路易斯安那科技大学管理学院[38]	Chen Jundong	A. R. Kiremire, M. R. Brust
2	南安普顿大学医院[26]	I. Joshi	I. Joshi 及其团队
3	贝勒大学[39]	R. Wakefield	R. Wakefield 及其团队
4	罗格斯大学信息与通信学院[24]	J. Nicholas	L. Yuelin, Belkin
5	台湾大学企业管理学院[33]	Huang Chunyao	Shen Yungcheng, Chiang I-ping
6	斯凯莱德大学计算机与信息科学系[36]	I. Ruthven	K. Rijsbergen
7	伦敦大学计算机科学系[36]	L. Lalmas	M. Lalmas 及其团队
8	诺森比亚大学医学院[21]	E. Sillence	P. Briggs, P. R. Harris
9	西班牙信息系统部门[26]	H. Benjamin	J. Wareham
10	纽约州立大学管理学院[40]	V. Kisekka	S. Bagchi–Sen, H. R. Rao
11	美国俄克拉荷马州立大学	R. S. Zachary	B. Hammer, M. Limayem
12	清华大学计算机学院[57]	Liu Bin	Lin Chuang, Qiao Jian, He Jianping
13	康奈尔大学计算机科学系[58]	P. Gabriele	M. Ott
14	新加坡国立大学商学院[59]	T. S. H. Teo	S. H. Pok
15	加州大学计算机学院[32]	N. N. Cheng	P. Mohapatra, M. Cunche
16	伦敦城市大学信息科学系[35]	H. Mason	L. Robinson
17	恩波利亚州立大学信息管理学院[34]	K. Jeonghyun	K. Jeonghyun 及其团队
18	哈佛大学医学院[22]	N. L. Bennett	L. L. Casebeer, R. E. Kristofco
19	罗瑟琳弗兰克林大学医学院[23]	J. M. Plevinsky	R. N. Greenley
20	昆士兰科技大学[25]	K. Khamsum	T. Dian, P. Helen, E. Sylvia

通过对以上研究团体的研究特点、研究方法进行深入分析，本文采用南京大学曹梅等依据研究方法学角度构建的用户信息行为研究方法体系作为对比不同团体研究方法的分类框架[60]。略微不同的是：在实际操作过程中，案例策略在移动用户信息行为研究中的应用并不在少数，因此本文加入了对这一策略的统计。在研究内容类型上，依据目前学者对移动用户信息行为研究的侧重点的不同，将其分为浏览行为研究、搜索行为研究、心理行为研究、

发布行为研究和信息行为安全研究 4 类，由此形成了表 2 所示的研究方法体系：

表 2　不同团队移动用户信息行为研究内容及方法体系

类型 I （研究内容）	类型 II （研究方法）	常用的数据获取方法								团队（机构）序号
		问卷法	访谈法	观察法	实验法	案例法	模型法	日志分析法	有声思维法	
浏览行为研究	基于相似模型	√		√				√		8, 14
	路径追踪			√	√			√		8
	网络协同	√					√			16
搜索行为研究	基于水平差异模型	√	√	√		√	√	√		2, 9
	用户反馈法				√			√		6, 7, 18
	任务转换法	√	√		√					4, 17
	定性定量结合	√						√		17, 20
	用户聚类法	√	√					√	√	11, 19
	三维模型法							√	√	5
心理行为研究	控制变量	√	√						√	13
	定性定量结合	√						√		20
	专题分析		√			√	√			2, 18
发布行为研究	移动计算模型	√				√	√			12
信息行为安全研究	博弈论						√	√		1
	回归分析	√						√		10
	模型分析法			√	√		√			3

4　用户行为研究的发展趋势

通过对以往研究成果的分析，可以清楚地看到目前关于移动用户信息行为的研究已有较多成果。随着社会需求的不断加强、研究者认识的不断深入以及大数据环境下数据分析与利用概念的广泛吸收，移动用户信息行为的研究将向更深层、更广阔的方向发展。在此笔者依据目前的发展形势对未来一段时期移动用户信息行为研究的发展方向进行大胆预测：

4.1　以大数据为依托

现阶段基于数据分析的行为规律研究、行为模型研究、行为影响因素研究、行为统计及行为挖掘、交流模式、行为保障的相关研究已初具规模。随着大数据理论技术的完善，移动用户信息行为研究将以大数据为依托。大数据环境下数据分析技术的不断发展，要求移动用户信息行为研究必须基于超大规模数据处理和云存储等硬环境。因此，一些拥有庞大数据量和高效处理机制的机构在未来一段时间内将成为移动用户信息行为研究的主要力量，例如大型电子商务公司、医疗和气象研究机构。

4.2 信息行为范式研究

移动智能网络的迅速发展，致使以用户为中心、系统为中心、数据为中心的移动用户信息行为研究范式已初步形成。但该研究范式与目前信息散乱的状态及移动用户的不确定性是不相匹配的。移动用户信息行为的研究目的之一是为了提高移动用户对信息需求的利用率以及提供更好的信息推荐模式，而对移动用户信息行为范式的研究有助于完善信息利用环境，从模式上推动移动用户信息行为的改变与演化。在未来一段时间内，信息行为范式研究的深化将成为移动用户信息行为研究的主要内容。

4.3 信息行为安全研究

随着网络中移动用户信息行为数据量的剧增，一方面不少企业与机构对用户行为的安全保障意识不断增加，另一方面，移动用户对自身信息行为安全的关注力度也在加大。目前对移动用户信息行为安全的研究深度远不能满足当下的社会需求，建立、健全完整的移动用户信息行为安全系统需要更多学者与机构的努力。信息行为安全所涉及的用户管理研究、危机管理研究、信息行为决策与舆情分析、用户群体性行为预测等均将成为研究热点。

4.4 多种研究方法、技术相结合

移动用户信息行为研究将不再局限于单一的方法、技术，多种研究理论、技术方法、管理分析方法会被综合运用于某项研究。在研究方法上，通过综合运用问卷法、访谈法、观察法、实验法、案例法等定性研究方法以及针对不同信息行为的定量研究方法，移动用户信息行为可得以被更加详尽的解释；在应用技术上，多种统计方法、挖掘技术与相关模型的应用，将使移动用户信息行为得以被全面化、系统化地揭示。

5　结语

随着大数据理论的发展和完善，基于大数据的移动用户信息行为研究将越来越受到关注；其研究群体将超出目前的电子商务领域、政府及医疗领域和科研机构；对移动用户信息行为的研究维度与研究深度也将不断增加；多角度、多对象、多方法的态势将继续保持；移动用户信息行为的研究成果将不仅仅停留在理论层面，用户数据融合、用户数据抽取将更多地深入到实践应用中；国内外的研究差距也将不断缩小。

参考文献：

[1] Ayres L P. The public library and the public schools [M]. NewYork: General Books, 2012: 5-9.

[2] Wilson T D. Human information behavior [J]. Information Science, 2000, 3 (2): 49-55.

[3] Stevens N. Reader sevices in librarys-Boll [J]. Wilson Library Bulletin, 1982, 57 (1): 69-72.

[4] Stevens N. Readers advisory service in the public-library-Saricks, J, Brown, N [J]. Wilson Library Bulletin, 1989, 64 (3): 105-106.

[5] Russell N. Reader services in polytechnic libraries-Fletcher [J]. Journal of Documentation, 1986, 42 (3): 206-208.

[6] Klobas J E, Clyde L A. Adults learning to use the Internet: A longitudinal study of attitudes and other factors associated with intended Internet use [J]. Library & Information Science Research, 2000, 22 (1): 5-34.

[7] Hsieh-Yee I. Research on Web search behavior [J]. Library & Information Science Research, 2001, 23 (2): 167-185.

[8] Rieh S Y. On the Web at home: Information seeking and Web searching in the home environment [J]. Journal of the American Society for Information Science and Technology, 2004, 55 (8): 743-753.

[9] Light A, Wakeman I L. Beyond the interface: Users perceptions of interaction and audience on Websites [J]. Interacting with Computers, 2001, 13 (3): 325-351.

[10] Zhu Donghong, Chang Yaping, Luo Jiajun, et al. Understanding the adoption of location-based recommendation agents among active users of social networking sites [J]. Information Processing and Management, 2014, 50 (1): 675-682.

[11] Mat-Hassan M, Levene M. Associating search and navigation behavior through log analysis [J]. Journal of the Association for Information Science and Technology, 2005, 56 (9): 913-934.

[12] 赵莹莹，韩元杰. Web 日志数据挖掘中数据预处理模型的研究与建立 [J]. 现代电子技术, 2007, 30 (4): 103-105.

[13] Kettinger W J, Lee C C. Perceived service quality and user satisfaction with the information services function [J]. Decision Sciences, 1994, 25 (5): 737-766.

[14] Sarwar B M. Sparsity, scalability, and distribution in recommender Systems [D]. Minneapolis: University of Minnesota, 2001.

[15] Adomavicius G, Tuzhilin A. Toward the next generation of recommender systems: A survey of the state-of-the-art and possible extensions [J]. IEEE Transactions on Knowledge and Data Engineering, 2005, 17 (6): 734-749.

［16］ Pesout P, Matustik O. On a modeling of online user behavior using function representation ［J］. Mathematical Problems in Engineering, 2012, 8 (2): 1 – 13.

［17］ Liu Jianguo, Zhou Tao, Wang Binghong. Research progress of personalized recommendation system ［J］. Progerss in Natural Science, 2009, 19 (1): 1 – 15.

［18］ Milani A, Jasso J, Suriani S. Modeling online user behavior ［J］. In e-Business Engineering, 2008, 23 (3): 736 – 741.

［19］ 新闻与社会发展研究中心. I-MODE 广告模式初探 ［R］. 北京: 新闻与社会发展研究中心, 2013.

［20］ 夏立新, 程秀峰, 桂思思. 基于电子政务平台查询关键词共现多维可视化聚类分析研究 ［J］. 情报学报, 2012, 31 (4): 352 – 361.

［21］ Sillence E, Briggs P, Harris P R, et al. How do patients evaluate and make use of online health information ［J］. Social Science & Medicine, 2007, 64 (9): 1017 – 1023.

［22］ Bennett N L, Casebeer L L, Kristofco R E, et al. Physicians' Internet information-seeking behavior ［J］. Journal of Continuing Education in the Health Profession, 2004, 24 (1): 31 – 38.

［23］ Plevinsky J M, Greenley R N. Exploring health-related quality of life and social functioning in adolescents with inflammatory bowel diseases after attending camp oasis and participating in a Facebook group ［J］. Inflammtory Bowel Diseases, 2014, 20 (1): 1611 – 1617.

［24］ Li Yuelin, Belkin N J. An exploration of the relationships between work task and interactive information search behavior ［J］. Journal of the Association for Information Science and Technology, 2010, 61 (9): 1771 – 1789.

［25］ Kinley K, Tjondronegoro D, Partridge H, et al. Modeling users' Web search behavior and their cognitive styles ［J］. Journal of the Association for Information Science and Technology, 2014, 65 (6): 1107 – 1123.

［26］ Hughes B, Wareham J, Joshi I. Doctors' online information needs, cognitive search strategies, and judgments of information quality and cognitive authority: How predictive judgments introduce bias into cognitive search models ［J］. Journal of the Association for Information Science and Technology, 2010, 61 (3): 433 – 452.

［27］ Austvoll-Dahlgren A, Falk R S, Helseth S. Cognitive factors predicting intentions to search for health information: An application of the theory of planned behaviour ［J］. Health Information and Libraries Journal, 2012, 29 (4): 296 – 308.

［28］ Reddy S, Mun M. Using mobile phones to determine transportation modes ［J］. ACM Transactions on Sensor Networks, 2010, 6 (2): 13 – 27.

［29］ Figo D, Diniz P C, Ferreira D R, et al. Preprocessing techniques for context recognition form accelerometer data ［J］. Pers Ubiquit Comput, 2010, 14 (1): 645 – 662.

［30］ Geyer-Schulz A, Neumann A, Thede A. An architecture for behavior-based library recommender systems〔J〕. Information Technology and Libraries, 2003, 22（4）: 165 −174.

[31] Kulviwat S, Guo Chiquan, Engchanil N. Determinants of online information search: A critical review and assessment〔J〕. Internet Research, 2004, 14（3）: 245 −253.

[32] Cheng Ningning, Mohapatra P. Inferring user relationship from hidden information in WLANs〔C〕//Proceedings of the 2012 IEEE Military Communions Conference. New York: Milcom-IEEE, 2012.

[33] Huang Chunyao, Shen Yungcheng, Chiang I-ping, et al. Characterizing Web users' on-line information behavior〔J〕. Journal of the Association for Information Science and Technology, 2007, 58（13）: 1988 −1997.

[34] Jeonghyun K. Describing and predicting information-seeking behavior on the Web〔J〕. Journal of the Association for Information Science and Technology, 2009, 60（4）: 679 −693.

[35] Mason H, Robinson L. The information-related behaviour of emerging artists and designers: Inspiration and guidance for new practitioners〔J〕. Journal of Documentation, 2011, 67（1）: 159 −180.

[36] Ruthven I, Lalmas M, Rijsbergen K. Incorporating user search behavior into relevance feedback〔J〕. Journal of the Association for Information Science and Technology, 2003, 54（1）: 529 −549.

[37] 张磊. Facebook、Twitter 等 SNS 用户及特征〔EB/OL〕.〔2014 − 09 − 10〕. http:// www. 20ju. com/content/V103188. htm.

[38] Chen Jundong, Kiremire A R. Modeling online social network users' profile attribute disclosure behavior from a game theoretic perspective〔J〕. Computer Communication, 2014, 49（3）: 18 −32.

[39] Wakefield R. The influence of user affect in online information disclosure〔J〕. Journal of Strategic Information Systems, 2013, 22（2）: 157 −174.

[40] Kisekka V, Bagchi-Sen S, Rao HR. Extent of of private information disclosure on online social networks: An exploration of Facebook mobile phone users〔J〕. Computers in Human Behavior, 2013, 29（6）: 2722 −2729.

[41] 钟其柱, 黄志豪, 梅艳. 移动用户行为模型的研究与应用〔J〕. 电信工程技术与标准化, 2014, 26（7）: 72 −76.

[42] 赵之健. 构建移动用户行为分析模型〔J〕. 中国科技信息, 2014, 25（1）: 100 −101.

[43] 肖觅, 孟祥武, 史艳翠. 一种基于移动用户行为的回路融合社区发现算法〔J〕. 电子与信息学报, 2012, 33（10）: 2369 −2374.

[44] 王忠民, 曹栋. 坐标转换在移动用户行为识别中的应用〔J〕. 北京邮电大学学报, 2014, 15（S1）: 31 −34.

336

[45]　张宏，方旭明．移动用户行为及半时变计费机制研究［J］．电子与信息学报，2013，34（4）：946－951.

[46]　丁宇．网络信息用户需求的特点与利用特征及规律浅析［J］．情报理论与实践，2003，39（5）：412－414.

[47]　Jamali H R, Asadi S. Google and the scholar: The role of Google in scientists' information-seeking behavior［J］. Online Information Review, 2010, 34（2）: 282－294.

[48]　Jung H S, Kim K H, Lee C H. Influences of perceived product innovation upon usage behavior for MMORPG: Product capability, technology capability, and user centered design［J］. Journal of Business Research, 2014, 67（5）: 2171－2178.

[49]　Kim Y Y, Kin M H, Oh S. Emerging factors affecting the continuance of online gaming: The roles of bridging and bonding social factors［J］. Cluster Computing-The Journal of Networks Software Tools and Applications, 2014, 17（6）: 849－859.

[50]　Ho Huiyi, Lin Paocheng, Lu Menghuang. Effects of online crowdfunding on consumers' perceived value and purchase intention［J］. Anthropologist, 2014, 17（3）: 837－844.

[51]　Zhang Yan. The influence of mental model son undergraduate students searching behavior on the Web［J］. Information Processing and Management, 2008, 44（3）: 1330－1345.

[52]　Wang Peiling, Hawk WB, Tenopir C. Users' interaction with World Wide Web resources: An exploratory study using a holistic approach［J］. Information Processing & Management, 2000, 36（2）: 229－251.

[53]　Ling K, Beenen G, Ludford P, et al. Using social psychology to motivate contributions to online communities［J］. Journal of Computer-Mediated Communication, 2005, 10（4）: 6－10.

[54]　Lazonder A W, Biemans H J A, Wopereis I G J H. Differences between novice and experienced users in searching information on the World Wide Web［J］. Journal of the American Society for Information Science, 2000, 51（6）: 576－581.

[55]　Kuhlthau C C. Inside the search process: Information seeking from the user's perspective［J］. Journal of the American Society for Information Science, 1991, 42（5）: 361－371.

[56]　Nahl D, Tenopir C. Affective and congitive searching behavior of novice end-users of a full-text database［J］. Journal of the American Society for Information Science, 1998, 47（4）: 276－286.

[57]　Lin Bin, Lin Chuang, Qiao Jian, et al. A NetFlow based flow analysis and monitoring system in enterprise networks［J］. Computer Networks, 2008, 52（5）: 1074－1092.

[58]　Piccoli G, Ott M. Impact of mobility and timing on user-generated content［J］. MIS Quarterly Executive, 2014, 13（3）: 147－157.

[59] Teo T S H, Pok S H. Adoption of WAP-enabled mobile phones among Internet users [J]. Omega-International Journal of Management Science, 2003, 32 (6): 483 –498.

[60] 曹梅, 朱学芳. 用户信息行为的研究方法体系初探 [J]. 情报理论与实践, 2010, 46 (1): 37 –40.

作者简介:

程秀峰 (ORCID: 0000 – 0003 – 2139 – 2122), 讲师, 博士, E-mail: xiufengcheng@ gmail. com;

毕崇武 (ORCID: 0000 – 0001 – 7874 – 258X), 本科生, "博雅计划" 入选学生。

深度休闲信息行为研究述评

1 引言

亚里士多德曾经认为，休闲与和平是人生活的最终目的，人只有在休闲时才是最真实的活着[1]。尤其在 21 世纪，随着社会的急速发展、改革开放的日益深入，我国经济文化技术取得了飞跃发展，生活条件得到极大的提高，人民生活日益多样化。我国进入了前所未有的休闲时代，休闲正以日趋多元化的方式融入人们的生活和工作之中。"U"时代（无处不在的计算技术"Ubiquitous computing"及移动通讯的成熟发展）转变了"E"时代（电子商务"E－business"、电子邮件"E－mail"等 E 化事物）的观念，从而将人们的休闲与工作更为紧密地联系起来，形成了碎片化的休闲、微生活下的休闲，以及共趣休闲社区。这些与"创意时代"的休闲革新一起，改变着人们的休闲动机与休闲模式，无处不在无时不享的娱乐性消遣正逐渐地向学习提高性休闲转化，从而诞生了许多以阅读自修、业余爱好（收藏、发明、绘画、书法、运动、音乐等）以及各种公益活动和志愿者行为等为引导的深度休闲类活动[2]，这些活动已经逐渐成为人们生活的一部分。深度休闲作为高度信息化的行为，是在休闲中获得必要的信息，含有大量的知识获取活动，从而逐渐地从线下休闲上升到线上休闲，这不仅改变着人们的深度休闲方式，也改变着人们的深度休闲信息行为。

2003 年加拿大多伦多大学信息学院的 J. Hartel 上发表了文章"The serious leisure frontier in library and information studies：Hobby domains"，此后，国外和我国台湾地区的图书情报研究领域就开始关注深度休闲中的信息行为，并在理论、实践以及研究方法上取得了一系列的研究成果。相比之下，我国大陆地区图书情报界对休闲文化、深度休闲信息行为的关注度则远远不够。2011年，王平指出，深度休闲与工作、日常生活构成了人类信息行为的三大背景，深度休闲中的信息行为研究将为图书情报学中的信息行为研究和用户研究提供新的领域、新的视角，并分析了深度休闲对图书情报学的研究所具有的重大意义[3]。在此基础上，胡兴报[4]、李响[5]对国内消费者旅游信息查寻进行了研究，张黎等则对女性研究生获取服饰信息的信息行为进行了研究[6]。这些研究不仅文章数量较少，而且深度也不够，研究层面过于狭隘，并没有对深度休闲信息行为理论研究产生广泛的指导意义，因此需要开展更多的深度休闲信息行为研究，从而对原有的研究进行有益的补充。

2　国内外研究综述

有关深度休闲的概念很早就被提出来了，社会学家 R. Stebbins 从 1975 年研究休闲者参与深度休闲的过程起到 1982 年针对美加两国的深度休闲者开展 10 余年的质性研究，辅以田野调查后正式提出这一概念。通常休闲活动参与者会对活动投入如同事业一般的专注，并借此机会获得及展现特殊的技巧、知识及经验，从而获取非常充实与有趣的感觉"[7]。此后，深度休闲这个概念才开始受到重视。2001 年 R. Stebbins 又提出，深度休闲通常是一种深层次的满足感和存在感[8]，参与者将此活动视为日常生活的一部分，以自由自在的心情去从事活动并认真地向目标迈进。也就是说，"深度"代表着一种"投入"与"奉献"，并不是"严肃"的含义，是一种无压力轻松愉快并含有相当大乐趣的休闲活动。2003 年台湾学者林禹良等人将其翻译为认真休闲[9]。2006 年，在《深度休闲》这本书中，R. Stebbins 又对深度休闲进行了定义，即：在非工作的情况下有系统、有计划地从事业余、嗜好、志工活动，他们投入如同事业一般的专注，并借此机会获得及展现特殊的技巧、知识及经验[10]。

基于深度休闲的概念，笔者于 2014 年 11 月末到 12 月末使用 Google 学术、Springer、Elsevier、Emerald、CNKI、万方等数据库作为数据来源，以"深度休闲（认真休闲，serious leisure）"、"信息（information）"、"信息行为（information behavior）及信息查寻（information seeking）、信息检索（information retrieve/search）、信息获取（information giving）等"作为关键词进行组配式检索，在此过程中使用主题检索、引文追踪、关键作者追踪、关键期刊追踪等方法搜集文献，共搜集到国内外文献 77 篇，以国外文献数量居多，其中与深度休闲信息行为最相关的文献国外有 21 篇，主要集中在不同群体（美食家、收藏者、系谱爱好者等）深度休闲中的信息行为理论、特征、动机及影响因素等方面，我国台湾地区不足 10 篇，主要集中在休闲阅读者、自助旅游者、文艺爱好者（街舞、漫画迷等）深度休闲信息行为中的特质及信息活动中的信息行为情况的研究，我国大陆地区只有 5 篇，多是对国外理论的总结以及对旅游者的信息搜寻行为的研究。现依据研究的需要，综述如下：

2.1 深度休闲中的信息行为理论研究

1985 年，A. Chartman 探讨了普通人在休闲时与媒体的交互作用，从而得出了处于休闲状态的人与信息存在着一种交换关系，从而开创了图书情报领域休闲研究之先河[11]。当时，仅仅是将休闲作为信息活动的背景进行研究。直到 20 世纪 80 年代，由于受到 R. Savolainen（1995 年）[12] 和 A. Hektor（2001 年）[13] 两个日常生活信息行为模型的影响，深度休闲行为才在图书情报领域作为概念被提出。其中，R. Savolainen 在其模型中认为幽默（pleasantries）、兴趣（interests）、爱好（hobbies）是维持日常生活，影响日常生活信息查寻行为的三大影响因素。A. Hektor 则将日常生活塑造成一个信息利用的环境，将其分为 7 种类型，其中包括放松（reflection）和消遣娱乐（recreation），从而证实了日常生活、休闲和信息活动之间的复杂的相互作用，为休闲信息行为的研究提供了理论支持。但是，图书情报领域的传统概念并不能充分地解释深度休闲中的相关行为。比如，齐普夫的最小努力原则并不能解释深度休闲者在信息获取过程中的努力不懈。根据深度休闲的定义，休闲者倾向于投入执着地努力进行知识技巧及经验的获取。另外，2003 年，A. Harte 就提出信息获取与信息使用是深度休闲中的重要部分[14]，K. Fisher 等在 2005 年进行研究时发现 Stebbins 提出的那些深度休闲的特质深刻显示了存在于理论背后的深刻含义，认为深度休闲与信息高度相关，涉及信息的获取[15]。

后来，随着研究的不断深入，图书情报领域逐渐开始关注深度休闲对于图书情报学理论的影响，比如休闲情境下的小世界现象、休闲数字化环境下的信息行为现象、休闲中的信息素养等。但是当时关注最多的是旅游信息的构建、某一类兴趣爱好者信息行为社群的建立以及网络虚拟社群中的信息交换和信息交流。直到 2006 年，深度休闲才引起了更高层次的关注，于是在 ASIS&T 年会上专门设立 "Taking Leisure Seriously" 的讨论组，用来探讨休闲在图书情报学中的研究前景，并在 2009 年图书情报学的重要期刊 *Library Trends* 的第 4 期中以专题的形式首次对图书情报领域中的休闲研究进行了理论性的探索[3]。比如 R. Stebbins 在休闲与图书情报科学的关系的论述中首次在图书情报领域提出了深度休闲的概念框架，并对深度休闲中的信息行为进行了相关性介绍，认为深度休闲中追求终身事业般的投入、个人的持续努力、团体独特的次文化这 3 个特质最能作为研究休闲活动中的信息检索和信息传播的参考依据，并对其进行了阐述与分析，帮助人们理解在信息的搜集、分类与传播中与休闲相关的信息行为[16]。D. Case 根据心理学上对收藏者的研究得出收藏者的信息行为与自我的实现和改善自身与其他收藏者的联系有着密切的关系[17]。R. Adams 和 S. Suellen 对游戏玩家在日常生活中为了能够成功获取游戏信息而采用的手段以及在游戏环境中玩家如何表达自己的需求进行研究，证明了在虚拟的游戏空间中存在着意义建构和信息查寻行为，并提倡将游戏作为获取信息和鼓励学习的手段[18]。G. Burnett 和 W. Gary 通过对有关美国摇滚乐队现场音乐唱片爆发争议的档案的点击率以及不同的人对此现象的评论，总结出了 3 个不同的群体，验证了规范性理论和小世界理论的存在，认为图书馆员不应该仅仅局限于个人的视角，应该从其他人的视角来看待某一信息资源的存在价值[19]。这些理论性的探索将深度休闲与信息行为紧密地联系在了一起，为后来的人们进行实证研究提供了基础。

2.2　深度休闲中的信息行为特征研究

从已有研究来看，目前对于深度休闲中的信息行为的研究主要集中于信息源、信息渠道、信息查寻等主题内容。研究对象多涉及不同的群体，主要聚焦于休闲阅读者、自助旅游者、系谱爱好者。

1999 年，C. Ross 通过对快乐阅读的人群的层次进行研究分析，发现从事快乐阅读的人们的信息是通过发现获取的，并非通过明确的信息需求认识与表达问题再进行查询，从而比较了以娱乐为目的和以解决问题为目的的信息获取行为，验证了休闲中独特的信息现象[20]。2001 年，台湾图书馆学者林珊如等又对网络环境下休闲阅读爱好者在虚拟社群中寻找图书的信息途径和方式进行了探讨，发现社群中成员的信息互动与信息分享是休闲阅读爱好者最重要的获取图书的途径，这种现象与在图书馆找书有很大的不同[21]。

2002 年，苏慧捷对自助旅游者的信息需求、信息搜寻与使用行为进行了研究，发现自助旅游者在规划行程时会通过书籍、旅游杂志、旅游网站、BBS 等 9 种途径获取信息资源，其信息行为可以分为旅途前、旅途中、旅途后 3 个阶段，并且在每一个阶段都会有不同的信息需求、信息查寻行为和信息使用行为，从而归纳出了旅游者的信息行为特征并给商业旅游网站的内容设计提供了可靠的建议[22]。2005 年，S. L. Chang 以日常生活信息搜寻行为的角度来观察自助旅游者这种深度休闲的信息活动，从而探讨了休闲活动中与信息行为相关的理论性概念，后来在 2009 年将注意力转向了背包客的运动上，集中关注旅行者如何搜集信息，发现背包客主要以任务为导向选择各种各样的信息渠道，最后又特别强调了图书情报研究领域应该特别关注深度休闲的概念以及它的结构化的信息需求和信息共享活动[23]。

A. Duff 和 E. Johnson 是首先关注家族史及宗谱史领域人们的信息查寻行为以及其通过图书馆、档案馆、图情学家、档案学家和家族历史学家的形式获取信息[24]。在此基础上，E. Yakel 通过采访 29 个系谱学者和家庭历史学者发现系谱爱好者的休闲活动是寻求意义的一种形式，从而导致了强社会网的形成和利用，特别是通过网络和系谱社群进行信息共享是非常普遍的，这种信息查寻是一种过程，没有终点，一般是不会立即结束的[25]。C. Fulton 在 2009 年又采访了 24 个来自不同国家的业余系谱爱好者，进一步强调了信息共享、社会和心理效益的相互作用[26]。

C. Lee 和 C. Trace 对橡胶鸭的收藏者进行了调查研究，发现收藏橡胶鸭的社区成员之间的信息共享是最重要的，而单个人的信息查寻和规范则是次要的[27]。2011 年，J. Otto 等对足球爱好者和篮球爱好者关于信息的搜集进行了比较研究[28]。2012 年，M. Andrew 利用信息科学中的实践理论探索了个人摄影中的信息活动，表明社会实践常常涉及的信息活动有信息查寻、个人信息管理、信息创造和信息素养 4 个方面并对其进行了阐述[29]，从而可以看出深度休闲中的行为具有实践性的特点。

综上所述，国外研究成果表明，参与者在深度休闲中涉及最多的信息行为类型是信息获取（查寻）、信息互动和信息共享，其中信息共享是最普遍存在的。在此过程中，深度休闲信息获取行为并没有遵循最小努力原则，甚至在获取信息的过程中并不以解决问题为导向，而是更偏向于非正式渠道的信息获取（社区共享），这种信息获取行为呈现出持续性的特征，甚至永远不会结束。这些都与基于工作的信息行为和日常信息行为不一样。

2.3 深度休闲中的信息行为动机研究

2009 年和 2010 年，D. O. Case 通过各种各样的渠道对硬币收藏者进行了长达 4 年的观察，与 53 个收藏爱好者进行了交谈，按照 P. Formanek 的 5 个主题——扩展知识、资金投入、沉迷、社交和收藏进行交谈内容的组织，发现这些与收藏家的动机有很少的相关性，收藏爱好者获取信息的动机更多地来自于潜在的自我实现的需要、与其他收藏者进行社会交流的需要以及获得利益、冲动的需要。后来他集中关注网上关于硬币收藏的拍卖活动，基于自己的观察和经验建立了硬币收藏者的信息搜集和信息决策的流程图[30-31]。

2011 年，M. Andrew 通过深度访谈分析了英国食物博客协会网上的用户深度休闲中的信息创造、查寻、分享和管理行为，发现以写食物博客作为休闲的目的导致了新的信息资源的产生，除了博客的内容和风格，灵感也变成了一种信息资源，对于博客内容的管理隐含着巨大的个人信息管理需求。更多的人写美食博客是出于一种兴趣、一种爱好，而不是为了谋生[32]。

2.4 深度休闲中的信息行为影响因素研究

2003 年，J. Hartel 对烹饪爱好者的美食烹饪文化进行了研究，在 2010 年和 2011 年又对美食家的烹饪进行了补充研究，从而发现信息的强度对烹饪的效果有着至关重要的作用，并提出美食图片的价值描述对信息行为有很大的影响作用，值得未来的人对其进行研究[33]。

2010 年，A. Laplantea 等人从用户的角度通过访谈 15 人在休闲娱乐的情景下的信息查寻经历，验证了功利性和享乐性影响着音乐用户的查寻满意度[34]。

2014 年，在 Tourism and Hospitality Development Between China and EU 一书中，Wang Yingchuan、Lo Yuo 应用 J. Dann 的推拉理论模型对大学生在澳门深度休闲旅游的动机进行了调查研究，结果显示在推力方面的 3 个因素是：欣赏美景（aesthetics），学习（learning），自我实现（self - actualization）；在拉力方面的因素包括找寻卫生舒服的住处以及可口的美食的能力，从而为澳门的旅游业提供了建议[35]。

另外，国内研究者张黎以 10 所大学的 80 名女性研究生作为样本，从她们获取服饰信息的渠道、每种渠道的情况、近年来渠道是否发生变化以及获取信息的新的渠道 4 个方面进行了调查分析，发现之前女研究生更喜欢逛商场来获取服饰信息，但是随着网购的盛行，网上获取服饰信息的人普遍增多，通过网络杂志报刊获取信息的人也呈现出上升的趋势[6]。胡兴报、李响在国外研究的基础上使用问卷调查和数据统计的方法分别对我国网络旅游信息搜寻动机及影响因素[4]和消费者移动互联网旅游信息搜寻行为进行了研究[5]，发现网络旅游信息查寻者多分布于年轻、高学历、收入一般的人群。根据动机的不同将其划分为规划型、交易型、体验型、娱乐型和消遣性 5 类人群，网站信息和网页信息障碍会对用户造成很大的障碍，从而对国内旅游网站的建设和营销策略提供了建议。

总结上述研究可发现，目前学界对深度休闲信息行为影响因素的研究既有宏观上的概括，也有微观上的分析。

3 国内外研究述评

通过前文对以往相关文献的回顾，可以发现：

（1）关于深度休闲中的信息行为的研究在国外和我国台湾地区开始比较早，我国大陆地区在最近两年才予以关注，并且发表文献数量很少，对休闲文化的关注程度远远不够。

（2）在研究内容方面，国外对深度休闲中的信息行为的理论研究进行了大量的探索，发现深度休闲中的信息行为与一般的信息行为有很多的不同之处，呈现出多种类型的信息行为与特征。深度休闲中的信息行为的研究对象涉及不同的领域，但是仍然没有形成一个总的框架模型。对于网络信息行为的研究则多集中在对美食家、收藏者、旅游者的研究方面。国内对于深度休闲中的信息行为的研究还处于总结并借鉴外国理论和方法的初级阶段，相应的实证研究也比较少，多数集中于消费者的旅游信息行为的研究，研究领域过于单一，发表文献数量也较少。

（3）在研究方法上，国内外对于深度休闲中的信息行为的研究多采用质性的研究方法，采用定量研究方法的相对较少。

总体而言，国外对于理论的研究多停留在对表面现象的描述上，没有深入探究其背景、原因与机理机制等问题，而国内的相关研究几乎没有。另外我国目前的研究状况与国外存在着很大的差距，国外的理论研究与实践研究成果能否直接应用在我国是存在着一定的疑问的，因此，需要结合我国的国情与国民网络深度休闲的情况，更多地开展不同人群的深度休闲中的信息行为研究。再者，在国内外的研究中有一个很显著的问题，就是研究相对比较零散，缺乏整合性的研究成果。今后需要结合 Web2.0 时代的特征，从活跃于网络中的个性群体出发，加强对其深度休闲中的分享、传播、展现行为以及深度休闲过程的探索研究，从而形成更为专指、更具有代表性的专项研究成果。

参考文献：

［1］ 刘慧梅，张彦．西方休闲伦理的历史演变［J］．自然辩证法研究，2006（4）：91 －92.

［2］ 郭录芳．休闲学［M］．北京：清华大学出版社，2011：387－400.

［3］ 王平．图书情报学视域下的深度休闲研究［J］．图书馆学研究，2011，8（4）：2 －5.

［4］ 胡兴报．国内旅游者网络旅游信息搜寻动机与行为研究［D］．芜湖：安徽师范大学，2011.

［5］ 李响．消费者移动互联网旅游信息搜寻行为及影响因素研究［D］．广州：华南理工大学，2011.

［6］ 张黎，郭敏．女研究生获取服饰信息的信息行为研究［J］．图书馆学研究，2011 （20）：84－86.

［7］ Stebbins R. Amateurs, professionals, and serious leisure［M］. Montreal：McGill Queens University Press, 1992.

［8］ Stebbins R. Identity and cultural tourism［J］. Annals of Tourism Research, 1997, 24 （2）：450－452.

［9］ 林禹良，严珈如．将终身学习当作认真休闲［J］．大专体育，2003，（65）：90

    -95.

[10]   Stebbins R. Serious leisure: A perspective for our time [M]. New Brunswick: Transaction Publishers, 2006.

[11]   Chartman A. Low income and leisure: Implications for public library use [J]. Public Libraries, 1985 (1): 34 – 36.

[12]   Savolainen R. Everyday life information seeking: Approaching information seeking in the context of way of life [J]. Library & Information Science Research, 1995, 17 (3): 259 – 294.

[13]   Hektor A. What's the use: Internet and information behavior in everyday life Linköping [D]. Sweden: Linköping University, 2001.

[14]   Harte A. The serious leisure frontier in library and information science: Hobby domains [J]. Knowledge Organization, 2003, 30 (9): 228 – 238.

[15]   Fisher K, Erdelez S, McKechnie E. Theories of information behavior [M]. Medford: Information Today, 2005.

[16]   Stebbins R. Leisure and its relationship to library and information science: Bridging the gap [J]. Library Trends, 2009 (4): 618 – 631.

[17]   Case D. Serial collecting as leisure, and coin collecting in particular [J]. Library Trends, 2009, 57 (4): 729 – 752.

[18]   Adams R, Suellen S. What games have to offer: Information behavior and meaning-making in virtual play spaces [J]. Library Trends, 2009, 57 (4): 676 – 693.

[19]   Burnett G, Gary W. Colliding norms, community, and the place of online information: The case of archive [J]. Library Trends, 2009, 57 (4): 694 – 710.

[20]   Ross C. Finding without seeking: The information encounter in the context of reading for pleasure [J]. Information Processing & Management, 1999, 35 (6): 783 – 799.

[21]   林珊如, 刘应林. 休闲阅读与找书策略影响因素之探讨: 以台大 BBS Books 版爱书版为例资讯传播与图书馆学 [J]. 资讯传播与图书馆学, 2001, 8 (2): 23 – 37.

[22]   苏慧捷. 自助旅遊者的资讯行为研究 [D]. 台北: 台湾大学, 2002.

[23]   Chang S L. Information research in leisure: Implications from an empirical study of backpackers [J]. Library Trends, 2009, 57 (4): 711 – 768.

[24]   Duff A, Johnson E. Accidentally found on purpose: Information seeking behavior of historians in archives [J]. Library Quarterly, 2002, 72 (4): 475 – 499.

[25]   Yokel E. Seeking information, seeking connections, seeking meaning: Genealogists and family historians [J]. Information Research, 2004, 10 (1): 204 – 205.

[26]   Fulton C. Quid pro quo: Information sharing in leisure activities [J]. Library Trends, 2009, 57 (4): 753 – 768.

[27]   Lee C, Trace C. The role of information in a community of hobbyist collectors [J].

Journal of the American Society for Information Science and Technology, 2009, 60 (3):
621 – 637.

[28] Otto J, Metz S. Sports fans and their information gathering habits: How media technolo-
gies have brought fans closer to their teams overtime [M]. Cambridge: MIT
Press, 2011.

[29] Andrew M. Information in social practice: A practice approach to understanding informa-
tion activities in personal photography [J]. Journal of Information Science, 2012, 39
(1): 61 – 72.

[30] Case D O. Serial collecting as leisure, and coin collecting in particular [J]. Library
Trends, 2009, 57 (4): 729 – 752.

[31] Case D O. A model of the information seeking and decision making of online coin buyers [J/
OL]. [2015 – 03 – 30]. http://www. informationr. net/ir/15 – 4/paper. 448. html.

[32] Andrew M, Megan K. Information and food blogging as serious leisure [J]. Aslib Pro-
ceedings, 2011, 63 (8): 204 – 220.

[33] Hartel J. Managing documents at home for serious leisure: A case study of the hobby of
gourmet cooking [J]. Journal of Documentation, 2010, 66 (6): 847 – 874.

[34] Laplantea A, Downie J S. The utilitarian and hedonic outcomes of music information –
seeking in everyday life [J]. Library & Information Science Research, 2011, 33 (3):
202 – 210.

[35] Wang Y, Lo Y. A study on college students motivation for leisure travel in Macau [J].
Tourism & Hospitality Development Between China & Eu, 2015, (17): 203 – 213.

作者简介

张晓星，硕士研究生，E-mail：1061217490@ qq. com；

邓小昭，教授，博士，硕士生导师。

信息安全行为研究现状与发展动态述评[*]

1 引 言

计算机软、硬件等技术因素是引发信息安全风险的一个重要方面，但是与安全有关的问题都离不开"人"这个主体因素[1]。美国国家标准与技术研究所（NIST）1992 年发布的调查报告显示有 84% 的信息安全事故是由人为差错造成的[2]。近年来发生的一系列事件和相关调查也表明，人在使用计算机过程中的各种弱点和错误是造成组织信息资产损失的主要原因[3-4]。然而有关信息安全行为的研究目前仍处于起步阶段，国内的相关研究也较为零散。因此，本文跟踪和选取国内外重要的研究成果，全面展现信息安全行为研究及其发展趋势，为拓展该领域的理论研究和优化组织信息安全管理实践提供合理的建议。

2 信息安全行为研究的发展历程

对信息安全行为的研究兴起于 20 世纪 90 年代的信息系统学科。20 世纪 90 年代初，以 C. Wood 等为代表的学者较早关注到信息安全中人的因素（human factor），指出人的因素对信息系统安全具有潜在影响，应该给予重点关注，但是"在此前研究中通常被忽视"[5]。90 年代中后期，随着互联网技术的快速发展，维系信息系统运转的软件、硬件设备都变得更加复杂，在分析如何应对信息技术风险的问题上，信息系统学科内部逐渐形成了一个新的、致力于"人因要素"研究的共同体，探讨如何充分利用技术的有用性减少人为差错给组织造成的安全风险[6]。2005 年，国际权威期刊 *Computers & Security* 的主编 E. Schultz 博士撰文就用户信息安全行为进行该刊的专题征稿，得到相关领域学者和从业者的积极响应，该刊也成为信息安全行为领域的核心期刊。2006 年，J. Stanton 博士及其合作者以《信息安全行为》（*Behavioral Informa-*

---

* 本文系国家自然科学基金资助项目"差错文化、归因倾向和差错报告：作用机制和情境因素"（项目编号：71273109）和安徽省哲学社会科学规划项目"信息质量视角下微博用户信息行为模式和优化研究"（项目编号：AHSKQ2014D96）研究成果之一。

tion Security）为标题对相关领域的发展现状、研究成果及研究议程进行了全面介绍，收录在当年《管理信息系统研究进展》（*Advances in Management Information Systems*）的第 6 卷中。2009 年国际信息处理联合会（International Federation for Information Processing，IFIP）信息系统安全研究工作组主持了首次 Dewald Roode 信息系统安全年度研讨会，要求参会者提交关于信息安全行为未来发展议程的研究论文，2014 年 6 月英国纽卡素大学商学院承办了第 6 届研讨会。目前，信息安全行为研究已经初步形成了独立的研究对象和理论体系。

3 信息安全行为的基本类型分析

J. Stanton 博士等较早提出信息安全行为是指维护信息系统有效性、机密性和完整性的人的行为集合[7]。一些学者根据行为是"安全"的还是具有"威胁"的划分出不同的行为类型（见表 1）。此外，也有学者将行为主体的意愿、专业技能、对规则的态度等要素作为划分不同行为的依据，通常使用的分类要素包括：①意愿，指个体的行为是无意的还是故意的；②驱动力，指个体的行为是恶意的还是非恶意的；③专业技能，指涉及的行为需要个体具备信息系统知识和技能的程度；④工作的相关度，指个体的行为是否与其工作有关；⑤结果，指个体的行为是否对组织造成了直接的损失或风险；⑥积极性，指个体的行为是积极的还是消极的；⑦规则，指个体的行为是否违反了组织规则。

表 1 信息安全行为的类型

文献来源	划分视角	分类要素	行为类型
M. Whitman[8]	威胁信息安全的行为	意愿、结果	人因差错；对智力资产的侵犯；故意侵入；信息敲诈；故意破坏；故意盗用；故意使用软件攻击。
G. Im 等[9]	威胁信息安全的行为	意愿	偶然；故意。
J. Stanton 等[10]	与信息安全有关的行为	意愿、专业技能	蓄意破坏、有害滥用、危险补救、幼稚的错误、意识保证、基本补救。
张延芝等[11]	威胁信息安全的行为	知识、规则、专业技能	基于知识、基于规则、基于专业技能和基于组织。
K. Guo[12]	与信息安全有关的行为	—	安全保障行为、安全遵循行为、安全风险承担行为、安全损害行为。

4 信息安全行为的研究内容

利用 Web of Science 数据库作为英文文献来源，设定检索条件为主题词＝"information security"＋"behavior"或者"information security behavior"对相关文献进行初步调查，通过逐一阅读论文摘要在检索结果中剔除信息安全方法介绍类论文、技术应用类论文以及与信息行为无关的论文，最终得到文献145 篇。以中国知网作为中文文献来源，使用"信息安全行为"分别在"摘要"和"关键词"中检索，经过逐一阅读摘要判断论文主题，得到与信息安全行为研究主题相关的论文 6 篇。通过进一步的文献阅读可以将现有的研究内容归纳为两类：第一类重点关注信息安全的"个体"维度，理解终端用户产生信息风险行为的原因，以及用户的信息自我效能、安全意识、价值观等对安全使用信息系统的影响；第二类重点关注信息安全的"组织"维度，理解个体行为如何受到组织环境（信息安全政策、信息安全文化）的影响以及组织承诺、违背成本、社会支持等因素对用户信息安全行为的影响。本文将基于个体维度和组织维度对信息安全行为研究内容进行梳理，框架见图 1。

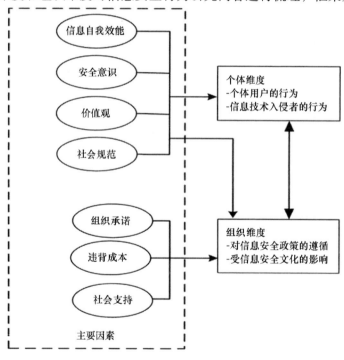

图 1　研究内容框架

4.1 个体用户的信息安全行为

个人产生对信息安全的观点主要来源于生活和工作的场所环境，通过一系列个人因素，如知识、态度、价值观以及社会规范的影响形成对信息安全的认知。如 R. Crossler 调查了影响个人计算机数据备份的动机因素，收集了个人计算机用户的样本数据，研究表明计算机自我效能和反映有效性都对数据备份具有正向显著影响，而感知安全漏洞和感知安全威胁对数据备份具有负向显著影响[13]。Liang Huigang 等研究了个人回避信息技术风险的动机，通过对某大学商学院的学生进行调查，发现感知威胁、保护有效性、保护成本和自我效能对个人回避动机具有直接显著影响，对回避行为具有间接显著影响[14]。Lee Younghwa 调查了美国公立大学教职工对反剽窃软件的使用动机，其中感知严重程度、感知易受攻击性、反应效能、自我效能、反应成本、道德义务对使用意愿具有显著影响[15]。除了在与信息技术直接交互过程中可能产生信息安全风险外，在互联网上，特别是在电子商务网站上提供个人隐私信息也可能遭受非法侵害，用户的网络隐私顾虑、信任态度、网站的隐私政策等都会影响个人提供隐私信息的意愿。

4.2 信息技术入侵者的行为

组织的信息安全风险也来自于外部的信息技术入侵，有关计算机病毒、恶意软件犯罪、互联网犯罪和黑客攻击一直都是信息安全领域的研究重点，也受到心理学和犯罪学领域学者的关注。如 A. Nicholson 等指出，黑客是因各种目的袭击组织信息系统基础设施的人，可以将其划分为 8 类：国家黑客、恐怖分子、有组织的犯罪、心怀不满的员工/内幕攻击者、爱好、脚本小子、黑客行动主义者和合法的渗透测试人员，不同类型黑客实施侵害行为的动机不同，因而具体的行为方式也不同[16]。A. Bossler 等以大学生为样本验证了自我控制理论用于预测网络犯罪行为的可行性，他将互联网犯罪的类型划分为 5 类：密码盗取犯罪、计算机信息篡改、在线骚扰、恶意软件感染和盗窃个人信用卡，研究表明低度自我控制与前 3 类行为具有关联性[17]。R. Young 等从道德推脱、非正式制裁、惩罚严厉性、惩罚确定性和使用价值等方面通过问卷方式调查了拉斯维加斯 DefCon 会议上自称是黑客的参会者，分析表明黑客们认可他们自己的行为，认为目前的社会制裁较轻，作案被抓住以及被判刑的可能性都较小[18]。近年来，信息安全行为领域的学者也根据行为科学的理论研究了信息技术入侵者的个性和通讯特征，为建立和完善信息安全风险防范机制提供启示。

4.3 组织政策遵循行为

许多组织都认识到他们的员工是组织信息安全链条中最薄弱的环节，但同时也可能成为降低信息安全风险最有效的资产，其中员工遵循组织的信息安全规章制度是强化信息安全措施的关键，深入理解遵循行为也是充分利用组织人力资本的关键。通过分析有关遵循行为的代表性研究成果（见表2），可以看出这一主题的研究具有以下3个方面的特点：①在理论基础方面，普遍采用了保护动机理论、威慑理论、恐惧诉求理论、理性行为理论等，特别是与恐惧有关的说服沟通和涉及信息安全政策违背的恐惧心理模型都是关注的重点；②在研究情境方面，主要以企业组织为背景，调查影响员工遵循（违背）信息安全政策意愿的影响因素；③在研究方法方面，基本都采用了结构方程模型法来检定假设模型，进行实证研究。

表2 信息安全遵循行为研究变量及主要结论

文献来源	调查对象	研究变量及其关系	理论基础	研究类型
T. Herath 等[19]	企业员工	组织承诺、自我效能、监督、主观动机和描述性规范对安全政策的遵循意愿具有正向的显著影响。	信息系统采纳、保护动机理论与威慑理论	实证研究
C. Johnston 等[20]	某大学的教职工和学生	用户遵循安全行为的意愿受到恐惧诉求的影响，在一定程度上决定于自我效能感知、反应效能、威胁程度和社会影响。	保护动机理论与恐惧诉求理论	实证研究
B. Bulgurcu 等[21]	企业员工	员工遵循意愿受到态度、规范性信念和遵循的自我效能的直接显著影响，受到遵循的好处、遵循的成本和不遵循的成本的间接显著影响。	计划行为理论与理性选择理论	实证研究
M. Siponen 等[22]	企业行政人员	中和作用对信息系统安全政策违背意愿具有显著正向影响。	中和理论与威慑理论	实证研究
Hu Qing 等[23]	某大学EM-BA学生	感知外部利益、感知内部利益对信息政策违背意愿具有显著影响。	犯罪学理论	实证研究
M. Warkentin 等[24]	专业医疗人员	自我效能对信息隐私政策遵循意愿具有直接显著影响，社会支持、口头劝说、替代经验对信息隐私政策遵循意愿具有间接显著影响。	社会学习理论	实证研究

文献来源	调查对象	研究变量及其关系	理论基础	研究类型
P. Ifinedo[25]	商业管理者和信息系统从业人员	感知脆弱性、感知严重性、反应效能、自我效能、遵循信息安全政策的态度、主观规范性对遵循信息安全政策的行为意愿具有显著影响。	计划行为理论与保护动机理论	实证研究
Hu Qing 等[26]	企业员工	组织文化、主观规范、感知行为控制对信息安全政策遵循具有显著影响，高层管理人员参与对信息安全政策遵循具有间接显著影响。	计划行为理论	实证研究
R. Willison 等[27]	–	思考过程和组织背景因素的相互作用显著影响到信息系统安全控制以及威慑保护的有效性。	安全行为周期框架	规范研究
B. Lowry 等[28]	专业技术人员	现存组织正式控制、新信息安全政策的强制性、对新信息安全政策的抵抗对遵循新信息安全政策具有显著影响。	组织控制理论	实证研究

4.4　组织信息安全文化

信息安全文化是伴随着信息安全行为领域发展过程而出现的一个新概念，与个体的行为和态度密切相关。T. Schlienger 等学者较早关注到组织信息安全文化对员工安全态度和安全意识的影响，提出信息安全文化孕育于组织文化中，包括了所有支持技术安全的社会 – 文化措施，因此成为每个员工自然的日常活动[29]。L. Ngo 等则直接将信息安全文化与员工行为视为等同，认为信息安全文化是员工和组织的一种与信息安全有关的行为方式，包括可接受的行为和不可接受的行为[30]。如何构建、培育良好的信息安全文化是规范员工信息安全行为的重要路径，因此也成为研究的重点。J. Niekerk 等基于组织文化层次理论提出了信息安全文化的四层次模型，自上而下各层次分别是人工制品、信仰与价值、共享的隐性假设、信息安全知识[31]。T. Schlienger 等通过专家访谈和小组讨论的方法设计了一个决策支持系统，将其应用于一家私人银行，帮助信息安全官改善组织的信息安全文化[32]。C. Vroom 等也在组织文化理论的基础上提出了一个更为简单而具有弹性的方法用于变革组织的信息安全文化[33]。A. Veiga 等在整合组织文化和员工行为的基础上提出了一个全面的框架培育并最终评估信息安全文化[34]。此外，一些机构也出台了构建信息安全文化的指导性政策，如世界经济发展与合作组织（OECD）提出了9条信息安全文化原则以指导审计人员按照制度规定评估信息技术控制环境[35]。

总体来看，现有的研究主要集中于组织环境背景，前提是组织成员操作信息系统的行为会对组织绩效产生关键性的影响，进而引发对如何提升信息安全意识、加强安全培训、改进信息安全政策的遵循等一系列问题的探讨。

5 未来发展趋势

5.1 深化独立于组织背景的个体行为研究

组织成员的行为也是典型的个体行为，受到个人因素，如个性特征、知识水平、价值观念、态度意识等的共同影响，随着研究的深化，信息安全行为领域也开始从关注中观层次逐步细化至微观层次，开始关注到独立于组织情境的个体用户，如个人提供隐私信息的驱动力、个人使用盗版软件的信息安全风险、家用无线网络的信息安全意识、黑客入侵的动机等，丰富和扩展了信息安全行为的研究领域。但是，应该看到现有的文献对个体行为的探讨仍是不充分的，比如很少有文献研究个体违背信息安全政策是行为偏差还是主观故意造成的，在实际研究过程中区分这两类样本是至关重要的，因为这直接关系到信息安全培训方法的选择，比如普通的信息安全培训对前者有效，而对后者无效。因此，对个人信息安全行为进行深化研究，将可为增强个人安全意识、优化个人信息安全行为提供更多有价值的启示。

5.2 借鉴跨学科的研究方法

在研究方法方面，现有的文献主要通过自我报道式的问卷调查，收集目标用户的一手数据进行实证研究，数据分析方法多采用结构方程模型法探寻研究变量之间的因果关系。不可否认，结构方程模型在研究变量之间的因果关系上具有优势，即利用外模型中的可测量变量从组织成员处搜集数据并进行信度和效度的检验，在信度和效度满足要求的情况下，再通过内模型来反映潜变量的因果关系并寻找关键因子。但是，一个跨学科的研究领域只局限于采用某一种或某几种方法是不够的，只有吸纳不同学科规范的研究方法，才能获得更多有价值的结论。比如，在研究信息安全政策遵循时，许多学者都将恐惧作为一个主要的驱动因素，大量文献都将恐惧作为安全措施遵循的前置动因，但是对能够形成适当恐惧的环境特征，以及对能够增强或削弱恐惧的个人特征，相关研究却很少。对恐惧形成机制的调查可以采用心理学和医学领域的数据采集方法，如应用功能共振成像（fMRI）、脑电图描记器

（EEG）或其他设备在实验室环境下掌握恐惧情感效果的形成过程，进一步研究恐惧与认知之间的关系[36]。因此，通过借鉴和综合应用不同学科领域的研究方法，将可进一步拓展现有的理论成果。

5.3 获取真实和多元化的调查样本

在现有的研究中，企业员工和学生仍然是被调查的主体。信息安全行为领域的研究大多是在组织情境下展开的，企业和高校都是中观组织的典型代表，并且学生样本也是最容易获取的便利样本，所以企业员工和学生群体就成为获取一手数据的主要信息源。随着研究主题的不断拓展，调查对象也呈现出多元化的趋势，包括了专业医务人员、信息系统会议的参会者、普通网民等。然而事实上，信息安全行为领域对研究样本的需求远远不止于此。比如，在调查黑客入侵行为中，已有文献主要采用了学生样本或自称是黑客的参会人员样本，而尚未接触到真实的黑客群体，因而难以调查黑客入侵行为的真正动机，得出的结论难以令人信服。由此可见，对用户信息安全行为的研究，还需要进一步获取更有针对性的、可信的一手数据和目标样本。

5.4 丰富和拓展现有的研究议题

信息安全行为领域本身就是一个涉及个人、技术、组织的综合议题，而上述每个因素具有的变动性特征是构成用户信息安全行为动态本质的根源，也使这一领域的研究极富挑战性和生命力。未来，可以加入更多具有活力的因素以适应信息安全行为动态性的要求，如验证文化差异对信息安全行为的影响，探讨跨文化的组织内部行为问题和信息技术入侵造成的安全问题等。这些研究将进一步揭示出人类信息安全行为的普遍规律，同时也为指导组织构建安全、和谐的信息环境提供理论指导。

参考文献：

[1] Schultz E. The human factor in security［J］. Computers and Security, 2005, 24（6）: 425－426.

[2] Computer System Security and Privacy Advisory Board. National Institute of Standards and Technology 1991 Annual Report［EB/OL］.［2014－12－23］. http://csrc. nist. gov/ groups/SMA /ispab/documentation. html.

[3] Richardson R. 2010/2011 CSI computer crime and security survey［EB/OL］.［2014－ 04－08］. http://www. GoCSI. com.

[4] 福建一高校8万学生信息网上"裸奔"被责令整改［EB/OL］.［2014－03－25］. http://www. chinanews. com/edu/2014/03－25/5990761. shtml.

[5] Wood C, Jr. Banks W. Human error: An overlook but significant information security prob-

lem ［J］. Computers & Security, 1993, 12 (1): 51 - 60.

［6］ McCauley-Bell P, Crumpton L. The human factors issues in information security: What are they and do they matter ［J/OL］. ［2014 - 04 - 08］. http: //pro. sagepub. com/content/42/4/439.

［7］ Hussein R, Lambensa F, Anom R. Information security behaviour: A descriptive analysis on a Malaysian Public University ［EB/OL］. ［2014 - 12 - 23］. eprints. sunway. edu. my/114/1/ICS2011_ 14. pdf.

［8］ Whitman M. In defense of the realm: Understanding the threats to information security ［J］. International Journal of Information Management, 2004, 24 (1): 43 - 47.

［9］ Im G, Baskerville R. A longitudinal study of information system threat categories: The enduring problem of human error ［J］. The Data Base for Advances in Information Systems, 2005, 36 (4): 68 - 79.

［10］ Stanton J, Stam K, Mastrangelo P, et al. Analysis of end user security behaviors ［J］. Computers & Security, 2005, 24 (2): 124 - 133.

［11］ 张延芝, 王以群, 李军舰. 网络信息安全人因失误行为类型分析 ［J］. 情报杂志, 2008, 33 (6): 112 - 133.

［12］ Guo K. Security-related behavior in using information systems in the workplace: A review and synthesis ［J］. Computers & Security, 2013, 32: 242 - 251.

［13］ Crossler R. Protection motivation theory: Understanding determinants to backing up personal data ［J/OL］. ［2014 - 12 - 23］. http: //ieeexplore. ieee. org/xpls/abs_ all. jsp? arnumber = 5428416.

［14］ Liang Huigang, Xue Yajiong. Understanding security behaviors in personal computer usage: A threat avoidance perspective ［J］. Journal of the Association for Information Systems, 2010, 11 (7): 394 - 413.

［15］ Lee Younghwa. Understanding anti-plagiarism software adoption: An extended protection motivation theory perspective ［J］. Decision Support Systems, 2011, 50 (2): 361 - 369.

［16］ Nicholson A, Webber S, Dyer S, et al. SCADA security in the light of cyber-warfare ［J］. Computers & Security, 2012, 31 (4): 418 - 436.

［17］ Bossler A, Holt T. The effect of self-control on victimization in the cyberworld ［J］. Journal of Criminal Justice, 2010, 38 (3): 227 - 236.

［18］ Young R, Zhang L, Prybutok V. Hacking into the minds of hackers ［EB/OL］. ［2014 - 12 - 23］. beta. orionshoulders. com/Resources/articles/26_ 22379_ ( ). pdf.

［19］ Herath T, Rao H. Protection motivation and deterrence: A framework for security policy compliance in organizations ［J］. European Journal of Information Systems, 2009, 18 (2): 106 - 125.

［20］ Johnston C, Warkentin M. Fear appeals and information security behaviors: An empirical study [J]. MIS Quarterly, 2010, 34 (3): 549 – 566.

[21] Bulgurcu B, Cavusoglu H, Benbasat I. Information security policy compliance: An empirical study of rationality-based beliefs and information security awareness [J]. MIS Quarterly, 2010, 34 (3): 523 – 548.

[22] Siponen M, Vance A. Neutralization: Mew insights into the problem of employee information systems security policy violations [J]. MIS Quarterly, 2010, 34 (3): 487 – 502.

[23] Hu Qing, Xu Zhengchuan, Dinev T, et al. Does deterrence work in reducing information security policy abuse by employees? [J]. Communications of the ACM, 2011, 54 (6): 54 – 60.

[24] Warkentin M, Johnston A, Shropshire J. The influence of the informal social learning environment on information privacy policy compliance efficacy and intention [J]. European Journal of Information Systems, 2011, 20 (3): 267 – 284.

[25] Ifinedo P. Understanding information systems security policy compliance: An integration of the theory of planned behavior and the protection motivation theory [J]. Computers & Security, 2012, 31 (1): 83 – 95.

[26] Hu Qing, Dinev T, Hart P, et al. Managing employee compliance with information security policies: The role of top management and organizational culture [J]. Decision Sciences, 2012, 43 (4): 615 – 660.

[27] Willison R, Warkentin M. Beyond deterrence: An expanded view of employee computer abuse [J]. MIS Quarterly, 2013, 37 (1): 1 – 20.

[28] Lowry B, Moody D. Explaining opposing compliance motivations towards organizational information security policies [J/OL]. [2014 – 12 – 23]. http: //ieeexplore. ieee. org/ xpl/login. jsp? tp = &arnumber = 6480205&url = http% 3A% 2F% 2Fieeexplore. ieee. org% 2Fxpls% 2Fabs_ all. jsp% 3Farnumber% 3D6480205.

[29] Schlienger T, Teufel S. Analyzing information security culture: Increased trust by an appropriate information security culture [J/OL]. [2014 – 12 – 23]. http: // ieeexplore. ieee. org/xpl/login. jsp? tp = &arnumber = 1232055&url = http% 3A% 2F% 2Fieeexplore. ieee. org% 2Fxpls% 2Fabs_ all. jsp% 3Farnumber% 3D1232055.

[30] Ngo L, Zhou W, Warren M. Understanding transition towards information security culture change [EB/OL]. [2014 – 12 – 23]. http: //dro. deakin. edu. au/view/DU: 30005727? print_ friendly = true.

[31] Niekerk J, Solms R. Information security culture: A management perspective [J]. Computers & Security, 2010, 29 (4): 476 – 486.

[32] Schlienger T, Teufel S. Tool supported management of information security culture [J/ OL]. [2014 – 12 – 23]. http: //link. springer. com/chapter/10. 1007/0 – 387 – 25660 – 1_ 5.

[33] Vroom C, Solms R. Towards information security behavioural compliance [J]. Comput-

ers & Security, 2004, 23 (3): 191 – 198.

[34] Veiga A, Eloff J. A framework and assessment instrument for information security culture [J] . Computers & Security, 2010, 29 (2): 196 – 207.

[35] The promotion of a culture of security for information systems and networks in OECD countries (OECD) [EB/OL] . [2014 – 10 – 04] . http: //www. oecd. org/dataoecd/16/ 27/35884541. pdf.

[36] Crossler R, Johnston A, Lowry P, et al. Future directions for behavioral information security research [J] . Computers & Security, 2013, 32 (1): 90 – 101.

作者简介

李晶，安徽大学管理学院讲师，E-mail：lijing1602@ 163. com。

国外科学数据引用研究进展

1 引 言

随着计算机辅助科研的大量应用，科研过程会产出海量的科学数据，科学数据是信息时代最基本、最活跃、影响面最宽的一种战略性资源，对于科技创新具有显著的支撑作用，从一定角度来说，未来的科研活动将是科学数据驱动的科研活动[1]。同时，数据密集型科学研究范式的兴起，使得数据引用问题日益受到关注。科学数据引用（data citation）[2]是指类似于研究人员通常为印本资源提供书目参考的方式提供数据参考的做法，通过一定的标识技术和机制，对所使用的科学数据资源进行描述，标识数据的来源，从而在一定程度上促进数据的知识产权保护，便于进行数据引用情况的统计和分析。数据引用对象可以是数据仓储、数据集或数据记录等。目前，国际社会对数据共享的需求日益强烈，一些地区性组织已经开展的关联数据（linked data）项目、政府数据开放（data. gov）运动等，也使人们的数据共享意识日益增强。因此，数据引用的规范化制定显得更加紧迫。

数据引用日益增长的需求及重要性与现实的反差引起了众多国际组织、科研项目、数据仓储或数据中心以及学术期刊出版商等的关注。2011 年起，众多国际组织如 Data cite[3]、IQSS[4]、ANDS[5] 等纷纷开展以 "Data Citation" 为主题的研讨会与相关活动。2012 年 10 月 16 日，全球领先的智能信息供应商汤森路透旗下的知识产权与科技事业部宣布推出数据引文索引[6]（Data Citation Index，DCI）。国外数据引用的理论与实践研究早于国内，并已经取得了一些重要进展。本文从数据引用关键问题、数据引用规范、文献管理工具、数据引用利益相关者、4 个方面对国外数据引用研究现状进行梳理与总结，以便对数据引用领域国际上的最新研究前沿动态进行实时跟踪，及时了解国内研究的不足之处并加以弥补。

2 数据引用的关键问题

2.1 数据共享和引用意识

数据引用目前最大的挑战就是数据的生产者和使用者没有数据共享和引用的意识。研究人员不愿意共享自己的数据的原因有很多，在《国外数据共享行为影响因素研究综述》[7]中，作者总结了影响数据共享的三大因素：①制度因素——数据引用政策与规范的缺乏；②技术因素——没有合适的可提交数据的数据仓储；③个人因素——得不到预期利益与承担共享风险等。此外，即使数据比如政府部门数据可以被广泛地共享，数据使用者也不一定能够用正确合理的方式引用它们。M. A. Parsons 等[8]于 2010 年进行的一项研究表明，2002 - 2009 年期间，引用了美国航天局（NASA）遥感数据的作者中，只有很少的作者提供了正式的引用方式。总体来说，数据使用少一部者通常缺少一些数据引用的意识：①不知道是否应该引用该数据集；②不确定应该怎么去引用数据集；③缺乏学术报偿体系（academic reward system），即使引用了数据，但因没有相应的学术激励体系而得不到鼓励，因此缺乏引用的动机。

2.2 引用对象

目前，还没有关于数据集统一的定义。数据集一般来说是"复合"型的，每个数据集下面可能会包含若干个子数据集。数据的使用者在面对引用时，不知道该引用完整的数据集，抑或是引用这个数据集的子集。因此，正如 P. J. Hayes 等[9]所说，数据引用本身是一个比较模糊的过程。此外，数据集具有动态性、不确定性以及边界的模糊性，这些都从一定程度上抑制了数据引用规范的向前发展。首先，数据集往往是高度动态化的，因此很难将数据集"语义化"。R. E. Duerr 等人[10]将这种问题总结成"科学唯一性"，并指出现有的某些技术，如数字唯一标识符等并不能从根本上有效地解决此类问题。其次，为了保证学术优先权，将作者身份加入数据集同样也是比较困难的。以往在期刊论文、会议报告中，可以将作者信息加入到指定位置，但是在科学数据中，很难这样做。再者，在数据集中，署名也是有争议的，数据集通常是合作的产物，同一个项目中的不同生产者可能对数据集的署名以及责任归属有着不同的认识。

2.3 长期保存

目前全球范围内都在进行数字资源的保存研究，与传统学术出版不同，数据集有其特殊性，如何更好地进行数据出版，是要仔细考量的。并且目前的数据引用技术很少涉及数据的保存，这些都是需要进一步研究的。

N. M. Weber 等人[11]2010 年的一项研究发现，大多数期刊没有明确的数据归档或引用政策。他们认为期刊的数据归档或引用政策在细节上可能是各不相同的，但保障正式出版和数据的持久性却应该是期刊共同的要求。数据的长期保存不仅仅需要解决"去哪儿"的问题，还需要解决"如何检索"的问题，这就涉及了为科学数据分配可持续性标识符问题，目前唯一标识符分配最常见的是 DOI（Digital Object Unique Identifier）[12]，此外，诸如 Handle System[13]、Uniform Resource Name[14]等也经常被使用。

3　数据引用规范研究

在科学数据引用规范出现之前，国际通用的学术论文写作规范中已经有部分针对数据引用的要求。例如人文社会科学领域三大格式（The Big3）——APA Manual（第六版）[15]、MLA Manual（第三版）[16]、Chicago Manual（第16 版）[17]中给出了与"数据引用"有关的说明。但是这些格式指南文件普遍存在一些问题：①由于并不是专门针对科学数据的引用规范，三大格式针对科学数据的引用对象分别为数据集、网络资源以及科学数据库，也即对引用对象的定义与划分缺少一致性，不能相互兼容。②由于科学数据的类型多样，数据的引用缺乏系统、统一的标准。③三大格式都没有包含唯一标识符。

国外专门针对数据引用规范的研究自 2007 年开始，M. Altman 等[18]发表论文，对数据引用包含的最小元素集、可选元素等进行了具体分析，该文是最早探索数据引用标准的论文之一。此后，众多致力于数据引用的国际组织和数据中心等在此基础上提出了自己的数据引用标准。自 2011 年起，一些致力于数据引用实践的国际组织如 DataCite[19]、OECD[20]、DCC[21]等纷纷发布了专门针对科学数据的引用规范指南文件。Data Cite[22]作为一个专门为推进数据引用规范化而设立的机构，是目前数据引用领域的研究主力。它的国际数据引用元数据工作组于 2011 年 6 月推出 "*DataCite Metadata Schema for the Publication and Citation of Research Data*" *Version* 2.2，且于 2013 年 7 月更新到 3.0 版本。该规范给出了一些核心的元数据属性以及使用规则建议，以实现对数据的准确及持久的识别，从而方便数据引用及查询。它的引用对象是在线的科学研究数据（scientific data on the Internet），被引用资源可以是任何类型，典型的是数据集。推荐引用格式为：Creator（PublicationYear）：Title. Version. Publisher. ResourceType. Identifier。笔者对这些国际组织的引用规范/指南文件进行比较发现，其都包含以下 3 个主要组成部分：制定规范的目的及意义、科学数据/数据集的定义、具体的引用格式介绍。这些文件制定的逻辑具有高度的一致性，并且也与先前出现的一些通用的文献参考格式标准，如 APA、

Chicago Mannul 等所定义的规则保持一致，并且就科学数据而言，这些引用规范的元数据组成比通用的文献参考格式标准更加细化与丰富。

此外，一些致力于数据引用规范制定的科研项目也发布了相应的数据引用最佳实践与规范。由 JISC 资助的 SageCite Project[23]，旨在开发和测试一个将数据、方法与出版物关联的引用框架，并且提出数据引用的最佳做法：①数据引用所引用的对象必须具有唯一性；②数据集引用的元数据字段必须完整；③所引用的数据必须可以访问或获取；④数据引用除了能够引用某一数据集，还必须能够提供对其子集的引用；⑤数据引用能够被计算机处理，可以支持传统式的计量学分析。还有一些科研项目如由德国研究基金会（DFG）资助的 STD-DOI[24]（Publication and Citation of Scientific Primary Data）项目等也提出了数据引用格式：creator（s）（publication year）：data set name, publisher. persistent identifier。

一些地球科学（如 PANGAEA[25]、ESIP[26] 等）、生命科学（如 GBIF[27]、Dryad[28] 等）以及社会科学（如 Dataverse[29] 等）等呈现数据密集型态势的学科的数据仓储或中心也发布了自己的数据引用规范，这些引用规范与前述国际组织所发布的引用规范的核心元素组成基本相同。

目前很多国外的期刊出版商也在逐步引入数据存档政策，这种存档一般以两种形式存在[30]：①鼓励研究人员在发表论文的同时，将相关的科学数据也一并提交，这类期刊大致有 PLOS One、BMC Evolutionary Biology、F1000 Research 等；②强制要求研究人员在发表论文的同时，将相关的科学数据提交到相应的机构仓储中，如 Nature、BioMed Central 等。

综上所述，不论是国际通用学术论文写作规范的最新版本中涉及科学数据，还是专门针对科学数据的引用标准的相继出现，都预示着科学数据引用问题正受到各方关注。将已有具体数据引用规范的文件进行对比，可以发现，author/creator（创建者/责任者）、title（标题）、publication year（发布年份）、publisher/archive/distributor（发布机构/存储机构/传播机构）、url/electronic retrieval location/external links（url/获取地址/外部链接）这 4 个属性在所有引用规范、写作指南等文件中都被提及并被作为强制要求性元素。唯一标识符（persistent identifier）作为比较新的事物，在较早发布的三大格式中都未被提及，但被上述提及专门针对科学数据引用规范的文件作为强制性元素。另外，resource type/material designator（资源类型/载体代号）、version（版本）也被大多数规范所要求。随着数据引用规范的元数据组成进一步丰富与细化，数据引用过程变得更加清晰，但正如关键问题所述，科学数据这一引用对象具有高度的动态性、不确定性以及边界模糊性，因此数据引用规范目前还面临

362

着数据集粒度和动态数据集处理等诸多问题。另外，由于科学数据本身的复杂性，数据引用规范的制定目前呈现出各自为阵的状态，各种引用规范之间的兼容也是亟待解决的问题。

4 文献管理工具

目前有许多文献管理软件（reference management software，RMS）可以对各种资源进行引用，帮助用户高效管理和快速生成参考文献。绝大部分的 RMS 都是根据特定的资源类型，比如"期刊"、"专利"、"报告"、"电子资源"等生成由不同的元数据构成的参考引文实体。随着目前对科学数据引用的日益增加，在文献管理软件中专门集成科学数据等非文本资源类型显得更为急迫。

笔者根据下载使用、相关论文综述以及软件介绍说明等，对目前常用的18 种文献管理软件的引用规范进行调研，结果显示目前很少有专门集成科学数据引文类型的软件。如表 1 所示：

表 1　常用的文献管理软件引用规范调研

文献管理软件	是否有专门科学数据或数据集的引用功能
Biblioscape	没有
Bibus	没有，但用户可以自定义"数据集"选项
Bookends	没有，但用户可以自定义"数据集"选项
Citavi	没有
Docear	没有
EndNote	有
JabRef	没有，但用户可以自定义"数据集"选项
Mendeley	没有
Papers	有，作为"数据库"或"表格"形式
Pybliographer	没有
Qiqqa	没有
Refbase	没有
Reference Manager	没有，但用户可以自定义"数据集"选项
RefWorks	没有
Scholar's Aid	没有，但用户可以自定义"数据集"选项
Sente	有，作为'Data file'选项
WizFolio	没有
Zotero	没有

由表 1 可以看出，在 18 个常用文献管理软件中，只有 3 个专门具备科学数据引用的功能，分别作为"数据库"、"表格"和"数据文件"的选项进行引用。在其余 15 种软件当中，有 5 种允许用户自定义引用类型如"数据集"选项，但并没有专门针对科学数据的引用元数据；另外 10 种软件则根本没有涉及科学数据选项。综上所述，目前常用的文献管理软件缺乏对数据引用的支持，对于科学数据等非文本资源类型引用的关注度还远远不够。

到目前为止，虽然还没有出现可以在学术论文中自动索引数据引用的工具，但是科学数据的引用越来越受到各大研究机构和企业的关注。比如汤森路透在 2012 年推出的数据引文索引工具（Data Citation Index，DCI）[6]，作为汤森路透搭建的 Web of Knowledge 信息平台上的一个新的资源发现工具，将使数据集的发现和利用方式发生革命性变化。DCI 支持研究人员在文献的上下文中发现、引用和查看相关数据，从而推动对数据集和数据研究的发现、使用及归属，促进对全球研究数据的再利用。此外，还有一些提供数据发现服务的工具，比如 ChemSpider[31]、CrystalEye[32] 等。这些工具主要面向特定的学科领域，对该领域的数据进行下载和聚合，并以增值资源的方式重新发布出来。

5　数据引用利益相关者探讨

从很多实际情况来看，数据引用实践的滞后并不仅仅是引用规范制定的问题，它还涉及多方利益相关者。许多致力于数据引用的国际组织都开展了有关数据引用利益相关者责任与能力的讨论，如 ODE（Opportunities for Data Exchange）在 2012 年有关数据引用最佳实践的报告[33]中从不同利益相关者的角度探讨了数据引用实践给它们带来的机遇与挑战，CODATA-ICSTI 数据引用标准和规范任务组也在 2012 年有关数据引用实践、政策以及技术现状分析的报告[34]中探讨了现有与数据引用相关的科研机构所承担的责任与义务，但总的来说，目前对于数据引用利益相关者责任与义务的探讨比较散乱，没有形成统一的体系。只有多方携手，才能从根本上推动数据引用实践活动不断向前发展。经过大量的调研，笔者大致归纳出以下 6 个与数据引用活动最相关的机构及它们的责任与义务，见表 2。

表 2　数据引用利益相关者的责任与义务

利益相关者	责任与义务
研究资助机构（推动数据引用的外部力量）	• 大力促进和推动科学数据的开放获取 • 鼓励规范的数据引用行为 • 对数据管理、归档和引用进行学术激励
研究机构（推动数据引用的内在力量）	• 与研究资助机构一样，促进和推动科学数据的不断开放获取 • 需要制定促进科学数据的永久标识和引用的长期政策，作为数据引用规范的根本保证
数据生产者（科学数据的来源，是与数据引用有着最直接关系的利益相关者）	• 合理地管理数据以便共享和复用 • 了解并且同意数据引用的条款 • 在研究中使用科学数据时进行合理规范的引用
数据中心/数据仓储（科学数据的存储中介）	• 提供强有力的数据策展服务 • 提供科学数据的推荐引用格式 • 参与建立统一的数据引用标准 • 与数据发布者、收集方、使用方一起协作，增强数据引用的意识
图书馆（数据使用者和数据中心的联络人）	• 围绕数据引用存在的问题，与相关机构进行协调，提供专业的标识技术 • 在一些情况下作为数据仓储库 • 发挥传统的计量分析作用，从而更好地激励数据使用者
学术出版商（数据出版的媒介）	• 以经济杠杆的作用来促进数据引用规范的执行 • 参与制定和实施数据引用的政策和标准，促进数据集的永久标识，建立数据集和出版者的第三方链接

6　结　语

随着数字化科研时代的到来，科学数据成为越来越重要的科学资源，科学数据的引用也受到了更多的关注。目前，数据共享和引用意识缺乏、引用对象不明确以及数据如何长期保存是数据引用面临的三大难题。首先，纵观数据引用的国外现状，众多国际组织、科研项目、数据仓储、数据出版商等都致力于建立各自的数据引用规范，但科学数据本身的动态性以及边界的模糊性，规范的元数据组成以及相互兼容性问题还有待解决；其次，目前的文献管理工具中几乎没有涉及对科学数据的引用管理，科学数据的引用必须进行手动添加，增加了科研人员引用的障碍，需要文献管理工具对科学数据这一重要资源做出必要的支持；再次，数据引用的发展与实践还有待研究资助机构、研究机构、数据生产者和研究人员、数据仓储、图书馆以及数据出版商等各个利益相关者的共同努力。

对于科学数据引用所面临的关键问题以及未来研究方向，笔者有以下几点思考：第一，针对数据共享意识和引用意识缺乏问题，完善针对科学数据的学术报偿体系。将数据引用纳入科研评价体系，这是解决该问题的核心对策也是非常有价值的研究方向。第二，针对数据引用规范的兼容性问题，可以运用"本体"的思想，将常用规范之间进行本体映射或者根据已有规范制定国际通用的引用标准。第三，针对科学数据的长期保存问题，需要促进唯一标识符以及数据仓储的注册，目前许多国际性组织提供科学数据唯一标识符的注册，如 DataCite 等。另外，诸如 OAD[35]、re3data. org[36]、Databib[37]等，能帮助人们注册识别和查找在线的数据仓储。我国目前的数据引用实践还处于起步阶段，需要借鉴国外的相关理论经验以及成功的实践案例，结合实际国情，在重点关注数据引用关键问题的同时，完善引用规范的制定、促进管理工具的开发以及鼓励各个相关机构共同努力，从而推动我国的数据引用实践不断向前发展。

参考文献：

[1] 王卫华，胡良霖，沈志宏. 科学数据引用规范的研制［J］. 中国科技资源导刊，2013，45（1）：36－40.

[2] 李丹丹，吴振新. 研究数据引用研究［J］. 图书馆杂志，2013（5）：65－71.

[3] Data Cite［EB/OL］.［2014－02－15］. https：//www. datacite. org/.

[4] Institute for Quantitative Social Science 2013. Data citation principles workshop［EB/OL］.［2014－02－14］. http：//thedata. org/presentations/data－citation－principles－and－practices.

[5] Australian National Data Service 2011. "Building a culture of research data citation" workshop［EB/OL］.［2014－02－15］. http：//www. iassistdata. org/blog/workshop－building－culture－research－data－citation.

[6] Thomson Reuters. 汤森路透发布 Data Citation Index 促进对全球研究数据的发现［EB/OL］.［2014－02－15］. http：//ip－science. thomsonreuters. com. cn/press/press20121102/.

[7] 张静蓓，吕俊生，田野. 国外数据共享行为影响因素研究综述［J］. 图书情报工作，2014，58（4）：136－142.

[8] Parsons M A, Duerr R, Minster J B. Data citation and peer review［J］. Eos, Transac-

tions American Geophysical Union, 2010, 91 (34): 297 – 298.

［9］ Hayes P J, Halpin H. In defense of ambiguity ［J］. International Journal on Semantic Web and Information Systems , 2008, 4 (2): 1 – 18.

［10］ Duerr R E, Downs R R, Tilmes C, et al. On the utility of identification schemes for digital earth science data: An assessment and recommendations ［J］. Earth Science Informatics, 2011, 4 (3): 139 – 160.

［11］ Weber N M, Piwowar H A, Vision T J. Evaluating data citation and sharing policies in the environmental sciences ［J］. Proceedings of the American Society for Information Science and Technology, 2010, 47 (1): 1 – 2.

［12］ 吴立宗, 王亮绪, 南卓铜, 等. DOI 在数据引用中的应用: 问题与建议 ［J］. 遥感技术与应用, 2013, 28 (3): 377 – 382.

［13］ Handle System ［EB/OL］. ［2014 – 02 – 14］. http: //www. handle. net/.

［14］ Uniform Resource Name ［EB/OL］. ［2014 – 02 – 14］. http: //www. iana. org/assignments/urn – namespaces/urn – namespaces. xhtml.

［15］ American Psychological Association (6th ed). APA style manual ［EB/OL］. ［2014 – 02 – 15］. http: //www2. bgsu. edu/downloads/lib/file40389. pdf.

［16］ Cornell University. MLA citation style (3th ed) ［EB/OL］. ［2014 – 02 – 15］. http: //www. library. cornell. edu/resrch/citmanage/mla.

［17］ The Chicago Manual of Style (16th ed). Chicago-Style Citation Quick Guide ［EB/OL］. ［2014 – 02 – 15］. http: //www. chicagomanualofstyle. org/tools _ citationguide. html.

［18］ Altman M, King G. A proposed standard for the scholarly citation of quantitative data ［J］. D-Lib Magazine, 2007, 13 (3): 5.

［19］ DataCite International Data Citation Metadata Working Group. DataCite metadata schema for the publication and citation of research data version3. 0 ［EB/OL］. ［2014 – 02 – 15］. http: //schema. datacite. org/meta/kernel – 2. 1/doc/meta/kernel – 3/meta/kernel – 3/meta/kernel – 2. 2/index. html.

［20］ Green T. We need publishing standards for datasets and data tables ［J］. Learned Publishing, 2009, 22 (4): 325 – 327.

［21］ Duke M, Ball A. How to cite datasets and link to publications: A report of the digital curation centre ［C］//23rd International CODATA Conference, Bath: University of Bath. 2012.

［22］ DataCite. What is DataCite? ［EB/OL］. ［2014 – 02 – 18］. https: //www. datacite. org/whatisdatacite.

［23］ SageCite ［EB/OL］. ［2014 – 02 – 15］. http: //blogs. ukoln. ac. uk/sagecite/.

［24］ The Project Publication and Citation of Scientific Primary Data. Use of persistent identifiers in the publication and citation of scientific data ［EB/OL］. ［2014 – 02 – 15］. http：//wiki. pangaea. de/wiki/STD – DOI.

[25] PANGAEA［EB/OL］.［2014 – 03 – 01］. http：//www. pangaea. de/.

[26] ESIP［EB/OL］.［2014 – 02 – 12］. http：//www. esipfed. org/.

[27] GBIF［EB/OL］.［2014 – 02 – 12］. http：//www. gbif. org/.

[28] Dryad［EB/OL］.［2014 – 02 – 12］. http：//datadryad. org/.

[29] Dataverse［EB/OL］.［2014 – 02 – 12］. http：//thedata. org/.

[30] 黄永文，张建勇，黄金霞，等. 国外开放科学数据研究综述［J］. 现代图书情报技术，2013（5）：21 – 27.

[31] ChemSpider［EB/OL］.［2014 – 02 – 13］. http：//www. chemspider. com/.

[32] CrystalEye［EB/OL］.［2014 – 02 – 12］. http：//download. cnet. com/Acer – Crystal – Eye – webcam/3000 – 2108_ 4 – 188685. html.

[33] Task Group on Data Citation Standards and Practices C I. Out of cite, out of mind：The current state of practice, policy, and technology for the citation of Data［R/OL］.［2014 – 03 – 04］. https：//www. jstage. jst. go. jp/article/dsj/12/0/12 – OSOM13 – 043/_ article.

[34] Kotarski R, Reilly S, Smit E, et al. Reports on best practices for citability of data and on evolving roles in scholarly communication［R/OL］.［2014 – 03 – 04］. http//epic. awi. de/31396/.

[35] OAD［EB/OL］.［2014 – 03 – 05］. http：//oad. simmons. edu/oadwiki/Data_ repositories.

[36] re3data［EB/OL］.［2014 – 03 – 05］. http：//www. re3data. org/.

[37] Databib［EB/OL］.［2014 – 03 – 05］. http：//databib. org/.

作者简介

张静蓓，中国科学院兰州文献情报中心、中国科学院大学硕士研究生，E-mail：zhangjb@ mail. las. ac. cn；

吕俊生，中国科学院兰州文献情报中心研究馆员；

田野，中国科学院兰州文献情报中心、中国科学院大学硕士研究生。